黑龙江省哲学社会科学研究项目

Hei Long Jiang Sheng Zhe Xue She Hui Ke Xue Yan Jiu Xiang Mu

晚清社会思想之变迁

刘仁坤 ◎ 著

黑龙江人民出版社

图书在版编目(CIP)数据

晚清社会思想之变迁 / 刘仁坤著. —哈尔滨:黑龙江人民出版社,2015.7
ISBN 978-7-207-10405-2

Ⅰ.①晚… Ⅱ.①刘… Ⅲ.①政治思想史—中国—清后期 Ⅳ.①D092.52

中国版本图书馆 CIP 数据核字(2015)第 174741 号

责任编辑:姜海霞
封面设计:张　涛　李德铖

晚清社会思想之变迁

刘仁坤　著

出版发行	黑龙江人民出版社
通讯地址	哈尔滨市南岗区宣庆小区 1 号楼
邮　　编	150008
网　　址	www.longpress.com
电子邮箱	hljrmcbs@ yeah. net
印　　刷	北京万博诚印刷有限公司
开　　本	787×1092　1/16
印　　张	25
字　　数	420 千字
版　　次	2015 年 7 月第 1 版　2021 年 1 月第 2 次印刷
书　　号	ISBN 978-7-207-10405-2
定　　价	58.00 元

版权所有　侵权必究　　　　举报电话:(0451)82308054
法律顾问:北京市大成律师事务所哈尔滨分所律师赵学利、赵景波

目 录

第一章 地主阶级的社会革新思想 …………………………………… (1)
- 第一节 革新思想兴起的历史条件 ………………………………… (1)
- 第二节 革新思想的主要内容 ……………………………………… (4)
- 第三节 鸦片战争后中国社会思想的变迁 ………………………… (13)

第二章 效仿西方发展工业变革中国社会的洋务思想 …………… (26)
- 第一节 洋务思想兴起的历史环境 ………………………………… (26)
- 第二节 冯桂芬的社会变革思想 …………………………………… (30)
- 第三节 富国强兵的思想主张 ……………………………………… (38)
- 第四节 洋务思想的历史地位 ……………………………………… (69)
- 第五节 早期维新思想家的社会变革主张 ………………………… (76)
- 第六节 王韬的社会思想 …………………………………………… (79)
- 第七节 郑观应反对外来侵略的商战思想 ………………………… (86)
- 第八节 早期维新思想家的社会变革主张评价 …………………… (93)

第三章 变革中国社会的改良思想 …………………………………… (96)
- 第一节 社会改良思想产生的历史背景 …………………………… (96)
- 第二节 康有为的变法维新思想 …………………………………… (99)
- 第三节 梁启超的维新思想 ………………………………………… (144)
- 第四节 严复的维新思想 …………………………………………… (180)
- 第五节 谭嗣同的社会思想 ………………………………………… (189)
- 第六节 社会改良思想的历史评价 ………………………………… (198)

第四章 二十世纪初年的社会革命思想 ……………………………… (204)
- 第一节 社会革命思想兴起的历史背景 …………………………… (204)
- 第二节 邹容、陈天华的思想 ……………………………………… (207)

1

第三节　朱执信的社会思想	(215)
第四节　章炳麟的社会思想	(237)
第五节　反满社会思想分析	(247)
第六节　孙中山的三民主义	(253)
第七节　孙中山的社会管理思想	(301)
第五章　余论	**(315)**
第一节　新文化运动兴起的客观环境	(315)
第二节　陈独秀的社会思想	(319)
第三节　鲁迅在新文化运动中的思想	(339)
第四节　李大钊的社会思想	(346)
参考文献	**(371)**
后　记	**(374)**

序　言

——兼论晚清社会思想之变迁的原因及特点

清道、咸以降，国政衰微。历史剧变，既带给人民苦难，也唤醒了沉睡的中国。为使古老中国再现历史辉煌，焕发民族青春，凡关心国是民瘼之思想家无不积极探求民富国强的道路。社会剧烈动荡，各种矛盾错综复杂交织在一起，人们思想空前的活跃，各种救国学说也不断涌现，终于汇成近代奔腾不息的思想史长河，这长河的主流就是挽救民族危亡，它深刻影响了晚清社会思想史。

鸦片战争后，地主阶级知识分子经世致用思想重新抬头，他们以"今文经学"为指导思想，在更新传统文化的同时，把视角伸向了西方。他们不仅提出了"师夷之长技以制夷"的思想，还表现了对西方政治制度的憧憬。19世纪60年代，冯桂芬在进行中西文化比较时，大声疾呼中国"君民不隔不如夷"。但这时多数人瞩目的是西方的"船坚炮利"。洋务运动本身就是这一思想的实践。随着洋务运动的发展、人们同西方文化接触范围的扩大，特别是甲午战败，人们对中国固有的"成法"开始怀疑，并从政治制度上感到西方资本主义的民主政治优于中国的封建帝制。戊戌维新运动本身便是对这个事实的承认，其实质是企图用资产阶级君主立宪制来代替中国的封建专制。维新派在变革中国政治制度的同时，积极提倡发展近代的科学、教育，使科学与民主初步结合在一起。20世纪初年，清政府与外国侵略者进一步合流，丧失了带领中国人民挽救民族危亡的领导地位，于是人们在倡导资产阶级民主制度的同时，对清政府卖国罔民反动面目进行了揭露与批判，并通过武装革命来推翻帝制，确立资产阶级的新政体。辛亥革命彻底埋葬了封建帝制，民主共和观念深入人心，而复辟帝制者只能是被时代抛弃的历史小丑。五四前后的新文化运动，对传统文化进行了较为深入的反思，对中西文化进行了较全面的比较。人们认识到，科学与民主是推动历史发展的两个缺一不可的轮子,二者的结合是历史发展的要求,也是历史前进的内在动力。于是,中国历史掀开了新的一章。

通过对这一历史的简单回顾,不难看出,晚清社会思想史是一个不断变化和发展的过程。在谈到晚清思想变迁的原因时,梁启超在《清代学术概论》中说:"今之恒言曰'时代思潮'。此其语最妙于形容。凡文化发展之国,其国民于一时期中,因环境之变迁,与夫心理之感召,不期而思想之进路,同趋于一方向,于是相与呼应汹涌,如潮然。"①他指出:"凡'思'非皆能成'潮',能成'潮'者,则其'思'必有相当之价值,而又适合于其时代之要求者也。"②这就说明了近代思想之产生、发展、变化之动因:一是"环境之变迁"。自鸦片战争后,中国社会遭遇到前所未有之巨变。战前,一些有识之士感到中国社会处在"山雨欲来风满楼"的历史巨变前期,这是针对中国社会当时存在着巨大的危机,根据他们对社会矛盾观察而做出的判断,因而提出了变革中国社会的要求;同时,接触到西方文化的士大夫,包括林则徐、魏源,前者已经把目光伸向了西方,后者直接提出了"师夷长技以制夷"的主张,拉开了中国近代社会思想的序幕。也就是在这一时期,人们开始把学术研究的视角转向了"经世致用",它的产生本身说明了传统的治学内容、方法、目的已经远远落伍于时代,已经解决不了社会存在的问题。二是"心理之感召"。鸦片战争前,清王朝自上而下都没有认识到中国的落后,仍然沉浸在天朝大国、唯我独尊的盲目自大之中。两次鸦片战争及太平天国农民反清斗争,给清王朝以沉重打击。痛定思痛,人们开始思考中国怎样面对世界,统治阶级内部则考虑的是如何维护、巩固自己的长治久安。整个民族面对的是西方殖民主义者的侵略,挽救民族的危亡则是当时摆在人们面前亟待解决的问题。如果说,社会学要研究的是社会中存在的各种能够影响社会发展的问题,在这诸多问题中,必然存在着影响和制约其问题的最主要的矛盾。对于中国来说,就是要解决中华民族同帝国主义的矛盾、中国人民与封建专制主义的矛盾。晚清社会思想关注的就是这两个问题。三是晚清社会思想的价值体现。按梁启超的说法:"适合于时代之要求。"挽救民族危亡,就是1840年后晚清社会的主要矛盾,也是这一时期社会思想要解决的问题,这也就是其价值所在。为此,不同历史时期,人们提出了不同的解决晚清社会存在的主要问题

---

① 梁启超:《饮冰室合集·专集·清代学术概论》。
② 梁启超:《饮冰室合集·专集·清代学术概论》。

的种种方案。大体上说分为四个时期四种不同的方案,这就是19世纪60年代改良社会的洋务思想、1990年代中后期的改革中国社会的维新思想、20世纪初年兴起的民主革命思想及新文化运动时期所产生的由激进的民主革命向社会主义革命转变的思想。

李大钊在《由经济上解释中国近代思想变动的原因》一书中深刻指出:"凡一时代,经济上若发生了变动,思想上也必发生变动。换句话说,就是经济的变动,是思想变动的重要原因。"[1]如果说梁启超是从中国社会的外部环境变化引起中国社会"心理之感召",来阐述中国近代社会思想的动因,而李大钊则是从中国社会内部的变化来揭示中国近代社会思想发展与变化的根源。在李大钊看来,一个社会的思想产生与发展是离不开这个国家与民族历史的,而历史的发展与人类社会所处的内外环境相关。他从更广阔的视野,从世界范围内来考察人类思想产生的过程,来探究人类社会思想发生发展的缘由。还是在此文,他首先分析了人类社会发展的不同文明并阐述这不同文明之所以发生的社会环境。他认为人类文明可分为两大系统,一是"西洋文明",二是"东洋文明"。其中因为地理环境的不同,西洋文明以工商为本,东洋文明以农业为本。李大钊认为:"中国的大家族制度,就是中国的农业经济组织,就是中国两千年来社会的基础构造。一切政治、法度、伦理、道德、学术、思想、风俗、习惯,都建筑在大家族制度上作它的表层构造。"[2]以孔子为代表的儒家文化,成为中国传统文化的核心,是典型的伦理文化,其中宣扬的"纲常"、"名教"、"道德"、"礼仪"是以牺牲个性为前提,无论是政治制度所体现的森严等级、法律制度中的道德观,还是家庭伦理。在政治制度上君臣关系,是家庭中以父权为中心另一种表现形式。经济上的自给自足小农经济,与政治上的专制主义相适应,所以,儒家文化统治中国数千年,并不是说这一学说本身有多大的权威和"永久不变的真理",实在是因为这一学说"适应中国两千余年来未曾变动的农业经济组织反映出来的产物"[3]。在中国,家国一体,皇帝就是最大的家长,皇帝的权威不容置疑和挑战,在家庭,父权就是皇权的缩影,"纲常"、"名教"、"道德"、"礼仪"得到大力提倡,出礼入刑,道德的法律化已经充分说明了问题。

---

[1] 李大钊:《由经济上解释中国近代思想变动的原因》,《李大钊选集》,人民出版社1959年版,第295页。
[2] 李大钊:《由经济上解释中国近代思想变动的原因》,《李大钊选集》,第296页。
[3] 李大钊:《由经济上解释中国近代思想变动的原因》,《李大钊选集》,第297页。

> 晚清社会思想之变迁

无论李大钊对世界文明的分类是否合理或科学,不容置辩的是人类文明因主客观原因而表现出不同的特点。在他看来,欧洲以工商业发达闻名于世,商业经济本身的动态性、竞争性及发展更强调和突出个体的利益并促进生产各要素的活跃与发展,因而促进了西方包括民法在内的法律的发展,体现在政治观念上更加重视和强调公平、自由、民主。当然,这种公平、自由、民主具有强烈的阶级性,同时建立了适应这一经济形态的政治体制。反观中国,自秦汉以降,中国政治制度基本沿袭了秦始皇建立的封建主义制度,适应这个制度的基础是自给自足的小农经济。在两汉中后期,社会的主要矛盾是土地的高度集中,随之而产生了流民问题。因这一问题没有得到解决,引发了社会的动荡不安,随后的历代封建王朝无不为解决农民的土地问题而绞尽脑汁,因此,产生了不同的土地制度。但是,无论是均田制还是两税法及一条鞭法,直到清代实行的摊丁入亩都是为了避免土地高度集中,在确保国家赋税收入的同时,巩固了小农经济,禁锢了商业经济,使中国形成了超稳定的经济结构,这也是儒家文化两千年来一直是中国传统文化核心的关键所在。反映在中国文化上,"中国的学术思想,都与那静沉沉的农村生活相照映,停滞在静止的状态中,呈出一种死寂的现象"①。

近代以来,西方资本主义国家"科学日见昌明,机械发明的结果,促起了工业革命。交通机关日益发达,产业规模日益宏大,他们一方不能不扩张市场,一方不能不搜求原料,这种经济上的需要,驱着西洋的商人,来叩东洋沉静的大门"②。1840年的鸦片战争,西方资本主义国家以船坚炮利的优势打破中国的闭关锁国,从此曾经与西方世界隔绝的、以"天朝大国"自我陶醉的中国,被动地卷入了资本主义世界。

西方资本主义侵入,把中国开始推向一个半殖民地的深渊,也唤醒了沉睡中的中国。这时少数爱国官员和开明的士大夫在鸦片毒雾和战火硝烟中,首先惊醒过来,睁开眼睛,面对现实。他们在民族危机的刺激和强烈的忧患意识支配下,提出"师夷""制夷"的主张。这就是鸦片战争后地主阶级经世派的最初觉醒。实际上,西方殖民主义这一活动早在明末清初就开始了,只不过没有引起清政府的注意。1840年前西方殖民主义通过正常的商品贸易并没有打开中

---

① 李大钊:《由经济上解释中国近代思想变动的原因》,《李大钊选集》,第297页。
② 李大钊:《由经济上解释中国近代思想变动的原因》,《李大钊选集》,第299页。

国的闭关自守的大门,而后采用了卑鄙的手段,向中国输入鸦片,造成中国大量白银外流而产生"银荒",当鸦片贸易被理所应当地拒绝后,英国侵略者终于用"船坚炮利"叩开了中国大门,民族的苦难由此而产生。面对西方的经济侵略,中国人民起而斗争,这是必然的反映。但是,在这个过程中,传统的农耕文化,必然受到挑战,这是因为在外国侵略下,传统的农业经济基础之上的手工业和家庭工业,"挡不住国外的工业经济的压迫,中国的家庭产业挡不住国外的工厂产业的压迫,中国的手工产业挡不住国外的机械产业的压迫。"① 随着国外资本的大量输入,"全国民渐渐变成世界的无产阶级,一切生活,都露出困迫不安的现象"②。这一历史现实,使得中国社会思想的变化而不同于欧美。因为"欧美各国的经济变动,都是由于内部自然的发展;中国的经济变动,乃是由于外力压迫的结果"③。在这个历史大变动面前,建立在农业经济基础上的"风俗、礼教、政法、伦理"随之而"崩颓粉碎"。不难理解,为什么龚自珍的社会改革方案"药方只贩古时丹"了,当时并没有引起统治者的关注。他看到了清政府的危机四伏,也提出了改革方案,但是,没有接触到西方文化,因此,只能到中国历史里去寻找治理病入膏肓的晚清社会的方案。梁启超在提到龚自珍的作用时指出:"晚清思想之解放,自珍确与有功焉,光绪间所谓新学者,大率人人皆经过崇拜龚氏之一时期。"④ 这是因为龚自珍治学以公羊今文经为主,他"往往引公羊义讥切时政,诋排专制"之极,从另一个方面指出了龚自珍所运用的仍然是中国传统的经学。但是他所遵循的是"经世致用"的道理。林则徐及魏源思想发生重大变化缘于他们接触了、面对了西方的文化,从鸦片战争中感受到了西方"船坚炮利"在战争中发挥的作用,魏源"师夷长技以制夷"这一思想主张是他对于西方特别是英国有了一定了解基础后提出的。在严峻的现实面前,他深深感受到了中国的落后。但是封建统治者的醉生梦死和封建文化沉积下来的历史惰性,使少数先觉者的呼喊,并没有引起社会的广泛注意。接着历时十四年的太平天国农民战争,搅乱了中国封建统治秩序,并使封建文化思想发生强烈动摇和危机。于是有了改良晚清中国社会的洋务派的产生。

洋务派是与顽固派有别的、新产生出来的重要派别。他们倡导洋务并提出

---

① 李大钊:《由经济上解释中国近代思想变动的原因》,《李大钊选集》,第299页。
② 李大钊:《由经济上解释中国近代思想变动的原因》,《李大钊选集》,第299页。
③ 李大钊:《由经济上解释中国近代思想变动的原因》,《李大钊选集》,第300页。
④ 梁启超:《饮冰室合集·文集·清代学术概论》。

"自强"的口号,同时发动了旨在挽救清王朝统治的洋务运动,兴办军事企业,这与当地的历史环境有着密切的关系。

梁启超在谈到洋务运动这段历史时说:"清政府在鸦片战役以后,渐怵于外患。洪杨之役,借外力平内难,益震于西人之'船坚炮利'。于是上海有制造局之设。"①林则徐的睁眼看世界、魏源的"师夷长技以制夷"思想是在19世纪四五十年代提出来的,可是并没有引起清政府的重视。第二次鸦片战争,特别是太平天国农民运动,横扫十几个省,清军不仅对外无力反抗西方侵略,对内也无力扑灭农民起义,过去被他们视为"夷"的,在镇压太平天国中都发挥了作用,这就是"借师助剿"。为了维护自己的统治,清政府要面对国内矛盾,同时有效地抵抗西方列强的侵略,西方的"船坚炮利"可为我所用,于是办起了军事工业。清政府决定用西方的科学技术来挽救国家的命运。洋务派之所以运用科学技术,强调发展军事工业,这是因为他们认为:"当时之人绝不承认欧美人除了能测量能驾驶能操练之外,更有其他学问。"②正是如此,张之洞提出了"中学为体,西学为用",并且"举国为至言"。③至此,魏源的"师夷长技以制夷"的思想才被洋务派付诸实践,可见,洋务思想的产生,仍然是民族危机的产物。从作用上说,洋务思想是仿效西方科学技术,在维护清王朝的统治同时,也包含着要通过改良中国社会,促使中国走上富强的道路。

在晚清社会中,洋务思想较为复杂。这是洋务运动在发展过程中不断变化及人的思想观念不断变化的结果,更是人们的思想认识不断深化所决定的。由于洋务派首领多是握有重权的清王朝中的枢臣如奕䜣,或有实力的封疆大吏如曾国藩、李鸿章、左宗棠、张之洞。这些人明显与顽固派不同的是承认中国的落后,特别是对西方科学技术先进性的认可,这是在镇压太平天国农民起义和在对抗西方殖民主义者侵略中国的军事斗争中切身体会到的。因此,在洋务运动初期创办军事工业、建立学校、翻译大量西方的科技、工艺书籍,可是,他们对西方文化的认识还是肤浅的,片面认为唯有中国传统文化,才称得上是"学问",并得出中国的政治制度优越于西方的结论。与这些握有重权不同的是其他洋务思想家如薛福成、郭嵩焘、郑观应、王韬等或出过洋或清外交人员,总之是对西

---

① 梁启超:《饮冰室合集·专集·清代学术概论》。
② 梁启超:《饮冰室合集·专集·清代学术概论》。
③ 梁启超:《饮冰室合集·专集·清代学术概论》。

方社会有了更加深入了解的官员或知识分子，他们的洋务观体现在"重商"和"民本"上。他们倡导发展民用企业，发展资本主义经济，对西方政治制度多有溢美之词。在政治观念上，这些人也主张学习西方，但是不仅承认中国军事落后、经济落后，更重要的是承认中国政治制度落后，提出设"议院"等变革中国政治制度的主张，由此，洋务派的一些人开始分化成具有资产阶级倾向的人，这些人被称之为"早期维新思想家"。

甲午战争后，清政府再次遭到重创，而这次给清政府的沉重打击并不是来自西方，而是在历史上曾经追随中国、学习中国的东洋小国日本。一时间抨击洋务运动者有之，主张开战者有之，可谓舆论沸腾。但是，感情代替不了事实，《马关条约》的签订，表明清政府的求强梦破产。民族危机并没有因为学习西方工业文明而得到缓解，相反在半殖民地的泥潭中越陷越深。不可否认的是只引进西方的科学技术，不进行政治改革，先进的技术并不能发挥应有的作用。经过洋务运动，当时的中国海军不可谓不强，在中日甲午战争中，在中日双方的较量中最先退出战场的是日本海军，这本身就说明了问题。早于甲午战争的左宗棠收复新疆失地之战、中法之战，清政府也并不是一败涂地。可是，人们并没有看到预期的效果，中国被动挨打的局面没有发生根本的转变，政治制度的落后与腐败，使企图单纯用西方科学技术来挽救民族的希望变成了泡影。于是人们开始把改革的目光投向政治变革。戊戌维新运动就是在这种背景下登上晚清社会历史舞台的。

戊戌变法从变革的手段来说，是想通过自上而下的改革，变中国封建制度为君主立宪制，从变法的内容上说，涉及当时中国的政治制度、经济制度、教育制度，从社会性质上说，如果这次变革成功，意味着中国将从一个封建社会转变成资本主义社会，戊戌变法的性质是不容置疑的，历史的进步意义是不容否定的。因此，不能简单地认为戊戌变法是一次社会改良运动，如果说洋务派进行的洋务运动，企图在不改变中国社会性质的前提下实现富强，所运用的手段是仿照西方的先进技术来达到他们的目的，是一种社会改良，相比之下，戊戌变法就是一次社会革命，只不过这种革命方式是通过改革实现的。

"戊戌政变，继以庚子拳祸，清室衰微益暴露。青年学子相率求学海外。"一时间"译述之业特盛，定期出版之杂志不下数十种。日本每一新书出，译者动数家。新思想之输入,如火如荼矣"①。西方文化的输入,在洋务运动时代已成规模,各重要官办企业也组织人员翻译了大量的西方书籍,加上大量外派出国留学人员,创办新式学校,国内舆论封闭状态被打破。

戊戌变法时,维新人士创办报刊,举办新式学堂,西方社会科学方面书籍也被翻译成中文,而梁启超上述言论概指辛亥革命前十年间西方文化在中国传播的情况。在新的思想冲击下,封建文化逐渐开始衰败下去。新思想的传播,启发了人们的觉悟,特别是对清王朝的反动本质有了深刻的认识。针对守旧势力,顽固派坚持祖宗之法不可变的谬论,维新派运用进化论为武器,阐述了人类历史是在不断更替与变化的,而这种变化随着历史条件的变化而不断更新,其内容涉及政治体制改革。其中,维新派把批判的矛头指向了科举制度。这是因为人们已经切身感受到,科举制度下培养的人不适应社会发展的要求,晚清以来社会结构已经发生了重要变化,出现了新的社会组织,如新式企业的创办、政治制度出现了新的变化、总理各国事务衙门设立、驻外使节的派出、军事制度变化、新式海军等相关机关的设立等等。社会结构的变化,社会分层的内涵也不同,科举制度显然是落伍于时代了。维新派意识到封建专制制度的落后与腐败,并对其进行了鞭挞,主张仿照西方君主立宪制,这显然是接受了西方三权分立理论的影响,也与民权思想的传入分不开。从历史进程看,中国人先接触到西方的科学技术,于是提出了"师夷长技以制夷"的主张,而在严酷的历史与现实面前,人们认识到只靠科学技术,不变革政治制度,中国求强、求富之梦终不得实现,遂有维新变法思想之产生,进而体现了学习西方的层次性。人们曾寄希望于政府的变革,采用暴力手段是不得已而为之之举。主张用暴力为手段采取革命的方式推翻清政府的统治,建立民主共和制度是在清政府拒绝改革之后先进的中国人提出的挽救民族危机的方案。民主革命先行者孙中山、革命党人章太炎早年曾是主张以改革来实现中国富强梦的,他们之所以走上了革命的道路是在清政府腐败面貌彻底暴露之后。李大钊更进一步指出,中国近代史上,特别是民主革命的爆发与民主革命思想的产生,"一方因为经济上受到了外来的压迫,国民的生活感极不安,因而归咎于政治不良,当局的无能,而无力谋改造。一方因为欧美各国思潮随着经济的势力传入东方,政治思想上也起了一种

---

① 梁启超:《饮冰室合集·专集·清代学术概论》。

相应"①。因此，从本质上说，在变革中国社会这一目标上，戊戌维新派与革命派并无区别，只不过手段与实现的途径不同罢了。

救亡图存，是晚清社会最为重要的社会问题，晚清社会思想家们就是围绕这一主题而探求不同层次、不同思想的变革中国社会的方案。

以孙中山为代表的民主革命派与维新派的不同之处在于，对清政府失望之后，无所顾忌、广泛深入地传播西方资产阶级政治思想，平等、自由、共和、民主、议会等新思想，这些思想成为创建民主共和国的理论基础。资本主义社会的矛盾、人民的贫穷、社会革命的风起云涌，促使他们的思想又发生了新的变化。社会主义思想被他们毫不迟疑地引入到自己的理论中，这些思想主张在朱执信的思想及对中国进行改造所提倡的民主主义中有不同的体现。马克思说："人们自己创造自己的历史，但是他们并不是随心所欲地创造，并不是在他们自己选定的条件下创造，而是在直接碰到的、既定的、从过去承继下来的条件下创造。一切已死的先辈们的传统，像梦魇一样纠缠着活人的头脑。当人们好像只是在忙于改造自己和周围的事物并创造前所未闻的事物时，恰好在这种革命危机时代，他们战战兢兢地请出亡灵来给他们以帮助，借用它们的名字、战斗口号和衣服，以便穿着这种久受崇敬的服装，用这种借来的语言，演出世界历史的新场面。"②戊戌维新运动的主导者康有为所宣扬的变法理论，就是打着孔子的旗号，在传统"经学"的旗帜下，拉开戊戌维新运动大幕的。而民主革命派却旗帜鲜明地提出推翻清政府，建立共和制度的主张。他们与戊戌维新派相同之处就是利用传统文化中的一些观念为我所用，在同盟会纲领中"驱逐鞑虏"就是最为生动的口号。不同的是，革命派所倡导的民族主义，不是要进行种族复仇，在这里，我们借用马克思的话，革命派所提倡的民族主义，借用了传统的"夷夏之防"观念，但是"使死人复生是为了赞美新的斗争，而不是为了拙劣地模仿旧的斗争；是为了在想象中夸大某一任务，而不是为了回避在现实中解决这个任务；是为了再度找到革命的精神，而不是为了让革命的幽灵重新游荡起来"③。晚清历史的事实证明，清政府已与帝国主义沆瀣一气，特别是《辛丑条约》的签订，表明清政府与帝国主义彻底同流合污，梁启超之所以在1902年发表了言辞激烈

---

① 李大钊：《由经济上解释中国近代思想变动的原因》，《李大钊选集》，第300页。
② 马克思：《路易·波拿巴的雾月十八日》，《马克思恩格斯选集》第一卷，人民出版社1972年版，第603页。
③ 马克思：《路易·波拿巴的雾月十八日》，《马克思恩格斯选集》第一卷，第605页。

的文章,并表示与革命派合作,与这一重大历史事件的发生不无关系。而康有为则继续坚持在保皇立宪的道路上,并最终成为革命道路的绊脚石。

辛亥革命失败后,1919年五四运动前后,中国社会进入到被鲁迅称之为"最黑暗"时期。以袁世凯为代表的封建军阀,政治上开历史倒车。袁世凯复辟帝制不成,又出现了张勋复辟的历史闹剧,一时间,封建主义再次抬头。为了实现政治上的专制,他们在思想上抬出了孔子,借用尊孔开历史倒车。中国反封建的任务没有完成,反帝任务没有完成,以陈独秀、李大钊为代表的先进的民主革命党派,高举科学与民主大旗,在中国开始新一轮的启蒙运动,中国社会也迎来了新的曙光。

晚清是中国由农耕文明开始向现代化工业文明转型时期。中国的现代化过程有其特殊性。马克思在谈到社会发生变革的动因时曾说过:"社会的物质生产力发展到一定阶段,便同它们一直在其中运动的现存生产关系或财产关系(这只是生产关系的法律用语)发生矛盾。于是这些关系便由生产力的发展形式变成生产力的桎梏。那时社会革命的时代就到来了。随着经济基础的变更,全部庞大的上层建筑也或慢或快地发生变革。"①马克思是基于对欧洲社会历史发展过程而得出的结论。在欧洲封建社会中,已经孕育着资本主义关系。"资产阶级赖以形成的生产资料和交换手段,是在封建社会里造成的。"②而中国则不同,以自给自足为特征的小农经济始终是封建社会的经济形态,因为自给自足,而不需要交换,没有全国统一的市场,而建立在这个基础上的封建专制主义制度超稳定地存在了上千年。1840年,英国用大炮叩开了中国闭关自守的大门,"英国大炮破坏了中国皇帝的权威,迫使天朝帝国与地上的世界接触。与外界完全隔绝并不是保存旧中国的首要条件,而当这种隔绝状态在英国的努力之下被暴力打破的时候,接踵而来的必然是解体的过程"③。在英国大炮下,晚清社会的财政、社会风尚、工业和政治结构产生了重大变化,随着西方殖民主义对中国侵略的步伐加快,晚清社会的这种变化更加迅速。外国的侵略给中国带来的影响使封建社会解体,并向殖民地方向沉沦。同时,唤醒了中国人,对这一沉沦进行抗争。这个过程是从1840年后开始的,因此,中国社会的转型不是自

---

① 马克思:《政治经济学批判》序言,《马克思恩格斯选集》第二卷,第82~83页。
② 马克思、恩格斯:《共产党宣言》,《马克思恩格斯选集》第一卷,第256页。
③ 马克思:《中国革命和欧洲革命》,《马克思恩格斯选集》第二卷,第3页。

发的,而是被迫的。在本国没有新的生产力,没有产生新的经济形态的情况下,只好向西方学习,进而实现中国社会的健康转型。

"任何一种社会思想的产生和发展,都不可能是孤立的现象。不论思想文化形态、内涵及结构有何不同,从根本上说都离不开其赖以产生的社会经济土壤;同时也不可能割断与传统文化思想的联系。即使是一种反映新经济、新政治的新文化,也不可能在产生后,便与旧的传统文化截然分开","近代中国的先进思想家,为挽救民族危亡,在探讨救国救民真理过程中,都对传统儒学有过不同程度的取舍,形成具有时代特色的思想"。① 在这个过程中,晚清社会思想并没有完全抛弃传统文化,同时积极吸收外来文化,使晚清社会思想呈现出在保持本民族文化的同时又融合了外来文化这一特点。

晚清时期一些进步思想家,虽然多是出身封建地主阶级,但是,他们较同时代的封建官绅更多地接触了西方文化,而且是忧患意识很强的知识分子。如王韬不仅多年在墨海书馆协助英国人翻译书籍,而且先后游历英、法、俄、日等资本主义国家。再如马建忠是一位既通经史,又专究西学,后曾赴西方学习洋务的思想家。郑观应曾在洋务运动中大显身手,总理宝顺及太古轮船公司事务,并与洋人创办公正轮船公司先后三十余载。他们通过不同渠道接触了西方文明,有机会了解西方资本主义国家先进的政治制度,发达的资本主义经济建设和科学文化,他们又摆脱不了传统文化的束缚,由于时代、阶级的局限,一方面主张向西方学习,同时又从传统文化中寻找救国真理。他们对封建专制主义制度没有直接指责,但对这一制度下的官吏却加以猛烈抨击。由于封建专制制度的腐朽,这一制度下的官吏,多是一群问以钱谷不知,问以兵刑不知,甚至出门茫然,一举步即不识南北东西之向背的昏庸之辈。他们隐晦曲折地指责封建专制制度"民之视君如仰天然","民之所欲,上未必知之而兴之也,民之所恶,上未必察之而勿施之也",②对封建制度下权力高度集中在皇帝手中,从地方到中央都对皇帝负责,只要按皇帝旨意办事,效忠于皇帝,取悦于皇帝,便可以为所欲为表示强烈愤慨。他们对封建制度下的官吏为了取悦上司,无所顾忌地耗民财、殚民力,对百姓进行敲骨吸髓地掠夺而不受法律制裁表示极大的愤懑。任何一个国家设置官吏的目的,都是为了确保国家机器的正常运转,封建专制主

---

① 刘兴华等:《中国思想史略》,黑龙江人民出版社1991年版,第161页。
② 王韬:《弢园文录外编》。

义制度本身的缺陷及腐败,使这一制度下的官吏多是一些保全禄位、保全身家,以取悦上司为主旨、以搜刮民财为己任的贪官污吏。由于受这个制度的制约,即使有英明君主,或若干精英大臣也无可奈何。早期维新思想家鉴于此,认为封建专制主义统治,必须改弦更张。

王韬认为,西方资本主义政治制度的优越性在于"上下相通,民隐得以上达,君患亦得以下逮"。而且"君民一心,无论政治大小,悉经议院妥酌,然后举行"。① 郑观应则认为,实行君主立宪制,实现了"凡事虽由上、下议院议定,仍奏其君裁夺;君谓然,即签名准行,君谓否,则发下再议。其立法之美,思虑之密,要皆由于上下相权,轻重得平,乃克臻此"②。王韬指出:"英国之所恃者,在上下之情通,君民之分亲,本固邦宁,虽久不变。"③不难看出早期维新思想家在政治制度上所向往的是西方君主立宪制。

学习西方的科学技术,是近代中国社会发展中一股强大的思潮。19世纪60年代,从地主阶级中分化出来的洋务派,曾打着"自强自富"的旗帜,举办了一系列近代化的军事、民用企业。但是,他们对封建专制制度却不敢触及。相反,扮演了封建专制主义卫道士的角色。李鸿章就认为:中国文武制度,事事远出西方资本主义国家之上,所差的是"火器"。张之洞在《劝学篇》中则做进一步发挥:"我圣教行于中土数千年而致者,五帝三王,明道重法,以君兼师。"他们站在本阶级的立场上,从既得利益出发,把中国封建专制主义典章制度、孔孟之道、纲常名教视为立国之根本,万万不可动摇。

自秦始皇建立封建专制主义的中央集权制后,经过历代帝王的不断努力,封建专制主义成为至高无上的权威,君权是天经地义的法典。早期维新思想家向往西方政治制度,这本身就是向封建专制主义大胆挑战。儒家文化是封建专制主义的重要支柱。那么,他们对儒家文化采取什么态度呢?

第二次鸦片战争结束后,清王朝被迫同西方列强签订了新的不平等条约。侵略者的魔爪"始而海滨,继而腹地"。如何摆脱西方殖民主义的侵略,成为中华民族的首要任务。早期维新思想家认为,完成这一任务的途径是富国强兵。表面上,他们与洋务派的主张并无区别,但实际上差异是很大的。洋务派的主

---

① 王韬:《韬园文录外编》。
② 王韬:《韬园文录外编》。
③ 王韬:《韬园文录外编》。

要精力放在所谓"船坚炮利"上,而早期维新思想家的着眼点,却在政治制度的变革上,这是两者的根本区别所在。洋务运动是近代中国向西方学习所必须经过的一个历史过程,而早期维新思想家的主张是把向西方学习的内容引向深入。故而王韬说:"天下之治,以民为先,所谓民惟邦本,本固邦宁","天下何以治,得民心而已"。陈炽则认为西方资本主义国家之所以"强兵富国纵横四海",根本原因是君民一体,上下一心。郑观应则十分推崇西方资本主义的政治制度,而对封建专制制度这种"人治"持否定态度。他认为,封建专制制度的弊端在于"有贤明之君在上,则国富民强,有暗愚之君在上,则国贫民弱。所谓其人存,则其政举,其人亡则政息"①,造成"人存政举,人亡政息"局面的关键就是"人治"的结果。而"人治"则是封建专制制度的重要特点。纵观中国历史,贤君少,暗主多,这是中国不振的重要原因。这些思想主张,是早期维新思想家在向西方学习过程中得出的结论,但它并不是,或者说不完全是西方资产阶级的政治思想,而是中国儒家文化中民本主义的变种。在儒家思想中,民本主义占有重要的地位,是儒家政治思想的核心。

孔子主张统治者:"为政以德,譬如北辰,居其所而众星共之。"②要求统治者"节用而爱人",严厉谴责统治者"猛于虎"的"苛政",对君臣关系,主张"君使臣以礼,臣事君以忠"③。孟子在孔子德政思想基础上,提出了著名的"民为贵,社稷次之,君为轻"的思想,并主张"民事不可缓也","贤君必恭俭礼下,取民有制"。④ 他在"离娄"篇中说:"得天下有道:得其民,斯得天下矣;得其民有道:得其心,斯得民矣;得其心有道,所欲与之聚之,所恶勿施尔也。"这些思想闪烁着中国古代民本思想的光辉。但是,自秦汉以来儒家这些主张总是被统治者用来维护一家一姓的统治,而且在封建专制主义制度下,儒家思想结构被封建统治者粗暴地扭曲了,其家庭伦理价值被过分夸大,"君君、臣臣、父父、子子"被法典化,在政治思想中充分发挥着巨大功能:一些伦理准则成为封建君主专制的理论基础,宗法制、家长制、等级制紧密结合在一起。在政治生活中,没有什么制度、法律来限制君主的行为,君主凌驾于国家、法律之上。儒家思想中凡是有利于皇权巩固的观念,均得到了统治者的发扬光大,并被竭力提倡。经过历代统

---

① 郑观应:《郑观应集》上册。
② 《论语·为政》。
③ 《论语·八佾》。
④ 《孟子·滕文公上》。

治者的改造,儒家思想不仅成为统治阶级用来维护其统治的重要理论基础,而且成为禁锢人们思想和行为的精神武器。

早期维新思想家的民本主义源于儒家思想,但是,"民"的内涵发生了变化。虽然,这种民本主义,还不是西方资产阶级的民主、民权观念,但也不完全等同于封建专制制度下"民"的概念。早期维新思想中的"民本"思想,是从中国古代的民本主义中逐渐向新兴的具有资本主义性质的民权观过渡的产物。联系到他们在政治制度上要实行"君民共治"的理想,不难看出,他们把传统的民本主义与西方的君主立宪制度结合在一起,企图用议院对君主进行限制,这样,儒家的民本主义发生了实质性的变化。早期维新思想家,选择了儒家思想中的积极因素,这种对传统文化的取舍态度本身正是孔子对历史传统"损益观"的再现。

晚清社会思想史,是一个新旧嬗递的过程。新的思想主张的出现,必然引起对旧的思想传统的再探讨。戊戌变法时期的思想家也是一些旧学根基很深的人,传统文化在他们身上有着深刻的烙印。但是,时代的巨变、中华民族的沉沦,迫使他们在历史转变的关头进行选择。当时,在中国思想领域,占统治地位的是"汉学"、"宋学"。封建士大夫的政治途径是毕生苦读"四书""五经",通过科举步入仕途。戊戌维新思想家们虽然没有,也不可能彻底跳出儒学的圈子,但是,在"通经致用"思想启发下,在国破民亡的危急关头,他们着眼于国富民强,而不是主张人们去作八股文章,更不提倡人们去发扬"汉学"或"宋学"的学术传统而钻故纸堆。他们对八股考试内容的陈旧、清代科举制度的腐朽学风进行了深刻的揭露。认为八股取士,所试内容,既不是治国之道,更不是强兵富国之略,科举制度是"败坏人才,斩丧人才,使天下无真才"的制度。康有为说科举制度下培养的人"不知古今,不通艺学,佁佁然若聋瞽,然可长驱登高,等为公卿。后生师慕,争相仿效,谬种相传,滔滔不绝,沛若江河,泛弥天下。学官不讲,则广设书院以奖翼之;进士不足,则多为举人、拔贡、优贡以选举之;然亦不过多增啁哳求爵禄之肆而已。上者既无古人德行、道艺之教,下之并无后世章句文史之学,聚天下而为臭诉亡耻、暗利无知之骁徒,国家其谁与立?由今之学,不变今之法,而欲与之立国牧民,未之有矣。此又汉、宋人所不及料也"[①]。科举制度在中国历史上曾发挥了重要作用,但随着封建制度的腐朽,它也不断

---

① 康有为:《教学通义》,《康有为全集》第一卷,第134页。

被败坏,特别是在19世纪60年代以后,中国资本主义开始起步并发展的历史时期。近代化企业的出现,要求有近代化管理人才;在反对外来侵略的军事斗争中,需有具备先进指挥能力的人才。总之,近代经济的发展需要各行各业的专门人才。陈旧的教育制度、落后的教育内容已不适应社会发展的需要,传统的"汉学"、"宋学",八股取士的考试内容已经到了非变革不能救国的时候了。康有为主张学校要讲有用之学,并提倡学生应用学习八股词章的精神来学习西方的科学技术。他竭力主张发展近代化的实用技术教育,为发展中国的近代经济提供技术人才,以确保民族工业的竞争能力。如此看来,戊戌变法思想家们,虽然没有正面地否定"汉学"、"宋学",但他们提倡西学,提倡实用技术,主张开办新式学校,教育学生掌握适应近代社会需要的各种专门知识,反对钻故纸堆空言性理,因此,对"汉学"、"宋学"是持否定态度的,通过对科举制度教学内容的抨击,间接扬弃了传统儒学。

在传统儒学中,既有维护封建专制主义统治的"三纲五常",也有反对极端专制的民本主义思想;既有"变易"思想主张,也有因循守旧抱祖宗成法不变的观念存在,精华与糟粕共存,革新与守旧同在。戊戌变法思想家们的可贵之处在于继承了儒学中朴素的民本主义思想,并使其逐步向资产阶级民权主义发展,尽管这种过渡是不自觉的,但它毕竟代表了历史发展的前进方向,使中国传统的民本主义与西方的君主立宪制结合在一起,使传统的民本主义发生了变化,更新了内容,由君治民,变为君民共治,使君权处在议院之下,这是一种历史性的进步,是对洋务派"中体西用"的否定,也是中国民权运动中必不可少的一个重要环节。戊戌变法维新思想家对传统儒学的态度,说明他们已经冲破洋务派的圈子,转变为资产阶级思想家。

维新思想家在对传统儒学的检讨中,深刻把握了今文学派议政言变的传统。其核心思想在于"三世说"。它的主旨在于说明历史是在不断变化的,这种观点,与西方的进化论有相同之处,这种"变易"观是《易经》"穷则变,变则通,通则久"和孔子在《论语》中指出的"齐一变,至于鲁,鲁一变,至于道"思想的翻版,因此是对传统儒学的继承。他们向往西方政治制度,提倡学习西方先进科学技术,又是对儒学"夏夷之防"陈腐观念的背叛。

贵义贱利,是传统儒学又一思想主张。这一主张经过汉代的演绎而形成"重农抑商"政策。它的实行对发展当时农业、繁荣社会经济有着十分重要的意义。但它是自给自足小农经济的反映,迎合了封建专制主义巩固中央集权的需要,导致了中国经济长期处在不正常的轨道之中;它过分夸大了农业生产的作用,视商业和手工业为末业,使商人、手工业者处于受歧视的地位,从而使商业同农业相脱离,严重阻碍了中国商品经济的发展。在封建社会中,小土地私有制是封建专制主义的经济基础。土地问题是历代封建统治者十分注重的问题。土地政策关系着政权的稳定、社会的安宁。因此,历代封建统治者都采取强硬的措施,严格限制土地的买卖,不准把土地作为商品出售,把土地从商品流域中排挤出去,以防止在流通领域内失去应得的赋税,影响国家的财政收入;防止土地频繁交换,使大量无地农民成为流民而导致社会动荡。在一定意义上,控制了土地不仅控制了国家财政,也有助于封建统治的稳定,这是历代封建统治者重农的主要原因。这一政策推行的结果,使小农经济得到充分的发展,商品经济受到控制,农民被紧紧固定在土地上。这种人为地把商业、农业、手工业相分割,使之相分离,结果本来统一的社会经济机体,成为相互没有联系或联系极少的孤立的生产活动。它不仅限制了商业的发展,扼制了手工业的繁荣,使商业、手工业成为封建社会的附庸,在社会经济结构中始终不能占据应有的地位,也使整个社会处于一个相对稳定的停滞状态。

自洋务运动开始,人们虽然没有对儒家"君子不言利"、"贵义贱利"进行批判,但对这一思想派生出来的"重农抑商"政策却进行了抨击:"呜呼,即其所言农事以观,彼亦何尝度土宜,辨种植,辟旷地,兴水利,深沟洫,泄水潦,备旱干,督农肆力于南亩之经营而指授也哉;徒知丈田、征赋、催科、取地,纵悍吏以殃民为农之虎狼而已。"①对封建专制主义制度下的"重农"的实质进行深刻的揭露。同时,他们冲破儒家"君子不言利"的思想禁锢,对发展中国的农业、工业、商业提出了一系列建议和改革的措施。陈炽主张中国农业生产应"宜劝令考求培壅收获新法,购买机器,俾用力少而功多"。并主张"宜将旧日农书删繁就简,择其精要适用者,都为一卷。仍翻译各国农学,取其宜于中国凿凿可行者,亦为一编,颁布学宫,散给生童,转教农人之识字者"②。郑观应则进一步主张中国派员"综理农事,参仿西学,以复古初,委员赴泰西各国讲求树艺、农桑、养蚕、牧畜、机器、耕种、化瘠为肥一切善法……使人易晓"③。这些思想家之发展农业

---

① 王韬:《弢园文录外编》。
② 陈炽:《续富国策》。
③ 郑观应:《郑观应集》上册。

的主张是把农业生产较为科学地放在整个经济领域中合理的位置,发展农业的目的是增强国力;使西方先进的科学技术与中国传统的农业生产经验结合以促进生产发展,特别是注重近代化的农业生产,使中国农业经济达到一个新的阶段。

19世纪60年代后期,人们对发展商业贸易的作用有较为深刻的认识。王韬认为发展商业贸易可以"通有无,权缓急,征贵贱,便远近,其利无穷"[①]。马建忠认为西方各国"无不以商致富"。郑观应则认为商业是"握四民之纲领","士无商则格致之学不宏,农无商则种植之类不广,工无商则制造之物不能销"[②]。在此基础上提出"以商立国"的口号。他认为,中国要摆脱西方殖民主义统治,非富强不能达到目的,欲达到富强之境,"习兵战不如商战",要抵御外来侵略,要有强大的军事力量,而军事力量是以经济条件为基础的,没有较为雄厚的物质基础,不可能为对外战争提供取胜的条件。发展商业贸易,促进商品经济发展,是对传统文化中视商业为末业的陈腐观念的大胆否定,是中国资本主义经济发展后在观念上的重要变革,只有发展商业才能加强经济领域中各个生产部门的联系,促进整个经济的发展,使中国逐步富强起来。此外,这一主张还具有反对西方列强对中国经济侵略,保护本民族利益的意义。只有发展本民族的工商业,才能抵御西方的经济侵略,抵制西方资本主义对中国的掠夺。他们以积极的态度,迎接西方资本主义的挑战,在同西方列强的经济竞争中求生存和发展,求民富国强。通过发展经济来摆脱半殖民地的地位,它的实现最终将加速封建的小农经济的解体,使中国产生更为先进的经济形态。

早期维新思想家还积极主张发展近代工业,实现国强民富,以抵制资本主义对中国的经济侵略。中国近代工业起步于洋务运动。但洋务派在举办洋务活动中,封建主义弊端充分暴露,他们把办工业视为扩充自己实力的手段,腐朽的官僚管理体制与封建垄断束缚了中国民族工业的发展。这种行径引起了早期维新志士的不满。他们对洋务派所办洋务活动由支持而转向抨击。王韬曾批评洋务派向西方学习是袭西方资本主义之皮毛,并要求打破洋务派对发展近代工业的垄断,希望清政府能"许民间自立公司",促进民族工业的发展。薛福成主张以"兴贩运利"、"制造之利"发展中国的交通运输业,为中国商人投资航

---

① 王韬:《韬园文录外编》。
② 马建忠:《适可斋纪言》。

运提供方便条件,与西方资本主义运输业相抗衡;积极发展中国的"机器造洋布","夺外利以润吾民"。① 郑观应则极力主张与西方侵略者进行商战,大力提倡发展中国的轻工业。他们极力倡言发展中国近代工业的主张,是围绕着富国富民这一目的,在寻求一条拯救民族危亡道路过程中,引进西方先进科学技术发展民族经济这一中心进行的,他们主张以振兴经济来达到与西方列强并驾齐驱的目的,通过发展近代工业,收回被西方列强夺去的利权。早期维新思想家,不自觉地扬弃了儒家"重义轻利"思想,抛弃了"轻利"的陈腐观念;他们站在反对外来侵略的爱国主义立场上,重视中华民族的利益,发扬光大了儒家的"重义"传统,从而更新了"重义"的思想内容。

20世纪后期,革命民主派登上历史舞台。表面上看,他们在政治制度上用西方资产阶级的共和制代替封建专制制度,思想上倡导西方平等、自由、博爱等价值观,经济上主张发展工业、农业、金融等步西方工业文明之后尘,似乎与传统文化关系不大,但是,只要认真分析他们的思想主张,不难看出其所构建的理想社会中有传统文化中大同世界的影子,而孙中山对传统文化中的伦理道德也不是完全排斥,主张推陈出新,进行扬弃而不是抛弃,在构建的政治制度中,设计的考试院则直接来自于科举制度。在一些人看来,五四运动提倡新文化运动,对传统文化全盘否定,其实也不然。实际上,五四运动中的骨干力量如陈独秀、李大钊、鲁迅、胡适等都是传统文化根基很深的人。陈独秀对孔子及儒学的评价、李大钊对中国历史的研究、鲁迅的《中国小说史略》、胡适的《中国哲学史大纲》仍然是今天进行相关学术研究的必读内容,并堪称传承中国传统文化的经典,这一评价并不为过。但是,在研究方法上又吸收了西方文化中的有益成分,对传统的治学方法有一定的突破和更新。

在社会思想中,如何促使中国成为独立、民主、富强的国家是人们关注的主要问题。在中国社会的急剧变化过程中,一些主张西学的人对传统文化极尽批判之能事,并用西方文化的优点来比照中国传统文化之不足;也有一些人固守传统文化,拒绝一切西方文化。前者为历史的虚无主义,后者则为复古主义,两者都不是以科学的态度来对待中西文化,是一种对中外文化不加分析,或简单否定,或简单肯定没有对其中的精华与糟粕加以区分的结果。但是,忧国忧民的思想家一直是晚清社会思想的主流,为了实现中国的富强,他们孜孜不倦,不

---

① 薛福成:《筹洋刍议·商政》,《戊戌变法》(一)。

断求索，他们以天下兴亡为己任，在不同的历史阶段提出了不同的社会改革方案。这些新的思想、观念、设想都是值得肯定的。

学术研究应该以好学深思、拒绝浅尝辄止的态度开展工作，更反对投人所好，攀援附会，须知事无幸成之理，学无浅尝之功，在学术研究中只有"只顾攀登莫问高"的精神，才能有所收获。这本书力图践行这一精神。但受学力所限，有失偏颇与粗疏也在所难免，请同仁指正。

第一章　地主阶级的社会革新思想

第一节　革新思想兴起的历史条件

一、革新思想的背景

鸦片战争前,清王朝经历了"康乾盛世"后而江河日下,失去了往日的辉煌。清王朝封建专制统治,已显著没落并面临着十分严重的社会危机。从中央到地方,朝廷内外,卖官鬻爵、贿赂公行、结党营私、招权纳贿、贪赃枉法已经到了无以复加的程度。嘉庆四年,权臣和坤被抄。其财产相当清政府当时二十年的财政收入,清王朝政治腐败的骇人听闻由此可见一斑。在经济上,社会财富高度集中到少数剥削者手中。富者土地连阡陌,贫者则无立锥之地。封建统治者政治上的严重压迫和经济上的残酷剥削,使国内社会危机四伏。南方天地会、北方白莲教的反压迫斗争连绵不断。据记载,两广地区有所谓"会匪"、"堂匪"、"股匪"、"佃匪"等数十种名目。咸丰元年六月二十日谕军机大臣中说:"广西群盗如毛。"①广大农民饥寒交迫之下,被迫开仓劫库,"杀官放囚","羽翼一呼百诺,吏不敢问"。② 这种社会危机的根本原因是:"天下贪官,甚于强盗,衙门污吏,何异虎狼","富者纵恶不究,贫贱者有冤莫伸","民之财尽矣! 民之苦极矣!"③

社会危机的另一根源是西方资本主义对中国的侵略。早在鸦片战争前200

---

① 《东华续录》咸丰朝卷九。
② 魏源:《圣武记》。
③ 荣孟源:《中国近代史资料选辑》,生活·读书·新知书店1954年版,第115页。

多年,西欧资本主义国家上升时期,欧洲一些主要资本主义国家葡萄牙、西班牙、俄国、荷兰相继来华,英国、法国、美国也接踵而至。这些抱着侵占中国野心的国家,因当时中国国势尚足以抵御外来侵略,阴谋未能得逞。从18世纪起,以英国为代表的西方殖民主义国家在用一般商品未能打开中国闭关自守的大门后,找到一个特殊商品,这就是毒品鸦片。鸦片贸易给中国带来了深刻的影响。英国人蒙哥马利·马丁说:"同鸦片贸易比较起来,奴隶贸易是仁慈的。我们没有摧残非洲人的肉体,因为我们的直接利益要求保持他们的生命;我们没有败坏他们的品格,没有腐蚀他们的思想,没有扼杀他们的灵魂。可是鸦片贩子在腐蚀、败坏和毁灭了不幸的罪人的精神世界以后,还折磨他们的肉体。"①英国向中国倾销鸦片,不仅仅中国使白银外流、生产破坏以及国家行政机关腐化,而且"所有这些破坏性因素,都同时影响着中国财政、社会风尚、工业和政治结构","英国的大炮破坏了中国皇帝的权威,迫使天朝帝国与地上的世界接触。与外界完全隔绝曾是保存旧中国的重要条件,而当这种隔绝状态在英国的努力之下被暴力所打破的时候,接踵而来的必然是解体的过程"。② 鸦片贸易加剧了中国固有的社会矛盾。

鸦片贸易也增加了新的社会矛盾。民族危机与社会危机相互渗透,使清代封建社会日趋没落。

二、鸦片战争前经世致用思想的演变

清人皮锡瑞在总结清代学术史时说:"国朝经学凡三变。国初,汉学方萌芽,皆以宋学为根柢,不分门户,各取所长,是为汉、宋兼采之学。乾隆以后,许、郑之学大明,治宋学者已鲜。说经皆主实证,不空谈义理。是为专门汉学。嘉、道以后,又由许、郑之学导源而上……汉十四博士今文说自魏、晋沦亡千余年,至今而复明。"③明朝末年,中国封建专制主义制度已经开始衰落,商品经济的发展,特别是伴随资本主义生产关系萌芽的出现,中国当时的社会风尚、文化思

---

① 转引自马克思《鸦片贸易史》,《马克思恩格斯选集》第二卷,人民出版社1972年版,第23页。
② 马克思:《中国革命和欧洲革命》,《马克思恩格斯选集》第二卷,人民出版社1972年版,第3页。
③ 皮锡瑞:《经学历史》,中华书局1989年版,第241页。

潮、价值取向都发生了深刻的变化。在学术领域突出的变化就是顾炎武等思想家的崛起。他们开始对封建专制主义制度进行批判。顾炎武认为,明代的科举用时文取士,至明末流弊已深,八股之害,甚于焚书。他对传统的宋明理学进行了批判,提倡"经世致用"。主张读书、做学问的目的是"经世",不能死啃书本。但从康熙末年至雍正、乾隆统治时期,随着自然经济基础的恢复,清王朝封建专制主义统治的巩固,清统治者开始实施文化专制的禁锢主义政策。一方面极力提倡经学,强化宋明理学,出现了"经学自两汉后,越千余年,至国朝(清朝——引者注)而复盛"①的局面。据皮锡瑞统计:"康熙五十四年,御纂《周易折中》二十二卷;乾隆二十年,御纂《周易述义》十卷;康熙六十年,钦定《书经传说汇纂》二十四卷,钦定《诗经传说汇纂》二十卷、序二卷;乾隆二十年,御纂《诗义折中》二十卷;乾隆十三年,钦定《周官义疏》四十八卷,钦定《仪礼义疏》四十八卷,钦定《礼记义疏》八十二卷;康熙三十八年,钦定《春秋传说汇纂》三十八卷;乾隆二十三年,御纂《春秋直解》十六卷……"②一方面在文化高压政策下"文字狱"不断,使一切自由思想被扼制、窒息。因此,出现了"许、郑之学大明"的现象,使考据学兴起,顾炎武的"经世致用"却被抛弃了。表面上的"康乾盛世",实际上是"将萎之花,惨于槁木"。知识分子们在当时"避席畏闻文字狱"的封建文化专制主义禁锢下,只能埋首故纸堆,把精力全部放在古代经史的考证整理上。

鸦片战争前,国内阶级矛盾加剧,社会危机日益暴露,一场从未有过的风暴即将来临,"山雨欲来风满楼"的形势已经被那些敏锐的思想家们感受到了。特别是西方殖民主义侵略者不断叩击中国大门,沙俄在中国东北、西北不断挑起事端,中国国势渐弱,无力抵御。一些先进的思想家开始揭露封建社会的某些腐败现象,希望清政府能够变革现实,以恢复封建社会昔日的辉煌。同时,他们不断抨击汉学的烦琐、宋学的空疏,主张学术研究与社会现实密切结合起来,追求文章学问的社会功能和价值,积极干预时政,反对"毕生治经",却"无一言益己、无一事可验诸治者"的学术弊端,从而主张"通经致用"。这是鸦片战争前中国学术界的新动向,这一思想潮流主要内容是探索中国的出路,其主要代表是龚自珍、林则徐、魏源。

---

① 皮锡瑞:《经学历史》,中华书局1989年版,第241页。
② 皮锡瑞:《经学历史》,中华书局1989年版,第295页。

第二节 革新思想的主要内容

一、龚自珍的社会改革观

龚自珍,字璱人,号定庵,又名巩祚。浙江仁和(今杭州)人。生于1792年,卒于1841年。

龚自珍所处的年代,正是清王朝由盛至衰、中国封建社会急剧解体的历史时期。严重的社会危机和民族危机,使清王朝面临内忧外患的困境。龚自珍曾以举人任内阁中书,熟悉封建社会的典章制度,这种经历,使他有机会目睹清王朝的黑暗腐败。他虽然也是统治阶级中的一员,但长期受到当权官僚的排挤。政治上的不得意、仕途的坎坷,使他对清政府内外交困感到忧虑,同时也形成愤世嫉俗的性格。

龚自珍与当时崇尚理学与考据学的知识分子不同。他"锐意于经史之学",并宣称自己"方读百家,好杂家之言",对古文经、今文经"无所尊,无所废",不拘门户之见,而讲求经世致用。

1. 抨击清王朝官僚政治的腐败

龚自珍对清王朝官僚集团的腐败深恶痛绝,认为封建统治集团的寡廉鲜耻已到让人不能容忍的地步。他指出:"历览近代之士,自其敷奏之日,始进之年,而耻已存者寡矣!官益久,则气愈偷;望愈崇,则谄愈固;地益近,则媚亦益工。"[①]把封建专制主义制度下的官僚丑恶嘴脸揭露得淋漓尽致。他的《己亥杂诗》其中一首写道:"不论盐铁不筹河,独倚东南涕泪多。国赋三升民一斗,屠牛那不胜栽禾。"这些封建官吏,不问国是,只关心禄位,不关心生产,只知对老百姓敲诈勒索,对关系国计民生的水利事业置之不理,只知"敬安其位",迫使农民无法生活。这说明,在封建专制统治下,在官僚的榨取下,农民已经走投无路了,一场深刻的社会危机已迫在眉睫。

2. 揭露出封建末世的衰象

龚自珍指出:"自乾隆末年以来,官吏士民狼艰狈蹶,不士、不农、不工、不商之人,十将五六;又或飧烟草,习邪教,取诛戮,或冻馁以死","自京师始,概乎四

[①] 《龚自珍全集·明良论二》,上海海古籍出版社1999年版,以下不明,均来自该书。

方,大抵富户变贫户,贫户变饿者,四民之首,奔走下贱,各省大局,岌岌乎皆不可以支月日,奚暇问年岁?"①由此可见,龚自珍不仅仅抨击封建专制制度下,封建官僚的昏聩腐朽、碌碌无为的丑行,而且清醒地认识到清王朝已经到了患"痹癃之疾"的"衰世"。这个"衰世"非但失去了清王朝往日的辉煌,而且表现出"日之将夕,悲风骤至,人思灯烛,惨惨目光,吸饮莫气,与梦为邻"②的萧瑟衰败景象。龚自珍在《尊隐》篇中,形象地把社会状况比喻为"早时"、"午时"、"昏时"三个阶段,鸦片战争前的中国,已处于"昏时"的"衰世"阶段,笼罩这一阶段的是"将萎之花、惨于槁木"的凄惨景象。

头脑清醒的龚自珍,已经朦胧地感到"乱世"就要来临,封建统治阶级最可怖的"山中之民"将"一啸百吟"。为此,他提出了缓和中国社会危机的方案。

3."药方只贩古时丹"

法先王,以求变革,这是中国古代思想家变革现实的固定思维。以复古求变革是龚自珍改革方案的重要特征。清王朝闭关锁国政治不仅阻碍了中国经济的发展,也严重限制了思想家们的视野。龚自珍也不例外,他只能从理想化的古代历史、传说中汲取营养来丰富其改革方案。故此,龚自珍提出恢复古代以血缘关系为纽带、宗法制与等级制相结合的土地制度。他认为,要想稳定社会秩序,巩固封建专制主义统治,必须调整土地占有关系。从触及土地问题——封建社会的最基本的问题来说,应该承认,龚自珍的敏锐目光观察到了封建社会的"症结"所在。但其解决问题的办法则是落后的。他主张"平均"土地。认为封建社会统治秩序的稳定和巩固,主要靠社会财富的分配平衡来维持。而封建社会最重要、最大的财富就是土地。那么如何"平均",并不是人人均等。龚自珍对"平均"的理解,是有特定含义的。他说:"三代之极其犹水。君取盂焉,臣取勺焉,民取卮焉。降是,则勺者下侵矣,卮者上侵矣。又降,则君取一石,民亦欲得一石,故或涵而踣,石而浮,则不平甚,涵而踣,则又不平甚。"③由此可见,这种"平均"是按人们在社会中的不同政治地位来决定所取得的经济利益。在封建专制条件下,"君"、"臣"、"民"的社会政治地位不同,占有社会财富多寡也相异,其标准是按"盂"、"勺"、"卮"的差别进行分配。如果上下交征

---

① 《龚自珍全集·西域置行省议》。
② 《龚自珍全集·尊隐》。
③ 《龚自珍全集·平均篇》。

利,封建等级制度的平衡被破坏,社会则极不稳定。鸦片战争前,中国的社会问题日益加深,农民起义此起彼伏,西方殖民主义者对华的大量鸦片输入、大量白银外流等各种问题交织在一起。"贫相轧、富相耀","平均"法则破坏掉了。要稳定社会秩序,必须从土地问题入手。最后达到"平均"的目的,以挽救摇摇欲坠的封建王朝的统治。龚自珍的具体办法就是恢复古代以"农宗"为中心的土地制度。他把人按宗法血缘关系分成"大宗"、"小宗"、"群宗"、"闲民"四个等级,然后,"按宗授田"。"百亩之田,不能以独治,役佃五;余夫二十五亩,亦不能以独治,役佃一。大凡大宗一,小宗若群宗四,为田二百亩,则养天下无田者九人"。① 龚自珍这一方案,只不过想在自然经济的基础上,以血缘关系为纽带,重新调整地主阶级的土地占有关系,以实现其在《平均篇》中所提出的,按其社会地位而取"孟"、"勺"、"卮",互相不"交征利"的理想境界。纵观中国历史各朝代,无不把调整土地占有关系作为巩固本朝统治的重要手段。无论是秦朝的"令黔首自实田",还是隋唐时期的"均田制",都是在调整土地占有关系,以换取社会的稳定。但龚自珍所处的时代,是鸦片战争前,清王朝江河日下,封建专制统治日薄西山,必将灭亡的历史趋势已渐露端倪,商品经济已渐露头角,封建的自给自足的自然经济日趋解体。龚自珍企图用这种宗法制的血缘关系来掩盖封建地主阶级的剥削关系,重新调整土地占有关系,来解决严重的社会危机,这不仅是实现不了的空想,而且在某种程度上是一种历史的倒退。

鸦片战争前,中国的民族矛盾也日益严重。沙俄在陆路觊觎中国西北领土,英国在东南沿海不断侵扰中国海疆。龚自珍站在爱国主义的立场上,时刻关注着祖国的安危。他潜心研究,撰写了《西域置行省议》等文,主张移民边疆,开发西北,建设和保卫祖国边疆。他提出迁徙"内地无产之民"②到新疆从事开垦的主张。一方面采取釜底抽薪的办法,瓦解农民起义,解决日益严重的"流民"问题,从而缓和社会矛盾;另一方面,可以抵御沙俄的侵略威胁,实现建设边疆、保卫边疆的目的。

鸦片战争前,英国殖民主义者的鸦片走私日趋泛滥。龚自珍目睹了鸦片对中国造成的巨大危害。他对清政府在鸦片走私问题上软弱无力的举措,对弛禁派的荒谬主张十分不满。他主张断绝鸦片走私,严惩鸦片贩子,重治吸食、贩

---

① 龚自珍:《龚自珍全集·农宗》。
② 龚自珍:《龚自珍全集·西域置行省议》。

卖、种植和制造鸦片的"奸民"。反对西方殖民主义侵略和严禁鸦片的主张,反映了龚自珍强烈的维护祖国尊严的炽热的爱国之心,具有鲜明的反侵略维护民族利益的性质。

龚自珍是中国封建社会逐步开始沦为半殖民地半封建社会的历史转折时期的一位思想家。他的思想,有对封建社会黑暗的揭露,有对封建专制制度下腐败吏治的抨击,有强烈反对外来侵略的爱国热情,有对美好理想的追求。他不是封建专制统治的叛逆者,但他诅咒寄生虫,他的思想主张基本上没有超出封建主义的范畴,无论是政治主张,还是经济变革方案,都没有否定封建专制统治的任何企图。但他的思想主张,在客观上为旧的封建专制制度唱了挽歌,不仅揭露了封建社会末期的黑暗和腐败,更在客观上揭示了新的时代必然到来的历史趋势。他拉开了中国近代启蒙思想的序幕。梁启超说:"晚清思想之解放,自珍确与有功焉。"[①]程秉钊说:"近数十年来,士大夫诵史鉴,奇掌故,慷慨论天下事,其风实定公(龚自珍)开之。"[②]这些评论是十分中肯的。

二、林则徐的思想主张

林则徐,字元抚,又字少穆、石麟,晚号俟村老人、俟村退叟。福建侯官(今福州)人。生于1785年,卒于1850年;中国近代史上著名的政治家、思想家。1804年中举,1811年为进士。曾任监察御史、道员、按察使、布政使,最后官至巡抚、总督,从政凡四十年,遍历南北各省。1838年12月被任命为钦差大臣,前往广州查禁鸦片。他抗击英帝国主义的侵略,严惩鸦片贩子。鸦片战争中,受诬陷被革职,充军伊犁。1845年遇赦后任陕西巡抚与云贵总督,1850年受命为钦差大臣,赴广西镇压农民起义,病死途中。

毛泽东说:"我们的民主革命……从林则徐算起,一直革了一百多年。"[③]林则徐是近代中国著名的爱国官员和经世派政治家。他是近代中国向西方学习的第一人;他主张坚决抗击外来侵略势力,但与清王朝的闭关锁国政策不同,他主张在区分"良夷"和"奸夷"的基础上,同西方资本主义国家进行正常的经济

---

① 梁启超:《饮冰室合集·清代学术概论》。
② 侯外庐:《中国思想史纲》下册,中国青年出版社1981年版,第167页。
③ 毛泽东:《要坚定地相信群众的大多数》,1957年10月13日,在最高国务会议第十三次会议上的讲话。

交往。

1. 学习西方"开眼看世界"

积极倡导向西方学习,"开眼看世界"是林则徐思想最显著特点之一。作为封建王朝的封疆大吏,他十分熟悉中国传统文化,在"经世致用"思想支配下,他不仅涵泳于儒家文化,并涉猎子学,深知"知己知彼"在反抗外来侵略斗争中的重要性。冲破闭关锁国的狭隘天地,积极倡导学习西方、了解西方。他深刻认识到"夷情叵测",必须"周密探报",所以,他到广东后不久,千方百计了解外国人的情况,还"日日使人刺探夷情,翻译西书,又购新闻纸"①。从而积极了解西方资本主义国家的政治、军事、经济情况,让人编译了《澳门新闻纸》,自己主编了《四洲志》,积极主动去了解西方,了解国际上发生的重大历史事件。林则徐的主张和行为,与清政府那些昏庸无知、夜郎自大的官僚相比有天壤之别。正如林则徐在《东西各洋窜匪外船严行惩办片》中所尖锐指出的:"沿海文武员弁不谙夷情,震于英吉利之名,而实不知其来历。"如此可见林则徐是具有远见卓识的。尽管《四洲志》所记各国情况,是不完全,甚至是肤浅的,但是,在近代中国,他首倡向西方学习,对于破除清王朝的闭关锁国政策、解放人们的思想是有着十分重要的进步意义的。

在学习西方过程中,他了解到英国海军力量的强大。他说:"逆夷以舟为巢穴,有大邦水军追逐于巨浸之中","剿夷而不谋船炮水军,是自败也"。② 因此,他主张建立一支足以与之抗衡的近代海军,并认为这是有效抗击英军侵略的重要措施。这是最早提出创建中国近代海军的主张。

2. 反对侵略,维护国家主权,维护民族利益

林则徐深知鸦片给中国人民带来的严重危害,所以在他受命赴广东后表示:"若鸦片一日未绝,本大臣一日不回,誓与此事相始终,断无中止之理。"③严禁鸦片的态度是斩钉截铁的。但在具体政策上,他却反对闭关锁国,主张维护正当的中外贸易,并确定"拔本塞源"的禁烟方针,不仅重治吸食者,而且重治贩卖者。他说,"试思夷人,若无带鸦片来,则华民何由转卖,何由吸食?是奸夷实陷华民于死,岂能独予以生",他主张"故新例于带鸦片来内地之夷人,定以斩绞

---

① 魏源:《道光洋艘征抚记》上,《魏源集》上册,第174页。
② 林则徐:《林则徐集·复苏冀右书》。
③ 林则徐:《林则徐集·公牍》,第56页。

第一章 地主阶级的社会革新思想

之罪,所谓天下去害者此也"①,把禁烟矛头直指外国鸦片贩子,以达到正本清源的目的。

在中外关系上,林则徐认为"鸦片断与不断,转不在乎关封与不封",如果断绝同各国的贸易,势必使外国商人(包鸦片贩子)"联成一气,勾结图私"②。对于外国商人,林则徐主张区别对待,欢迎奉法者,特别是对正常贸易的商人,加以优待;严惩鸦片贩子,若发现带烟者,立正刑诛。从而区分"良夷"与"奸夷"。针对英侵略者悍然挑起事端,炮击九龙及在穿鼻、官涌的武装挑衅,林则徐决定采取"以守为战",决心用武力抗击英国侵略,以维护中华民族的尊严。为了加强防务,林则徐在广州购置西洋火炮,仿造西洋式样船只,以增强对英军的作战能力。

英国对华侵略,严重影响了中国人民的正常生活秩序。英国侵略者的入侵,使殖民主义与中华民族的矛盾日益尖锐。林则徐对此有深刻的认识,认为"所有沿海村庄,不但正士端人,衔之刺骨,即渔舟村店,亦俱恨其强梁,必能自保身家,团练抵御"③。所以,他相信"民心可用",决定若有英军入侵,则"许以人人持刀痛杀"。这是林则徐"经世致用"思想,在反侵略战争实践中的新发展。动员、利用民众的力量来抗击侵略者,是林则徐对儒家"民惟邦本,本固邦宁"思想的继承和发展,这些思想言论和行为与投降派"患不在外而在内"、"防民甚于防寇"的谬论形成鲜明的对照。这表明,林则徐不愧为一个伟大的爱国者,把民族的利益置于高于一切的地位。

林则徐的经世致用思想,具有鲜明的时代特色。他突破了传统文化中的"夏夷之防"的陈腐观念,提出"师敌之长技以制敌"④的主张同时,冲破了天朝大国故步自封的虚矫观念。他是统治阶级中最为清醒的思想家之一,承认中国落后,正视这一现实,并主张积极学习西方先进的军事技术,兴办近代军事工业,积极组织人员收集外国资料编成《澳门新闻纸》《澳门月报》《华事夷言》,尤其是编译《四洲志》对于传播西方文化起了积极的作用。林则徐开眼看世界思想,开了中国先进人物向西方资本主义国家学习的先河,在中国近代思想史上的影响是重大的。

---

① 《鸦片战争》(二),第412页。
② 林则徐:《林文忠公政书·两广奏稿》卷一。
③ 《筹办夷务始末》(道光朝)卷八。
④ 见《魏源集》上册,中华书局1976年版,第177页。

晚清社会思想之变迁

爱国主义是林则徐思想的核心。无论是在钦差大臣的任上，还是受诬流放途中，他早把自己的生死、个人的得失置之度外，他所关心的是祖国的安危存亡。1842年，在他流放途中，致友人姚春木、王冬寿说："自念祸福死生，早已度外置之，唯逆焰已若燎原，身虽放逸，安能委诸不闻不见？润州（今镇江）失守后，未得续耗，不知今日又复何如？愈行愈远，徒觉忧心如焚耳！"①一个卓越的爱国者形象跃然纸上。

三、魏源的社会改革思想

魏源，字默深，湖南邵阳金潭人。生于1794年，卒于1857年。地主阶级著名改革思想家。早年中举，但仕途不顺，至52岁中进士。鸦片战争前，为江苏布政使贺长龄辑《皇朝经世文编》，后为两江总督陶澍、林则徐等筹议漕运、水利、盐政等项要政，后任内阁中书，广泛接触清廷所藏典籍。鸦片战争爆发后，入裕谦幕府，参与筹划江浙抗英斗争，并写成《圣武记》。受林则徐委托在《四洲志》基础上写成《海国图志》。此外，还有《古微堂集》《元史新编》《老子本义》《孙子集注》等书传世。

魏源经历了鸦片战争的全过程，跨越了中国由独立自主的封建国家向半殖民地半封建社会转化前后两个不同的历史阶段。鸦片战争的失败，民族危机的深重，国破民亡的紧迫问题摆在每一个正直的中国人面前。面对这一历史巨变，魏源认真总结了鸦片战争失败的原因，提出"师夷之长技以制夷"的爱国思想。中国落后于西方的事实通过鸦片战争被有清醒头脑的思想家所承认，欲抵御外来侵略，必须发展近代工业；通过鸦片战争，魏源进一步认识到清政府的腐败，欲使国家富强，必须改革国内弊政，这不仅是反侵略斗争的要求，也是时代提出的新课题，对此魏源都提出了自己独到的见解。

1. "师夷之长技以制夷"的反侵略思想

鸦片战争，中国败于英国。魏源认为，抵御外来侵略是一个"此凡有血气者所宜愤悱，凡有耳目心知者所宜讲画也"②的问题。在林则徐"师敌之长技以制敌"的思想启发下，魏源认为，鸦片战争失败的重要原因之一就是中国对周边国家的情况不了解。中英战争时断时续近两年，作为中国最高的军事统帅道光

---

① 来新夏：《林则徐年谱》，上海人民出版社1981版，第394页。
② 魏源：《海国图志叙》，《魏源集》上册，第20页。

第一章 地主阶级的社会革新思想

皇帝还在询问英国坐落何方,周围几许,女王有无匹配,与俄国是否接壤,和新疆有无陆路可通。清朝的要员更是些"惟知九州之内,至塞外诸藩,则若疑若昧。荒外诸服,则若有若无"①的昏昧之徒,对世界政治、经济、军事、地理一无所知。所以,他认为,中国要想振兴,必须打破"夏夷之辨"的陈腐观念:"夫制驭外夷者,必先洞悉夷情"②。为了更好地了解敌人,他编撰了《海国图志》,并指出:"是书何以作?曰:为以夷攻夷而作,为以夷款夷而作,为师夷长技以制夷而作。"③所谓"长技",是指西方先进的军事工业及技术。

魏源说:"夷之长技三:一战舰、二火器、三养兵练兵之法。"④他主张聘请西方技术人员及熟练技术工人来华"司造船械,并延西洋柁师、司教行船演炮之法",从而编练一支能够抵御外来侵略的近代海军。同时,他还主张改造旧式军队,裁汰冗兵、冗员,选练新式水军,提高军队的素质。

2. 把"强兵"与"富民"相结合,发展近代民族工商业的主张

与林则徐一样,魏源主张在严禁鸦片的同时,坚持同西方资本主义国家进行正常的商业往来。他认为:"外夷惟利是图,惟威是畏,必使有可畏怀,而后俯首从命。"⑤外交斗争是以国力的强弱为后盾,要想在外交上处于主动,而不是被动挨打,必须使国家具有实力,这是国与国是否平等交往的重要基础。中国要摆脱受制于敌的不利地位,必须增强国力,并加强与西方国家进行"互市"(在严禁鸦片的条件下),改变中国与西方国家贸易的入超局面,增加清政府的财政收入;同时,他提出开发矿山,允许商民开采银矿,"使天地自然之利""与民共之"⑥。魏源还主张准许民间设厂造船,平时用于贩运之利,战时又可以与海军配合。魏源在重视学习西方先进军事长技的同时,主张把强兵与富民政策相结合,发展近代的商业、工业、运输业,显示出他的远见卓识。通过发展近代商业,特别是在严禁鸦片条件下,加强与西方各资本主义国家进行"互市",恢复中国在与西方资本主义国家进行商业往来时的出超地位,改变白银外流引起的银贵钱贱现象,有利于增加清政府的财政收入,从而减轻劳动人民的负担,有助于缓

---

① 魏源:《圣武记》卷十二。
② 魏源:《圣武记》卷十二。
③ 魏源:《海国图志叙》,《魏源集》上册,第20页。
④ 魏源:《海国图志·筹海篇》卷二。
⑤ 魏源:《海国图志·筹海篇》卷二。
⑥ 魏源:《魏源集》下册,第403页。

和国内的社会矛盾,适应商品经济发展的潮流。发展近代工业、运输业,是世界历史发展的大潮流,魏源的主张在主观上是为了维护清王朝的统治,但在客观上这种富民主张,迎合了历史发展的基本趋势,是当时商品经济发展的客观趋势和发展近代民用航运业的进步要求。更重要的是民富国强,可增强中国的反侵略能力,提高中国在国际上的地位。通过发展近代中国工商业,使中国社会发生质的变化。当然这是魏源所意识不到的。

3. 对西方资本主义国家政治制度朦胧的向往

魏源是一个思想敏锐、富有远见的思想家。早在鸦片战争前,就认识到封建王朝末期,社会矛盾激化,必然形成"川壅必溃"的局面。这一局面的形成,是封建统治内部政治黑暗、吏治腐败造成的。鸦片战争前,魏源认为清政府主要问题是吏治腐败,"边臣之瘾曰养痈,枢臣之瘾曰中庸,儒臣鹦鹉巧学舌,库臣阳虎能窃弓。中朝但断大官瘾,阿芙蓉烟可立尽"①。清朝百官结党营私、阿谀奉承、中饱肥私、内政不修、吸食鸦片的丑恶现象暴露无遗。要想抵御外侮,必须改革吏治。在经济上,魏源提出改善漕运、盐政和水利等事业,以确保国家的财政收入。随着魏源视野的开阔,特别是对西方资本主义国家认识的不断深入,他已经朦胧地觉察到西方列强的强大,与其政治制度有一定的联系。在他热心介绍西方先进的军事工业、先进的生产技艺和鼓吹中国创办近代军事工业、近代矿山、交通运输业以促进中国近代化的同时,对美国的政治制度也做了介绍。并对美国连任四年的总统任期制,废除君主世袭表示十分赞赏。他说:美国"共二十七部酋,分东西两路,而公举一大酋总摄之。匪惟不世及,且不四载而受代,一变古今官家之局,而人心翕然,可不谓公乎! 议事听讼,选官举贤,皆自下始。众可可之,众否否之;众好好之,众恶恶之;三占从二,舍独徇同。而在下预议之人亦先由公举,可不谓周乎?""本省之官,由本省之民选择公举。"②尽管魏源并没有明确表示要用这种资本主义政治制度来代替中国封建专制的君主制,并将其比附于"三代"具有复古的色彩,但是,他毕竟在传统的"夏夷之防"的陈腐观念上打开一道缺口,不仅承认西方的坚船利炮高明于中国的长矛大刀;而且赞许西方的政治制度,从而为中国近代改革与西方政治制度的对比参照,打开了新的思路。

---

① 魏源:《魏源集》下册,第673页。
② 《海国图志》卷三十九。

第三节　鸦片战争后中国社会思想的变迁

鸦片战争给古老封闭的中国社会以强烈的震撼,成为中国历史重要转折点。在西方资本主义侵略者的打击下,地主阶级中的有识之士首先惊醒。他们开始冲出封建文化的禁锢,在思想上从传统观念向近代意识迈出了第一步。经世实学的兴起就是这种变化的反映。

经世实学,强调治学要旨在于通经致用。把学术研究与社会现实结合起来,注重探讨和解决时代面临的各种实际问题。

龚自珍、林则徐、魏源等仁人志士,在民族苦难与社会危机并重、中国陷入被动挨打境地的紧急关头,不仅从政治军事上总结战败教训,而且从文化思想上找出中西的利弊得失。

经世派学者认为当代财政、银荒、兵制、海防、塞防、吏治、农政、水利、河患、漕运、盐法、流民等社会问题,显然不可能从儒学经籍中找到现成答案。解决这些迫切问题,须要脚踏实地进行分析,只有从实际出发,参照中外历史经验,才能获得较好解决,或者使矛盾相应地缓和下来。

一、对鸦片战争的总结

经世实学,除了撰述一批有关边疆、农政、漕运、盐法等著作外,经世实学兴起后一个值得注意的动向是:在经世思潮激荡下为了总结鸦片战争的沉痛教训,探索雪耻之道,在封建文人内部掀起一股研究并撰写当代史的热潮。这是鸦片战争后,经世实学的重要业绩之一。研究鸦片战争史,反映出根据时代需要,学术研究与当代重大社会问题相结合的进步趋势。

新朝修撰前朝历史,几乎成为中国封建史学的传统。清初为宣扬爱新觉罗王朝文治武功和粉饰太平,曾官修《开国方略》《清通典》《清通志》《文献通考》以及《平定准噶尔方略》等史书,这集中体现出封建统治阶级的意志。但是,进步知识分子在清朝文化专制主义高压政策下心有余悸。私家著述,因怕触犯时忌,都对撰修当代史视为畏途,不敢问津。鸦片战争后,国是日非,社会动荡,各种矛盾空前激化,于是有识之士迫切要求总结鸦片战争教训以解决当务之急,开始冲破"禁区",从事鸦片战争史的研究和撰述。

鸦片战争后,私家著述当中出现了一批撰写鸦片战争历史的重要著作。其中魏源《道光洋艘征抚记》、梁廷枏《夷氛闻记》和夏燮《中西纪事》尤为脍炙人口,受到时人赞誉。

魏源在《道光洋艘征抚记》中,比较详尽地记载了林则徐禁烟活动和中英战争的过程。该书深刻揭露英国侵略者野蛮、残暴的侵华罪行和清朝官兵矛盾、军纪败坏真相。歌颂并赞扬爱国将领和人民群众的英勇反侵略斗争。魏源悲愤指出,清朝在鸦片战争中"化良民为奸民,且诬义民为顽民"①,终于自毁长城导致反侵略战争的失败。这便揭示出封建统治者因同群众尖锐对立而丧失反侵略优势这一真理。梁廷枏在《夷氛闻记》中,除了介绍英国在印度种植、贩卖鸦片与武装走私以及林则徐等同英国侵略者进行的正义斗争外,还着重记叙了广州三元里乡民抗英斗争的英雄业绩。笔下写道:英夷伯麦"自恃膂力,率领余众,自台下闯至泥城、西村、肖冈诸村落,大肆淫掠,奸及老妇",犯下滔天罪行。三元里村民为打击侵略者猖獗气焰,"九十余乡率先齐出拒堵……老弱馈食,丁壮赴战,一时义愤同赴,不呼而集者数万人"②。乡民力图诱敌深入到牛栏岗一带加以聚歼。其后"入林内搜杀几尽,逃者不识途径,亦多被截击,有叩首流血得免者,伯麦、毕霞同时殒命"③。生动地揭露出侵略者既残暴又狼狈的丑态。最后因广州知府余保纯"步向三元里绅民揖劝,代夷乞免"④才保全了敌寇性命。本书还指出广大人民群众为自己的胜利而欢欣鼓舞的情景:"众口喧哗,笑声闻十里,夷自是始知粤人之不可犯。"⑤进而大长了人民志气,大灭了敌人威风。

夏燮在《中西纪事》里,有力刻画出封建统治者在两次鸦片战争中对外妥协投降的丑恶面目,热情赞扬人民敌忾同仇、众志成城打击侵略者的英雄气概。他用生动笔触写道:"1841年(道光二十一年),粤东义民创夷人于肖关三元里……绅民啑血,丁壮荷戈,誓与英夷为不共之仇。"继则在英法联军侵华时,1858年(咸丰八年)广东"番禺之义民设团练局于佛山镇、西北门外之九十六乡,素与夷人为仇,各谋保卫之计。首严清野,禁绝汉奸。又声言夷人入其界者,登时格杀弗论"⑥。正因为万众一心,奋力杀敌,才使侵略者心怀恐惧,不敢

---

① 魏源:《道光洋艘征抚记》下。
② 梁廷枏:《夷氛闻记》卷三。
③ 梁廷枏:《夷氛闻记》卷三。
④ 梁廷枏:《夷氛闻记》卷三。
⑤ 梁廷枏:《夷氛闻记》卷三。
⑥ 夏燮:《中西纪事》。

"肆其桀黠"①。

夏燮还揭露封建统治者在签订屈辱的《北京条约》后,为了爱新觉罗王朝私利,竟干出借外人"助剿"太平军的卑劣行径。指出江苏巡抚薛焕"驻节沪中,危如累卵","遂有与洋商相依为命之势"。于是根据朝廷"密寄中有受雇助剿,只可令华洋两商,自行办理之谕"②,组成以美国政治流氓华尔为首的洋枪队。并赏给华尔"四品顶戴花翎"。"自此英、法、美三国屡助中国剿办苏松太仓各路之匪"③。夏燮虽然沿袭统治者偏见,对太平军诬称为"匪",但是却在中外人民面前声讨并鞭挞了内外反革命势力勾结共同屠杀太平军民的血腥罪行。

这一时期关于记叙鸦片战争历史的私家著述曾受清政府的严厉压禁。朝廷对这些揭露历史真相、针砭现实和痛斥朝政腐败的著述非常恐惧。为此撰述者不得不隐匿姓名,惧遭时忌,而不敢公开刊行。但是手抄本尽管数量不多,倒也不胫而走。充分反映出信史的生命力和人心所向。

此外,抒发作者对鸦片战争或时事的情思,寄托自己理想的诗歌,也成为经世实学的重要组成部分。时人谢兰生的《思史录》、金和的《秋蟪吟馆诗钞》、周沐润的《柯亭子诗集》及张维屏的《松心十录》、范锴的《花笑庼杂笔》等诗集,都从不同侧面揭示鸦片战争历史的片断,同时表达出作者忧国忧民心态与歌颂爱国军民的情愫。

张维屏在表彰陈连陛、陈化成、葛云飞三公为国捐躯的英勇事迹所作的《三将军歌》中写道:"三将军,一姓葛,两姓陈,捐躯报国皆忠臣。英夷犯粤寇氛恶,将军奉檄守沙角。"赞扬葛云飞说:"夷犯定海公守城,手轰巨炮烧夷兵。夷兵入城公步战,枪洞公胸刀劈面。一目劈去斗愈健,面血淋漓贼惊叹。夜深雨止残月明,见公一目犹怒瞪。尸如铁立僵不倒,负公尸归有徐保。"④催人泪下,催人奋进。

在《三元里》一诗中,张维屏赞扬爱国乡民奋勇杀敌的英雄气概时,写出"妇女齐心亦健儿,犁锄在手皆兵器。乡分远近旗斑斓,什队百队沿溪山,众夷相视忽变色,黑旗死仗还生还"⑤等不朽诗句。

---

① 夏燮:《中西纪事》。
② 夏燮:《中西纪事》。
③ 夏燮:《中西纪事》。
④ 张维屏:《松心十录》。
⑤ 张维屏:《松心十录》。

鸦片战后,反映鸦片战争历史题材或时事的诗歌,一扫歌颂太平盛世或风花雪月的陈迹,如寒冬里吹起一股春风,给人们以清新脱俗的感觉,表现出其蕴藏的丰富内涵和活泼清畅的时代气息。

二、西学东渐的肇始

经世实学,要求冲破"夷夏之辨"传统观念的束缚,摆脱儒学好古、泥古的复古主义精神枷锁,走出闭关锁国的狭隘天地,了解西方,并向西方资本主义国家学习。"师夷长技以制夷"是经世实学又一重要业绩。

鸦片战争前后,通过翻译西方书籍、报刊了解外国情况,在私家著述中一时成为新的风尚。林则徐奉命查禁鸦片到广州后,曾"日日使人刺探西事,翻译西书,又购其新闻纸"[①]。

在初步掌握资料后,林则徐写成《华事夷言》和《四洲志》等,这是中国人了解西方资本主义国家历史地理的嚆矢。

接着,魏源撰写《海国图志》,徐继畬撰写《瀛寰志略》。时间更早的还有萧令裕的《英吉利记》、汪文泰的《红毛番英吉利考略》等都是受到时人瞩目的著述。它们既介绍了西洋各国历史地理、物产人文;也提出了夷人"长技"与御敌之法。其中《海国图志》与《瀛寰志略》尤为内容丰富,对思想界影响较大。

魏源在林则徐《四洲志》基础上,1842 年(道光二十二年)依据中外资料增补整理刊行《海国图志》(五十卷)。该书"为以夷攻夷而作,为以夷款夷而作,为师夷之长技以制夷而作"[②]。它是一部由中国人编写的比较详备的世界史地知识巨著,反映出当时人对世界大势以及对英、法、美、俄等主要国家的最高认识水平。

《海国图志》记叙了西方资本主义国家历史与现状。其中对英国的介绍尤较详尽。魏源说:"自意大利分裂为数国,教虽存而富强不竟,于是佛郎机、英吉利代兴。而英吉利尤炽。"[③]英国是位于大西洋的"西海一卷石",且兴起晚于荷兰、葡萄牙、西班牙、法国。但英国"不务行教,而专行贾,且佐行贾以行兵,兵贾

---

① 魏源:《道光洋艘征抚记》上。
② 魏源:《海国图志叙》。
③ 魏源:《海国图志》卷三十四。

第一章 地主阶级的社会革新思想

相资,遂雄"①。据他了解英国只是欧洲一个"蕞尔小邦"。"揆其幅员,与闽广之台湾、琼州相若,即使尽为沃土,而地力产能几何?"②英国之所以发展成为当时世界上最富强的国家,重要原因是它的殖民地遍布世界各地。英国主要靠剥削掠夺殖民地、落后地区人民血汗和财富养肥了自己。他说,英国"所以骤致富强,纵横于数万里外者,由于西得亚墨利加,东得印度诸部也。亚墨利加一土,孤悬宇内,亘古未通声闻,英人于前明万历年间探得之,遂益万里膏腴之土,骤致不赀之富"③。

魏源以深刻观察力清楚地看到英国"盖四海之内,其帆樯无所不到,凡有土有人之处无不睥睨相度,思朘削其精华"④。这是资产阶级贪婪榨取海外殖民地人民的残酷事实。

魏源还从另一角度,看到英国是工商业发达的国家。为了扩展海外贸易,英国建立了一支强大的海军和商船队,并以武力为后盾开拓海外贸易,因而"骤致不赀之富"。

魏源不仅承认西方国家具有先进的科学技术,同时还肯定美国民主共和制度,要比中国封建专制政治制度合理和优越。他在介绍美国有关情况时,赞扬向往之情不禁跃于纸上。

他说:美国地处"北墨利加洲"。原为佛兰西领地,"而英横攘之",遂沦为英国属地。美国独立战争时,"数十万黔首愤于无人道之虎狼英吉利,同仇一倡,不约成城,坚壁清野,绝其饟道,逐走强敌,尽复故疆,可不谓武乎?"⑤

从历史上看,美国利用英法矛盾,与法结盟,采远交近攻策略获得了独立。魏源说,"创开北墨利加洲者佛兰西,而英夷横攘之,愤逐英夷者弥利坚,而佛兰西助之,故弥与法世比而仇英夷,英夷遂不敢报复,远交近攻,可不谓智乎?"⑥

美国实行民主议政,采取选举制与封建专制的乾纲独揽迥然不同。对此魏源加以赞扬说:美国"议事听讼,选官举贤,皆自下始。众可可之,众否否之;众好好之,众恶恶之。三占从二,舍独徇同,而在下预议之人亦先由公举,可不谓

---

① 魏源:《海国图志》卷五十二。
② 魏源:《海国图志》卷五十九。
③ 魏源:《海国图志》卷五十九。
④ 《海国图志》:卷五十九。
⑤ 《海国图志》:卷五十九。
⑥ 《海国图志》:卷五十九。

周乎?"①

美国独立战争时公举华盛顿为最高统帅。独立后建立四年任期的总统制。废除君主世袭。魏源认为美国"二十七部酋长分东西两路,而公举一大酋总摄之,匪惟不世及,且不及四载即受代,一变古今官家之局,而人心翕然,可不谓公乎?"②

魏源认为美国与封建君主专制国家不同,是一个民主国家,对美国历史政治、外交、司法都做出积极的评价。他对美国议会、议员选举与法院尤其感到莫大兴趣。他说:"弥利坚政简易,榷税亦轻,户口十年一编,每二年于四万七千七百人中,选才识出众者一人。居于京城,参议国政,总统领所居京城众国,设有公会,各选贤士二人参议大政,如会盟、战守、通商、税饷之类,六年秩满。每国设刑官六人,主谳狱亦以推选充补,有偏私不公者,群议废之。"③

综上可知,魏源是我国历史上介绍美国民主政治的第一人。他虽然不可能对美国资产阶级代议制有深刻了解,但是字里行间却不乏向往之情。由于政治立场与认识能力限制,更不可能把批判锋芒直接指向封建专制主义制度,可是他从一个侧面表现出对封建君主专制制度的不满和谴责情绪。这种曲笔是寓有深意的。

三、传统观念的更新

经世实学是我国文化从中世纪走向近代的肇始,是对封建文化的推陈出新。它对封建文化的知识结构和传统观念的更新都产生了深远影响。

第一,从知识结构来看,封建文化思想是建立在农业经济与宗法社会基础上的文化形态。它虽然对中华民族形成和统一具有较强的凝聚力,但是却存在重"伦理"轻"功利",重"古代"轻"现实"和重"华夏"轻"四夷"等历史局限。

封建文化知识主要来自古代文化典籍,对域外知识和科学技术几乎全无所涉。林则徐、魏源、徐继畬等先后编写的《四洲志》《海国图志》《瀛寰志略》等鸿篇巨制,为知识分子提供了较为广博的世界知识。在他们面前展现一幅从未见过的丰富奇异的世界图景。这对于改变原有知识结构和扩大知识分子视野,无

---

① 《海国图志》:卷五十九。
② 《海国图志》:卷五十九。
③ 《海国图志》:卷六十一。

疑是起了积极作用。历史证明,知识结构趋向近代化、合理化,必将推动知识分子对西方世界做更深入的探索研究,进而为他们走上近代化道路,迈出可贵的第一步。

第二,从思维方法来看,知识分子在战后民族矛盾与社会危机日益加深的新条件下,在思维方式或思维习惯变革方面也开始了艰难的起步。

首先,他们提出观察问题或研究问题,要从客观实际出发,切忌主观片面。魏源指出:"轻重生权衡,非权衡生轻重。"①"善言心者必有验于事矣。"②这就强调了事实是研究问题的出发点,认识的正确还是错误都要通过实践的验证。

其次,正确处理"古"和"今"的关系。魏源认为古今关系是一个时代演进的关系。观古以思今,可作为历史的借鉴。"时愈近,势愈切。"③时代在前进,形势在变化。越到今天,情况便越复杂。因此绝不能用过去的眼光看待今天的事物。所以"善言古者,必有验于今矣"④。他认为只有古代知识经验中符合今天实际的部分才是有用的。魏源提出"时务莫切于当代"⑤。反对那些冬烘之流,动辄以古人压今人,以死人压活人的恶劣学风和习气。

再次,处理和解决问题,要善于尊重他人的意见,绝不能单凭个人主观愿望行事。魏源认为古代先贤都"不敢自恃其心"⑥,去独断专行。所以"善入夫人人之心",还要"善出其人人之心"。⑦也就是说,凡是能真正提出切实意见办法的人,"惟集思而广益"⑧,必须广泛征求意见才能做到。

复次,提出要用变化发展的观点看待问题,切忌思想僵化,墨守成规。魏源认为世上一切事物都在运动变化,"一生变,变生化,化生无穷"⑨。事物的发展便体现出变化无穷的道理。

他强调事物发展变化又是矛盾着的两方互相斗争的结果。他说"天下物无独必有对","有对之中必一主一辅",为此"则对而不失为独"。他同时指出任

---

① 魏源:《魏源集·皇朝经世文编叙》。
② 魏源:《魏源集·皇朝经世文编叙》。
③ 魏源:《魏源集·皇朝经世文编叙》。
④ 魏源:《魏源集·皇朝经世文编叙》。
⑤ 魏源:《魏源集·皇朝经世文编叙》。
⑥ 魏源:《魏源集·皇朝经世文编叙》。
⑦ 魏源:《魏源集·皇朝经世文编叙》。
⑧ 魏源:《魏源集·皇朝经世文编五例》。
⑨ 魏源:《魏源集·默觚·学篇十一》。

何事物都不可能是十全十美的,"人之智虑亦然,丰于此则必啬于彼,详于末则必荒于本。故饰其外,伤其内;扶其情,害其神;见其文,蔽其真。能两美者,天下无之"①。这就初步摆脱了孤立、静止与求全的看问题方法。

由此可见,魏源虽然受到政治立场和认识能力限制,还不可能对客观事物进行科学分析,但是他确实开始突破小农经济和宗法社会的落后意识,初步感到实践活动为人们的认识提供了广阔天地,同时初步意识到人的主观意识对客观的作用。这些固然不是自觉的,但应当重视的是它为人们摆脱传统思维模式和习惯,开辟出广阔的前景。它对于人们从封建思想束缚下获得精神解放,打破传统观念,创立新观念必然产生积极影响。

第三,经世实学的兴起,开始突破封闭、落后的自然经济下的耕战意识,为人们建立近代海防意识、外交意识以及国家主权意识奠定了初步思想基础;促进了封建意识向近代观念的转化。

海防意识。海防的安全与否涉及国家安危问题。近代资本主义国家除内陆国家外,都非常重视海防建设。清朝统治者在落后农业经济基础上实行闭关政策,基本上把中国孤立于世界之外,昧于世界大势,对海防观念相当淡薄。发动鸦片战争的英国侵略者来自西方世界,以船坚炮利的军事优势造成了中国极大灾难,从此有识之士提出"雪中国之耻,重边海之防"②,要求重视海防建设的呼声越来越高。战后以研究海防问题为主旨的著述,如魏源《海国图志》、徐继畬《瀛寰志略》、姚莹《英吉利国志》、梁廷枏《海国四说》等适应海防建设需要,纷纷问世。

鸦片战后,接受战败教训,爱国志士强调海防建设是中国民族生死存亡的大问题。在海防问题上,要制服来自海上的西方强敌,必须巩固海疆,提高御敌的海上自卫力量。

林则徐受命于危难之际。他在反侵略斗争中,树立了海防意识。首先提出对付海上强敌"制炮必求极利,造船必求极坚"③。极力主张购买葡萄牙、英国的钢铁大炮装备虎门炮台和水师船只。他还看到"逆夷以舟为巢穴,有大邦水兵追逐于巨浸之中","剿夷而不谋船炮水军,是自取败也"。④ 因此从海防建设

---

① 魏源:《魏源集·默觚·学篇十一》。
② 姚莹:《复光律原书》,《东溟后文集》卷八。
③ 《林文忠公政书》,《两广奏稿》卷四。
④ 林则徐:《致苏廷玉·道光二十二年三月》。

第一章　地主阶级的社会革新思想

的战略高度来建立一支"往来海中,迫奔逐北,彼能往者,我亦能往"①的近代海军是刻不容缓的。

魏源撰述的《筹海篇》对于增强近代海防意识和加强海防建设,尤其意义重大,因而受到世人关注。

魏源以开阔的视野看到反对西方资本主义国家侵略,维护中国主权的重要性,"筹夷事必知夷情,知夷情必知夷形"②。根据他对世界形势的了解,认为海防建设是当务之急。除了提出"先立译馆,口夷书",洞悉夷情树立海防观念外,主要应当采取的措施一是学习"夷之长技":"一战舰;二火器;三养兵练兵之法";③二是在广东沿海沙角、大角两处"置造船厂一,火器局一",同时"选闽粤巧匠精兵以习之,工匠习其铸造,精兵习其驾驭攻击"④;三是创立一支近代海军,"可以驶楼船于海外,可以战洋夷于海中";四是培养海军人才,"今宜于闽粤二省,武试增水师一科"⑤。凡是"有能造西洋战舰、水轮舟、造飞炮、火箭、水雷、奇器者,为科甲出身。能驾驶飓涛,能熟风云沙线,能枪炮有准者,为行伍出身"⑥。应试者皆由水师提督考取,经总督"拔取",朝廷"验试"后,"分发沿海水师教习技艺"。最后,还提出有关海战中的战守策略等问题。

海防意识是近代国家国防意识的重要内容之一。战后爱国志士关于建设近代海防的建议,充分反映了海防意识已经开始树立起来。它是对封建社会的传统塞防意识的发展和更新。当然这种海防意识还只是初步的。到了中法战争之后,清朝才进一步强化海防意识,认识到建立近代海军的必要性和紧迫性,但是经世实学,首重海防,其功是不可没的。

外交意识。近代资本主义国家,根据国内经济和政治建设需要,对国家之间的交往是十分重视的。但是,西方资本主义列强在侵略与奴役弱小民族时,以强权代替外交又成为殖民主义者的一贯伎俩。这样就使被侵略被损害的民族不得不以武装反抗来保卫自己国家的权益。清朝是一个以"天朝"自居的封建大国,把"四夷"看成"蛮荒",只能向中国臣服纳贡。这种宗藩观念是落后的

---

① 林则徐:《致苏廷玉·道光二十二年三月》。
② 林则徐:《致苏廷玉·道光二十二年三月》。
③ 魏源:《筹海篇三·议战》,《海国图志》卷二。
④ 魏源:《筹海篇三·议战》,《海国图志》卷二。
⑤ 魏源:《筹海篇三·议战》,《海国图志》卷二。
⑥ 魏源:《筹海篇三·议战》,《海国图志》卷二。

封建等级意识在国家之间的表现。

最早萌发出外交意识的是林则徐。林则徐从开眼看世界中逐渐改变了天朝至尊的狭隘观念。认识到国家间正当贸易是无可厚非的。为了严禁鸦片走私,坚持区别"良夷"与"奸夷",实行进口船只具结保证严正措施,意图通过经济政治手段,打击外国烟贩的猖狂气焰。由于英夷蓄意破坏,不断武装挑衅,终使中英关系日趋紧张。林则徐从中外国家正常外交关系着眼,对于朝廷"以大理寺卿曾望颜之奏,欲封关禁海,尽停各国贸易,交两广大吏议奏"①一事,"力陈不可"。指出"且言各国不犯禁之人,无故被禁必且协力谋我"②。这不仅违反国际外交惯例,而且会产生严重后果。但是终因道光帝的坚持而未能如愿。应当说林则徐这种举措是近代外交意识的最初表现。接着,魏源又从御敌策略上考虑,站在"我患夷之强,夷贪我之利,两相牵制,可无事"③的角度,主张中国"则不独以夷攻夷,并当以夷款夷"④。他以清初政事为根据,简述"国初俄罗斯争黑龙江地,构兵连年,圣祖命荷兰寄书俄罗斯,而献城归地。喀尔喀两部争衅兵,诏命达赖喇嘛遣命往谕,而喀部来庭。缅甸不贡,闻暹罗受封而立贡……"⑤据此认为正确利用矛盾,不失为解决各种争端的有效办法。实际上魏源这种思想就包含了"以夷制夷"的因素。他认为运用外交手段,利用各种矛盾,不诉诸武力来解决问题,这种斗争策略应当加以肯定。

魏源指出:在鸦片战争初期利用列强矛盾由美国居间调停,一度出现转机。他说:"上年(道光二十年)靖逆将军未至粤时,弥利坚夷目即出调停讲款,于是义律来文有不讨别情,只求照例通商,倘带违禁货物,船货充公之语,并许退出虎门之说。"⑥强调说:"夫命将出师,不过因夷之索烟价、索埠地,踞虎门,今三事皆不敢违命,是不战而屈,亦足以征朝廷折冲千里之威,非弥利坚居间,岂能有是?"⑦姑且不论英国侵略者这种表态能否成为现实,仅从这种看法本身来说

---

① 魏源:《道光洋艘征抚记》上。
② 魏源:《筹海篇一·议守》,《海国图志》卷一。
③ 魏源:《筹海篇四·议款》,《海国图志》卷二。
④ 魏源:《筹海篇四·议款》,《海国图志》卷二。
⑤ 魏源:《筹海篇四·议款》,《海国图志》卷二。
⑥ 魏源:《筹海篇四·议款》,《海国图志》卷二。
⑦ 这里的"索烟价、索埠地,踞虎门"主要指1841年1月20日,琦善与义律私订的《穿鼻条约》。《筹海篇四·议款》,《海国图志》卷二。

第一章 地主阶级的社会革新思想

便包含着利用美英之间的矛盾,以外交手段"不战而屈"实现收回国家主权的意图。当然,林则徐、魏源诸人受到历史条件的限制还不可能具有明确自觉的外交意识,可是这种对外思想萌发出的近代外交意识,确实说明已初步摆脱了封建性的传统宗藩观念。这是难能可贵的。

战后,经世实学中反映出的海防意识与外交意识,表明近代民族意识与国家主权意识正从封建主义意识中分离出来成为令人瞩目的崭新对外观念和政治意识。这正是从鸦片战争失败教训中引发出来的思想文化的重大变革的产物。

最后,战后经世实学的兴起,还进一步推动了传统观念的变革。历史证明魏源等人提出的与传统观念相区别的"天道观"、"古今观"、"中外观"和"知行观"、"义利观"等新观念,为人们抛弃旧观念树立新观念开创了观念革新的初步条件。

魏源提出的"中外观",对近代中国文化思想变革的意义,更是值得我们重视的。

封建时代坚持"夷夏之辨"的传统观念,把"华夏"看成文明之邦,视"四夷"为"野蛮"之国。清朝又以"天朝"自居,"坐井观天,视四夷如魑魅"[①]。鄙视夷务,以西方的"船坚炮利"为"奇技淫巧"。这种中外观,反映了封建政治、文化的保守、褊狭与短视。魏源挣脱了这个精神枷锁,大声疾呼:"有用之物,奇技而非淫巧"。中国必须接受"西洋之长技"为我们所无的事实,承认自己落后,认真放下"虚骄"的空架子,学习外国之长技,才能"尽成中国之长技"[②]。这是需要有极大的勇气的,因为,这一思想的提出,首先是对自己的挑战,破除自己心目中的固有观念,在心理上战胜过去的自我;其次是对世俗的挑战,有藐视传统力量的胆识,冲破社会陈腐观念的束缚。

我们看到中国儒学思想中的复古主义,长期以来形成了言必称三代,行必宗孔孟的师古、信古甚至泥古的风气。魏源提出"师夷"主张,实际上是对"泥古"的挑战。魏源把"师古"转向"师夷",既是对传统观念的大胆否定,也是新观念的萌发。"师夷"观念推动了先进中国人向西方资本主义世界探索救国真理的进程,促进了人们思想的解放。

魏源顺应世界历史潮流,从中国当时所处的时代、环境、形势来考虑中国的

[①] 姚莹:《康𬨎纪行》卷十二。
[②] 魏源:《道光洋艘征抚记》。

出路,提出与传统观念相悖的"师夷"主张。这是战后人们观念上的一大变革,它是经世实学闪耀出的时代光辉。从历史考察,任何一次重大社会变革的到来,都会伴随历史条件变化,形成某种新的观念,更新旧的观念,进而为人们提供新的思维方式和价值观。

鸦片战争后,中国古老封闭的社会,在西方资本主义侵略势力的巨大冲击下,封建制度开始逐渐走向解体。以儒学为核心的中国传统的思想文化,也面临着西方资本主义文化的挑战。当时地主阶级经世派在新的条件下,继承并发扬我国学术研究的"经世致用"的优良学风,勇敢地接受了这场挑战。他们以经世实学为依托,不仅从古老的优秀文化遗产中汲取营养,而且以超人的胆识提出"师夷"主张。极力吸收当时所能认识到的西方国家的"长技",希望古老的中华帝国能在"师夷"过程中,克服民族惰性,恢复自己的青春,以新的面貌走向世界。

战后经世实学,提倡"以古证今"和"沟通中西"。这样便以鸦片战争后中国社会动荡为契机,推动中国文化结构开始有所变化,新旧观念也开始有所更迭。随之融合中西的中国近代文化也开始了有益的起步。

鸦片战争后,外国资本主义侵入中国,中国封建社会开始解体,向半殖民地半封建社会转化。外国资本主义发动的鸦片战争,不仅破坏了我国主权,也加快了自然经济基础的分解。这一时期,中国封建经济和政治结构虽然没有发生根本变化,封建文化却在空前的"变局"下走向没落。以"经世致用"为主要旗帜的地主阶级经世派乘机崛起,他们抵抗外国侵略的"御夷"、"制夷"和励精图治、改革内政成为一部分封建士大夫议论时政的中心。战争的剧变,又使少数爱国开明人士睁开眼睛看世界,提出"师夷长技以制夷"的主张。从"师古"向"师夷"的转变,反映出"夷夏之防"传统观念已经开始有所突破。

战后经世实学的发展,是在继承中国古代优秀文化遗产和吸取西方资本主义文化过程中实现的。具有开放和创新特点的经世实学成为我国从古代文化向近代文化转化的媒介和载体。鸦片战争,把中国独立主权的封建帝国推向半殖民地深渊。在新的形势下中华民族面临着重大抉择,是沿袭儒学治国之道继续走向衰落,还是改弦更张,力挽狂澜,把中国引上新生的道路,关乎民族危亡。战后经世学者把古代变易哲学,演进为朴素的历史进化论,对封建知识结构、思维模式和传统观念进行大胆革新。他们以求实、开放意识和惊人的魄力引进"西学"。战后经世实学,跨越中世纪,提出具有时代内涵的观念,执着寻求救国

第一章 地主阶级的社会革新思想

真理的探索精神,进而打破了清朝文化学术如死水一潭的寂静,谱写出中西文化交融的新篇章。鸦片战争后经世实学的发展,为引进西学,促进中国文化的创新,创造了良好条件。从魏源提出"师夷长技"到冯桂芬提出"以中国伦常名教为原本,辅以诸国富强之术",再到后来洋务派等阐发的"中学为体,西学为用",表明经世实学的发展在晚清社会的不可忽视的重要地位。戊戌时期,西学的广泛引进宣告西学代替了经世实学的传统地位。经世实学虽然在政治上失去了昔日的光彩,但仍然是一支重要学术力量。历史就是这样随着社会条件变化而不断前行。

第二章 效仿西方发展工业变革中国社会的洋务思想

第一节 洋务思想兴起的历史环境

一、效仿西方发展工业是中国经济社会发展的现实要求

向往进步,不断步入高层次文明,是人类历史发展的必然趋势。从封建社会向资本主义社会过渡是人类历史发展的一般规律,也是人类社会历史不断进步的表现。早在明代,中国就出现了资本主义生产关系的萌芽,产生了由封建社会向资本主义社会过渡的积极因素。但是,由于生产力落后,中国资本主义因素的发展是极为缓慢的。中国资本主义生产关系的萌芽主要集中在苏浙地区,而又相对集中在纺织业。在这些作坊中,都是以手工操作为主,社会化生产水平极其低下。因此,中国资本主义生产关系始终处于"萌芽"状态之中。没有在中国社会经济中占据主导地位。但正如毛泽东所指出的那样,中国封建社会内的商品经济的发展,"已经孕育着资本主义的萌芽,如果没有外国资本主义的影响,中国也将缓慢地发展到资本主义社会"[①]。中国资本主义生产关系的萌芽虽然还不具备与封建势力分庭抗礼的力量,却为中国资本主义的产生准备了物质条件。"外国资本主义的侵入,促进了这种发展。外国资本主义对于中国的社会经济起了很大的分解作用,一方面,破坏了中国自给自足的自然经济的基础,破坏了城市的手工业和农民的家庭手工业;又一方面,则促进了中国城乡

---

① 毛泽东:《中国革命和中国共产党》,《毛泽东选集》第2卷,人民出版社,第626~627页。

第二章 效仿西方发展工业变革中国社会的洋务思想

商品经济的发展。"①鸦片战后,外国商品不断涌入中国,在这些相对便宜的机器制品面前,以手工业为基础的中国工业品,因缺乏竞争能力,很快败下阵来。郑观应说:"洋布、洋纱、洋花边、洋袜、洋巾入中国,而女红失业;煤油、洋烛、洋电灯入中国,而东南数省之柏树皆弃为不材;洋铁、洋针、洋钉入中国,而业冶者无事投闲,此其大者,尚有小者,不胜枚举。所以然者,外国用机制,故工易而价廉,且成功亦易。中国用人工,故工笨而价费,且成功亦难,华民生计皆为所夺矣!"②随着西方列强对中国经济侵略的加深,大量商品涌入中国,使中国自给自足的自然经济解体的速度加快,中国手工业者的大量破产,大量失业人口的出现,为中国资本主义的产生提供了劳动力市场和商品市场。洋务派适应这一历史发展的趋势,在中国开办各类企业,这就使洋务运动在客观上迎合了人类历史的进步潮流,适应中国近代历史的发展趋势。它表明,中国开始从农业文明向工业文明转变,而这个转变的根本动力在于生产力水平的提高,而生产力的提高取决于科学技术的进步,并以此来促进中国工业的发展。而在洋务派看来,效仿西方发展工业是中国自强的根本,是摆脱西方侵略的重要途径,效仿西方发展工业是中国经济社会发展的现实要求。

二、洋务思想的出现是中国近代社会人们向西方学习的必然结果

马克思、恩格斯在《共产党宣言》中指出:"在阶级斗争接近决战的时期,统治阶级内部的,整个旧社会内部的瓦解过程,就达到非常强烈、非常尖锐的程度,甚至使得统治阶级中的一小部分人脱离统治阶级而归附于革命的阶级,即掌握着未来的阶级。"③在外国资本主义势力冲击下,鸦片泛滥,随着清王朝统治腐朽的程度加深,地主阶级内部的一些有识之士首先觉悟起来。他们面对现实,对封建专制主义制度下的种种丑恶现象和黑暗统治进行尖锐的抨击,要求改革现实制度中的不合理现象,主张富国强兵,以挽救摇摇欲坠的清王朝。龚自珍就是在当时深重的社会危机下,从封建地主阶级阵营中分化出来的地主阶级改革派。他力主改革,并论证了改革的意义:"一祖之法无不敝,千夫之议无

---

① 毛泽东:《中国革命和中国共产党》《毛泽东选集》第 2 卷,人民出版社,第 626~627 页。
② 《郑观应集·盛世危言》(上),上海人民出版社。
③ 马克思、恩格斯:《共产党宣言》,《马克思恩格斯选集》第一卷,第 261 页。

不靡,与其赠来者以劲改革,孰若自改革?抑思我祖所以兴,岂非革前代之败耶?前代所以兴,又非革前代之败耶?"①他用历史发展的规律来告诫清朝当道者,改革是封建王朝兴旺发达的根本保证,不要等形势发展到一定程度,阶级矛盾十分尖锐的情况下,等别人来代替你变革,而要主动"自改革"。他认为:"自古及今,法无不改,势无不积,事例无不变迁,风气无不移易。"②变革是历史发展的必然,是客观规律支配的结果。但是,由于历史条件的限制他把视角伸向了中国的古代,所谓"药方只贩古时丹"。从中国古代来为清王朝开了一个"药方"。这就是恢复古代以"农宗"为中心的土地制度。他的方案,实际上是以宗法血缘关系为纽带,重新确定封建宗法制的土地占有关系,显然不符合历史发展潮流了。尽管如此,龚自珍还是为腐朽的清王朝唱了挽歌,使后人深受启发,即中国不能沿着旧的方式继续存在了,改革是清政府改变"颓势"的唯一选择。

林则徐是继龚自珍后又一位主张变革的思想家。作为思想敏锐的政治家,他已经感到中国周围世界环境的变化。被"天朝"视为"蛮夷"的西方资本主义国家,以咄咄逼人之势向中国扑来。他受命于多事之秋,清政府的危难之时,在复杂多变的形势下他始终保持清醒的头脑。他认为,中国要想生存下去,必须了解西方资本主义世界,如果死抱以不变应万变的僵化教条,中国必将沉沦下去。他积极主张向西方学习,不但学习西方的军事技术,以抗击外来侵略者,而且主张与西方资本主义国家进行正常贸易。林则徐的开眼看世界,打破了封建经学的框子,把人们的视野引向了世界。为先进的中国人向西方学习开了先例。

魏源是在林则徐思想的基础上,把经世致用思想推向前进,并明确提出"师夷之长技以制夷"的重要思想家。魏源在积极主张学习西方近代军事工业和先进技术的同时,还对西方资本主义国家的政体表示出极大的兴趣,特别是较为详细地介绍了美国政治制度。林则徐开眼看世界,提出了向西方学习的思想,魏源比他又前进了一大步,提出"师夷之长技以制夷"的口号,明确把西方资本主义国家列为中国必须学习的对象,同时,又对西方政治制度充满了想往之情。在视野上比林则徐更为宽阔。第二次鸦片战争爆发后,清王朝中枢重臣恭亲王奕䜣认为"抵御外来侵略唯一办法"在于自强;"自强之术,必先练兵","练兵又

---

① 《龚自珍全集》,《乙丙之际著议》七。
② 《龚自珍全集》,《上大学士书》。

第二章 效仿西方发展工业变革中国社会的洋务思想

以制器为先"①。这一思想已经向林则徐、魏源的思想靠拢了。洋务派的重要人物左宗棠则说:"所有天下粗识道理者类知敬慕(林)宫保(则徐)","道光朝讲经世之学首推(魏)默深(源)与(龚)定庵(自珍)"②。

第二次鸦片战争后,中外反动势力进行勾结过程中,由于政治条件的变化加深了封建统治集团新的政治分化,洋务派就是在第二次鸦片战争后新的历史背景下封建统治集团分化的产物。洋务派的产生是17世纪60年代封建统治集团内部保守与应变两种力量角逐的结果,它是第二次鸦片战争以后中国在加速半殖民地化过程中民族矛盾与阶级矛盾错综复杂地纠缠在一起,并以前所未有的势头向地主阶级冲击的历史产物。而恭亲王奕䜣就是这一派的首脑人物。曾国藩、左宗棠、李鸿章等人都是十分钦仰林则徐、魏源的,并根据其个人的理解把他们的思想付诸行动。

三、发展工业是中国近代社会发展的必然选择

两次鸦片战争及太平天国反清斗争,使清王朝的反动统治陷入岌岌可危的境地。为尽快摆脱这种困境,奕䜣等人认为,"就今日之势论之,发捻交乘,心腹之害也;俄国壤地相接,有吞食上国之志,肘腋之忧也;英国志在通商,暴虐无人理,不为限制,则无以自立,肢体之患也。故灭发捻为先,治俄次之,治英又次之"③。那么,如何首先镇压太平军呢?曾国藩曾说过,购制外洋船炮,"可以剿发捻"。同时,在与外国打交道过程中,洋务派首领们也大开眼界,"鸿章常往英法提督兵船,见其大炮之精纯,子药之细巧,器械之鲜明,队伍之雄整,实非中国所能及"。这是李鸿章给曾国藩的一封信中所露出的对先进武器装备的羡慕之情,并表示他"坚定要学洋人",尽快用先进的武器来扑灭太平天国运动。

中国社会在鸦片战争后,发生了许多重要变化。最重要的变化是中国社会矛盾由地主阶级与农民的矛盾变成了地主阶级与农民、中华民族与外国侵略势力两大矛盾,其中,中华民族与外国资本主义的矛盾已成为中国近代社会的主要矛盾,洋务派的首领们把剿灭太平天国作为首要任务,而抵御外来侵略者为次要任务。就是说,镇压太平军后,其首要任务必将转移到如何对付西方殖民

---

① 同治朝《筹办夷务始末》卷二十五。
② 《左文襄公全集》书牍。
③ 咸丰朝《筹办夷务始末》卷七十一。

主义者方面。在与外国资本主义打交道过程中,他们深感中国武器装备的落后,用原始的长矛大刀对付用近代化装备起来的外国军队无疑是困难的。所以,为了"治俄、治英",洋务派决心学习西方的科学技术,来武装清王朝的军队,使之在镇压国内人民的反抗、抵御外来侵略的威胁中发挥作用。在洋务运动中,中国近代史上涌现出一批洋务活动思想家,他们主张效仿西方、学习西方,这是当时历史提出的任务,也是中国近代社会发展的必然选择。

第二节　冯桂芬的社会变革思想

清王朝在西方的船坚炮利面前很快败下阵来。痛定思痛,人们开始探讨中国失败的原因并寻求自强的道路。鸦片战争后所形成的改革派产生了学习西方科学技术以抵御外侮的思想。这一思想的出现是对现实的一种认可。魏源对此曾概括为"师夷长技以制夷"。第二次鸦片战争进一步暴露出封建制度的腐朽。在农民战争与列强再度入侵的严重形势下,地主阶级改革派在新的条件下进一步把御夷置于首位。冯桂芬还提出中国"自强之道"是"以中国伦常名教为原本,辅以诸国富强之术"的纲领。战后一部分洋务官僚乘机崛起,他们打出"自强"、"求富"的旗号,以"强兵富国"相标榜,推进了洋务思想的发展。洋务派思想家容闳、王韬、陈炽、薛福成、马建忠以及郑观应从理论与实践上,阐述并论证了"中体西用"的纲领,进一步使洋务思潮成为中西文化融合过程中一个重要历史阶段。于是洋务思潮在中国半殖民地半封建社会形成时期,终于演变成为令人瞩目的效仿西方,发展科学技术、发展中国的工业,促进中国的富强,发展中国的教育事业,为创办的新式企业培养人才,进而改变中国的社会思想。冯桂芬,是最早的、有系统的提出学习西方的思想家。

冯桂芬,字林一,号景亭,江苏吴县人。生于1809年,卒于1874年。

冯桂芬出身江南士绅家庭。早年在苏州正谊学院听过林则徐讲学,极为林则徐赏识。

1840年为进士,授翰林院编修。1851年咸丰皇帝登位,诏中外大臣举贤才,大学士太博潘世恩以林则徐、姚莹、冯桂芬同荐。

1853年,太平军进攻南京等地,冯桂芬在苏州办团练以对抗太平军,并参加镇压小刀会起义。1860年太平军攻克苏州时,他逃往上海。1862年,参加上海中外会防公所,他与上海官绅合谋雇佣英船迎接李鸿章淮军来沪,力主"借洋剿

第二章 效仿西方发展工业变革中国社会的洋务思想

逆",与英、法侵略者勾结,抗拒进攻上海的太平军。

冯桂芬天资颖异,书无所不观,不以章句自囿,对天文、地理、兵、刑、钱、谷无不极思专精,并务欲探求其本源,对新事物有较强的探求欲望。他主张研究西学,吸取其富国强兵之术,以补中学之不足。1861年把自己改革中国的方案与建议刊成《校邠庐抗议》一书。① 其基本思想是"以中国伦常名教为原本,辅以诸国富强之术"②。《校邠庐抗议》一书影响很大,洋务运动举办外语学校,训练洋务人才,实质上采用了《校邠庐抗议》中的《采西学议》,对戊戌维新运动的发展也有相当的影响,连光绪也命令将此书呈送给他批阅。

借鉴历史,从"古圣先贤"那里寻找医救时弊的仙丹妙药,几乎成为中国过去一切思想家所共有的特点。鸦片战争后,清政府被迫与他们视为"蛮夷"的西方列强签订了屈辱的不平等条约;战后民族危机以及封建专制主义统治岌岌可危的客观现实,使中国思想界发生了从未有过的震动。为了挽救民族危机,进步思想家对"古圣先贤"开始怀疑。学习西方,以外国资本主义国家为借鉴,探索中国的新出路,成为近代中国先进思想家的共同要求。19世纪五六十年代的冯桂芬就是热心向外国学习,使得中国富强起来的一个值得重视的思想家。

两次鸦片战争都以清王朝失败而告结束。冯桂芬认为这是"有天地以来未有之奇愤,凡有心知血气,莫不冲冠发上指者,则今日之以广运万里地球中第一大国,而受制于小夷也"③。第二次鸦片战争后,清王朝最高统治者认为从此天下相安,不图进取,满足于一时的中外和局。冯桂芬则清醒地看到:"西藏之南及新疆天山南路,皆与英属部孟加拉本若等接壤可虑也。俄境东自兴安岭西至科布多,毗连者数千里,近闻俄夷踪迹已及绥芬河一带,距长白吉林不甚远,更可虑也。"④严重的现实使他认识到:"我中华且将为天下万国所鱼肉。"国破民亡的危机感,激发了冯桂芬强烈的爱国之情,为了使中国富强起来,免于遭受外来侵略,他怀疑中国古代的"先贤",主张向西方学习,构成了他夷务观的一个重要特点。

冯桂芬说:"太史公论治曰,法后王,为其近己而俗变相类,议卑而易行也。

---

① 抗议出自《后汉书·赵壹传》,位卑言高之意,即见解高远的议论。
② 冯桂芬:《校邠庐抗议·制洋器议》,以下不注明出处匀出本书。
③ 冯桂芬:《善驭夷议》。
④ 冯桂芬:《善驭夷议》。

31

愚以为在今日又宜曰鉴诸国。独能自致富强,岂非相类而易行之尤大彰明者著。"①又说:"法苟不善,虽古先吾斥之。法苟善,虽蛮貊吾师之。"②不拘泥于"古圣先贤",只要能使中国富强,决心"法后王"、"鉴诸国",以"蛮貊"为师。这表明了冯桂芬坚持学习先进,勇于探索救国真理的决心,也是冯桂芬成为爱国的进步的思想家的重要起点。

第二次鸦片战争后,奕䜣等人认为:"若就目前之计,按照条约不使稍有侵越,外敦信睦,而隐示羁縻,数年间即系偶有要求,尚不遽为大害。"③因此他们主张与侵略者"遣使通好"。与此相反,面对西方殖民主义的侵略,冯桂芬认为中国有两种前途可供选择。

第一,不图进取,满足于一时的"和局",但这必将害民误国。他说,"前议自强之道,诚不可须臾缓矣。不自强而有事,危道也;不自强而无事,幸也,而不能久幸也"④。战争"和局"的出现,一是两败俱伤,二是战争双方力量相当,都无力征服对方。而第二次鸦片战争后出现的"中外相安"局面,是以清王朝满足侵略者提出的要求订立不平等条约作为先决条件的。这种"和局"是耻辱的,是短暂的。如果不图自强,苟安一时,这是很危险的。即使一时侥幸无事,但绝不能永远寄托在侥幸上面。不自强而"有事"则后果就更不堪设想。中国近代历史已经表明,正是清政府不图进取,苟安一时,使中国跌入了半殖民地半封建社会的深渊之中。

第二,奋发自强,抵御外来侵略。"自强而有事则我有以待人,矧一自强而即弭之使无事也。"⑤自强不息,是"中外相安"的基础,也是中国转危为安的必备条件。只有自强才能抵御外来侵略者,保卫祖国的独立和自由,这是一个充满光明的前途。在清政府朝野上下陶醉于《天津条约》《北京条约》签订后的"和平"局面之中时,冯桂芬这种认识更显得重要和清醒。

要自强,必须摆脱外国资本主义的压迫,也只有自强,才能摆脱外国资本主义的剥削和压迫。中国积弱受侮,民穷财尽,固然与封建专制主义的腐朽统治有一定的关系,但也与外国资本主义侵略分不开。为了免受"小夷"所制,出路

---

① 冯桂芬:《采西学议》。
② 冯桂芬:《收贫民议》。
③ 《筹办夷务始末·咸丰朝》七十一卷。
④ 冯桂芬:《善驭夷议》。
⑤ 冯桂芬:《善驭夷议》。

第二章 效仿西方发展工业变革中国社会的洋务思想

只有一条,就是"制夷"。而"制夷"必须"师夷长技"才能达到目的。客观现实使冯桂芬认识到中国落后于西方,他说:"夫所谓不如实不如也,忌嫉之无益,文饰之不能,勉强之无庸。向时中国积习长技,俱无所施,道在实其不如之所在,彼何以小而强,我何以大而弱,必求所以知之,仍存乎人而已。"①冯桂芬这种看法与那些昏庸无能盲目自大的封建官僚不同,他大胆地承认:中国落后于西方。要赶上历史潮流,必须放下虚骄自大的空架子,老老实实地承认自己落后,认真向外国学习。

在向外国学习这个问题上,冯桂芬的认识超过了他的先辈。魏源虽然也提出过"应颁制西洋奇器"②的主张,同时也有过造"量天尺、龙尾车、风锯、水锯、火轮机、水轮舟、自来火、自转碓、千斤秤"等具体建议。但与其说魏源重视学习外国先进生产技术,还不如说他的基本着眼点还是放在学习西方资本主义国家的军事技术和军事制度方面。他所指出的"夷之长技三:一战舰、二火器、三养兵练兵之法"③就是这种认识的反映。根据冯桂芬的世界知识和认识水平,他指出:除了"船坚炮利"之外,"至西人擅长者,历算之学,格物之理,制器尚象之法;皆有成书"。"……其述耶稣教者,率猥鄙无足道。此外如算学、重学、视学、光学、化学等皆格物至理。舆地书备列百国山川阨塞风土物产,多中人所不及。""西人见用地动新术与天行密合,是可资以授时。""闻西人海港刷沙,其法甚捷,是可资以行水。又如农具、织具、百工所需,多用机轮,用力少而成功多,是可资以治生。其他凡有益于国计民生者皆是,奇技淫巧不与焉。"④冯桂芬时代的世界知识固然超过了魏源时代的水平,使他有可能对西方资本主义国家有更多的了解,可是重要的问题还在于他能正视外国现状和关心国计民生,除了对耶稣教持否定态度外,西方资本主义国家近代工业、农业及一切科学技术几乎都成为冯桂芬努力探索和学习的内容。从学习军事科学技术到学习外国工农业及一切有益国计民生的生产技术与科学知识,这是近代先进知识分子向西方资本主义世界学习的一个发展。值得注意的是冯桂芬还提出中国学习外国的"人无弃材"、"地无遗利"、"君民不隔"和"名实必符"。⑤ 这就是说还要以西

---

① 冯桂芬:《制洋器议》。
② 魏源:《西域置行省议》。
③ 魏源:《海国图志·筹海篇》。
④ 冯桂芬:《采西学议》。
⑤ 冯桂芬:《制洋器议》。

方资本主义国家的社会政治制度作为借鉴。这朦胧地反映出冯桂芬欲变革封建社会政治制度的思想。尽管这种思想是不自觉的,但是却反映了资产阶级民主制度代替封建专制主义制度的时代要求和历史发展的客观趋势。

西方资产阶级民主制度,要比中国封建专制主义的中央集权进步得多。在中西方对比中,中国清王朝腐朽统治暴露无遗。冯桂芬主张向西方学习,必然导致对中国封建专制主义的批判。他自1840年中进士后步入官场,至1859年因"获罪权要"自请回籍。近二十年的官场生活,使他耳闻目睹了清王朝内部的黑暗、统治的腐朽、吏治的败坏。因此,他对封建主义专制制度表示出强烈的不满,对清王朝各项政策和措施做过激烈的批评。特别是对"上下不通","君民相隔"更给予了严厉的抨击。他尖锐地指出:"三代以下,召乱之源不外两端:下所甚苦之政,而上例行之,甚者雷厉风行以督之;下所甚恶之人,而上例用之,甚者推心置腹以任之。于是鸾鸱可以不分,鹿马可以妄指,沸羹可以为清宴,嗷鸣可以为嵩呼。五尺童子皆以为不然,而上犹以为然。不特此也,今世部院大臣,习与京朝官处,绝不知外省情事;大吏习与僚处,绝不知民间情事。甚至州县习与幕吏丁役处,亦绝不知民间情事。蒙生平愚直,间为大吏及州县纵言民间疾苦,多愕然谓闻所未闻者。此上下不通之弊也。"①君民相隔、上下不通的产生是封建中央集权绝对君主专制主义制度及其不断强化的必然结果。这当然还不能为冯桂芬所认识。然而他对秦汉以来封建专制苛政和在这种苛政统治下,难以表达的民间疾苦还是有一定的了解的。在揭发一系列清代黑暗腐败的专制统治罪恶之后,他曾愤慨地说:"今天下之乱谁为之,亦官与吏耳。而吏视官为甚,顾氏炎武谓养百万虎狼于民间者是也。"②把攻击的锋芒集中到吏治败坏,而对真正豢养"百万虎狼"的封建帝王,却不敢正视,这自然表现了冯桂芬在阶级和认识上的局限。但在实际上冯桂芬"复乡职"的主张正是对顾氏"用乡邦"等地方制度对封建专制主义分权的直接继承。对于封建专制主义的批判,用"绅权"分"君权"的主张当然还不是民主思想,但是"民贵君轻"思想和限制"君权"的主张的继续发展、升华,无疑将可能导致民主思想的产生。所以,冯桂芬主张"复乡职"、"公选举"以及用"诗歌"形式来沟通上下之情,限制君主专制的深意是可以理解的。不难看到,正是对封建专制主义的不满才使冯桂芬对西方资本

---

① 冯桂芬:《复陈诗议》。
② 冯桂芬:《易胥吏议》。

第二章　效仿西方发展工业变革中国社会的洋务思想

主义国家的"君民不隔"尤其重视,并隐然把学习"君民不隔"的资本主义国家政治制度,当作中国自强的"要政"。冯桂芬限制君权思想是与学习西方政治制度联系在一起的,因此,他的"君民不隔"具有鲜明的时代特征,要比顾炎武的主张更加进步。当然这种思想是不彻底而且是极其有限的。他所说的"上与下不宜狎,狎则主权不尊,太阿倒持而乱生。上与下又不宜隔,隔则民隐不闻,蒙气乖辟而乱又生"①,就反映了他害怕由于"民权"提高,君权动摇以致整个封建统治秩序的崩溃。这也就是他所以不敢也不主张用激烈的手段而仅提供以"复兴职"、"复陈诗"等温和办法通"上下之情"、"君民之情"的立论所在了。

不难看出,冯桂芬超过他的先辈最重要之处在于,他开始意识到要使中国不被"小夷"所制,真正成为富强的国家,那就不仅要在军事上赶上外国,而且还必须在经济上、政治上向西方资本主义国家学习。这种认识在当时是先进分子向西方寻找救国真理的积极结论,因而是值得珍视的。鸦片战争后中国社会的主要矛盾发生了深刻的变化,随着西方列强对华侵略加深,中华民族与列强间的民族矛盾也不断深化。具有爱国的民族主义思想的冯桂芬必然反对西方列强的侵略,因此,反对外来侵略思想在冯桂芬的"夷务"观中占有重要地位。

太平天国和捻军的起义,把清王朝统治秩序冲得七零八落。冯桂芬的阶级出身使他自然站到同农民相对立的立场,提出了"剿贼"的主张,向曾国藩、李鸿章出谋献策,倡议"借兵俄法"镇压太平天国。甚至在上海与侵略者设"会防局"以抵制太平军。然而,冯桂芬毕竟与封建官僚不同,在阶级矛盾、民族矛盾异常尖锐、民族危机非常严重的历史条件下,他坚决摒弃了传统的先"安内"后"攘外"的观念,主张首先要抵制外国资本主义侵略。他说:"夫驭夷为天下第一要政。"②又说:"今国家以夷务为第一要政,而剿贼次之。"③这与妥协投降派代表奕䜣那种"发捻交乘,心腹之患也。俄国壤地相接有蚕食上国之志,肘腋之患也。英国志在通商,暴虐无人理,不为限制则无以自主,肢体之患也。故灭发捻为先,治俄次之,治英又次之"④的言论是不同的。冯桂芬站在爱国民族主义立场,坚持"夷务第一"的观点,实质上则是对封建统治阶级"先安内"后"攘外"反动方针的一种抗议和针砭。他继承了林则徐、魏源的反侵略思想,突破封建统

---

① 冯桂芬:《复陈诗议》。
② 冯桂芬:《采西学议》。
③ 冯桂芬:《善驭夷议》。
④ 《咸丰朝·筹办夷务始末》卷七十一。

治阶级传统观念的束缚,真正表现了一个爱国者应有的民族立场,这是值得肯定的,也是符合中华民族利益的,反映出人民的愿望。冯桂芬就是站在上述爱国进步的民族立场上提出了一套关于"夷务"的见解。

冯桂芬反对西方侵略思想首先表现在主张通"夷情",即要求进一步加强对西方的了解。两次鸦片战争的惨败,并没有使清政府真正总结出经验和教训,更没有重视林则徐、魏源的反侵略主张,认真地了解西方资本主义国家。对外政策始终动摇不定,所以,一直处于被动挨打的地位上。冯桂芬认为,"兵法曰'知彼知己'。论夷务宜略识夷情"①。又说:"今通商为时政之一。既不能不与洋人交,则必通其志,达其欲。周知其虚实情伪,而后能称物平施之效。"②世界形势的发展,绝不允许清王朝实行闭关政策。与各国交往,是历史发展的必然趋势,清政府是被迫打开闭关自守大门的,欲使这种被动局面转为主动,使中国强大起来,与各国进行正常的往来,必须加强对西方的了解。要加强对西方的了解,必须培养大批通晓西方世界的人才。从这种认识出发,他认为总理衙门设"北京同文馆",重视培养通达"夷务"的外交人才是很得当的。他指出:"此举最为善法,行之既久,能之者必多。必有端人正士,奇尤异敏之资出于其中,然后得西人之要领而驭之,绥靖边陲之原本实在于是。"③为此,他建议在上海、广州两地同时也成立"同文馆",以成其事。并且还主张把外国关于"历算之学、格物之理,制器尚象之法"的"成书"大量翻译过来。认为只有努力"探赜索隐",才能使对西方的了解达到"由粗迹而入精微"的地步。

冯桂芬反对西方侵略思想的第二个表现是注意讲求"驭夷之道",即研究与西方殖民主义者斗争的策略。他说:"驭夷之道不讲,宜战反和,宜和反战,而夷务坏。忽战忽和而夷务坏。战不一于战,和不一于和而夷务更坏。"④在反对外来侵略战争中,清王朝始则盲目自大,终则屈膝投降。时而主战,时而主和,缺乏既定的御敌方针。这种军事上优柔寡断、举棋不定的对外作战方针,是与清王朝在政治上的腐朽分不开的。自第一次鸦片战争以来,除了林则徐等抵抗派对外有所了解,进行了一系列的战争准备外,上自道光、咸丰,下至琦善、奕山、奕经、叶名琛等清王朝实权派都没有制订出一个对外的总体方针和具体的战役

---

① 冯桂芬:《借兵俄法议》。
② 冯桂芬:《上海设立同文馆议》。
③ 冯桂芬:《上海设立同文馆议》。
④ 冯桂芬:《善驭夷议》。

第二章 效仿西方发展工业变革中国社会的洋务思想

计划。在实际战争中,不是企图靠侥幸取胜,就是挂白旗或坐以待毙。因此,冯桂芬强调"驭夷之道"的实质乃是对封建统治集团对外政策的严厉批评。

那么冯桂芬的"驭夷之道"的主要内容是什么呢?他根据对西方资本主义的了解指出:"夷人动辄称理,吾即以其人之法,还其人之身。理可从,从之。理不可从,以理析之。诸夷不知三纲而尚知一信,非真能信也。一不信而百国群起而攻之。钳制之,使不得不信……然可持久乎?曰难言也。盖尝博采旁咨,而知诸夷不能无异志。而目前数年中则未也。中华为地球第一大国,原隰衍沃,民物蕃阜,固宜百国所垂涎,年来徧绘地图辄迹及乎滇、黔、川、陕,其志何居?然而目前必无事者,则以俄、英、法、米四国,地丑德齐,外睦内猜互相钳制而莫敢先发也。"①

第一,冯桂芬主张利用西方列强之间的矛盾,采取"以夷制夷"的方针。

列强对富饶的中国都有独占之野心,也就是所谓"诸夷不能无异志"。这种认识说明冯桂芬在与外国侵略者打交道时,对其强盗面目和豺狼本性有了一定的了解。他主张"以夷制夷",利用侵略者之间的矛盾使他们互相钳制。这也说明冯桂芬认识到外国侵略者在侵略中国过程中虽然有"联合",但是它们之间的"外睦内猜"、互相"钳制"却是客观存在的弱点,制订正确的"驭夷之道"是必要的。必须指出的是,冯桂芬的"以夷制夷"与奕䜣、桂良等洋务派的"以夷制夷"有本质的不同。桂良说:"夷人之欲驻京,一欲夸耀外国,一欲就近奏事,并非有深谋诡计于其间也。观其不敢害叶名琛,知有畏忌天朝之意。观其仍肯交还广东,即时退出海口,知无占据地方之心。"奕䜣说:"是该夷并不利我土地人民,犹可以信义笼络,驯服其性。"与他们相反,冯桂芬认为:"诸夷不知三纲而尚知一信,非真能信也",并且以敏锐的观察力,清醒地看到敌人或联合谋我,或分别攻我的严重危险。他指出:"将来(俄法美英)四国之交既固,协以谋我,或四国相斗一国胜之而三国为所制,而后及于我。然四国之相仇胜于仇我,交必不能固,而自斗则为日必不远,可虑也。"②由此可见,冯桂芬对侵略者的认识同封建统治者有着本质的不同,他从"诸夷不能无异志"的实际出发,把利用敌人之间的矛盾作为一种"驭夷"的策略来考虑。而封建统治者,"以夷制夷"仅仅是掩盖他们卖国投降、屈从于侵略者的遮羞布和欺骗人民的一种动听口号而已。

---

① 冯桂芬:《善驭夷议》。
② 冯桂芬:《善驭夷议》。

第二,与侵略者暂时妥协,以争取一个发愤图强的客观环境,取得有利时机。

第二次鸦片战争后,冯桂芬又提出对外"宜一于和"的主张。他说:"今既议和宜一于和,坦然以至诚待之。猜嫌疑忌之迹一切无所用。耳属于垣,钟闻于外。无益事机,适启瑕衅。子贡曰:无报人之志而令人疑之,拙也。有报人之意而使人知之,殆也。事未发而先闻,危也。三者举事之大患。以今日行之,直所谓无报人之志而令人疑之者也。"①

忍辱之所以负重,含垢为了争取时机。这并不一定是弱者的饰词。冯桂芬主张"宜一于和"固然有对侵略者妥协的消极成分,但这不是苟安于一时,而是暂时退却,为了更好地进攻,为了争取一个卧薪尝胆、发愤图强的客观环境。因此,不能把它同统治者对侵略者一味屈膝求和、妥协退让借以保持苟延残喘的退让政策相提并论。这也是冯桂芬所以认为对外"一切曲从"为"非计"的本意所在。正如本节前面提及,冯桂芬认为中国只有奋发图强,才是正确的出路。他曾明确地说过"和局"的不可靠,由此可见,反对外来侵略的根本途径,必须放在脚踏实地发愤为雄的自强之上。而不能寄托在对侵略者的"和局"和"以夷制夷"这种廉价的胜利上。

综上所述,我们认为冯桂芬的"夷务"观,继承了林则徐、魏源思想中的积极因素,发展了他们抵御外来侵略的思想,他对封建统治者对外妥协立场的批判及他的进步的民主倾向,又比林、魏前进了一大步,从而使他的主张成为近代中国资产阶级维新救国的先声。

第三节 富国强兵的思想主张

一、奕䜣的自强观

爱新觉罗·奕䜣,道光皇帝第六子,咸丰帝之异母弟。幼年受严格的儒家教育,深谙封建三纲五常。咸丰即位后,被封为恭亲王。曾任清政府军机大臣、内务府大臣等职。1861年伙同慈禧发动北京政变,受慈禧优宠,封为议政王,领导军机处和总理各国事务衙门。

---

① 冯桂芬:《善驭夷议》。

第二章　效仿西方发展工业变革中国社会的洋务思想

奕䜣从幼年起受过严格的儒家教育,曾先后受业于著名儒学大师翁心存门下。奕䜣攻读儒家经籍通晓古今政事,在清朝皇族中是具有政治头脑的干练人员。奕䜣最初以抵御外侮维护清朝封建统治而自命,坚决主张抵抗英法联军的军事讹诈。中英中法《天津条约》签订以前,奕䜣反对同外国侵略者妥协,向咸丰帝上《江岸通商贻患甚巨宜早筹战备折》,提出制敌方略并谴责桂良妥协畏敌言论,强调长江通商危害极大。"长江山川设险之所,城邑扼要之区,处处皆中原大局所关,断不宜令夷人实逼处此。"①但是,在第二次鸦片战争中,奕䜣亲见清军被外国侵略者打得一败涂地,同时,南方太平天国如火如荼的反清斗争一浪高过一浪。铁的事实促使其思想发生重大变化,慑于侵略者的军事压力,出于对太平天国农民军的恐惧与仇恨,其思想由"制夷"转变到"款夷"上来,力主先镇压太平天国,并认为太平天国乃"心腹之患",必先除之而后快。为了镇压人民的反抗斗争,他决心"师夷之长技",成为洋务运动的热心鼓动者和领导者。他的主要思想反映在给皇帝的一系列奏章中。

他认为外国侵略者"夷性无厌",若因其桀骜,勉强议准,以图暂了目前,则无厌之求,转瞬又生枝节,日甚一日,仍归于战而后已。②

对外妥协、对内镇压义军,是奕䜣的重要主张之一。

1860年12月,奕䜣、桂良、文祥等上奏皇帝,认为第二次鸦片战争以后,签订了《天津条约》《北京条约》,"自换约以后,该夷退回天津,纷纷南驶,而所请尚执条约为据。是该夷并不利我土地人民,犹可以信义笼络,驯服其性,自图振兴,似与前代之事稍异。""诚以势有顺逆,事有缓急,不忍其忿忿之心,而轻于一试,必其祸尚甚于此。""此次夷情猖獗,凡有血气者无不同声忿恨。臣等粗知义理,岂忘国家之大计。惟念捻积于北,发炽于南,饷竭兵疲,夷人乘我虚弱,而为其所制。"臣就今日之势论之:"发、捻交乘,心腹之患也;俄国壤地相接,有蚕食上国之志,肘腋之忧也;英国志在通商,暴虐无人理,不为限制,则无以自立,肢体之患也。故灭发、捻为先,治俄次之,治英又次之。"③"夷"是中国古代对周边少数民族的称呼之一。原指中国古代生活在东部(今山东、江苏地区)的民族,后来蔑指中原以外的各族。早在商周之时,在其周边就生活着其他部族并与中

---

① 咸丰朝《筹办夷务始末》第三册。
② 咸丰朝《筹办夷务始末》卷七十九。
③ 咸丰朝《筹办夷务始末》卷七十一。

原地区建立了联系。春秋战国之际周边部族曾参与中原的政治生活,秦汉之际,中原地区农业经济得到了快速发展,而周边部族基本上以游猎为,主与中原时战时和,到清朝之前,曾有过数次少数民族在中原建立政权或几个政权并存的历史时期。在奕䜣等人看来,西方殖民主义者与中国古代的"夷"不同,《天津条约》《北京条约》的内容主要是赔款、开放口岸、传教、割地等,并不是推翻清政府的统治,即所谓"似与前代之事稍异",就当时中国的政治、经济、军事来说,只能忍一时之愤,不能轻易言战,否则,"必其祸尚甚于此"。经过分析,他认为:对外,只能"外敦信睦,而隐示羁縻",在内外交困的条件下,接受耻辱的不平等条约。所谓"隐示羁縻",是妥协、投降的代名词。朝廷的首要任务是镇压国内的太平天国和捻军的反抗斗争。由于清政府处于"饷竭兵疲"的不利情势,如果一味外抗侵略,则有"旦夕之变"。同时,他也认识到,同是外来侵略者,俄国与英国也不一样,俄国与中国接壤,有蚕食中国的野心,而英国主要是想与中国不受限制进行通商,因此,提出"故灭发、捻为先,治俄次之,治英又次之"这样的政策。如果认为奕䜣等人就是彻底投降,则不尽客观。因为,奕䜣等人还认为,如果忘记了还有外侮,"忘其害而全不设备,则贻子孙之忧"。由此可见,奕䜣等人想利用第二次鸦片战争结束后,中外皆无战事的客观环境,先着手镇压国内人民的反抗斗争,然后不断增国力再抵抗外来侵略者。怎样才能达到这一目的?奕䜣认为:"善治者,必先培养本根,本根固而蟊贼自消。"①为了"培养本根",奕䜣主张:"识时务者莫不以采西学、制洋器为自强之道。"②从此,拉开了效仿西方科学技术以自强中国的洋务运动的序幕。

1860年,奕䜣等上奏咸丰统筹全局折,提出了六条"善后"意见。

一、成立总理各国事务衙门。过去各省与外国发生交涉事件,均由各省督抚奏报,汇总于军机处。军机处是雍正年间所设。清建国初仿明朝设内阁,"机务出纳悉关内阁,其军事付议政王大臣议奏,康熙中,谕旨或命南书房翰林撰拟"。雍正年间用兵西北"以内阁在太和门外"军情繁多,"虑漏泄事机,始设军需房于隆宗门内"。"后称军机处,地近宫庭,便于宣召。为军机大臣者,皆亲臣重臣,于是承旨出政,皆在于此。"③由此可见,军机处原本是一个处理军事的具

---

① 咸丰朝《筹办夷务始末》卷七十一。
② 咸丰朝《筹办夷务始末》卷四十六。
③ 梁章钜等:《枢垣记略》,中华书局1984年版,第325~326页。

第二章 效仿西方发展工业变革中国社会的洋务思想

有内阁职权的部门,而后逐渐变成国家的一个"承旨出政"的中枢机关。1840年后,清政府与外国交涉事物逐渐繁多,军机处这样的机构显然是不适应了。故此,奕䜣主张设立总理各国事务衙门这样的机构专门处理涉外事务。因为"外国事物,头绪纷繁,驻京之后(按《天津条约》规定,外国公使进驻北京,著者注),若不悉心经理,专一其事,必致办理延缓,未能悉协机宜"①。总理各国事务衙门实是一个负责清政府外交并兼管通商等事物的机构。

二、设立南北通商大臣。《南京条约》签订后,清朝政府被迫开放广州、厦门、福州、宁波、上海等五处为通商口岸,当时,清政府"设立钦差大臣一员"对五口进行管理。而《天津条约》签订后,"北则奉天之牛庄、直隶之天津、山东之登州,南则广东之粤海、潮州、琼州、福建之福州、台湾、淡水,并长江之镇江、九江、汉口地方辽阔,南北相去七八千里"②。在这种情况下,通商事宜仍由五口通商大臣办理,显然是不合适的。因此,奕䜣主张在天津设立三口通商大臣负责北方的通商事宜,是为北洋通商大臣;原五口通商大臣由两江总督兼任,现改由专人负责,是为南洋通商大臣。南北通商大臣是负责地方外交事务及通商的官员。

三、加强对口岸税收的管理。第二次鸦片战争后,清代政府新增加了通商口岸,奕䜣认为应该加强管理关税而避免发生"侵蚀偷漏"弊病。主张各省就近选派"公正廉明之地方官管理以期裕课也"③。

四、要求各省将军、督抚在办理涉外事务时必须相互联系,"互相知照,以免歧误"。

五、设立同文馆,兴办学校,培养洋务人才。奕䜣认为:"与外国交涉事件,必先识其性情;今语言不通,文字难辨,一切隔膜,安望其能妥协。从前俄啰斯文字曾例定设立文馆学习,具有深意。今日久视为具文,未能通晓,似宜量为鼓舞,以资观感。闻广东、上海商人,有专习英、咈、咪(即英、法、美)三国文字语言之人,请饬各该省督抚挑选诚实可靠者,每省各派二人,共派四人,携带各国书籍来京。并于八旗挑选天资聪慧,年在十三四以下者,各四五人,俾资学习。"④随着中国闭关自守的大门被打开,中外的接触极为广泛和频繁。中国固有的教育方式和内容已经不适应形势发展的需要。奕䜣奏请设同文馆,其目的是为了

---

① 中国史学会编:《洋务运动》(一),上海人民出版社1961年版,第6页。
② 中国史学会编:《洋务运动》(一),上海人民出版社,第6页。
③ 中国史学会编:《洋务运动》(一),上海人民出版社,第7页。
④ 中国史学会编:《洋务运动》(一),上海人民出版社1961年版,第8页。

了解各国的具体情况,为了不受西方资本主义国家的欺骗,"先谙其言语文字"。

六、收集各国报纸,了解西方国家国情。要求各通商口岸地方官员收集各国报纸,按月汇总并上报,及时了解外国商情,便于制定相关对策。

奕䜣的奏折得到皇帝的支持,于是,晚清历史上第一次由中央政府主导的社会改革拉开序幕。

这次改革是渐次进行的。首先是清政府的机关发生了重大变化,这就是总理各国事务衙门和南北通商大臣的设立。总理各国事务衙门表面上是一个处理外交事务的机关,但是,由于是恭亲王奕䜣担任首席大臣,这一机关的重要性和作用在晚清政坛中越来越显现出来。由于恭亲王奕䜣是集军、政、外交大权于一身的辅政亲王,因此,总理各国事务衙门并非其他机关能比。晚清政局一大变化是湘军的建立,打破了满清汉人不掌兵权的祖制,再就是总理各国事务衙门的设立了。清代政治制度基本上是仿效明代,其中变化较大的是中枢机关,入关前后的相当长的历史时期内,议政王大臣会议是辅佐帝王的重要决策机构,随着中央专制主义制度的不断完善,权力高度集中,议政王大臣会议的权力被不断削弱,其间相继有内阁、南书房、军机处的设立,每一次类似机构的设置都在一定程度上削弱了议政王大臣会议的权力,而这些机构的设置都是为了加强皇帝的权力而采取的措施,都是由皇帝决定的,机构的设置已经成为定制。因此,对于总理各国事务衙门的设置,奕䜣也知事关重大,所以表示一旦局势稳定,将取消这一机构,以恢复"旧制"。

其次是设立同文馆。同文馆设置本是为了教习"外国文字",同时,经过考试并按科举制度的方法,给合格者授八、九品官职。但是,不久奕䜣就发现了问题,那就是外文教师没有来源,原以为广东、上海这些地方与外国人经常交往,能有人可以充任"教习",结果是"广东则称无人可派,上海虽有其人,而艺不甚精"①。奕䜣还了解到,外国人为了更好地同中国进行外交往来而学习中文,曾不惜重金聘请中国人"讲解文义",中国为了学习外文当然可以聘用外国人充任同文馆的"教习"。同治元年七月,奕䜣上奏朝廷请外国人为同文馆教师进行请示。1866年,奕䜣又上奏说:"自换约以来,洋人往来中国,于各省一切情形日臻熟悉,而外国情形,中国未能周知,于办理交涉事件,终虞隔膜。"②因此,他主

---

① 中国史学会编:《洋务运动》(二),上海人民出版社1961年版,第7页。
② 中国史学会编:《洋务运动》(二),上海人民出版社1961年版,第21页。

第二章 效仿西方发展工业变革中国社会的洋务思想

张从同文馆选人派到国外进行考察学习。同年,又上奏说:"因思洋人制造机器、火器等件,以及行船、行军,无一不从天文、算学中来。现在上海、浙江等处讲求轮船各项,若不从根本上用着实功夫,即习学皮毛,仍无俾于实用。臣等公同商酌,现拟添设一馆,招取满汉举人……一体与考,由臣等录取后,即延聘西人在馆教习,务期天文、算学均能洞察根源,斯道成于上,即艺成于下,数年以后,必有成效……华人之智巧聪明,不在西人之下,举凡推算、格致之理,制器、尚象之法……倘能专精务实,尽得其妙,则中国自强之道在此矣。"又说"臣等公同商酌现拟添设一馆招取满汉举人及恩、拔、岁、副、优贡,汉文业已通顺年在以外者……并准令前项正途出身五品以下满汉京外各官少年聪慧愿入馆学习者……即延聘西人在馆教习"①。自1861年洋务运动兴起,到1868年创办军事企业有七八家之多。但同文馆仅专学外语,不能培养适应社会发展所需要的人才。奕䜣主张在向西方学习的过程中,应加强自然科学的学习,并为进一步进行技术学习打下一定的基础。所以,必须增加学习的科目。在奕䜣的极力主张下,同文馆增加了许多科目,如:算学、化学、万国公法、医学生理、天文、物理等。扩充后的同文馆由一个专门培养翻译的学校,变为粗具规模的高等学校了。

不料这件事却引起了一场风波。

倭仁对同文馆教习外文、技艺极力反对并上奏折弹劾奕䜣。倭仁是晚清重臣,同治帝老师,历任副都统、工部尚书、大学士,也是顽固派首领。他认为:同文馆的设置及聘用洋人为"教习",把科举制度引入到同文馆中,非但不能使中国自强,而且有伤国体、有违祖制,必然给中国带来极大的危害。他说"国之道尚礼义不尚权谋,根本之图在人心不在技艺",国家之强的正确途径是正人心,树正气,"尚礼义",同文馆的种种措施是"变而从夷,正气为之不伸,邪气因而弥炽,数年以后,不尽驱中国之众咸归于夷不止"。而且怎么能以"夷"人为师,因为"夷人诡谲未必传其精巧,即使教者诚教,学者诚学,所成就者不过术数之士,古今来未闻有持术数而能起衰振弱者"。如果说"夷人诡谲未必传其精巧"有这种可能,把自然科学与中国传统的周易、五行术数相克等术数之学等同起来,只能说倭仁的愚昧无知,"天下之大,不患无才,如以天文算学必须讲习,博采旁术,必有精其术者,何必夷人,何必师事夷人"②。持这一论调的绝不仅倭

---

① 中国史学会编:《洋务运动》(二),上海人民出版社1961年版,第22页。
② 中国史学会编,《洋务运动》(二),上海人民出版社1961年版,第30~31页。

仁一人,这一论调在当时的中国是很有市场的。早在这年的正月,御史张盛藻上奏皇帝,针对同文馆招"正途出身五品以下满汉京外各官少年聪慧愿入馆学习"一事,认为"朝廷命官必用科甲正途者,为其读孔、孟之书,学尧舜之道,明体达用,规模 宏远也。何必令其习为机巧,专明制造轮船、洋枪之理乎?"①在他看来,中国要自强,离不开整纲纪、明政刑、赏罚分明、求贤养民、练兵筹饷这些措施,抵御外侮关键是要有一种"天下臣民莫不同仇敌忾、赴汤蹈火而不辞"的精神,有了这种精神,平灾灾平,灭敌敌灭。而这种精神从何处而来? 他的答案是"皆数百年深仁厚泽以尧、舜、孔、孟之道为教有以培养之也"②。以倭仁为代表的顽固派墨守成规,对世界发展的趋势、西方科学技术的先进性视而不见,仍然坚持闭关自守的陈旧观念不放,对西方先进的科学技术怀有仇视和恐惧心理。仇视西方侵略者是正确的,但是不能采取"以恶其人,遂以并废其学,都不问是非利害。此何殊见仇人操刀,遂戒家人勿持寸铁;见仇人积粟,遂禁子弟不复力田"③的态度。两次鸦片战争中,清朝军队在西方的船坚炮利面前已经碰得头破血流。我们不能否认在对外的军事斗争中清政府的军队中不乏爱国志士,他们忠于自己的国家,他们有勇于献身的勇气,有同仇敌忾、赴汤蹈火不怕牺牲的精神,事实是只靠这种精神是不行的。这种盲目自信的态度,是不敢面对现实的真实写照。针对顽固派的态度,奕䜣指出:"臣等查阅倭仁所奏,陈义甚高,持论甚正,臣等未曾经理洋务之前,所见亦复如此,而今日不敢专恃此说者,实有不得已之苦衷。"如果"该大学士……自必另有良图,如果实有妙策,可以制外国而不为外国所制,臣等自当追随该大学士之后……如别无良策,仅以忠信为甲胄,礼义为干橹等词,谓可折冲樽俎,臣等实未敢信"④。事实是面对西方的侵略,倭仁等除了唱唱高调,除了墨守成规外有什么更好抵制的办法呢? 奕䜣指出:"若夫以师法西人为耻,此其说尤谬。夫天下之耻,莫耻于不若人。查西洋各国,数十年来,讲求轮船之制,互相师法,制作日新。东洋日本近亦遣人赴英国学其文字,究其象属,为仿造轮船张本,不数年后亦必有成。西洋各国雄长海邦,各不相下者无论矣。若夫日本蕞尔小国尔,尚知发愤为雄。独中国狃于因循积习,不思振作,此孰甚焉! 今不以不如人为耻……而独以学其人为耻,将安

---

① 中国史学会编:《洋务运动》(二),上海人民出版社 1961 年版,第 29 页。
② 中国史学会编:《洋务运动》(二),上海人民出版社 1961 年版,第 29 页。
③ 严复:《救亡决论》,《严复集》第一册,中华书局 1986 年版,第 50 页。
④ 中国史学会编:《洋务运动》(二),上海人民出版社 1961 年版,第 33 页。

第二章　效仿西方发展工业变革中国社会的洋务思想

于不如而终不学,遂可雪其耻乎?"①在奕䜣的坚持下,同文馆不仅在北京,在其他地方也得以设立。

同文馆的设立及争论,以倭仁失败而告终,同时,促进了当时人们思想的转变。主要表现为,西方的一些科学知识得以在中国传播,人们不再认为西方的科学技术是"奇技淫巧","正途人员"也要开始学习西方的科学技术。从此,西方的数学、化学、医学、天文、法学等开始进入中国的学校,成为一些官员的必修课。

1866年12月,奕䜣又上奏说:"……此次招考天文算学之议,并非矜奇好异,震于西人术数之学也。盖以西人制器之法,无不由度数而生,今中国议欲讲求制造轮船机器诸法,苟不借西士为先导,俾讲明机巧之原,制作之本,窃恐师心自用,枉费钱粮,仍无裨于实际……论者不察,必有以此举为不急之务者,必有以舍中法而从西人为非者,甚且有以中国之人师法西人为深可耻者,此皆不识时务也。"②在当时的历史条件下,奕䜣能有此认识是十分难得的,也是十分可贵的。

奕䜣在洋务运动中的作用是值得肯定的。

第一,摆在清王朝面前的中国社会的主要问题是如何应付外国侵略者和国内人民的反抗斗争。奕䜣主张直接从外国购置枪炮,更换旧式武器装备,加强清王朝的统治力量。1861年,奕䜣等人奏请咸丰,提出直接购置洋枪、洋炮。1863年,奕䜣奏请购置洋舰。并认为:"如果用之得宜,则近之剿办长江逆匪,远之备御外侮。"③说明了学习西方的目的及学习西方的主要内容。这是对西方科学技术先进性的承认。在清政府内部,存在着顽固不化的守旧势力,对西方一无所知,两次鸦片战争的结局并没有使他们从盲目的自大中觉醒过来,相比之下奕䜣是统治集团中少有的识时务者,他的主张无疑是进步的。

第二,奕䜣认为"查治国之道,在于自强,而审时度势,则自强以练兵为要,练兵又以制器为先"④。他们认为西方资本主义国家之所以能横行海内,完全是由于他们船坚炮利。

清王朝要想"自强",除了购置洋枪、洋炮、军舰外,还要自己能够制造。正

---

① 中国史学会编:《洋务运动》(二),上海人民出版社1961年版,第25页。
② 咸丰朝《筹办夷务始末》卷四十六。
③ 同治朝《筹办夷务始末》卷十。
④ 同治朝《筹办夷务始末》卷二十五。

是在这种思想的支配下,清政府设立了安庆内军械所、江南制造总局、福州船政局、金陵机器局等军事工业以实现其"船坚炮利"的目的。

第三,洋务运动起自兴办军事企业,随后又创办了一系列民用企业,这与奕䜣的支持是分不开的。

自1864年太平天国被镇压,到1895年甲午战争,中外之间除了爆发一次中法战争和英军入侵西藏外,基本相安无事。奕䜣想利用这段时间通过发展中国的近代军事,民用企业,培养近代化所需要的人才,实现中国"自强"的目的。但洋务活动却来自两方面的压力:一是地主阶级内部的顽固派。每当洋务派有新举措,几乎都要受到顽固派的反对,而顽固派在清王朝中也是一支不可忽视的政治力量,正是由于这些人的阻挠,使奕䜣的一些主张不能得以实现。二是最高统治者慈禧的牵制。奕䜣热心支持洋务运动,以坚决的态度镇压了太平天国起义,在挽救摇摇欲坠的清王朝政局中为清政府立下了汗马功劳。但"功高震主",引起了慈禧的猜忌,曾一度罢去了他的议政王和军机大臣之职。后虽又重新起用,但奕䜣的从政活动不能不小心翼翼。而在开展洋务运动这个前所未有之事业中,更要有所顾忌了。

纵观奕䜣的思想主张,不难看出,他是封建专制主义的积极维护者。在镇压国内人民的反抗斗争中,他不惜依靠外国侵略者,主张"借师助剿"。并极力主张对外妥协。主持了《天津条约》《北京条约》两个不平等条约的签订。这是要加以深刻批判的。但是,奕䜣是洋务运动的倡导者和组织者。他的向西方学习的主张,发展中国军事工业的主张是有反对外来侵略成分的,这也是应该给予肯定的。特别是在开展洋务运动中,积极主张学习西方先进的科学技术,并创办同文馆,不仅为中国培养了一批科技人才,而且在传播西方先进的科学知识方面也发挥了积极的作用,对于近代中国了解西方做出了一定的贡献。在奕䜣的积极倡导下,洋务运动得以产生和发展。伴随洋务运动的发展,近代中国出现了洋务思想并成为晚清社会的重要思潮,它伴随着近代中国社会经济、政治、中外关系的复杂矛盾和变革经历了一个不断发展和演变的历史过程。最初这一思潮只是奕䜣等人为了挽救清王朝岌岌可危的政治局面,在内忧外患中寻求复兴,避免清王朝沉沦的一种探索。但是随着中国社会矛盾的不断尖锐,民族危机日益加深,更多的爱国知识分子、开明官僚、商人卷入进来,使这一思潮不断发展并孕育了早期维新思想,在这一思潮的产生形成发展过程中奕䜣的洋务观、自强观的影响是不可忽视的。

二、曾国藩的通权达变思想

曾国藩,字涤生,号伯涵,湖南湘乡人。生于1811年,卒于1872年。

曾国藩1838年成进士,入翰林院,为穆彰阿门生,从倭仁、唐鉴讲习程朱理学。后擢内阁学士、礼部右侍郎,又任吏部左侍郎。太平天国起义后,他奉旨办团练于长沙。创湘军水陆两支。因在镇压太平天国过程中发挥了重要的作用而深受清王朝的赏识。

曾国藩自幼熟读经史,饱受封建文化传统教育。《清史稿》说他:"天性好文,治之终身不厌,有家法而不囿于一师。其论学兼综汉、宋,以谓先王治世之道,经纬万端,一贯之以礼。"①他不仅治义理之学,且兼精词学考据,是晚清独具"义理、词章、经济、考据"特点的"理学大师"。其著作辑为《曾国藩全集》(岳麓书社1987年出版)。以维护封建纲常为己任是曾国藩思想一大特色。

曾国藩所处的时代,正是清王朝内忧外患风雨飘摇的历史时期。太平天国反清斗争如火如荼,北方捻军起义方兴未艾。清王朝的反动统治被农民起义的洪流冲得七零八落。曾国藩认为是"百废莫举,千疮并溃,无可收拾"②。清王朝出现这样的历史大变局,曾国藩认为是由以下原因造成的:一是清政府吏治败坏。清政府的腐败导致国势衰微由来已久。各地民变蜂起,是贪官鱼肉百姓,巧取横索的必然结果;二是世风不古,民心涣散。他说:"今日不可救药之端,惟民人心陷溺,绝无廉耻。""窃尝以为无兵不足深忧,无饷不足痛苦,独举目斯世求一攘利不先、赴义恐后,忠愤耿耿者不可亟得。"③为挽救封建专制主义统治,必须坚决扑灭农民的反抗烈火,同时,整顿吏治,以正人心,二者均不可偏废。他说:"细观今日局势,若不从吏治人心上痛下工夫,涤肠荡胃,断无挽回之理。"④在曾国藩看来,整顿吏治与人心,必须从维护封建纲常入手,这既是巩固封建专制主义统治的出发点也是最终归宿。这一思想,在其《讨粤匪檄》中表现得尤为突出。他说:"自唐、虞三代以来,历世圣人扶持名教,敦叙人伦,君臣、父

---

① 《清史稿列传》一九二。
② 《曾文正公全集》《书札》卷二。
③ 《曾文正公全集》,《书札》卷十二。
④ 《曾文正公全集》,《书札》卷十二。

子、上下、尊卑,秩然如冠履之不可倒置。"①太平天国高举平等大旗,视天下男子皆兄弟之辈,天下女子尽姐妹之群,是对传统封建纲常的公开对抗和否定。对此,曾国藩深恶痛绝,以为是自"开辟以来名教之奇变",表示绝不能袖手安坐,誓死镇压农民起义而后快。这样才能正人心,维护封建纲常。儒家思想,是封建专制主义统治的重要思想基础,特别是经过千百年来封建统治者的改造,已成为巩固和维护封建专制统治的重要指导思想和理论基石。太平天国为了维护上帝教的统一性,对孔学有一定冲击。对此,曾国藩如丧考妣。他攻击太平天国"士不能诵孔子之经,举中国数千年礼义人伦诗书典则,一旦扫地荡尽","粤匪焚郴州之学官,毁宣圣之木主,十哲两房,狼藉满地"。②孔学是封建统治阶级的护身符、进身阶。在曾国藩等人的心目中是神圣不可侵犯的。所以,他表示要"独仗忠信二字为行军之本",并用封建主义思想体系来武装湘军。以礼治军,坚持用程朱理学来作为湘军的精神支柱,向太平军进行猖狂的反扑。表现出曾国藩捍卫封建专制统治的决心和反对农民运动的反动立场。通权达变是曾国藩理学经世思想的重要特点。

曾国藩积极宣扬封建礼教,鼓吹"正人心",维护孔孟之道作为修身、齐家、治国、平天下的根本。他是著名的"理学大师"。但他的思想与传统的理学是有区别的。传统理学崇尚空疏之学,空谈性命、义理,对各种社会问题不闻不问,严重脱离社会实际。曾国藩关心整个清王朝的安危,使其理学具有通权达变之特色,这一特色表现为:

第一,创办湘军,打破儒生不问兵事的传统观念。咸丰二年,清王朝令曾国藩办理湖南团练,以镇压太平天国。团练属地主阶级地方性武装,任务是"筑寨浚濠,联村为堡,或严守险隘,密拿奸宄,无事则各安生业,有事则互卫身家","所有团体壮丁,亦不得远行征调",③在镇压白莲教起义过程中,发挥了作用。但是,用来对付太平天国则显得力不从心。所以,曾国藩接到办团练的"谕旨"后,他上奏疏,力陈此策无效,并论及清绿营不可用,提出"今欲改弦更张,总宜此练兵为要务"④,他要另创新式军队来代替绿营。这对清朝军队显然是一个重要改革。

———

① 《讨粤匪檄》。
② 《讨粤匪檄》。
③ 《咸丰朝东华录》卷十九。
④ 《曾文正公全集》奏稿卷。

第二章　效仿西方发展工业变革中国社会的洋务思想

第二，放弃"天朝至尊"盲目自大的架子，创办近代军事工业。在巩固清王朝统治这个问题上，顽固派与洋务派没有任何根本不同。但两派在用什么方法来维护清王朝这个问题上有着重大区别。曾国藩在事实面前，看到了西方资本主义国家的船坚炮利，于是效仿西方资本主义国家，用先进的武器武装湘军，并于1861年首先在安庆督办安庆内军械所。安庆内军械所，是中国近代第一个生产近代武器的工厂。作为清政府的封疆大吏，又是著名的理学大师，肯放弃"夷夏之防"的观点，学习西方科学技术，并创办工厂，这是需要有一定勇气和魄力的。

第三，为挽救封建专制主义统治，曾国藩对外，放弃"重夏轻夷"的观念，对侵略者采取妥协投降的立场。他说："驭夷之法，以羁縻为上，诚为至理名言。自宋以来君子好痛诋和局，而轻言战争，到今清议未改此态。"①在西方船坚炮利面前，曾国藩采取了妥协投降的立场。为了掩盖妥协投降的真面目，曾国藩把儒家的道法规范，运用于对外关系。他说："夷务本难措置，然根本不外孔子'忠信笃敬'四字。"②就是说，对西方侵略者、"无欺诈之心"；"无欺诈之盲"；要"质厚、谦谨"。就是对西方侵略者"守定和议、绝无更改"，听命于外国侵略者。对外妥协是他对外关系的基本指导思想。

曾国藩对外，放弃"重夏轻夷"的观念，对侵略者采取妥协的立场，在处理教案中可见一斑。曾国藩在处理天津教案过程中委曲求全，使列强失去了武装干涉中国的借口，清政府统治危机也暂时得到缓解。但是，天津教案处理结果的负面影响是不容忽视的，由于曾国藩没有利用普法战争的有利时机争取外交主动权，清政府虚弱的本质进一步暴露，促使列强加快了侵略中国的步伐。

1870年爆发的天津教案，是天津士民自发反对外来侵略势力的斗争。因斗争中的一些过激行为，导致了清政府一次严重的外交危机。曾国藩奉诏办理此案时，初无良策而焦灼不已，终对外妥协而结案，清政府既杀十七名无辜群众，又遣戍天津知府、知县；既对外赔款，又派崇厚赴法国"道歉"。曾国藩由此受到种种非议。但是，我们深入分析清政府当时所处的内外环境，就会对曾国藩在处理天津教案过程中采取的措施和应对策略得出正确的评价。

天津教案是法国领事丰大业一手挑起的，被殴至死是其咎由自取。

---

① 《洋务运动》丛刊(一)
② 《曾文正公全集》，《书札》卷十七。

对清政府来说,自第二次鸦片战后,中外无战事,保持"和局"达十年之久。在镇压太平天国的硝烟还未散之际,奕䜣、文祥、曾国藩、李鸿章、左宗棠等洋务派,为"中兴"清王朝展开了洋务运动,企图通过向西方学习实现中国的富强。但是列强从《天津条约》和《北京条约》中攫取到在中国内地"租买田地"、"建造教堂"、"自由传教"等侵略特权,使西方列强对中国的侵略出现了新的特点。据不完全统计,1870年前后,在中国的天主教外国神甫多达250名,而新教徒的人数增长更快,1864年有198名外国传教士,1874年则增加到436名。① 中西文化上的差异,使人们视外国传教士为异端。加上太平天国与基督教的关系,更使封建士大夫视这些外国宗教如洪水猛兽。曾国藩在《讨粤匪檄》中斥责:"粤匪窃外夷之绪,崇天主之教⋯⋯士不能诵孔子之经,而别有所谓耶苏之说、《新约》之书。举中国数千年礼义人伦、诗书典则,一旦扫地荡尽。此岂独我大清之变,乃开辟以来名教之奇变,我孔子、孟子之所痛哭于九泉!凡读书识字者,又乌可袖手安坐,不思一为之所也。"②特别是在不平等条约的庇护下,外国传教士的横行不法,促使一些中国教徒的行为肆无忌惮而激起了中国人民的极大义愤,中国人民反对外来侵略的斗争也出现了新的特征,这就是反洋教斗争。19世纪60—70年代,中国各地教案迭起,其中重大教案如南昌教案(1862),重庆教案(1863),四川酉阳教案(1865),遵义教案(1866),河南南阳教案、扬州教案、台湾教案(均为1868),天津教案(1870),四川黔江教案(1874)。另外安徽的广德、宁国、建平、宣城也相继发生了教案(1876)。

1870年天津教案是当时规模最大、影响最深的一次教案。

天津教案是法国领事丰大业一手挑起的。据崇厚当时给清廷的奏折称:"天津入夏以来谣言甚多,有迷拐人,有人发现义冢内有幼孩尸骨暴露,且为教堂所弃,遂传天主教挖腹剖心。五月二十日民间拿迷拐者武兰珍,供出迷药系教堂内王三提供","经天津道周家勋往晤法国领事官丰大业查问王三之事,该领事亦允为查办"③。二十三日天津道、知府、知县带案犯去教堂对质,案犯所供情况在教堂没有查实。天津道等一干人将案犯带回。传教士谢福音到崇厚处"面商日后办法,以期民教相安"。双方并就教堂有人病故报地方官验明后掩

---

① [美]费正清:《剑桥中国晚清史》,上中国社会科学出版社1995年版,第596~597页。
② 《曾国藩全集·诗文》,岳麓书社1985年版,第233页。
③ 参见《曾国藩全集·奏稿》,第6970~6971页。

第二章　效仿西方发展工业变革中国社会的洋务思想

埋,教堂内收养之人、读书之人亦应报官并任凭官员查验达成口头协议。天津道、府这样做的目的是便于"以释众疑",这事本已基本平息了。但是,丰大业则蛮横无理地大闹三口通商大臣衙门,开枪射伤刘杰的随从,愤怒的群众打死了丰大业和其他传教士、商人,焚烧了教堂、仁慈堂、讲书堂。由此可见天津教案本可以避免,但是,丰大业的蛮横态度,以及不听崇厚等人劝阻并开枪伤人,而使天津士民愤怒不已,致使发生事变。事后,列强以此为借口,法、英、俄、美、德、比、西向清政府总理衙门提出抗议,各国军舰集于天津港口示威,从政治上对清政府施加压力,从军事上威胁清政府。在这种背景下,清政府决定派时任直隶总督的曾国藩赴天津办案。

五月二十五日,曾国藩从收到崇厚信函中,对天津教案已经有所了解。五月二十六日,曾国藩接到廷寄,他在日记中记道:"派余赴天津查办此事件,因病未痊愈,踌躇不决。"①在以后的日记中,他先后记道:"思往天津查办殴毙洋官之案,熟筹不得良策。"②"洋务十分棘手,不胜焦灼。"③"将赴天津,恐有不测,拟写数条以示二子。"④这就是六月初四日所写的《谕纪泽、纪鸿》的家书,内称:"余即日前赴天津,查办殴毙洋人焚毁教堂一案。外国性情凶悍,津民习气浮嚣,俱难和叶,将来构怨兴兵,恐致激成大变。余此行反复筹思,殊无良策。"⑤并在此信中安排了"后事"。其实,曾国藩对天津教案并非"无良策",令他"焦灼"、"踌躇不决"的是"国藩初奉查办津事之旨,即不欲以百姓一朝之忿,启国家无穷之祸,故奏明立意不开兵端"⑥这一办案的宗旨是否能行得通。实际上在五月二十五日清廷对曾国藩、崇厚的廷寄中密谕二人:"匪徒迷拐人口,挖眼剖心,实属罪无可逭。既据供称牵连教堂之人,如查有实据,自应与洋人指证明确,将匪犯按律惩办,以除地方之害。至百姓聚众将该领事殴死,并焚毁教堂拆毁仁慈堂等处,此风亦不可长,着将为首滋事之人查拿惩办,俾昭公允。地方官如有办理未协之处,亦应一并查明,毋稍回护。"⑦五月二十七日,曾国藩又接到

---

① 《曾国藩全集·日记》,第 1753 页。
② 《曾国藩全集·日记》,第 1754 页。
③ 《曾国藩全集·日记》,第 1754 页。
④ 《曾国藩全集·日记》,第 1755 页。
⑤ 《曾国藩全集·家书》,第 1363 页。
⑥ 《曾国藩全集·书信》,第 7223 页。
⑦ 《曾国藩全集·奏稿》,第 6970 页。

崇厚的信函,对天津教案及法国公使的态度有了了解。在复崇厚的信中说"德翻译所言四端,以拉毁旗号为首"①。在后来给李鸿章的信中谈到了法国公使的态度:"此案重情四端,以拉毁旗号为首,殴毙领事次之,伤毙多命、焚毁教堂又次之。"②他在同一信中指出:"闻外国以毁旗为背绝好,其言已似欲启兵端。惟究系愚民无知,不识洋人忌讳,非中国臣僚有意挑衅,法使及各国当亦共凉。即彼欲借此开衅,我亦止宜坚持本意,曲全和好,未暇遽及其他。"③曾国藩认为:"本案至结案之法,终不出赔偿教堂器物,发办煽乱正凶二事,而赔偿尤重。"④总而言之,曾国藩到天津之前已经基本上了解了天津教案的经过和清廷对此案的态度,并与奕䜣、李鸿章、丁日昌、崇厚等在相互信函中通报了天津教案的情况及对此案的态度并询商本案的解决办法。

曾国藩认为:这一事件具有突发性,是民间百姓所为,与清政府无关,"非中国悖和绝好",以此避免国与国之间的争端。曾国藩强调这一特点的目的是清楚的:清政府保持"和局"也就是说遵守那些不平等条约的态度没有改变,由此确定了处理此案的原则。在六月初二致奕䜣等人信函中指出:"来示恐各国麇集,乘机煽动,各国便宜,自属可虑。今俄商在津有与害者三人,而英、美讲书堂亦均被百姓误毁,万一牵动各国同时兴波助澜,实为大局之忧。此次赴津,拟将各国先为料理,应赔偿者先与赔偿,不与法国一并议结,以免歧混。"⑤曾国藩担心各国同时对中国采取行动并不是没有道理的,一是二次鸦片战争系英法两国之行为;二是本事件涉及的国家比较多,处理不好各国对中国武装干涉的可能性是很大的;三是事情发生后,崇厚曾请英、俄领事从中"说合",但并没有见效。随着事态的发展,英国公使与法国的立场却完全一致,这是曾国藩乃至清政府最不愿意看到的局面。因此,确定"坚持一心曲求和好"的原则是从当时清王朝实际出发的。

《谕天津士民示》确定了处理天津教案的基本原则。

曾国藩到天津后,首先要面对天津民绅对外国教堂、传教士所为而产生的义愤。于是于六月初六日撰《谕天津士民示》,他说:对教堂迷拐幼孩,挖腹剖心

---

① 《曾国藩全集·书信》,第 7197 页。
② 《曾国藩全集·书信》,第 7200 页。
③ 《曾国藩全集·书信》,第 7200 页。
④ 《曾国藩全集·书信》,第 7197 页。
⑤ 《曾国藩全集·书信》,第 7203~7204 页。

第二章 效仿西方发展工业变革中国社会的洋务思想

之说,由此而愤怒洋人,"斯亦不失为义愤之所激发",但必须访察确实。事实上,这一件事情是整个天津教案发生的由头。在天津道、府、县与教堂冲突之前,天津曾发生多起市民在街上拿人送往官府的事情,但经查明均系无根据的传说,所拿之人多是无辜百姓。对于此,曾国藩认为,这样做并不妥当,即使有迷拐幼童者,挖腹剖心者,也应"禀告官长,由官长知会领事……"对挖腹剖心,迷拐幼孩的洋人"大加惩治,乃为合理"。事实是没有真凭实据证明洋人有挖腹剖心、迷拐幼童之行为,仅凭传言,自发地对教堂、传教士进行惩办,擅杀无辜的商人、修女性命,焚毁教堂、学堂多处,"以尔士民不明理之故也。我能杀,彼亦可以杀报,我能焚,彼亦可以焚报。以忿召忿,以乱召乱,报复无已,则天津之人民、房屋,皆属可危"。曾国藩认为:这类事件处理不慎,"内则劳皇上忧虑,外则启各国之疑衅。十载讲和,维将多方而不足;一朝激变,荼毒万姓而有余"。清王朝如久病之人,弱不禁风,而且因此而引发中外战争也确实不值,所以,维系和局,乃是根本。"闻二十三日焚毁教堂之际,土棍游匪,混杂其中,纷纷抢夺财物,分携以归。"曾国藩认为这是"以义愤始,而以攘利终。不特为洋人所讥,即本地正绅,亦羞与之为伍矣"。如果曾国藩所说是实,说明天津教案中这种群众自发的反侵略斗争也确实是鱼龙混杂,不能完全排除市井无赖之徒浑水摸鱼,这是不能被清政府所容忍的。曾国藩表示,他来天津"一以宣布圣主怀柔外国息事安民之意;一以劝谕津郡士民,必明理而后可言好义,必有远虑而后可行其刚气,保全前此之美质,挽回后日之令名"①。就是说,在天津教案中,天津士民是有一定责任的。一是对迷拐幼童、挖腹剖心之说查无实证;二是擅自在街上拿人;三是事情发生时被一些无赖之徒所利用;四是焚教堂、学堂,扯毁外国之旗,杀死了外国领事不是一般的教案问题,而是外交事件了。同时,向天津士民表示处理本案的基本原则是"怀柔",是"安民",不能与外国构兵,要求天津士民应考虑今后如何"和戢外人"、"力戒喧哄"。

曾国藩到天津后,面对的不仅是"天津士民与洋人两不相下,其势汹汹"的局面②,而且七国公使向总理各国事务衙门提出抗议,法国等军舰向天津港集结,稍有不慎,中外将发生战争。中外十年"和局"将被打破,洋务派"自强"活动将受到严重影响,这是清政府及当权者最不想见到的局面,也是曾国藩确定

---

① 《曾国藩全集·诗文》,第 457~458 页。
② 《曾国藩全集·家书》,第 1372 页。

委曲求和的最根本的出发点。李鸿章虽然镇压了西北回民起义,但直隶久旱无雨,是曾国藩来天津之前最为头痛、心焦之事。直隶连续大旱,收成无望,因民饥而引发民变,不是不可能的。① 此案处理不慎则天灾人祸交织在一起,对清朝的威胁不谓不大。这是曾国藩来天津后,立即以《谕天津士民示》形式,对天津百姓晓之以理,强调要弄清事实,不能以讹传讹,及天津教案的后果和委曲求全处理原则讲得一清二楚的重要原因,在某种意义上也有试探民意之作用。

对外抗争与妥协并举,进一步暴露了清政府虚弱的本质。

天津教案发生后,清廷内部对处理该案的态度是不一致的,有人主张不能开罪洋人,只能妥协;有人则主张对外利用天津教案改变第二次鸦片战争后《中法天津条约》《北京条约》中关于外国传教士来华传教及外国"护教"的条款,并认为:"今津郡之变,实乃天夺其魄,神降之灾,正可假民之愤,议撤传之条,以固天下人民之心。"进而主张朝廷"宜饬下曾国藩并总理各国事务衙门,速同各国使臣与法国理论,明晓以窒碍难行之故,撤去传教一条,将各处教堂尽行毁废,传教之人尽行撤回,庶可以讲修睦而利通商。"②持这一主张者根本不懂得清政府在外交上与各国不是处在平等地位上的,很少有外交主动权,另外,修改条约也不是一厢情愿的事。上述论调的产生反映了清政府对世界的不了解及部分官员的无知。

曾国藩对当时的中外形势是清醒的,未受天津民意所左右,亦未被其他舆论所干扰,而是按委曲求和的原则,定遭骂名的下场而不顾,确定先易后难的方针,即对俄、英、美等国先进行赔偿,不与法国混在一起。事后证明尽管这些国家心存不良,想借此机会从清政府手中攫取更多的利益,因曾国藩采取这样措施,没有给他们留下寻找借口的机会,使清政府得以在中法之间折冲以收主动之效。

对朝廷和天津士民来说,曾国藩必须就教堂迷拐人、挖腹剖心,特别是有人称"津郡百姓焚毁教堂之日,由教堂内起有人心人眼等物呈交通商大臣崇厚收

---

① [注]1869年大旱,1870年春旱,"麦苗日见枯槁","节逾艺种,秋天尚不能补种"。曾国藩来天津前给友人信中均告直隶旱情"客岁三时亢旱,麦收均报歉薄,民困以深"(《曾国藩全集·书信》第7165页)。在这种情况下,农民走投无路铤而走险是完全可能的。曾国藩的忧虑也在情理之中。

② 《曾国藩全集·奏稿》,第6994页。

第二章　效仿西方发展工业变革中国社会的洋务思想

执,该大臣于奏报时并未提及,且闻现以消灭"①有个交待。对其他各国来说,除法国外,均以赔偿损失了事。而法国一再要求"惩凶"(因为清廷已同意派崇厚赴法国"道歉",赔偿损失是早就应承之事)。特别是法国认为天津教案是天津知府、知县和过路提督陈国瑞嗾使,所以"惩凶"不仅要惩办当时杀人、放火者,更应该惩办天津知府、知县及陈国瑞,要求在天津将三人处死。

六月二十三日,曾国藩就天津教案的调查结果向朝廷奏报中指出:关于教堂与迷拐幼童之事,纯系谣传,查无实据。而且这一说法不仅天津,近年来在湖南、江西、扬州、天门、直隶的大名、广平都有檄文揭帖,这些揭帖的内容称:教堂拐骗人口、挖腹剖心(据说是教堂用来配制药材)、淫污妇女。但是,这些檄文揭帖是实是虚却始终没有"剖辩明白","外间纷纷言有眼盈坛亦无其事"。②

曾国藩进一步指出天津教案的发生"至津民之所以积疑生愤者,则亦有故",一是外国教堂"终年扃闭,过于秘密,莫能窥测底里,教堂、仁慈堂皆有地窖,系从他处募工修造者"。经曾国藩查看,地窖是放置煤炭的地方,天津士民因未睹其实,只是传闻是把迷拐来的幼童"幽闭其中"。二是确实有人因来"仁慈堂"治病而不返家者,家人寻至则治病者却"坚不肯归,因谓有药迷丧本心"。三是"仁慈堂"收留"无依子女,虽乞丐、穷民及疾病将死者皆收入",加上教堂有为人洗礼之说,特别是对将死之人由"教主以水沃其额而封其目,谓可升天堂也。百姓见其收及将死之人,闻其亲洗新尸之眼,已堪诧异"。四是"堂中院落较多",人们分类而居,母子也经常不见面。五是天津教案前,有拐迷人之事,"适于是时堂中死人过多,"其掩埋在夜间,并有二尸、三尸共一棺者,并且尸体皆由外向内腐烂。"平日熟闻各处檄文揭帖之言,信为确据,而又积此五疑于中,各怀恚恨。"③于是谣言大起,终成巨变。曾国藩希望朝廷应将上述情况"通饬各省",以便澄清事实真相以解士民之惑,并请"将津人致疑之内容宣示一二",这里看到曾国藩想把鲜为人知的教堂实际情况公布于众,以便缓和中外矛盾,其实也是为他的"委曲求全"原则做铺垫。

但是,客观形势的发展并不像曾国藩设想的那样,各国公使对天津教案的态度是不一样的。法国坚持要求处死天津知府、知县和过路的提督陈国瑞,英

---

① 《曾国藩全集·奏稿》,第6994页。
② 有人风传五月二十三日去教堂时,发现有"人眼盈一坛",并报崇厚,崇厚没有报朝廷,看来此事也是子虚乌有之事。
③ 《曾国藩全集·奏稿》,第6981~6982页。

国、俄国表示公使不能擅自做主要请示国内才能最后确定,只有美国要求修复毁坏的学堂(美国在此事件中没有死人)。英、俄两国的态度是十分暧昧的,在某种程度上是在观望。这使曾国藩在处理天津教案时更加小心翼翼。由于知府、知县皆顺民心,"绅民又呈送万民伞并牌位,以志感戴"法国公使在给清政府的照会中认为:这三人是天津教案的幕后指挥者、煽动者。① 在法国"以兵船要挟,须将府县及陈国瑞三人抵命"②的压力下,曾国藩听从崇厚之计,撤掉了知府、知县。对此,曾国藩明知"撤张守即大失民心,而不得不勉从以全大局"③。所谓"大局",即以中外"和好"为前提。曾国藩的软弱并没有取悦洋人,六月二十四日,法国公使馆的态度突然强硬起来,要求清政府必须处死知府、知县等,"方不决裂"。曾国藩认识到:"张守、刘令俱无大过","张守尤洽民望,吾此举内负疚于神明,外得罪于清议,远近皆将唾骂,而大局仍未必能曲全,日内当再有波澜"。④ 但是因曾国藩坚持要求法国公使提出天津教案是天津府县幕后主使的证据,极力反对处死张光藻、刘杰等人,并开脱陈国瑞。法国公使认为曾国藩有意袒护天津知府、知县及陈国瑞等而直接去北京与总理衙门进行交涉。清政府针对法国公使的无理要求,一方面函谕曾国藩要"力持正论据理驳斥",一方面认为"至备预不虞,尤为目前至急之务"⑤并进行了军事部署。调李鸿章部抵潼关,视情况而定是否赴津,驻扎张秋之兵调扎附近要隘,檄催刘铭传带军赴直以备缓急,着理藩院传知东三盟蒙古王公各调马队一千名,黑龙江、吉林马队两千名急赴古北口,并拟令提督傅振帮前赴天津听候曾国藩调遣以防天津出现不测。此时曾国藩内心也有了重要变化。在六月七日"谕纪泽"的函中说:"余令道府拿犯已获十一人,或可以平洋人之气。如再要挟不已,余惟守死持之,断不再软一步。以前为崇公所误,失之太柔,以后当自主也。"⑥

天津教案不能结案的症结在于法国公使坚持处死天津知府张光藻、县令刘杰、提督陈国瑞,而曾国藩坚持要求对方能提供上述三人指使天津群众殴死丰大业,焚毁教堂、学堂的证据。尽管法国人提不出什么证据,清政府还是要处分

---

① 《曾国藩全集·奏稿》,第7077页。
② 《曾国藩全集·日记》,第1373页。
③ 《曾国藩全集·家书》,第1375页。
④ 《曾国藩全集·奏稿》,第6999页。
⑤ 《曾国藩全集·家书》,第1376页。
⑥ 《曾国藩全集·奏稿》,第7084页。

第二章　效仿西方发展工业变革中国社会的洋务思想

知府、知县的。理由是平日"教导百姓无方"。对此,法国人只能承认现实。

曾国藩与法国公使进行交涉的同时,缉拿其他"凶手"也在紧张地进行着。但是,此案棘手处在于难以确定"真凶"。一是案起的突发性,外国人被打死无法当堂对质和辨认;二是"各尸初入水火,旋就掩埋,并未验伤填格,绝无形迹可物色凶手之资用";三是"漏网之犯,难于掩捕,已获之犯,不肯认供";四是"天津无赖之徒,有称为混星子者,向以能熬刑自诩。此次辄以为出于义愤,虽酷刑而不畏,而邻右亦不敢出而质证,恐为舆论所讥弹,又虑仇家之报复"[①]。这是天津教案久不结案的重要原因。按《大清律例》"凡人命重案,必须检验尸伤","鞫审强盗,必须赃证明确"[②]。对此,不仅曾国藩而且其他封建官吏也是一清二楚的。于是曾国藩决定不拘守常例,而是要变通办理。那么,曾国藩是如何变通的呢?

天津教案系群殴致命,按常例"以最后下手伤重者当其重罪。"[③]但是,事后追究此事分不清"孰先孰后,孰致命孰不致命。但求确系下手正凶,不复究其殴伤何处"[④]。所以只要确认当时系参与者一律定罪;按常例,"必以本犯画供为之"。但实际上很难取供,更难取证,于是曾国藩采取了"但得旁证二人三人指实"则"亦即据以定案";清廷接到曾国藩的本奏后,立即函谕曾国藩等"不必拘定成见"[⑤]。也就是说同意了曾国藩不拘成例的审案方式,置《大清律例》而不顾,以迅速结案为目的。最后,将天津知府张光藻、知县刘杰发配黑龙江"效力赎罪","冯瘸子等十五犯拟以正法,小锥王五等二十一犯拟以军徒"[⑥]。由此可见天津教案结案是曾国藩"葫芦僧判了葫芦案",被人指责是理所应当。

确保"和局"为根本,以"中外相安"为前提,体现了晚清妥协的外交政策。

曾国藩在办理天津教案过程中,以确保"和局"为根本。因为"中国兵力不足制御洋人,万不宜轻言战事,自背本计"[⑦]。作为晚清的重臣曾国藩对当时清王朝的综合国力是十分了解的。自道光朝以来,清政府入不敷出,为此不惜违

---

① 《曾国藩全集·奏稿》,第7084页。
② 《大清律例·刑律》。
③ 《曾国藩全集·奏稿》,第7084页。
④ 《曾国藩全集·奏稿》,第7084页。
⑤ 《曾国藩全集·奏稿》,第7084页。
⑥ 《曾国藩全集·书信》,第7219页。
⑦ 《曾国藩全集·书信》,第7247页。

背祖制,而增加厘金,但仍不能解决其财政苦窘之状况。军事上,"各省绿营兵一无可用",清军中称"劲者亦不满二万"①。沿海各地的水师根本不成其为军队。这种经济基础和军事力量怎能为清政府的外交提供强有力的支持呢? 更谈不上什么强大的后盾了。因此,在一般情况下,不轻言战争,对外更不能朝和夕战,在强敌面前"惟赖守和约,绝无改更"来确保"和局"。"倘若从此动兵,则今年即能幸胜,明年彼必复来,天津即可支持,沿海势难尽备。以后仍当坚持一心曲全邻好。惟万不得已而设备,乃取以善全和局。"②一个国家外交成败的重要因素取决于综合国力的强还是弱,综合国力不强,在这种情况下仍坚持与外国在军事上进行较量不是明智之举。

以"修好"之策来谋求中外和局,是晚清对外的基本政策,曾国藩是这一政策的鼓吹者,又是实施者。

这一政策的重要内涵之一就是:以"中外相安"为基本前提,只要能维系这一局面,清政府对外可以委曲求全,忍气吞声,甚至丧权辱国。在天津教案处理过程中,曾国藩一再劝诫清政府必须做到:"兵端决不可自我而开",以示清政府对外的"修好"与"诚信";同时,请其他列强从中斡旋,即所谓的"以夷制夷"方略,在与列强打交道中,曾国藩也并不是一味妥协,有时依理力争。如坚持要法国公使提供天津府、县幕后指使和操纵天津士民焚教堂、杀洋人的证据,说明曾国藩的退让是有一定限度的。虽然他反对中法因此而构兵,但是也表示了强硬的态度,坚持反对处死天津知府、知县,不惜以死来争之。曾国藩这样做的目的,首先是确保"十年和局"不被破坏,二是唯恐"津郡化成一片焦土",实现"保疆土保民"的目的。如果由此认为曾国藩推行"修好"政策就是投降、卖国也是不客观的。曾国藩"修好"政策是对外妥协的表现,与投降卖国有着重要的区别。客观地说,天津教案是法国领事丰大业一手挑起的,他本人死有余辜,但天津士民也有过火的行为,在被打死的洋人中也有无辜者。在这种情况下,外交活动应有一定的弹性。如果依清议派的主张,利用天津士民反对教会的情绪,一味对外强硬,其结果,列强必然联合发动侵华战争。这种"强硬"实为盲目的,是不值得称赞的蛮干行为,它只能给天津人民带来更大的灾难,为清政府招致更大的耻辱,清政府不仅仅以"赔款"、"道歉"便能解决问题,整个民族的牺牲

---

① (清)王之春:《清朝柔远记》,中华书局1989年版,第327~328页。
② 《曾国藩全集·奏稿》,第6998页。

第二章 效仿西方发展工业变革中国社会的洋务思想

会以其他更多的权利为代价。曾国藩采取委曲求全的态度,是基于对当时清政府所处的内外环境分析后所采取的措施。他认为:清政府的能力和军事力量"能防御一口,未必能遍防各口;能保全一年,未必能力持多年;能抵敌一国,未必能应付各国,而诸国合纵之势,狼狈之情则牢不可破"①,"故鄙人尝谓今外夷与汉之匈奴、宋之辽、金迥别,实不敢以全局付之尝试,又安肯以津民一朝之急,贻国家无穷之忧。"②西汉初年,刘邦为了发展经济,巩固刚刚建立起来的汉王朝,对匈奴采取先战后"和亲"的政策,这一"羁縻"政策的实施使汉匈和平相处,并被文、景二帝所继承。这种局面的形成是汉王朝一时不足以逐匈奴、匈奴也无力与汉抗衡,双方势均力敌情况下出现的一种外交局面,是古代中原地区和周边少数民族之间和平相处的一个重要政策。这一政策被后来中原封建王朝在处理与周边少数民族关系时所采纳。就两汉来说,从建国到汉武帝,共七十余年,汉王朝空前强盛起来,于是打破了"羁縻"政策,为北逐匈奴奠定了重要基础。清王朝则不同,它面对的不是落后的少数民族,而是比自己强大的西方国家,而且不只是一个国家。这些资本主义国家对清政府是比较了解的,"绝非虚张声势所能恐吓"。这些国家在外交活动中,推行的是强权政治,"洋人得寸进尺,愈让愈骄",不论是非,专论强弱。作为清政府的重臣,一要忠君,二要为民。这"民"不是具体的,而是系天下百姓。曾国藩本人是民本主义者,深知民心向背的重要,但是,为了清王朝的天下安稳,不惜牺牲天津这一"小民"之民心,来确保整个天下的安宁,这是委曲求全的初衷,也是对当时客观环境对清政府十分不利情况进行深入分析后的结果。

当时中国实力不足同外国抗衡,曾国藩认为:"苟欲捍御外侮徐图自强,自非内外臣工各有卧薪尝胆之志,持以一二十年之久,未易收效。"③"修好"不是根本目的,委曲求全乃是权宜之计,为的是争取清政府有一个较好的内外环境,积极发展洋务运动,不断增强中国的经济基础和军事力量,促使中国综合国力登上一个新的台阶,以图将来雪咸丰年的"木兰北狩,淀园被焚"之耻。

外交成败除了国家的综合国力外,外交政策正确与否也是十分重要的因素之一。在处理天津教案中,曾国藩也曾采取"以夷制夷"的政策,实际上并没有

---

① 《曾国藩全集·书信》,第7428页。
② 《曾国藩全集·书信》,第7032页。
③ 《曾国藩全集·奏稿》,第6998页。

行得通。各列强在对华问题上有矛盾,这就是他们不允许某一个西方资本主义国家独占中国,中国不能成为某一具体国家的殖民地。但是他们也绝对不允许存在一个强大的清王朝与之抗衡。在对华问题上,在镇压中国人民反对列强的侵略斗争时,各列强往往又勾结在一起,所谓"狼狈之情则牢不可破",曾国藩这一认识是在处理天津教案中与各国领事接触后得出的结论。"故虽法、布构兵,而布使于津案仍不肯稍有异议。闻英人助法,俄人助布,其于中国则又彼此勾结,狼狈相依。"这些外国侵略者在掠夺和攫取中国利权时有着利益的一致性。[①] 而丁日昌分析得更为深刻:对天津教案的发生"各国幸灾乐祸,觊觎将来得有优异,一体均沾,亦无不极力怂恿,从旁帮助,冀开兵端"[②]。天津教案发生之初,崇厚也曾"托俄、英二国领事从中说合"[③]。事实上,这些外国领事在处理天津教案过程中,非但没有起到什么缓和矛盾的作用,相反却处处与清政府作对,特别是英国领事,有时还起着推波助澜的坏作用,看来不能把自己的命运系在别人身上。

但是,曾国藩还是有机会采取必要的措施使清政府的损失减少到更低的限度,历史曾经给予他这样的机会,可惜他没有充分利用。这就是1870年爆发的普法战争。色当一战,十二万法军几乎全部被俘,普鲁士人兵临巴黎,法国不仅发生政权更迭,而且被迫同普鲁士签订了丧权辱国的和约,此举激化了法国内部矛盾而陷入了内战,这种局面使法国当局无暇顾及东方的天津教案。对普法战争一事,曾国藩早就有耳闻。当年(1870)七月初六,在给曾纪泽的家书称:"闻布国与法国构兵打仗",并注"此信甚确"[④]。但是,耐人寻味的是在七月十三日给奕䜣的信函中却称:"法人与布国构衅,此间传言已久。若果法、布开兵,或者远交近攻,不欲与中国为难。又闻法主老而厌事,其意主和不主战,似亦事之所有。中国办理此案,止要尽其在我,电线新闻纸所传,亦皆不足深信。"[⑤]在家信中称为"甚确"的消息,在致总理各国事务衙门的函中则称之为"传闻",而且"不足深信",并幻想法国采取所谓的"远交近攻"外交政策而不与中国为难。如果说曾国藩对普法战争的了解有限是由于中国长期封闭的结果,那么,把"甚

---

① 《曾国藩全集·奏稿》,第7197页。
② 《曾国藩全集·奏稿》,第7197页。
③ 《曾国藩全集·书信》,第1379页。
④ 《曾国藩全集·书信》,第7228~7229页。
⑤ 《曾国藩全集·书信》,第7011页。

第二章 效仿西方发展工业变革中国社会的洋务思想

确"信息作为"传闻","不足深信"的态度,反映了清王朝这一重臣的别有用心,对法国的幻想则反映出曾国藩等人的愚蠢无知。曾国藩来天津办案是不得已而为之事,到天津后按其设想委曲求全尽快结案。清政府七月十二日密谕"曾国藩等务当妥速筹办","就近在天津议结"[①],唯恐夜长梦多,法国公使横出枝节,错过结案的时机。作为清王朝的忠臣,曾国藩积极奉行清政府"和戎"的外交政策,没有充分利用有利时机,去争取外交的主动权,从中我们看出,曾国藩对西方世界的了解基本上是在"船坚炮利"的层面上。对外的无知和急切结案的心态及妥协原则是曾国藩错过很好机遇的根本原因。

天津教案的处理体现出了晚清政府外交的基本模式。这就是以维系"和局"为根本出发点。从奕䜣、曾国藩、李鸿章等要员往来的信函中已经明确了这样的事实:中国与列强相比,力量相差十分悬殊,因此,对列强不可轻言战争。这种结论既是对以往中外战争失败教训的总结,又是对清政府当时综合国力分析后的结果。目的是争取和平环境,有一个相对稳定的时机通过洋务运动来实现自强。为了实现这一长久的、根本的目标,就不可以处处与列强抗衡,只能牺牲目前的利权,委曲以求全,对外实行必要的妥协。中外一旦发生外交纠纷,企图利用列强之间的矛盾,同时进行必要的斗争。天津教案的处理就体现了这一特点。曾国藩是以不杀天津知府、知县、陈国瑞为限。超过这一范围,则不惜与列强动武,本人则以死抗争。因此,是妥协与抗争并举,最后用牺牲国家的利权为代价来换取暂时"安宁"。但是,这一外交政策实行的结果,没有能实现曾国藩等人的愿望,相反进一步暴露了清政府虚弱的本质,列强加快了侵略中国的步伐,从而加速了中国的半殖民地的进程,这就是历史得出的结论。

三、李鸿章的富国强兵主张

李鸿章,字少荃,安徽合肥人。生于 1823 年,卒于 1901 年。

李鸿章道光二十七年进士。授翰林院编修。"从曾国藩游,讲求经世之学。"[②]太平天国农民运动爆发后,先在安徽助吕贤基办团练,后遭众忌,赴江西,投曾国藩。1861 年率七千人赴上海,组成淮军,与侵略者勾结镇压太平天国,不久升为江苏巡抚。因镇压太平军"有功",1865 年署两江总督。1866 年,

---

① 《曾国藩全集·奏稿》,第 7197 页。
② 《清史稿》列传一九八。

为钦差大臣,"剿捻",先后镇压东西捻军,后任直隶总督兼北洋大臣,掌握清政府内政、军事、外交大权,被地主阶级誉为"中兴"之臣。

在与外国侵略者打交道过程中,他认为:"西人专恃其炮轮之精利,横行中土。于此而曰攘夷,固虚妄之论。即欲保和局,守疆土,亦非无具而能保守之也。士大夫囿于章句之学,苟安目前,遂有停止轮船之议。臣以为国家诸费皆可省,惟养兵设防、练习枪炮、制造兵轮之费万不可省。求省费则屏除一切,国无与立,终无自强之一日矣。"①基于这种思想,他在1862年从事洋务活动,发展中国近代军事工业,标榜"自强"。70年代后,又标榜"求富"而创办一些民用企业。

在对外关系上,李鸿章是近代中国有名的妥协投降人物。在他掌外交大权三十年中,与西方侵略者签订了一系列不平等条约。留有《李文忠公全集》。

中国自鸦片战争后,中外关系发生了重大变化。特别是第二次鸦片战争又以清王朝失败而告终,作为统治阶级重要一员的李鸿章对清王朝所面临的危机和所处的地位还是有比较明确认识的。他说:"今则东南海疆万余地,各国通商传教,往来自如。阳托和好,阴怀吞噬,一国生事,诸国构煽,实为数千年来未有之变局。轮船电报,瞬息千里,军火机器,工力百倍,又为数千年来未有之强敌。而环顾当世,饷力人才,实有未逮,虽欲振奋而莫由。《易》曰'穷则变,变则通'盖不变通,则战守皆不足恃,而和亦不可久也。近时拘谨之儒,多以交涉洋务为耻,巧者又以引避自便。若非朝廷力开风气,破拘挛之故习,求制胜之实际,天下危局,终不可支,日后乏才,且有甚于今日者。以中国之大,而无自强自立之时,非惟可忧,抑亦可耻。"②应承认,这时的李鸿章对时局的分析是比较客观的,认识到清王朝面临着千年之变局和数千年未有之强敌;在西方先进科学技术武装下的外国军队是清王朝更不能相比的。在这种局面下,清王朝如不发愤自强,战则败,"和"也是暂时的。同时,对顽固守旧的顽固派给予批判,从而树立自强的信念,这是李鸿章洋务思想的重要特色之一。那么,如何"自强"呢?李鸿章把"强兵"当作自强的基础和根本。他认为西方各国的强大,与其不断变法,采用新技术有关,中国欲自强必须向西方学习:取洋人之长技,这是御敌的

---

① 《清史稿》列传一九八。
② 《清史稿》列传一九八。

第二章 效仿西方发展工业变革中国社会的洋务思想

根本。"中国文武制度,事事远出西人之上,独火器万不能及。"①"然兵乃立国之要端,欲舍此别图其大者、远者,亦渐不得一行其志。"②新式军队与新式武器,在镇压太平天国、捻军起义的过程中发挥了重要作用。只有"强兵"才能维护封建专制主义制度,巩固清王朝的统治秩序,同时也可对付外来侵略者,以保持"和局"的长期性。这是李鸿章"强兵"的主要内容。在这一思想指导下,李鸿章督办了上海炸弹三局,苏州机器局、江南制造总局、金陵机器局。70年代后,李鸿章又着手创办海军,并组成拥有20多只军舰的北洋水师。

李鸿章在洋务运动中,"思以西国新法导中国以求自强,先急兵备,尤加意育才"③。培养洋务人才,是李鸿章洋务思想另一特色。早在同治二年,李鸿章在《请设外国语言文字学折》中就指出了培养外语人才的重要性。"伏惟中国与洋人交接,必先通其志,达其欲,周知其虚实诚伪,而后有称物平施之效,互市二十年来,彼酋之习我语言文字者不少,其尤者能读我经史,于朝章、宪典、吏治、民情,言之历历。而我官员绅士中绝少通习外国语言文字之人,各国在沪均设立翻译官二员。遇中外会商之事,皆凭外国翻译官传述,亦难保无偏袒捏架情弊。中国能通洋语者,仅恃通事。凡关局军营交涉事务,无非雇觅通事往来传话,而其人遂为洋务之大害。"④无论商战还是兵战,都应讲求知己知彼,但因清王朝实施闭关自守政策,使中国对西方世界一无所知。鸦片战争后,向西方学习呼声日益高涨。李鸿章为实现其自强的目的,比较切合实际地分析了中外交往以来,清政府由于对西方世界的不了解而在外交中所处的不利地位,因此主张办外语学校,打破彼了解我,我不知彼的被动局面。在这个奏折中,李鸿章还指出了西方侵略者为实现其侵略中国的目的而培养了一批依赖于西方,为其服务的"假洋鬼子",这些人背靠侵略者的势力,充当西方侵略者在中国的代理人,他们所学无多,"惟知借洋人势力播弄挑唆以遂其利欲,蔑视官长,欺压贫民,无所忌惮"⑤。培养外语人才,不仅仅是外交的需要,而且是"于中国自强之道,似有裨助"的大事。借西法自强,就要了解西方。学习外语是了解西方的手段。李鸿章在奏折中提出建立外语学校的最终目的是进一步学习西方的"测算之

---

① 《李文忠公全集》朋僚函稿卷二。
② 《李文忠公全集》朋僚函稿卷十七。
③ 《清史稿》列传一九八。
④ 《李文忠公全集》奏稿卷三。
⑤ 《李文忠公全集》奏稿卷三。

学、格物之理、制器尚家之法",“尽阅其未译之书",“探颐索隐,由粗显而入精微"。

70年代,李鸿章又积极创办民用企业。为了解决中国所需各种技术人才问题,1872年,他与曾国藩一起上奏皇帝,要求清政府选派留学生赴美学习。李鸿章等人认为:西方资本主义国家"如舆图、算法、步天、测海、造船、制器等事,无一不与用兵相表里"。"西人学求实济,无论为士、为工、为兵、无不入塾读书,共明其理,习见其器,躬亲其事,各致其心思巧力递相授师,期于月异而岁不同。"遂开中国派留学生出国之先例。

随着洋务运动的不断深入,李鸿章深感军事人员的不足。特别是建设近代化的陆军、海军,不掌握一定的近代科学技术是不行的。所以,80年代开始,李鸿章又着手创办天津水师学堂、天津武备学堂等学校。李鸿章创办各类学校,其教学内容都以外语和西方科学技术为主,因此遭到顽固派的攻击。由于洋务派把培养新式人才作为实施洋务"新政"的重要举措,又更新了教育内容,其实质就是对传统科举制度的否定。而科举制一直是清王朝用来培养本阶级各类各级人才的必要途径,又是封建文人进身的台阶,是封建主义的重要政治基础。洋务派兴洋学必然冲击科举制。顽固派认为这是"用夷变夏",以十分顽固的态度维护科举制,对此,李鸿章则不以为然,并多次抨击科举制下的"章句小楷"为积习,在《筹议海防折》中,揭露科举考试内容陈旧,主张变通考试办法,扭转封建文人专门从事章句之学的风气。

无论是创办军事企业,还是选派留学生出国,都需要大量的经费,特别是练兵,购置军舰编练新式海军,本来财政状况不佳的清政府由于办洋务更显得力不从心;加上洋务派看到创办民用企业可以稍争外商之利,在"求富"的旗帜下,李鸿章又兴办了一系列民用企业。他说:"臣惟古今国势,必先富而后能强,尤必富在民生,而国本乃可益固。"[1]他又说:"夫欲自强,必先裕饷;欲浚饷源,莫如振兴商务。"[2]"中国极弱,由于患贫,西洋方千里数万里之国,岁入财赋动以数万之计,无非取资于煤、铁、五金三矿、铁路、电报、信局、丁口等税。酌度时势,若不早图变计,择其至要者逐渐仿行,以贫变富,以弱致强,未有不终受其蔽

---

[1] 《李文忠公全集》奏稿卷四十三。
[2] 《李文忠公全集》奏稿卷三十九。

第二章 效仿西方发展工业变革中国社会的洋务思想

者。"①李鸿章已经认识到西方资本主义国家的强盛与发展资本主义的经济有着本质的联系。"自强"是以强大的经济基础为后盾。李鸿章在现实中已经体会到,中国不仅仅在船坚炮利上落后于西方,而且在科学技术上也落后于西方。中国已经丧失了天朝大国的地位,与西方资本主义国家相比,是一个贫弱的国家。要摆脱这种受制于人的不利局面,必须"早图变计,择其至要者逐渐仿行"。在这种求富思想指导下,从 70 年代开始,李鸿章着手创办了轮船招商局、直隶磁州煤铁矿、直隶开平矿务局、天津电报局、热河平泉铜矿、天津铁路公司、热河土槽子、遍山线银铅矿、化章造纸厂等企业。

李鸿章开办民用企业,无论是对中国培养人才,传播科学技术,加强中西文化交流,推动中国资本主义的发展都起了一定的作用。但是,李鸿章在办民用企业时,具有垄断性,在阻碍民族工业成长和发展上也具有副作用。

李鸿章是手握军队,以镇压农民起义发家的新兴官僚军阀,是洋务派中的实力派,不仅本人是清朝封疆大吏,受到朝廷信任,而且还与外国侵略者建立了各种联系,博得赞赏。他虽然主张"练兵"、"制器",然而并不是真正准备抵抗外国侵略者。在与外国侵略者打交道中往往以敌强我弱为借口,或"避战求和";或用"以夷制夷"来"暂与羁縻"。实际上都是为"外须和戎"来立论的。曾国藩就经常宣扬"于外国交涉,以不占小便宜为第一要策"②。主张与侵略者打交道,"则当坦然以诚相与,虚心相待,不可猜疑,尤不可自矜自炫"③。人所尽知,这是洋务派官僚曾国藩的忠实信条。

李鸿章不愧是得到乃师曾国藩的真传。他不仅身体力行奉行"和戎"不误;而且从历史上找到"和戎"的根据,以为对外妥协退让的行径张目。他说:"自周秦以后,驭外之法,征战者后必不继,羁縻者事必久长。今之各国,又岂有异?"④这段话深刻地道出了强兵论者的要害。

奕䜣、曾国藩、李鸿章开创的洋务运动,在晚清历史上曾被封建史学家誉为"同治中兴"的大业。李鸿章自己也以"圣之时者"自许而洋洋得意。

揭开"同治中兴"这道帷幕,我们看到"求强"是洋务官僚打出的第一面旗帜。设立近代军火工业,制造枪炮、火药和轮船兵舰,固然不乏对外防御的考

---

① 《李文忠公全集》朋僚函稿卷十六。
② 《复潘玉泉观察》,《曾国藩未刊信稿》,第 8 页。
③ 《复潘玉泉观察》,《曾国藩未刊信稿》。第 8 页。
④ 《复曾相》,《李文忠公全书·朋僚函稿》卷十。

虑,但是基本目的却是"削平内乱",把屠杀起义人民置于首位。对此甚至李鸿章都供认不讳。他说:用洋枪洋炮装备的各省练军"以剿内寇尚属可用,以御外患实未敢信"①。洋务官僚丁日昌也承认:江南制造总局、福建船政局的轮船,"可以供转运不能备攻击,可以靖内匪不能御外侮"②。但是,创办一支北洋舰队,则反映出19世纪70年代以后,帝国主义不断扩大侵略中国的形势下,帝国主义与中华民族之间矛盾的激化。不过在李鸿章对外妥协路线的支配下,未能充分发挥其威慑力量而已。

"求富"是李鸿章打出的另一面旗帜。他与其他洋务官僚创办了一批近代资本主义性质的民用工矿企业。尽管在洋务派官员控制下,这些企业多以"官督商办"形式经营,把封建官场的一套恶习带到了企业中,但是这批资本主义近代企业的出现,却标志着中国近代资本主义生产力的产生。其经济效益,虽不像洋务派官僚所吹嘘的那样,事实上却也培养了一批近代技术人员与工人,传播了资本主义生产技术,吸引着民族资本向近代工业的投资,刺激了民族资本主义工业生产,并在一定程度上对外国的经济侵略起了扼制作用。

历史的发展,是沿着客观历史进程行进的;中国第一批近代资本主义企业,不是由民族资本投资经营,而为洋务派官员所创办。这是为中国半殖民地的特殊历史条件所决定的。

从当时中国历史条件来考察,外国资本主义侵略,不断加深了自然经济基础的解体,进而扩大了商品市场和劳动力市场。随着商品经济日趋活跃,某些工商业者积累了一定货币资本,但是封建土地制度和地主阶级传统的重农抑商政策,严重地窒息了资本主义经济因素的增长,再加上外国资本主义对民族经济的压制和排斥,这样就使中国资本主义生产力很难突破封建生产关系的樊篱,破土而出。历史表明:发展资本主义新生产力的社会力量——资产阶级这个新生儿还处于孕育时期,仍在母腹中躁动。洪仁玕企图依托太平天国政权,发展资本主义经济的方案,又因农民政权的崩溃而陷于破产。于是推动经济发展的历史任务便落在地主阶级洋务派身上。曾国藩、李鸿章等洋务派官僚,出于挽救地主阶级沉沦的迫切需要,在"强兵富国"的口号下,依托清朝政权,建立近代军事工业,随之又建立了一批资本主义性质的民用工业。洋务派不自觉地

---

① 《筹议海防折》,《李文正公全集·奏稿》卷二十四,第13页。
② 《丁日昌奏折》(光绪五年四月三十五日),《洋务运动》丛刊,第393页。

第二章 效仿西方发展工业变革中国社会的洋务思想

承担了推动资本主义生产力发生的作用。这就是半殖民地半封建中国特殊历史条件下发生的特殊社会现象。

洋务派主张的富国强兵的社会思想,伴随近代中国社会经济、政治、中外关系的复杂矛盾和变革,它也经历一个不断发展和演变的历史过程并成为一种思潮。最初,只是洋务派为了阻止地主阶级沉沦,在内忧外患中寻求复兴的一种思潮。但是,在半殖民地半封建中国社会民族矛盾日趋激化,民族危机日益加深,这个思潮又发展成为有更多爱国知识分子和开明官僚、商人卷入的反映中国国家富强要求的整个社会思潮。这个思潮结构的多层次以及不断演变的特点,促使它处于极不稳定状态,而表现出内部歧异,并出现分化。洋务思潮当中新旧矛盾斗争以及旧质的否定、新质的发生,这样一个复杂变化的过程,推动了近代中国社会思潮向更高的阶段发展。并被资产阶级维新思潮所代替。这就是洋务思潮发展演变揭示出来的历史轨迹。

李鸿章继承曾国藩的衣钵,更把"强兵"当成立国的基础。他说:"然兵乃立国之要端,欲舍此别图其大者、远者,亦渐不得一行其志。"[1]在他看来,国家的生命线就在于讲求"强兵"善政。从军事上维护封建统治秩序;从进攻与防御能力上考虑国家的安危。这是早期洋务思潮的主要内容。于是创办军事工业,"练兵"、"制器";学习西方军事技术,发展中国的近代军火工业,一时成为洋务运动中显赫的功业。李鸿章甚至不怕"冒险负谤",继续把坚持创办军事工业作为洋务活动的"重心",一个重要观点就是认为"能自强者尽可自立,若不强则事不可知"[2]。

左宗棠,1832年(道光十二年)中举人。后屡试不第。太平天国起义后,一度在家乡办团练。曾入两江总督陶澍、湖南巡抚张亮基和骆秉章幕,深得骆秉章赏识和器重。1860年(咸丰十年)太平军连克苏、湖、杭地区,由曾国藩保荐,清廷特旨任四品京堂襄办军务。左氏曾招募"楚军"五千人,赴江西、浙江前线与太平军作战,以战功卓著次年提升浙江巡抚,1863年晋升闽浙总督。左宗棠是洋务官僚中的佼佼者。他虽然并不完全迷信武力,但从其思想主流来看,仍相信"楚师剽锐",为平定内乱的中流砥柱。在粉碎阿古柏反动政权、收复新疆

---

[1] 《复郭筠仙星使》,《李文忠公全书·朋僚函稿》卷七。
[2] 《复刘仲良中丞》,《李文忠公全书·朋僚函稿》卷十六。

的历史功业中,他不仅认为"此次新疆叠捷,固由德国枪炮之力"①,而且充分肯定 用粤人仿制西洋"布炮及标铖快响枪","昨次攻拔古牧地,深得其力"。②这个事实说明,以战阵起家的洋务派官僚、军阀,一般都是强兵论者。强兵论者并不都是对外持妥协态度的,其间亦不乏爱国抗敌者。左宗棠就是其中的主要代表。把视线注视到增强军事力量之上,把国防工业近代化,作为追求的主要目标。为此把"练兵"、"制器"置于洋务事业的首位,乐此不疲,这是"强兵论"者的共同特征。

李鸿章虽然在屠杀人民方面两手沾满了血污,但是,其打通中西文化交流渠道,为半殖民地半封建中国引进西方资本主义军事技术,创办了一批中国近代军事企业,其历史作用也不可一概抹杀。

当时,习惯于按照古人、死人思维方式思考的顽固守旧势力,对洋务派引进西方军事技术的做法,感到不可容忍。刘锡鸿就是攻击洋务派的一个颇有代表性的人物。刘锡鸿,咸丰时任刑部员外郎。1876年,在任驻英副使时,便与驻英正使洋务派官员郭嵩焘经常抵牾,极尽攻讦之能事。1881年,又对当时权倾朝野的洋务官僚李鸿章,以"跋扈不臣,俨然帝制"的罪名上奏弹劾。这样一个曾出使外国,了解西方资本主义国家,而仍反对学习外国的顽固派言论,更能反映顽固守旧势力的思想特征。刘锡鸿认为"制夷"不在利器,关键是要解决人心问题。他说,"且夫忠诚勇毅之才由廉耻出耳,廉则聪明不蔽于贪欲,而体事之心专;耻则位置不安于卑庸,而赴事之力奋"③。他批评洋务派,"首重海防"是舍本逐末。他认为"海氛之恶,由内治无实致之"④。刘锡鸿十分怀念清朝雍正、乾隆时"赏不滥,罚不贷"的清明政治。抨击当时朝政败坏是"今赏罚无定章,则求托自可得志。中材以下遂毁弃廉耻以奔竞于势途,趋承务巧"⑤。并由此发出感慨:"此今日之世,所以官愈多而可倚可相之才则愈少也。"⑥应当承认,刘锡鸿对晚清官场的黑暗还是有一定认识的。但是反对"用夷变夏"拒绝洋务新政,主张以"礼义"抗拒外国侵略,正反映出顽固派的一贯思想。

---

① 《答杨石泉》,《左文襄公全集·书牍》卷二十三。
② 《答陈俊臣》,《左文襄公全集·书牍》卷十七。
③ 《复李伯相书》,《刘光禄遗稿》卷二。
④ 《复李伯相书》,《刘光禄遗稿》卷二。
⑤ 《复李伯相书》,《刘光禄遗稿》卷二。
⑥ 《复李伯相书》,《刘光禄遗稿》卷二。

第二章　效仿西方发展工业变革中国社会的洋务思想

　　有的论者,认为顽固派出于虚矫心和思想僵化,为保持"天朝"的尊严,一贯反对与外国议和。其实并不尽然。刘锡鸿便是顽固派中反战主和的一个代表。他说:"愚以为西洋之事,当以和为主,以守辅和,而戒与轻战……现惟以圣人柔远之道待之,体其然诺不苟之性,恤其受欺奸民愚直躁急之情,明白开谕以禁约其非,平心察处以解释其怒。"①这才是驭夷之道。

　　李鸿章等洋务派,由于经营军事工业所需原料、燃料供应不足,运输困难以及资金消耗过多而日趋短缺,严重影响到军火武器的生产。为了解决这个矛盾,他们从70年代开始在搞军事工业的同时,又创办了一批近代航运、矿务、电报、铁路以及纺织等民用企业。为了吸收社会资金入股,采用了"官督商办"、"官商合办"等经营形式。这些企业显然与政府官办的军火工厂不同,而具有资本主义生产性质。可是,这些民用企业,仍是李鸿章、张之洞等在"强兵论"思想指导下,为支撑与发展军事工业而创办的。因此,它与重商论者,热烈鼓吹积极创办民用企业的宗旨是不同的。洋务官员所办民用企业,主要的任务是要满足军需工业的原料、燃料、运输与资金的需求,以为军火工业服务的。②

　　但是,应当承认他们创办民用工业除了军事目的之外,还有一个目的就是,在世界资本主义激烈竞争下,解决中国"以贫交富,以弱敌强"③的问题。李鸿章指出"惟中国积弱由于患贫"④。要想从贫转富,只能"仿行西法",创办近代的航运、铁路、工业、矿业。因为"洋机器于耕织、刷印、陶埴诸器,皆能制造,有裨民生日用"⑤。发展中国工业,是晚清社会发展过程中避不开的历史潮流,是中国社会能够融入世界的正确途径,无论李鸿章等洋务派出于什么目的,发展中国工业在客观上的作用是值得肯定的。

第四节　洋务思想的历史地位

　　洋务思想是伴随洋务运动的发展而兴起的一种社会思潮。从历史发展的

---

　　① 《复潘玉泉观察》,《曾国藩未刊信稿》,第8页。
　　② 李鸿章曾说过:"船炮机器之用,非铁不成,非煤不济"(《李文忠公全书,奏稿》卷十九);"欲自强必先裕饷,欲浚饷源,莫如振商务"(《议复陈启照条陈折》《李文忠公全书·奏稿》卷三十九)。
　　③ 《复丁维璜宫保》,《李文忠公全集·朋僚函稿》,卷十六。
　　④ 《复丁维璜宫保》,《李文忠公全集·朋僚函稿》,卷十六。
　　⑤ 《置办外国铁厂机器折》,《李文忠公全集·奏稿》卷九。

角度上看,洋务思想在促进人们思想解放上,具有启蒙作用。魏源等人虽然提出"师夷之长技以制夷"的响亮口号,但其影响不大,奕䜣、曾国藩、李鸿章身居要职,不仅提倡,而且身体力行,其影响和作用都是魏源等人不能相比的。

一、变"夷务"为洋务,放下盲目自大的架子,摆脱了闭关自守、盲目排外的思维定式

"夷"的概念,是华夏文化对东方落后地区、文明滞后地区的民族的一种蔑称。清代实行闭关政策后,"夷"泛指与外国有关的事务。称外国人为"夷",与其有关事务称之为"夷务"。反映了清王朝以天朝大国自居的排外、自大心理。而魏源早就改变了传统的对西方的看法,他认为只有那些"残暴性情之民,未知王化者"是"蛮夷羌狄",而那些"明礼行义、上通天象、下察地理、旁彻物情,贯串古今者,是瀛寰奇士,域外之良友"①。

对这种人非但不能以夷视之,相反,还要向他们学习,从此开了向西方学习之风气。但清王朝中多数人对此并没有更改。对此,西方列强也是耿耿于怀的,他们十分清楚"夷"是清王朝对外国人的蔑视称呼。"居官者初视洋人以夷,待之如狗。"②在第一次鸦片战争结束后,对此称呼,英国人曾提出抗议。从此后,清王朝在正式外交文件中便很少称西方列强为"夷"人。但其内部并无多大改变。而改"夷"为洋的,始于洋务运动的首脑人物李鸿章,并被清政府所接受。这种观念的变化,一方面反映了清王朝在西方船坚炮利面前的无可奈何。同时,也反映了洋务派在同西方列强的接触中,面对先进科学技术、先进生产力,不能不正视这种现实。李鸿章认为:"中国文武制度,事事远出西人之上,独火器万不能及。"③它反映了李鸿章要充当封建专制主义的卫道士,但更重要的是反映了他承认中国落后,至少在"独火器万不能及"的认识程度比顽固派高明。在中西文化的撞击中,他们痛苦地承认,西方资本主义国家在科学技术上远远高出中国。西方列强绝不是周秦时代周边不开化的少数经济文化落后地区,这些"夷人"们与中国古代历史上的"蛮夷"绝不能同日而语,这种认识不仅仅局限于统治者中的个别先进思想家,而是朝野中据有实权的首脑人物和地方上的

---

① 《海国图志》卷七十六。
② 同治朝《筹办夷务始末》卷四十。
③ 《李文忠公全集》朋僚函稿卷十六。

第二章　效仿西方发展工业变革中国社会的洋务思想

封疆大吏的共识。"夷务"被"洋务"代替了。这种观念的转变,标志着清王朝闭关自守政策的破产。洋务派从"夷务"到"洋务"观念的更新与顽固派的抱残守缺态度形成鲜明对照。他们在惰性思维支配下,死死守着法先王的宗旨,行必称祖宗之法,不敢越祖宗雷池一步。对西方文化的东渐,仍然顽固地坚持传统的"夏夷之防"不放,对洋务派施加压力。但对如何对待西方侵略者既提不出扭转中国被动挨打局面的方案,又极力反对任何学习西方文化的举措。在中国传统文化形成过程中,并没有完全排斥外来文化,它既吸收外来文化,又输出中国文化。一切外来文化都是经过改造而被吸收,成为中华文化的一部分。这一特点,尤其体现在对佛教的改造和利用上,使佛教文化终于成为中国传统文化的一部分。洋务派从"夷务"到"洋务"观念的转变,突破了传统的"夏夷之防",承认自己落后,但并不甘心落后,企图引进西方科学技术,努力向前赶上时代潮流,这正是传统文化中自强不息的具体体现。

二、创办近代企业,破除重农抑商、重义轻利的陈腐观念

洋务派首脑们都是一些封建专制主义的卫道士。儒家思想、传统观念在他们头脑中是根深蒂固的。特别是"重农抑商"、"重义轻利"这些小农经济观念在他们心目中是万不能动摇的。而这种观念又是与资本主义商品经济观念格格不入的。洋务运动就其本质上说,是要发展资本主义的,因此就要求洋务派们从根本上转变观念。在洋务运动发展的实践中,证明了洋务派没有抱残守缺,而是适应客观形势的发展与传统观念有了某些分离,曾国藩是晚清理学经世派的著名代表。程朱理学是以宣扬封建纲常名教、鼓吹封建伦理、维护孔孟之道作为修身齐家治国平天下根本的。在"义"、"利"观上,自孔子提出"君子喻于义,小人喻于利"后,重义轻利成为封建儒家思想的重要观念,并由此派生出"重农抑商"政策。重义轻利受到各代儒家大师的极力推崇而成为封建士大夫的行为准则。

孟子曾对梁惠王说:"王何必曰利,亦有仁义而已矣。"[1]汉代名儒董仲舒则认为:"仁人者,正其道不谋其利,修其理不急其功。"[2]宋代儒学大师则把重义

---

[1] 《孟子·梁惠王》上。
[2] 《春秋繁露·对胶西王》。

轻利推向了极端。朱熹要求人们:"正其谊不谋其利,明其道不计其功"①,并由此进一步发展为"存天理,灭人欲",使重义轻利达到了登峰造极的地步。从而形成了儒家子弟耻于言利,言利者则被正统的封建士大夫视为异端而加以排斥。这种封建的义利观是与小农经济、自给自足的自然经济相适应的。它反对人们逐利,反对竞争,使封建专制主义统治处于相对稳定状态之中。作为晚清理学大师的曾国藩本应以捍卫封建道德意识为己任,但在太平天国农民起义冲击下,在外国侵略势力不断深入的情况下,他已经看到光靠传统的伦理道德、传统的思想难以挽救没落的清王朝,于是举起儒家经世致用的旗帜,不仅"言利",而且身体力行,率先创办近代军事企业,冲破了重农抑商的旧观点,突破了君子不言利的藩篱。如果说曾国藩为了提高军队的装备水平,增加其战斗能力而举办了封建意识浓厚的军事企业,不足以说明他对传统观念的冲击。那么,正是他率先办企业的行为开创了洋务运动之先河。70年代后,洋务派创办了一大批民用企业,公开打着"求富"的旗帜,并提出与洋人争利的口号,从而在思想观念上使义利相统一。在他们看来,兴利的目的,在于维护封建专制统治,既急其功又修其理,既谋其利又正其道。这是对传统义利观的挑战。以利为先,不仅仅提倡,而且作为挽救国家、巩固封建专制主义统治的一项措施,这不单纯是与传统利义观背道而驰,使义利相统一,也绝不仅仅是与传统的儒家思想决裂。它反映出洋务派在同顽固守旧势力斗争的同时,客观上为传播资本主义价值观提供了物质条件。义和利,是矛盾的统一,不应该人为地使之相对立,义和利在一定条件下又是可以转化的。所谓君子不言利,其实是不言小利。孟子要梁惠王不追逐的"利"也是一种小利,放弃小利去追逐"大利"。通过"义"来实现,义是实现"大利"的手段。所以,义中有利,利中有义,这是符合客观实际的。对于统治者来说,正是实施所谓的"仁义",以其为手段,挽救人心,实现政权巩固这个根本的大利。洋务派在洋务运动中,树立了新的义利观,影响是深远的。因为中国毕竟是一个秉持义重于利传统观念的国度,"吾中国之所以为治者,在乎礼乐教化"②。多少年来,封建统治者利用这种温情脉脉的"礼乐"面纱,掩盖了对劳动人民残酷剥削的阶级实质,巩固了封建专制主义的统治,他们遵循"中国自

---

① 《朱文公文集》卷七十四。
② 《洋务运动》丛刊(一),第177页。

第二章　效仿西方发展工业变革中国社会的洋务思想

古以来重农而轻商,贵农而贱金,农为本富,而商为末富"①的理念,把农业生产视为创造社会财富的唯一源泉,而把"凡百工树艺视为鄙事"②,这种观念,指导中国的整个经济生产,影响一代又一代人。而面对现实,洋务派们清醒地认识到"西人富强,全在官商一体,而国朝海禁森严,商民不准出洋贸易"③。在这种情况下,中国要富强起来是很艰难的。故此,他们进一步提出要以商为战,收回利权,"俾外洋损一分之利,即中国益一分之利"④。并积极主张"自扩利源,劝令华商出洋贸易,庶土货可畅,洋商可至,而中国利权亦可逐渐收回"⑤。洋务派是在无可奈何之下,做出了发展中国近代工商业来实现中国富强的梦想。这种选择突破了传统的义利观,进而主张大力发展中国工商业,这本身就是对"重农抑商"政策的否定。在客观上启发人们在思想观念上进行转变,促进人们思想觉悟不断提高。随着洋务企业的增多,外国留学人员不断回国,随着传统的、旧的观念被突破,西方资产阶级的价值观念、思想意识也逐渐渗入中国。洋务运动,不单纯是开办了一系列近代企业,还产生出一大批洋务政论家,他们在探讨救国真理的过程中,认真反思了传统的君臣、君民关系,道器关系,本末关系,进一步介绍了西方政治制度,经济制度,使西方进步思想开始在中国传播,从这个意义上说洋务运动对近代中国启蒙运动,也起了一定的促进作用。

三、"中体西用"思想的提出与实践为西方文化东渐创造了条件

洋务派在洋务运动中,始终以"中学为体,西学为用"作为其指导思想。由于洋务派首脑除了清王朝一些据有实权的地方大吏,就是朝中重臣,在清政府中,具有举足轻重的力量。他们挥动着"中学为体,西学为用"的旗帜,其影响是深远的,不仅为西学在中国的传播创造了条件,而且使其传播逐渐合法化。

中体西用,在中国近代启蒙运动中,发挥了独特的作用。

首先,这种思想的提出,有极强的针对性。有清一代,在学术上,嘉庆、道光后,学术思潮趋向于西汉今文学,西汉经今古学之争笼罩了这个时期的思想界。

---

① 《洋务运动》丛刊(一),第 177~178 页。
② 《洋务运动》丛刊(一),第 157 页。
③ 《洋务运动》丛刊(一),第 198 页。
④ 《李文忠公全集》奏稿卷,第 39~41 页。
⑤ 《李文忠公全集》奏稿卷,第 39~41 页。

洋务运动前家诵许(慎)、郑(玄)的局面并没有从根本改变。在政治思想上,传统的封建专制主义思想占据主导地位。君君、臣臣、父父、子子的三纲五常仍是统治阶级不可动摇的观念。君权具有绝对的权威。在对西方的认识上,有一大批顽固派,仍然盲目自大,对西学不屑一顾,这种局面并没有从根本上改变。因此,当洋务派开展洋务运动时,遭到了顽固派的极力攻击。认为这是"以夷变夏"。顽固派势力的影响是很大的,一直是洋务运动向前发展的主要障碍。面对这股强大的反对派势力,洋务派首先阐明,中国处于千年未有的变局,并反复强调:中国的文武制度远远高于西方之上,所不及的只是"火器"。为了巩固封建专制统治,靠传统的孔孟之道是不行的,必须借助西方先进的科学技术。这是洋务运动的初衷,也是对顽固派挑战的回答。在如何巩固清王朝统治的问题上,顽固派拿不出什么更好的办法,但对洋务派引进西方科学技术、创办新式企业又横加阻拦,充分暴露了封建地主阶级中最反动、顽固、守旧派的心理。可是,顽固派也是朝中有相当权势的官僚,不反击顽固派的攻击,洋务运动将一事无成。于是,洋务派找到这个旗帜——中体西用。目的明确,并不是要以夷变夏,而是更好地维护清王朝的统治。这是反击顽固派最好的思想武器。

其次,这种思想的提出又有其实用性。

第一,能使清政府最高统治者接受洋务运动,而不使其早日破产。洋务派是相对当时顽固派的比较开明的地主阶级内部的一个集团。他们的所作所为,必须得到清王朝最高统治者的认可,否则将一事无成。"中学为体,西学为用",旗帜鲜明,目的明确,是巩固清王朝、应付"千古"之变局的有力措施,特别是在镇压太平天国过程中,洋枪洋炮的作用被多数人承认。所以,洋务派举着这面旗帜,搞起了洋务运动,以不损害清王朝的根本利益为宗旨,理所当然得到清王朝的信任、支持。结果使洋务运动有所发展。

第二,能使一切具有爱国主义思想的仁人志士所接受,从而使洋务运动得到更为广泛的支持。事实证明,当时地主阶级中比较有清醒头脑的人,特别是与西方资本主义经济、文化有接触的人,基本上站在洋务运动的旗帜下。有的积极创办企业、学校;有的为洋务运动摇旗呐喊,使洋务思想在中国近代思想史上占据一席之地。特别是在洋务运动中,涌现出一批政论家如郑观应、王韬、陈炽、薛福成等。随着洋务运动的发展,这些人已不满足于引进外国的科学技术,而且对中国封建专制制度进行抨击,开始介绍西方的政治制度,使洋务思想逐渐发生变化,早期资产阶级改良主义思想出现了,并为戊戌变法提供了重要的

第二章 效仿西方发展工业变革中国社会的洋务思想

思想资料。

第三,"中学为体,西学为用"的口号在镇压国内人民的反抗斗争中,在抵御外来侵略过程中,及在维护清王朝的统治中发挥了作用。在中国近代八十多年的历史中,各种矛盾错综复杂地交织在一起。使一些历史事件呈现出多面性及复杂性,清王朝本身也是一样。一方面是中国近代史上反动势力的代表,但对外,又代表了整个民族的利益,在其没有彻底投降外国侵略者时,忠于清王朝,在某种意义上就是忠于整个国家和民族。特别是当中华民族同帝国主义矛盾成为最主要矛盾时,这一特点更应引起人们的重视。洋务派"中体西用"的实用性也在于此。在镇压太平天国农民政权,在镇压捻军起义的过程中,洋务派所办的洋务运动确实发挥了维护封建专制统治的作用,因此具有反动性。但是,这个口号又包含着爱国主义的成分,具有维护民族利益、继承传统文化的功能。在左宗棠收复新疆过程中,在中法战争中,洋务派所办企业发挥了作用,为清军提供了近代化的武器,特别是中日甲午海战中,北洋水师在黄海大战中,发挥了极为重要的作用,迫使日本首先退出黄海海面。因此,在对"中体西用"进行评价时,在看到它维护封建专制统治的同时,不应该忽视它在维护民族利益方面的爱国主义内涵。

那么,"中体西用"这一指导思想,在中国近代启蒙运动中具有什么样的作用呢?

首先,这一指导思想被清政府认可后,使西方文化传入中国具有合法性。对西方的历史、政治思想、政治制度,大量的介绍起自洋务运动。为西学东渐提供了重要条件和保证,使中国近代启蒙运动有了一定的基础。

其次,为了更好地学习西方,洋务派一是派大量的人出国留学;二是创办了一系列的学堂。这一举动在中国近代启蒙运动中发挥了不可低估的作用。如马建忠,光绪三年出国留学,入政治学校学习法律、格致、政治、文辞,后游历法、英、德、奥、比利时、意大利等西方资本主义国家。光绪六年归国,成为洋务运动中著名的洋务政论家,后成为早期资产阶级维新派的著名代表之一,传播西方先进的文化。再如严复,光绪三年出国,在英国主要学习数、理、算学、化学、格致、驾驶等,光绪五年回国任福州船政学堂教习,归国后,撰写了一大批影响大的改良主义文章。积极主张改革中国社会,废除专制主义的统治,实行西方资产阶级的立宪制,后又翻译著名的《天演论》,在中国近代启蒙主义运动中发挥了极其重要的作用。

洋务派所办的学堂,在传播西方先进的自然科学方面也发挥了极其重要的作用。大量的自然科学知识被介绍到中国来,并产生了华蘅芳这样的数学家、徐寿这样在国际上有名望的化学家,翻译出版了西方先进的科学技术著作。当然,这是洋务运动的副产品。正是这些被人们忽视的副产品在戊戌变法过程中走上了主战场。洋务运动不仅为启蒙运动提供了思想基础,而且为中国近代史上的启蒙运动准备了物质力量,培养了一大批清王朝的掘墓人。这种客观作用及影响是洋务派所始料不及的,超出了他们的主观愿望。

"中体西用"是中国近代启蒙运动必要的、不可缺少的思想准备,是任何理论、思想也代替不了的思想主张。但其本身是矛盾的,前人对此备述。我们不能因为其存在矛盾或有缺点,就否定其进步作用和它的历史地位,否则就不是唯物主义的态度了。

第五节 早期维新思想家的社会变革主张

一、早期维新思想产生的历史背景

第二次鸦片战争后,西方殖民主义的侵略魔爪由边疆伸入到中国的腹地。英、法侵略者取得公使进驻北京,开放天津、营口、汉口等为商埠,传教士在华自由传教等特权,它们通过《天津条约》《北京条约》从中国攫取了更多的政治、经济特权,并加强了对清政府的控制。沙俄在第二次鸦片战争期间,趁火打劫,侵占了中国大片领土。它通过《瑷珲条约》《北京条约》《勘分西北界约记》等不平等条约割占中国一百四十四万多平方公里的土地。

17世纪70年代后,世界资本主义开始向垄断资本主义即帝国主义阶段过渡。西方殖民主义者加紧掠夺殖民地,瓜分世界领土。中国出现了边疆危机,各殖民主义国家在中国边疆不断制造事端,日本对台湾的侵略,英国入侵云南、西藏,特别是沙俄支持中亚浩罕国阿古柏侵入新疆,1881年中俄签订了《伊犁条约》,中国又丧失了部分主权和领土。80年代,法国挑起了中法战争,清政府的腐败使法国侵略势力伸入到中国的云南、广西,中国的边疆危机更加严重了。

第二次鸦片战争以后,外国资本主义与清朝封建统治者勾结在一起。它们共同镇压了太平天国农民大起义。同时,中国逐渐开始沦为半殖民地半封建社会。中国的主权进一步丧失,海关管理权被外国人所掌握,殖民主义者还取得

第二章　效仿西方发展工业变革中国社会的洋务思想

了低关税的优惠权利,为各殖民主义者对中国的经济侵略大开方便之门。西方的鸦片及工业品大量涌入中国,不仅在沿海城市,而且遍及中国内地和农村。中国手工业者和农民进一步破产。同时,外国资本主义侵略者对中国农产品和工业原料展开了疯狂的掠夺,中国农村经济开始成为世界资本主义市场的附庸。外国侵略势力在扩大对华政治、经济侵略的同时,向中国进行了一系列的文化侵略,特别是披着传教士外衣的帝国主义分子,在中国建教堂,开办医院,办学校,办报纸,对中国人民进行精神毒化。同时,这些侵略分子对中国人民极尽欺压之能事,更激起了中国人民的反抗斗争,反洋教斗争是这一历史阶段中国人民反对外来侵略的主要斗争形式。

二、洋务派的分化

第二次鸦片战争进一步暴露出封建制度的腐朽。在农民战争与列强不断入侵的严重形势下,地主阶级经世派把御夷放在首位。冯桂芬提出了中国自强之道的纲领是"以中国伦常名教为原本,辅以诸国富强之求"。战后洋务派乘机崛起,他们打出"自强"、"求富"的旗号,以"强兵富国"相标榜,推进了洋务思潮的发展。洋务思潮,伴随近代中国社会经济、政治、中外关系的复杂矛盾和变革,它也经历了一个不断发展和演变的历史过程。最初,这个思想只是洋务派为了阻止地主阶级沉沦,在内忧外患中寻求复兴的一种思潮。但是,随着中国半殖民地半封建社会民族矛盾日趋激化,民族危机的加深,这个思潮又发展为更多爱国知识分子和开明官僚、商人卷入的反映中国国家富强要求的整个思潮。这个思潮是极不稳定的,从一开始就存在分歧,随着洋务运动的发展而呈现出多层次的特点,并开始逐步分化。

就奕䜣、曾国藩、李鸿章、左宗棠这些封建专制主义的卫道士和封建国家的封疆大吏来说,基本上是想通过洋务运动来挽救摇摇欲坠的清王朝。他们希望清政府通过洋务运动强大起来,他们与侵略者之所以能联手镇压太平天国,是因为农民运动触及了他们的切身利益,通过镇压农民运动来维护他们的既得利益。他们希望通过洋务运动来巩固自己在统治阶级中的地位,他们是洋务运动中的强兵论者。

伴随着民族资本主义经济的发生和发展,中国出现了新的阶级——资产阶级,由于中国民族资本主义经济发展滞后,中国资产阶级的力量也很微弱,还没有取得独立的社会地位,他们还依附在洋务派内。但是,在这种社会历史条件下，中国出现了反映新兴民族资产阶级利益的改良主义者。他们希望清政府的当权者们，在进行社会经济变革的同时，也进行社会政治改革，特别是对西方资产阶级的议会制度表现出想往之情。

冯桂芬、马建忠、王韬、薛福成、郑观应就是这个阶级的代表。他们站在爱国主义的立场上，希望当权者的改革把中国引向富国强兵的道路，使中国摆脱半殖民地半封建的社会地位，成为资本主义的强国。这些人提出的种种方案，是围绕着发展民族资本主义经济、变革中国政治制度这个中心进行的。19世纪60年代，冯桂芬等人提出的，经过王韬、郑现应等人不断充实的改良思想，从笼统、枝节性的建议，逐步发展，到了八九十年代改革方案涉及了中国的政治、经济、文化等各个方面，为后来戊戌变法奠定了一定的思想基础。

早期维新思想具有其时代的特点，首先，他们反对外国资本主义对中国的侵略。在他们的著述中，对西方殖民主义对中国的野蛮侵略给中国人民带来的苦难进行了揭露和批判，提高了中国人民对侵略者本质的认识，有助于提高中国人民反侵略的意识。早期维新思想对洋务派、顽固派也进行了批判。中国民族资本主义不仅遭到外国资本主义侵略势力的压迫，而且还受到清朝封建统治势力的阻挠。改良主义者作为中国民族资产阶级的代言人，在反对外来侵略的同时，对顽固派及洋务派也进行了思想斗争。他们批判顽固派的守旧保守，批判洋务派学习西方是学其"皮毛"。他们已经看到了洋务新政的措施不能使中国富强，于是开始思考和探索一条使中国真正富强的道路。早期维新派与洋务派不同，他们亲身接触到了西方资本主义国家的制度和文化，在中西方文化的对比中，他们越来越感受到中国社会的落后，特别是中国封建专制制度落后于西方的资本主义政治制度。在这种条件下，他们从洋务派中分化出来，把改革的重点由经济伸向了政治制度。

早期维新思想家在批判洋务派的同时，提出了变法自强的要求。除了在政治制度方面实行改革外，在经济上提出采用西方资本主义国家的先进工具，建立近代化的工矿企业，交通运输业，发展资本主义的生产力，特别是还介绍了西方资本主义的企业制度及管理方法。

早期维新思想家们，在政治、经济等方面都提出了改革的主张，这种主张是中国民族资本主义经济发展到一定阶段的必然反映。从总体上看，他们的基本要求是打破洋务派和外国资本主义对中国经济的垄断，扫清发展资本主义经济的障碍，使民族资本主义顺利发展，实际上就是要打破半殖民地半封建经济体

第二章 效仿西方发展工业变革中国社会的洋务思想

制的框子,为资本主义经济发展创造较为有利的客观环境。

第六节 王韬的社会思想

　　王韬,原名利宾,字紫诠,号仲弢,江苏苏州人。王韬自幼家贫,其父以教书为生。十八岁参加科举考试中秀才,后应试举人不中,遂弃科举,喜诗文。

　　1849年,王韬受英人麦都思之约,受雇于墨海书馆,帮助传教士学习中文,并从他们学习天文、历算、地理等学科,不断接触西方科学知识。1861年,他以黄畹的名字写信给太平天国,建议太平军攻长江上游等,后信被清军缴获,清政府欲治罪,在英国领事庇护下逃往香港。在香港为英人理雅各翻译中国经书。1867—1870年间,王韬游历了法、俄等国。1874年,在香港创办《循环日报》,自任报纸的主笔。普法战争爆发,他翻译并编著了"普法战纪"。后本书与"火器说略"在国内广为流传。1884年,王韬经李鸿章默许返上海居住。晚年主持格致书院。王韬一生著述颇丰,内容较为广泛,涉及政治、经济、历史、地理、天文、历算、小说等不下四十余种。中华书局辑有《弢园文录外编》《弢园尺牍》等。

　　王韬长期从事编报、翻译活动,是著名的洋务运动的宣传家,早期维新思想家。特别是在中西文化交流上,王韬做出了较大的贡献。是中国近代史上第一个把中国传统文化中的经书翻译为英文,使其在英国得以传播的人,也是第一个把普法战争情况介绍到中国的人。

一、改革中国政治制度的主张

　　王韬所处的时代,正是清王朝内忧外患并起、中国从封建社会向半殖民地半封建社会过渡的历史转变时期。振兴中国,维护民族独立和尊严,是摆在中国人民面前的重要任务。中国落后挨打之症结在何处？王韬认为:"国家之患,不患在外侮之凭凌,而患在内治之委靡,武备之废弛,军士之玩怠,器械之敝钝,而后伺问者因之。"[①]两次鸦片战争,清政府一败涂地。其根本原因是清王朝朝纲紊乱,官吏腐败无能,士兵则毫无斗志,加上科学技术落后,西方资本主义入侵中国的野心才得以实现,因此欲使中国摆脱受夷所制的不利地位,清政府应

[①] 王韬:《弢园文录外编》,中华书局1959年版,第278页。以下凡出自本书只注页码。

改弦更张,改变政治观念,变革政治制度。

王韬认为,传统文化中的民本主义是治国的精义所在,是中国传统文化中优秀政治思想的体现。他指出:"天下之治,以民为先,所谓民惟邦本,本固邦宁。"①说的就是这个道理。

以民为本,是中国古代进步思想家、政治家治国方略的重要总结。这一思想的核心是"重民轻君"。"民为贵,社稷次之,君为轻"②是这一思想的具体表述。这一思想的实质是:要求统治者的统治,能深得"民心",即国家的大政方针能代表更多人的利益和意志,从而得到较多人的拥护和支持,以达到国泰民安的目的。"得其心,斯得民矣。得其心有道,所欲与之聚之,所恶勿施尔也。"③因此,有道之君,欲达到长治久安的目的,第一,国家政策、方针必须得民心。"天下何以治?得民心而已;天下何以乱?失民心而已。民心之得失,在为上者使之耳。民心既得,虽危亦安,民心既失,虽盛亦蹶。"④民心之得失关系着国家和民族的强与弱,能得民心,则受到人民的支持,政权巩固,国运昌盛。能否得民心,取决于治者的治国之略。"危"与"安"、"盛"与"蹶"都以民心为转移。中国历史上,有些王朝貌似强大,但因失去人心,很快淹没在人民反抗斗争的怒涛之中。隋王朝一统天下,结束了魏晋南北朝以来的分裂局面,力量是强大的,实现统一也符合全国人民的愿望。这样一个强大、富庶的封建王国,因隋炀帝横征暴敛,失去民心,终被隋末农民大起义推翻。因此,国家的安稳,首先应使百姓安居乐业。近代两次鸦片战争,中国大门洞开,侵略者无耻掠夺,大量赔款被清政府转嫁到劳动人民身上,社会矛盾不断激化,民不聊生,国家政权不会巩固。王韬这种得民心与否关系着社稷安危的思想,是对封建王朝历史经验的总结,也是从另一个侧面反映出对劳动人民力量的认识。同时,也是对千百年来君权神授封建的"三纲五常"的大胆否定。第二,君与民必须"上下无隔阂","上有以信夫民,民有以爱夫上,上下之交既无隔阂,则君民之情自相浃洽"⑤。得民心是治国安邦之大计,国家大政符合人民的愿望,则必须"上下无隔阂"。通过理顺君民关系,才能达到"内可以无乱,外可以无侮,而国本若苞桑磐石

---

① 王韬:《弢园文录外编》,第18页。
② 《孟子·尽心章句下》。
③ 《孟子·离娄上》。
④ 王韬:《弢园文录外编》,第23页。
⑤ 王韬:《弢园文录外编》,第20页。

第二章 效仿西方发展工业变革中国社会的洋务思想

焉"。中国古代的重民思想,是地主阶级所寻找到的一条能够维护国运不衰的道路。王韬的民本主义,适应战争后中国社会客观的需要,具有时代意义。王韬这些思想是对中国古代重民轻君的民本主义思想的继承,同时也反映出一定的资产阶级倾向。

第一,中国历史上民本主义之"民",在不同的时期内属于不同的历史范畴,地主阶级的民本主义,在于维护地主阶级的利益,在于巩固地主阶级统治的长治久安。王韬民本主义之"民",包括正在成为资本家的中小地主、手工业作坊主、商人、买办和一切爱国的知识分子。"民"的内涵扩大了。王韬是在批判封建专制的基础上,主张以民为本的。他对封建专制主义基本上是持否定态度的。他指出:"至于尊君卑臣,则自秦制始。"①自秦始皇建立封建专制主义的中央集权制以来,"君与民日远",人民"虽疾痛惨怛,不得而知也;虽哀号呼吁,不得而闻也"。所以尽管灾荒频繁,皇帝有诏赈济,或有诏减免租赋,但其他官吏则充耳不闻,只知以搜刮百姓为能事,这必然加剧社会矛盾,使国家动荡不安。这是中国积贫积弱、国贫民穷的一个重要原因。即使有圣明的君主,但受这种制度制约,也无济于事。它表明,王韬对封建专制主义制度有一定的认识,也使其民本主义与封建制度下的民本主义初步显示了分野。

第二,王韬所处的时代,正是中国受西方列强侵略,并开始沦为半殖民地半封建社会的紧急转变关头。摆脱被侵略的不利地位,是中国的首要任务。反对专制、反对外来压迫,是符合整个中华民族利益的。王韬期望通过实行"上下无隔阂"的制度,国家通过"求民之隐,达民之情"的道路,实现上下一致,共同对敌,使中国成为"若苞桑磐石"般的整体。所以,王韬的民本主义是与祖国的利益、民族的前途相联系的。

第三,王韬的民本主义反映了民族资产阶级的要求,代表了民族资产阶级的利益。王韬主张发展近代资本主义工商业,以实现国强民富,作为抵御外来侵略的物质条件。他说:"今富国强兵之本,系于民而已矣。""治民之大者,在上下之交不至于隔阂。"此外,"首有以厚其生,次有以恒其业。汰浮士,裁冗兵,去游民,使尽驱而归之于农,以辟旷土、垦荒地,给以牛种犁锄,居以蓬寮,时课其勤惰,而递岁分收其所入。若开掘煤铁五金诸矿,皆许民间自立公司,视其所出繁旺与否,计分征抽,而不使官吏得掣其肘……朝廷有大兴作,大政治,亦必

---

① 王韬:《弢园文录外编》,第23页。

先期告民,是则古者与民共治天下之意也"①。

19世纪70年代,洋务运动有了一定进展。中国民族资本主义也开始产生。但是,民族资本主义不仅受到外国资本主义在华经济势力的打击,也受到中国封建专制统治的严重束缚。王韬这种"许民间自立公司"和"朝廷有大兴作,大政治,亦必先期告民"的主张,代表了民族资产阶级的利益。在客观上反映了民族资产阶级要求参政的愿望,因此王韬的民本主义包含着资本主义的因素,所以是值得肯定的。

二、君民共主观

王韬的民本主义,一方面汲取了中国古代民本主义思想,同时也是学习西方的积极成果。

睁眼看世界,向资本主义国家寻找救国真理,这是林则徐最早提出来的时代课题。魏源进一步提出"师夷长技以制夷"。向西方学习,自强以抵御外侮,是近代中国一切进步思想家的共同要求,代表了历史发展的潮流。王韬根据对西方世界的考察指出:"泰西之立国有三,一曰君主之国,一曰民主之国,一曰君民共主之国。""一人主治于上,而百执事万姓奔走于下,令出而必行,言出而莫违,此君主也。国家有事,下之议院,众以可行则行,不可则止,统领但总其大成而已,此民主也。朝廷有兵刑礼乐赏罚诸大政,必集众于上下议院,君可而民否,不能行,民可而君否,亦不能行也,必君民意见相同,而后可颁之于远近,此君民共主也。"他认为:"君为主,则尧、舜之君在上,而后可久安长治;民为主,则法制多纷更,心志难专一,究其极,不无流弊。惟君民共治,上下相通,民隐得以上达,君惠亦得以下逮。"②

不难看出,王韬对君主立宪的赞扬,确实揭示出他内心存在着用君主立宪制来代替封建专制制度的渴望。资本主义政治制度取代封建的君主专制制度,是人类历史的进步。

略加分析,我们就看到王韬所以用西方资本主义政治制度来代替中国封建专制主义制度,主要是:

第一,"变革"的历史进化观,奠定了王韬民本主义的理论基础。王韬指出,

---

① 王韬:《弢园文录外编》,第22页。
② 王韬:《弢园文录外编》,第22页。

第二章 效仿西方发展工业变革中国社会的洋务思想

"易曰:穷则变,变则通。知天下事未有久而不变者也。上古之天下一变而为中古,中古之天下一变而为三代。"王韬认为:中国历史是不断发展的,社会是不断变化的,中国自"三代以来,至秦而一变,汉唐以来至今日而又一变"①。王韬朦胧地认识到,整个世界走向大同,是历史发展的必然结果,是客观世界发展的必然规律。中国也必须遵循这一规律。

第二,中国封建专制主义弊端种种,是中国吏治败坏、国贫民穷、社会矛盾激化的重要原因。所以,必须用先进的西方资本主义政治制度来代替它。

中国封建专制主义一个重要特点是权力绝对集中,地方听命于中央,中央听命于皇帝。封建官僚只对其上司负责,而不是对其属下负责,更不对全体人民负责。在这种制度下,"民之视君如仰天然","民之所欲,上未必知之而兴之也,民之所恶,上未必察之而勿之施也"。② 因此,封建专制制度下的官吏,多数是一群"惟知耗尽民财,殚尽民力,敲骨吸髓,无所不至"之辈。国家"设官本以治民,今则徒以殃民,不知立官以卫民,徒知剥民以奉官"。在这种制度下,就是有尧、舜、禹般的统治,由于受这种制度的束缚,终不能深入了解民情,因此,上下必然隔阂。这一矛盾,是这个制度本身所决定的,因此,必须用先进的政治制度来取替它。王韬这种认识基本上符合历史实际,切中了封建专制主义的要害。作为刚刚脱离封建主义阵营的王韬来说,有这种认识,并能对封建专制主义进行猛烈抨击,是难能可贵的。

那么,王韬为什么选择君主立宪制作为中国理想的政治制度呢? 除了王韬自己分析的几种政体的利弊外,我们考察当时历史,则认为这是由特定的历史条件所决定的。

第一,英国是当时世界上最强大的资本主义国家,号称"日不落帝国"。英国实行的君主立宪制,促进了英国社会经济、政治、文化的发展。王韬认为:"泰西诸国,以英为巨擘,而英国政治之美,实为泰西诸国所闻风向慕,则以君民上下互相联络之效也。"③王韬把英国之所以强大的原因归结为"君民共主",这种看法当然有欠妥之处,但是,用较为先进的资本主义国家的政治制度,来取缔腐朽、落后的清王朝的封建专制主义制度,是人类社会历史发展的必然趋势。

---

① 王韬:《弢园文录外编》,第23页。
② 王韬:《弢园文录外编》,第68页。
③ 王韬:《弢园文录外编》,第24页。

第二,王韬认为,这种制度能够体现人民的意志,可实现"上下无隔阂",达到"上有夫信于民,民有以爱夫上"的目的,是通往"民惟邦本,本固邦宁"的最佳途径。这种制度,保存了君主的地位,但是,这种制度下的君主,与封建专制制度下的君主,有着根本的不同。在这种制度下,"君民一心,无论政治大小,悉经议院妥酌,然后举行"①。君主的权力,受到议院的制约和国家法律的约束。

第三,在中国士大夫心目中,传说中的三代,就是"君民共主",也正因为上古三代实行"君民共治"才能出现"天下大治"的局面。"今合一国之人心以共为治,则是非曲直之分,昭然无所蒙蔽,其措施安有不善者哉!窃以为治国之道,此则就近于古也。"在中国封建士大夫心目中,上古三代,是最理想的社会,既然上古三代采取"君民共治"而国泰民安,家给人足,现实社会中的英国采取这种制度又成为"泰西诸国之巨擘",为全世界进步国家所效法,中国要富国强兵,则必须采取这种政治制度。把中国古代理想中的国家与现代资本主义国家政治制度相结合,把中国传统的民本主义与现代资产阶级民主思想相结合,是王韬民本主义思想的又一特点。

三、王韬社会思想的评价

对外争取国家独立,对内争取民权,实行资本主义的政治制度,是近代中国历史提出的主要任务。为完成这一任务,先进的思想家们进行了艰苦的探索和刻意的追求。

第一次鸦片战争结束不久,地主阶级有识之士林则徐,提出要向西方资本主义国家学习。魏源曾明确提出"师夷之长技以制夷"的思想,并建议清政府"应颁制西洋奇器"②。其着眼点,是放在学习西方资本主义国家军事和科学技术方面,其目的是维护中华民族利益,当然,也包含着维护清王朝封建统治的长治久安的因素。

19世纪60年代,洋务运动开始形成和发展。洋务者打着"自强"、"自立"、"富国强兵"的旗帜,主张"中学为体,西学为用",试图用先进的科学技术来延续摇摇欲坠的清王朝的反动统治。其着眼点,只在"船坚炮利"上下功夫。后来虽然也举办了一些民用工业,但从其主观上看,洋务派并不想变更中国封建专

---

① 王韬:《弢园文录外编》,第68页。
② 魏源:《西域置行省议》。

第二章 效仿西方发展工业变革中国社会的洋务思想

制主义制度。洋务运动本身,没有使中国挣脱西方列强套在中国人民身上的枷锁,相反通过洋务派"借师剿贼"主张的实施,中外反动派携起手来,共同镇压了中国人民反封建的斗争,在某种程度上,洋务派搞的洋务运动,延长了清王朝的寿命。

王韬站在时代的高度,指出历史是不断演变、发展的,他用大量的事实,深刻抨击了封建主义专制制度。在中国近代史上第一次系统地提出在中国实行君主立宪制,从根本上变更封建专制主义政体的主张。因此,王韬的主张比其前辈更加完善,比洋务派更加进步,对后来的戊戌变法运动有一定的启迪作用。

从19世纪60年代开始,王韬第一次把西方资本主义的政治体制介绍到中国来,并把它同中国封建专制主义政体进行比较。同时,他充分肯定"君民共主"政治体制的进步性与合理性。他的大量文章发表后,在中国思想界引起了较大震动,有力地传播了西方资本主义文化,使更多的人对西方资本主义政治体制有了较为深入的了解。在思想上帮助人们正确认识清王朝和西方资本主义制度,在一定程度上动摇了清政府封建专制主义统治在人们心目中的威信,所以,客观上为戊戌变法运动做了理论上的准备。综上所述,王韬的民本主义,具有一定的启蒙作用。

王韬从维护祖国的尊严、民族的利益出发,站在爱国主义的立场上,忧国忧民。面对中国被侵略,王韬感到无比的愤慨,他痛心疾首地指出:西方列强对中国"其日逼处此,日出其技而与我素短较长也。且恃其所能,从而凌侮我,挟持我,求无不应,索无不予,我于此时而尚不变法以自强,岂尚有人心血气者哉"[①]。认为西方列强仗其社会进步、科学技术先进、船坚炮利,有恃无恐地对中国侵略,中国欲免于受侵略则必须变法以自强。因此,每一个有"人心血气"的中国人,都应肩负起使中国摆脱被侵略、受奴役地位的历史重任,以实现国家的独立、民族的解放。王韬主张在中国建立资产阶级的君主立宪制,从根本上变革中国的封建专制制度,并把它作为抵御外来侵略,使中国走上独立富强的根本途径。在经济上,王韬主张大力发展资本主义,要求清政府"许民间自立公司",要求打破洋务派垄断民间企业的局面,从而达到国富兵强的目的。所以,王韬的民本主义充满了民族主义,闪烁着爱国主义的光辉。与洋务派的"自强"主张是不可同日而语的。

---

① 王韬:《弢园文录外编》,第322页

王韬主张在中国实行"君民共治"的资产阶级君主立宪制,但是,他寄希望于清政府通过自上而下的改革来实现其民本主义。事实表明,王韬对西方资本主义的了解是不深刻的,其理论是不成熟的。戊戌变法运动,基本上符合王韬确立的历史轨迹,结果惨遭失败。历史发展表明:中国民族资产阶级的力量是软弱的,还没有达到促使清王朝进行自上而下变革,使中国走上资本主义道路的程度。因此,王韬的民本主义是实现不了的。中国人民要推翻封建专制统治,摆脱西方列强的奴役,必须动员全体人民,以革命的暴力打碎反动的国家机器,这才是半殖民地半封建社会中国的真正出路。

第七节 郑观应反对外来侵略的商战思想

郑观应,字正翔,号陶斋、杞忧生等,广东省香山县人。生于1842年,卒于1922年。

郑观应出身封建士绅之家。13岁应童子试未中,奉父命赴上海学经商。曾在外国企业宝顺公司、太古公司中担任过位置较高的买办。同时自己兼做生意,与英商经营公正轮船公司,后到扬州任宝记盐务总理。后来,又投资入股到轮船招商局、开平煤矿局及上海机器织布局和上海电报局。

郑观应不仅是一个从事经济活动的资本家,还是一个具有资产阶级性质的改良思想家。在其从事工商活动的几十年中,他先后撰写了大量评论时政、发展中国经济、改革中国政治的文章。几十年中,他撰写了《救时揭要》《易言》《盛世危言》《盛世危言续集》《盛世危言后编》等著作。

郑观应长期从事工商业经营活动,在他的著作中更直接反映了中国资产阶级的要求,同时,他长期与外国企业打交道,对西方资本主义对华的经济侵略有更明确的认识。郑观应长期与洋务派打交道,或者说他本身就是一个洋务活动家,最终又与洋务派分道扬镳,这种经历使他对洋务运动中的官办企业内部腐朽、黑暗现象有切身的感受,对洋务派所办企业的批评往往也切中要害。

郑观应通晓英语,到过外国许多地方,这使他比同时期的改良派更了解外国情况,在19世纪80年代,郑观应的影响是很大的,他的一些著作还流传到朝鲜和日本等国。

第二章　效仿西方发展工业变革中国社会的洋务思想

一、以商战固本

发展中国的资本主义经济,同外来侵略者展开"商战",是郑观应经济思想的核心。

郑观应指出,在与外国侵略者进行斗争时,"习兵战不如商战"。他认为,经济侵略比军事侵略更为危险,因为经济侵略不容易被人察觉。"兵之并吞祸人易觉,商之掊克敝国无形。"[①]西方资本主义的经济侵略是西方资本主义奴役被征服地区的根本手段和目的。"英国之君臣又以商务开疆拓土,辟美洲,占印度,据缅甸,通中国,皆商人为之先导。"资本主义国家对中国的侵略分为军事与商业两个方面,而经济侵略较之军事侵略更为严重与危险。郑观应指出:"各国并兼,各图利己,借商强国,借兵以卫商。"[②]从而揭露了资本主义国家军事侵略的目的在于维护其经济利益。面对西方资本主义对中国的两种侵略方式,中国也应以两种方式来反对、抵御。郑观应看到,只用兵战,不足以抵御外来侵略。他指出:"自中外通商以来,彼族动肆横逆,我民日受欺凌,凡有血气孰不欲结发厉戈,求与彼一战哉。于是购铁舰、建炮台,造枪械、制水雷,设海军、操陆阵,求战事不遗余力。"[③]但是,并没有阻止西方侵略者对中国的侵略,中国仍然没摆脱割地、赔款与侵略者订立不平等条约的局面。即使在对外战争中取得一定的胜利,也不能永使中外相安无事。事实使郑观应认识到:"我之商务一日不兴,则彼之贪谋亦一日不辍。纵令猛将如云,舟师林立,而彼族谈笑而来,鼓舞而去,称心厌欲,孰得而谁何之哉?"[④]所以,必须同侵略者进行商战,来反对资本主义的经济侵略。故此郑观应主张:"一法日本,振工商以求富,为无形之战。一法泰西,讲武备以图强,为有形之战。"[⑤]振兴商务,以商立国,是郑观应商战思想的重要组成部分。郑观应把孙子兵法的观念引到发展中国经济领域中,运用"知彼知己,百战百胜"的指导思想来振兴中国的工商业。

郑观应指出,西方资本主义国家对中国的经济侵略有两大项,"一则鸦片",

---

① 郑观应:《郑观应集·商战上》(上),上海人民出版社1982年版,第586页,以下凡出自本书只注页码。
② 郑观应:《郑观应集·商务》,第614页。
③ 《郑观应集》(上),第586页。
④ 《郑观应集》(上),第586页。
⑤ 《郑观应集》(上),第597页。

"二则棉纱、棉布"。除此以外,外国商品如药品、烟、酒、食品;纺织品,及其他日用品、轻工业品充斥中国市场。对此,郑观应主张:"弛令之种烟土,免征厘捐,徐分毒饵之焰,"与西方进行"鸦片战";"广购新机,自织各色布匹"与西方进行"洋布战";"购机器织绒毡、呢纱、羽毛洋衫裤、洋袜、洋伞等物……"与西方进行"用物战";"上海造纸,关东卷烟,南洋广蔗糖之植,中州开葡萄之园,酿酒制糖",与西方进行"食物战";"制山东野蚕之丝茧,收江北土棉以纺纱,种植玫瑰等香花,制造水洋胰集物",与西方进行"各种零星货物战",此外,"遍开五金、煤矿、铜、铁之源";"制煤油,自造火柴","以景德之细窑,摹洋瓷之款式,工绘五彩,运销欧洲","以杭、宁之机法,纺织外国绉绸,料坚致而价廉平",与西方进行"玩好珍奇"、"零星杂货"之战。① 上述所谓"商战"的内容,实际是与西方资本主义国家进行商品竞争,占领中国市场的竞争。除了"鸦片生产"与西方"鸦片之战"不宜提倡外(实际上,郑观应目睹清政府无力禁烟,鸦片泛滥成灾,在这种情况下,提出种植鸦片来防止中国白银外流之举措,但今天看来也不是什么进步之举),在其他轻工制造业、矿业、轻工产品等方面,利用中国本地的特产与西方侵略者展开竞争,最终把它从中国市场上驱逐出去。

郑观应主张把清政府用在海防之经费及购枪械舰炮与建炮台之经费,用在发展中国经济上。特别是用在学习西方科学技术上,在科学技术达到一定水平后,"考察彼之何样货物于我最为畅销,先行照样仿制,除出运脚价必较廉,我民但取便日用,何必从人舍己,则彼货之流可一战而渐塞矣"②。这是商战的第一步,用民族工业的产品占领中国市场。而且在成本上必然要低于外国产品,利用价值规律同西方经济侵略进行较量。这种思想主张在当时历史条件下,不仅是进步的,而且是具有十分重要的积极意义。在中国近代史上,第一次把市场的观念引进到发展中国经济领域中来。郑观应并没有满足占领国内市场,而且主张"视其所必需于我者,精制之而贵售之。彼所必需断不因糜费而节省,则我货之源可一战而徐开矣。大端既足抵制,零星亦可包罗,盖彼务贱,我务贵,彼务多,我务精。彼之物于我可有可无;我之物使彼不能不用"③。从而把竞争的领域扩大到世界市场。郑观应运用中国古老的军事理论来发展中国近代经济,

---

① 《郑观应集》(上),第589页。
② 《郑观应集》(上),第590页。
③ 《郑观应集》(上),第590页。

第二章 效仿西方发展工业变革中国社会的洋务思想

敢于同西方强大的资本主义国家挑战,这不能不说是一个重要的创举。

以一个落后的农业生产(小农经济)占主体地位的国家来同发达的资本主义国家进行"商战"最后取得反侵略的胜利,是十分困难的。要想在"商战"中取胜,必须有一定的实力,郑观应主张发展教育,强调"讲求泰西士、农、工、商之学",通过发展资本主义教育,为其"商战"创造条件,确是明智的选择。

但是,在丧失了独立主权的中国,特别是西方资本主义列强在中国已经取得关税、片面最惠国待遇,内河航行、设立租界等特权。这些特权成为中国资本主义经济向前发展的桎梏。郑观应认为,要进行商战,并战胜西方资本主义国家,必须废除这些不平等条约。这是发展中国民族资本主义的前提,这个前提不解决,发展民族资本主义将是十分艰难的。郑观应极力主张取消片面的最惠国待遇,取消关税协定,主张收回关税主权,并运用它来保护民族工业。对侵略分子赫德把持中国海关管理权更是感到痛心疾首,"各口海关则设正、副税务司,帮同监督经理权政"。"税务司下又有帮办……此外更有扦手,皆以西人承充",其结果是这些侵略分子不但把持了中国海关这一重要经济命脉,而且他们"袒护彼族",故此,郑观应主张海关管理权应归还中国人,使"权自我操,不致阴袒西人阻挠税则"①。使国家海关管理权在华人手中,收回失去的主权,便于中国经济的发展。

二、完善近代企业制度的主张

郑观应长期从事洋务派所办企业的管理。严酷的现实使郑观应认识到,清政府"但有困商之虚政,而无护商之良法"②。"不惟不能助商,反朘削之,遏抑之。"③这些都是国家没制订发展资本主义经济的计划、法律、制度等原因造成的。故此,郑观应主张建立近代的企业制度,并把它当成进行商战的重要条件。郑观应懂得发展中国经济,必须把重点放在近代工业的发展方面。这是中国夺回失去的利权的重要基础。他说,"商务之盛衰,不仅关物产之多寡,尤必视工艺之巧拙。有工以翼商,则拙者可巧,粗者可精,借楚材以为晋用,去所恶而投其所好,则可以彼国物产,拟渔彼利。若有商无工,纵令地不爱宝,十八省物日

---

① 《郑观应集》(上),第546页。
② 《郑观应集》(上),第609页。
③ 《郑观应集》(上),第605页。

丰,徒弃己利以资彼用而已"①。发展中国的近代工业,必须建立近代企业制度。而洋务运动中所办企业虽然也采取股份制的形式,但郑观应看到了"官督商办"、"官商合办"企业中,"官夺商权"、"专擅其事"、"以公济私"、②中饱私囊的黑暗腐败现象,逐渐提出了创办新式企业、建立和完善近代企业制度的主张。

郑观应曾在外国企业任帮办,对其内部管理体制是比较熟悉的。他介绍了西方股份制。他指出,西方资本主义国家的企业分为有限和无限公司两种。创办公司必须注册。然后由出资人共立公司管理章程。包括"股份票作何填绘"、"科收资本立法暨同时全收,或随时续收"、"转售股票之法","与股者值应付若干资本之时不能付清,准总理人注销其股票,别行填售",与股人聚议定期,"与股人当聚议之期皆得自举其意,以定从速","推举总理暨总理之权,以办公司事务",另外还有"结账分利"、"专人查账"等条款。公司总理初由"其创议之人自必即充公司之总理,俟届与股者俟议之期,或可别举新人换充总理"③。公司的管理,多数是在创办之前先行议定。"总理人不能以众人之资本任意独断行也","大公司之总理至少必选定七人","入选人由其投资入股额来确定"。公司定期召开股东大会,"总理"要向股东大会将"所办之事,悉行当众报明,或盈或亏,毫无讳饰"。④ 公司分利照"章程办理"。公司有关管理规定,在公司成立前拟好,如果需要变动"则须各举其意而计之",按"四分之三以为应改,即行照改"。西方股份制企业,是资本主义经济发展的产物,是西方资本主义民主制度在经济管理体制上的具体体现。这一制度的特点是公司的董事会的董事由投资入股金额确定,公司经理由股东大会选定。企业中入股者都是企业利润的受益者,经理是投资者,是受益者,同时由股东大会选举,这样必然对股东负责,另外要对自己负责。企业经营效益的好坏与自己有切身利益。可以避免在企业管理中出现弊端。对此,郑观应是深有体会的,所以他力主改革中国的企业组织,实行股份制,建立和完善中国的企业制度。

郑观应主张:中国应"仿西法颁定各商公司章程,俾臣民有所遵守,务使官不能剥商,而商总商董亦不能假公以济私,奸商墨吏均不敢任性妄为,庶商务可

---

① 《郑观应集》(上),第588页。
② 《郑观应集》(上),第611页。
③ 《郑观应集》(上),第630页。
④ 《郑观应集》(上),第632页。

第二章 效仿西方发展工业变革中国社会的洋务思想

以振兴也"①。要求依法来规范中国的经济发展。避免出现"彼此相欺,巧者亏逃,拙者受累,以故视集股为畏途"②。

郑观应主张:中国应仿西法"总理公司之人即由股商中推选,才干练达股份最多者为总办"③。而清政府在其所办企业中,凡"商民集股者……其总办或由股份人公举,或由大宪札饬。凡大宪札饬者,无论有股无股,熟识商务与否,只求品级高,合大宪之意者"。结果是"位尊权重,得以专擅其事"④,管理上不能不一团糟。故此,他要求把西方政治民主制中的选举制应用到企业管理中来,使管理者真正对股民负责。

郑观应主张建立统一的组织机构,即"仿西法投筒自举董。所举商董或一日一会,或一日两会。会日洞启重门,同业咸集;藉以探本业之隆替,市而之赢绌,与目前盛衰之故,日后消长之机。勿作浮淡,勿挟私意,何者宜补救,何者宜扩充,以类相从,各抒己见"⑤。

郑观应认为:"夫西人之胜于我者,以能破除情面,延揽人才,官绅属托有所不顾,亲友推荐有所不受,是以所用司事人等不但事情习熟,且为守兼优。董事由股东而举,总办由董事而举,非商务出身者不用。"⑥在企业的用人制度上进行改革,为总办者,必须"熟识商务",能知人善任,董事与总办各负其责,同时,要有"一极精书算之人,按月一查账目",定期向股东大会、向董事汇报收支情况。

郑观应还主张变革清朝的中央统治机构。"特设商部大臣总其成,兼理工艺事宜,务取其平日公忠体国、廉洁自持、长于理财、无身家之念者方胜厥任。"⑦希望为资产阶级争得部分政治权利以此来保障资产阶级的经济利益。

三、郑观应"商战"思想的评价

郑观应的"商战"思想,是时代前进的反映。两次鸦片战争,使清王朝深受其害。资本主义国家在战后向中国大量倾销商品,反映了早期资本主义商品输

---

① 《郑观应集》(上),第626页。
② 《郑观应集》(上),第622页。
③ 《郑观应集》(上),第611页。
④ 《郑观应集》(上),第611页。
⑤ 《郑观应集》(上),第617页。
⑥ 《郑观应集》(上)第618页。
⑦ 《郑观应集》(上),第618页。

出的特征。资本主义国家利用产品为武器对中国进行的经济掠夺和侵略,只靠军事反击是无济于事的,于是郑观应提出"商战"即用资产阶级的竞争办法同资本主义国家展开商战,争夺被外国资本主义国家占领的市场,通过反击资本主义国家对中国的经济侵略,来发展中国的资本主义经济,商战思想正是这一社会矛盾的反映。这一时期,中国民族资本主义有了一定的发展,但力量还十分微弱,同时,对资本主义经济还缺乏本质的认识,而且主要从商品的流通过程的表面来认识问题。郑观应的"商战固本"观念,具有重商主义的某些特征,特别是突出强调对外贸易的思想,这是不足为怪的。郑观应从爱国主义的立场出发,为挽救中国的危亡提出的这种"商战固本"思想,是强调中国先富后强,它的进步意义在于比洋务派前进了一步,认识到资本主义国家对华的经济侵略比军事侵略更加危险,军事侵略是前提,经济侵略是本质和目的。同时,认为西方的强大靠通商,中国欲除外患也必须振兴商务。

郑观应关于完善经济管理体制的主张,一是基于对洋务运动中,洋务派在管理中弊端丛生的昏暗管理的不满,二是长期在外国企业当买办对西方管理体制、办法学习的结果,同时也是近代企业本身发展的要求。资本主义经济是以市场经济为基本特色,它要求公平竞争,自由发展,反映在管理体制和办法、观念上,必须实行民主制。洋务派所办企业,仍然用封建专制的一套行政命令手段来管理近代化的企业,显然是违背资本主义经济发展规律的,非但不能有利于资本主义经济的发展,相反成为民族资本主义发展的桎梏。郑观应关于建立近代企业制度的主张,是资本主义经济发展的本质反映和发自内心的呼唤。它代表了民族资本家的利益,反映了他们的要求。更为重要的是,它使人们认识到,企业是发展还是破产,是受商品经济发展的规律支配的,其目的是为了获取利润,最大特点就是公平竞争,适者生存,否则破产(郑观应称之为歇业,其原因为"生意不佳","亏欠太多,无从运转"[①])。它是客观的也是公正的,又是平等的,无论是什么人,只要经营不善都有破产的可能。所以它是残酷的,要想使企业生存下去,并在激烈的竞争中保持不败的地位且有所发展,必须集合一大批优秀的人才,充分发挥他们的聪明才智,企业才能生机勃勃有所发展。

由于在洋务派主持下,不能取得有利于发展资本主义经济的保证,郑观应提出国家应设立"商部",还提出"开议院"的要求。这是从中国的实际情况提

---

① 《郑观应集》(上),第633页。

第二章 效仿西方发展工业变革中国社会的洋务思想

出的政治改革措施。清王朝自入关后,相继进行一系列改革,以完善封建国家的统治,但"乾嘉"后,清政府江河日下,日趋没落,政治统治更趋于保守。政治体制几乎没有大的变化。第二次鸦片战后,成立了"总理衙门"以适应"洋务"的需要。但是,一直没有专门负责发展经济的机构。在管理上必然存在问题,如轮船招商局开办时,由李鸿章令浙江海运委员、候补知府朱其昂筹办轮船招商局。在实际招股中,他一筹莫展。后来,李鸿章又委唐廷枢任招商局总办。李鸿章时任直隶总督兼北洋大臣,掌清政府的内政、外交、军事大权。而官商合办的轮船招商局的总办任免,还必须经他同意。福州船政局由左宗棠负责,左去任后举沈葆桢,沈任两江总督后举丁日昌为继任。这都说明清政府企业在用人上没有切实可行的制度,清政府更没有为适应经济发展而设立新的管理机构。郑观应从发展经济、加强企业管理的目的出发,把改革的目标进一步引向国家政治制度的变革,这是他进步于洋务派的高明之处。当然,发展经济,企业制度改革,必须在强有力的开明、进步的政府领导支持下方能得到保证。在半殖民地半封建社会的条件下,要实现郑观应的理想是很不现实的。

第八节 早期维新思想家的社会变革主张评价

在中国近代史上,早期维新思想家是介于洋务派与资产阶级改良派之间的一种社会政治力量,或者说是从地主阶级洋务派中逐渐分化、具有资产阶级初步意识的思想家组成。

他们与洋务派具有同一性。首先,他们与洋务派一样,对中国封建专制主义的纲常名教持保留态度。李鸿章说:"中国文武制度,事事远出西人之上,独火器万不能及。"[1]而张之洞则说:"我圣教行于中土数千年而无改者,五帝之王,明道重法。"[2]他们认为凡中国封建社会的四书五经、孔孟之道,无一不是"中学"的根本。而早期维新思想家也认为:"器则取之西国,道则备自当躬,盖万世而不变者,孔子之道也。"[3]他们主张"取西人器数之学,以卫吾尧舜禹汤文武周孔之道"。认为西方"三纲之训,究逊于中国"[4],他们还认为"道为本,器为

---

[1] 《复陈筱舫侍郎》,《李文忠公全集·朋僚函稿上》卷五。
[2] 张之洞:《劝学篇·处篇·设学》。
[3] 王韬:《弢园文录外编》,第340页。
[4] 薛福成:《筹洋刍议·变法》。

末,器可变,道不可变"①,在某种程度上,早期维新思想家基本上与洋务派一样都奉"中体西用"为指导思想。其次,早期维新思想家,多数出身于地主阶级,他们必然与农民相对立,采取敌视的态度来对待太平天国。冯桂芬力主"借师剿匪",王韬主张:"当今要务,道在平贼。"②这些言论与奕䜣的主张如出一辙。第二次鸦片战争后,奕䜣认为"发捻交乘,心腹之患也"。所以主张"灭发捻为先,治俄次之,治英又次之"③。其三,早期维新思想家提出了种种救国方案。但其基本指导思想的理论基础是把握了今文学派议政言变的传统。王韬根据中国历史演变客观实际指出:"易曰:穷则变,变则通,知天下事未有久而不变者也。上古之天下一变而为三代","三代以来,至秦而一变,汉唐以来至今日而又一变"。郑观应指出:"夫天道数百年小变,数千年大变。"他们看到了历史是发展的,是不断变化的。但是,他们不能正确说明历史变化的原因,这种变易观与戊戌变法时期的历史进化论不可同日而语。所以,不能认真探求西方的政治制度、政治学说,对中国传统文化也不可能进行科学批判。这种变易观,是孔子在《论语》中指出的"齐一变,至于鲁;鲁一变,至于道"思想的翻版,但是,随着历史条件的变化,早期维新思想家的思想没有停止不前。

在政治思想上,提出了变革中国政治制度的新设想。他们承认西方政治制度先进于中国的封建专制制度,尽管他们"君民共主"思想深刻打着传统文化中民本主义的烙印。但是,他们是把中国传统的民本主义与西方君主立宪制结合在一起,并把限制君权作为政治改革的中心。这是早期维新思想与洋务派在政治观念上的重要区别之一。

在经济思想上,早期维新思想家在批判"重农抑商"的陈腐观念基础上,确定了"工为其基,商为其用"的经济改革方针。他们冲破传统文化中"君子不言利"的思想禁锢,树立了一系列新的资本主义生产、流通、商品市场和竞争的观念。他们主张发展近代化的农业。特别是用西方先进的科学技术结合中国传统的农业生产经验达到促进农业生产发展的目的。他们十分重视商业在经济中的作用,强调"习兵战不如商战",他们主张积极发展中国的工商业,为振兴中国奠定深厚的物质基础。他们对洋务派在洋务运动中种种禁锢民族工业发展

---

① 《郑观应集》(上),第240页。
② 王韬:《弢园尺牍》卷四。
③ 《咸丰朝·筹办夷务始末》,第七十一卷。

第二章 效仿西方发展工业变革中国社会的洋务思想

的行为,"官督商办"企业的垄断、腐败经营思想和作风进行了猛烈抨击。早期维新思想家要求在中国建立新的资产阶级的经济体制。

在思想文化上,早期维新思想家提倡西学,提倡实用技术,主张办新式学校,教育学生掌握适应近代社会需要的各种专门知识。他们猛烈抨击科举制度,认为这是一个"败坏人才,斫丧人才,使天下无真才"[1]的制度。指出八股取士考试内容陈旧,既不是治国之道,也不是强兵富国之途。为了适应新的局势,思想文化也要更新。

近代中国思想史,是一个新旧嬗递的过程。早期维新思想地位就在于,在这个过程中,它起到了承上启下的作用。是洋务思想之后,戊戌思想之间的一个中间环节。

---

[1] 王韬:《弢园文录外编》,301 页。

第三章 变革中国社会的改良思想

第一节 社会改良思想产生的历史背景

一、甲午战后民族矛盾的不断激化

19世纪70年代,世界资本主义开始进入帝国主义阶段,列强在世界各地争夺殖民地、半殖民地的斗争十分尖锐。甲午战争就是帝国主义阴谋瓜分中国的开始。战争以中国失败并被迫签订《马关条约》而告结束。条约规定:中国割台湾、澎湖列岛给日本,赔款(加上"赎辽"费)二亿三千万两白银,并允许日本在华投资办厂。战争的结果大大刺激了其他帝国主义瓜分中国的野心。三国干涉还辽事件就是西方列强瓜分中国的信号。从1897年开始,各帝国主义在华划分势力范围。沙俄据东北,英国控制长江流域,法国在两广,德国占山东,日本占福建,中国处在几个帝国主义的魔爪之下。

帝国主义最显著特征就是对外进行资本输出。甲午战后,清政府无力偿付战争赔款和"赎辽费",被迫向外国举借。各帝国主义国家利用这一控制中国的极好机会,纷纷表示愿意为中国提供贷款。战后,中国进行的三次政治性的借款,使帝国主义掌控了中国的海关、盐税、常关的权力,直接控制了中国的经济命脉。加强了清政府对帝国主义财政的依赖,并为帝国主义掌控中国金融提供了方便条件。

帝国主义对华的资本输出还表现在争夺在华铁路筑路权。甲午战后,各帝国主义国家共在中国强夺一万九千余里的铁路修筑权。1896年,沙俄又迫使清政府订立《合办东省铁路公司合同章程》,1897年,《中俄条约》签订,俄国窃取了中东铁路的修筑权。上述条约的签订,不仅使沙俄独揽中东铁路修筑、经营权,而且享有在铁路沿线任命警察,开采煤矿和兴办其他工矿企业的权利。其他列强纷纷援引"最惠国待遇"条款,在攫取筑路权的同时,控制了铁路沿线的大片领土和资源,中国铁路主权名存实亡。

帝国主义列强还在华投资办厂,直接利用中国廉价劳动力并掠夺自然资源。帝国主义对华的资本输出,对中国资源的大肆掠夺,排挤了中国的民族工业,严重阻碍了中国的经济发展,在这种情况下,中国的维新志士,自觉地担负起挽救民族危亡的历史重任,他们呼唤变革,希望国家强大。

二、民族工业的发展为社会改良思想提供了物质基础

中国资本主义民族工业产生于19世纪70年代。据有关资料统计,甲午战前,中国民族资本主义企业共有七十多家。其中主要有:

1872年,由华侨陈启源在南海创办了继昌隆缫丝厂。

1878年,朱其昂在天津创办贻来牟机器磨坊。

1881年,黄佐卿在上海创办公和机器缫丝厂。

1886年,杨宗濂、吴懋鼎在天津创办自来水公司。

1887年,顾松泉在上海创办中西大药房。

1889年,钟星溪在广州创办宏远堂造纸厂。

1889年,宁波商人在浙江创办慈溪火柴厂。

1890年,郑观应在上海创办上海机器织布局。[①]

总之甲午战前,中国民族资本创办工厂总投资为400多万两白银。有相当部分企业雇员超千人,部分企业采用机械生产。

甲午战前,官商合办、商办、官督商办的企业也有相当的发展。《马关条约》签订后,爱国士绅群情激愤,为了壮大经济实力纷纷投资办厂,促进中国富强。清政府被迫于1897年下令官办企业准许各省官商量力附设。1895年,总理衙门议定了《振兴工艺给奖章程十二条》,进一步促进了民族工业的发展。随着民族工业的发展,中国民族资产阶级逐渐形成并有一定的发展和壮大。中国民族资产阶级出生于半殖民地半封建社会条件下的中国。帝国主义国家利用不平等条约,把中国变成了他们的原料供应地和商品推销市场,无论在经济力量上还是在技术上,民族资产阶级都处于十分困难的不利地位。同时,他们受到本

[①] 陈真等主编:《中国近代工业史料》第一辑,三联书店1961年版。

国封建主义的压迫和严重摧残。甲午战前,中国民族工业始终没有得到清政府的承认。但是,随着这个阶级力量的不断增大,他们在政治上提出了有利于资本主义发展的要求,并已经感受到封建专制主义制度对发展资本主义经济的束缚,特别是一些具有先进思想并从事企业经营的思想家、企业家,更提出变革清朝经济体制和政治制度的主张。郑观应曾提出"特设商部大臣总理其成,兼理工艺事宜,务取其平日公忠体国、廉洁自持、长于理财、无身家之念者方胜厥任"①,并提出不准地方官员兼任此职。商务、工务应办之事,皆由商务大臣决定,各省督抚均无权过问。早期维新思想家其实都是民族资产阶级的代言人,这一思想的发展是以中国民族工业的产生为基础的,他们要求中国独立和富强,便于发展资本主义经济,在政治上要求摆脱封建专制主义制度的控制。

三、洋务运动为社会改良思想的产生提供了一定思想基础

对于古老的封建帝国来说,洋务运动是一个新生事物。从历史发展的过程来看,洋务运动又是一个企图使中国实现近代化的过程。尽管这种近代化运动是在被迫的形势下起步的,但是,洋务运动毕竟还是揭开了近代中国的改革和开放的序幕。

改革现有社会的政治和经济制度,早在鸦片战争前就提出来了。面对严重的社会危机,龚自珍主张恢复古代"农宗"为中心的土地制度。提出以宗法血缘关系为纽带来重新确定封建宗法制下的土地占有关系。魏源提出了"师夷之长技以制夷"的开放主张,并在思想上提出了新的"天道观"、"古今观"、"中外观"。但是,真正把改革与开放落到实处的还是洋务派。洋务派在办洋务活动中,从"师夷长技"入手,随后开办了一些新式学校,对科举制度有冲击;在军制上实施了变革,特别是水师的建立;洋务派创办了一系列企业改变了清政府的资源配置方向,对传统的经济体制也有一定的冲击。尽管洋务派枝枝节节的改革和开放并非一帆风顺,首先遭到了顽固派的激烈反对。对此,洋务派与顽固派曾展开了激烈的争论。清王朝内部的守旧人士,囿于"重本轻末"、"夷夏之辨"、"重义轻利"等传统的陈腐观念,极力阻碍洋务运动的发展。致使李鸿章十分感慨地说:"天下事无一不误于互相牵掣,遂臻一事无成。"②但是,洋务派还

---

① 《郑观应集》上册,第588页。
② 《李文忠公全书》朋僚函稿。

是冲破了顽固派的阻挠,坚持了自己的改革方案,提出一些自己的见解。特别是洋务派派留学生出国,及大量中外文化交流,使人们眼界大开。七八十年代,日本改革成效日显,俄国改革也初见端倪。世界形势使人们对变革封建政治制度有了新的认识,就连洋务派李鸿章也提出:"变法度,必先易官制。"[①]把改革视角伸向了政治体制。

总之,洋务运动使中外文化交流日益扩大,随之中国人的视野不断拓宽,重新认识了世界,也重新认识了自我。正是在这个意义上说,洋务派所开展的洋务运动,培养了一大批洋务人员,这些人的思想不断成熟与发展,为戊戌维新思想提供了重要的思想基础。如王韬的君民共主论,郑观应的经济观及冯桂芬、马建忠、薛福成等人的政治主张,不同程度地揭露和批判了封建专制主义制度的弊端,并比较了封建专制主义政治制度与西方资本主义民主政治制度的利弊优劣,从而启发了人们的思想觉悟,引导人们把改革放在变革中国政治制度上,以推动近代中国资本主义经济发展,并使其走向深的层次。

第二节 康有为的变法维新思想

康有为,字广厦,号长素。广东省南海人。生于1859年,卒于1927年。

康有为出生于理学世家。自幼接受儒家教育,后从师朱次琦门下求学。在通经致用思想感召下,他发愤读书,并日有新思,后结交翰林编修张鼎华,略知京师风气及各种新书。从此,他开始舍弃考据帖括之学,专心经营天下为志。同时,尽读《周礼》《太平经国书》《文献通考》《经世文编》《天下郡国利病书》等书。到经香港后,对"西人治国有法度"存深刻印象,遂留意西学。1892年,他从广东经上海赴京应考,眼界大开,对西方资本主义世界有了新的认识。

中法战后,1888年他再次赴京应试。时奉天水灾,他以此为契机,向清廷呈递"上清帝第一书",提出"变成法,通下情,慎左右"的思想主张。1885—1886年撰写《实理公法全书》,1886—1887年撰写《康子内外篇》,1891年写成《新学伪经考》,后又写成《孔子改制考》,为戊戌变法提供了重要的理论基础。1895年《马关条约》签订,他组织、发动"公车上书",轰动全国,掀起戊戌维新的新篇章。后创立保国会,组织大批知识分子参与维新活动,把戊戌维新运动推向高

[①]《李文忠公全书》尺牍第31册。

潮。1889年6月,光绪皇帝下诏变法,宣布实施"新政",因慈禧等人反对,戊戌变法失败,康有为等人逃往国外,后组织保皇会,反对孙中山领导的资产阶级革命。其主要著作为《新学伪经考》《孔子改制考》《大同书》《戊戌奏稿》①等。

一、康有为维新变法思想的理论基础

1. 从传统文化中寻找变法理论

康有为领导的维新派在推行变法期间,遭到洋务派、顽固派的猛烈攻击。为了证明变法的合理性,康有为打着孔子的旗帜,以公羊今文经为武器,为维新运动奠定了重要的思想基础,"托古改制"为康有为变法理论特色之一。

经的本义指古人织布中,上下垂直不动线。许慎在《说文解字》中说:"经,织也,从系。"②刘熙说:"经,经也,如经路无所不通,可常用也。"③经有静止不变的意思。后人把传说经孔子修订过的《易》《书》《礼》《诗》《春秋》称之为"经"。表示其含有万古不变的真理,绝不可以动摇。

按传统说法,秦始皇采取李斯建议焚书坑儒,非秦纪,非博士官所职,除卜、农、医书外,均烧之。儒家经典遭到破坏。汉兴以后,学者凭记忆讲授,以通行文字隶书传写,后世称之为"今文经",这一派为"今文学派"。后来,又有以先秦文字书写的典籍被发现,篇目、内容与通行的典籍有出入,研究这些古经的人,被称之为"古文经学派"。本来,汉高祖刘邦不好儒术,文景之时喜黄老之术。汉武帝时,任公孙弘为丞相。公孙弘治《春秋公羊传》,建议设五经博士,使研读儒家经典成为升官办法和补官条件。元帝尤好儒术,自此以后,公卿之位未有不从经术进者。故当时有"黄金满籝不如教子一经"之说。到汉末,太学生至三万人。这与汉武帝罢黜百家,独尊儒术及历代帝王提倡有一定联系。西汉末年,古文经逐渐发现,由于王莽、刘歆提倡,加上今文经衰落,古文经终于得以

---

① 《戊戌奏稿》曾一直是史学界研究戊戌变法和康有为思想的主要资料,20世纪70年代初期,台湾学者黄彰健先生首先对《奏稿》进行审核、辨伪,认为奏稿绝大部分均非真折,孔祥吉著有戊戌维新运动新探等著作对《奏稿》进行考证,汤志钧也撰写了《戊戌奏稿辑目》,指出了《戊戌奏稿》"内容既有串易"。80年代,人们先后发现了《杰士上书汇录》《日本变政考》《波兰分灭记》《列国政要比较表》等康有为著作的手写原本,以及他代别人草拟的奏折,不难发现《奏稿》在许多地方有一定的改篡。
② 许慎:《说文解字》十三上系部。
③ 刘熙:《释名·释典艺》卷六。

立博士。东汉末年,郑玄通经今古文,融合今文、古文经,两派斗争遂告一段落。从此后,今文经逐渐没落,一直到清代,今文经才重新"复活"。

西汉末年出现的古文经因今文经的衰落而日益复兴。一直到宋学的出现,古文经一直占据中国学术的主要地位。代之而起的是宋明理学。宋明理学的缺点是随意性大,有些经家竟改经文,并按自己的意愿注经。这一学派逐渐流于虚妄。到顾炎武时,"舍经学弃理学",建立一种新的研究方法。实际上又重新扛起了古文经大旗,于是这一学派统治清代学术几百年。随着古文经学的复兴,今文经学也重新抬头。古文经长于训诂;今文经则治章句,遵师法,采一家之说,主张通经致用。

清道光年间,今文经重新兴起。鸦片战争前后时代巨变,地主阶级中的有识之士在阶级矛盾和民族矛盾不断激化的条件下,更注意现实,并注意把学术研究与现实紧密结合在一起,力主通经致用。

康有为是维新派的领导者,在政治上主张变封建主义专制为资产阶级的君主立宪制;在经济上主张发展资本主义经济,在思想文化上主张废八股取士的科举制度,设新式学堂;在军事上主张废绿营、八旗兵,建新式军队。那么,他为什么以今文经学为武器?考查中国思想史,就会发现一个有趣的问题,传统的中国思想家,特别是自西汉以来,思想家表达自己的思想多以注解经典的方式来建立自己的思想体系。先秦的几部重要经典,一直是中国历代思想家注解诠释的主要对象,并同时阐述自己对世界、社会、人生等问题的看法。

康有为也不例外,另外,今文经学提倡读经以致用,治章句之学。阐经典之微言大义,实际上便于发挥自己的思想。康有为所领导的戊戌维新运动是中国历史上从未有过之事,欲达到目的,必须在思想上树起一面鲜明的大旗来对抗守旧派的"恪守祖训"陈腐观念,从根本上动摇封建专制主义的理论基础。《新学伪经考》就是这样一本著作。

康有为在本书称《春秋左传》《毛诗》《逸礼》《古文尚书》《周官》等汉代发现的古文经是刘歆伪造的,是故称之为"伪经",它是刘歆帮助王莽篡汉所制造的舆论。王莽所建朝代国号为"新",故称之为"新学"。意为古文经是伪经,是王莽"新朝"的学问,故书名为《新学伪经考》。实质上是对古文经的否定。

这部著作,共十四篇,篇篇内容都是历史考证文章,表面上没有涉及变革中国政治制度和经济体制等问题。其主要内容为:古文经都是刘歆伪造的,秦始皇焚书坑儒时,没有把所有的书都烧掉。汉代博士传经者,多为秦代博士,秦焚书,不涉及博士藏书;刘歆利用其校书郎职务,校书时对古书多有篡乱,孔子时用字与秦汉时的篆书相同,从文字上看汉秦之间不存在今古之别。刘歆作伪经,在于帮助王莽篡汉,湮乱孔子之微言大义。① 近人钱玄同在1931年为重印《新学伪经考》作序,认为是一部"极重要精审的辨伪专著",并在肯定其学术价值的同时,也指出了该书的武断之处。

《新学伪经考》采用的是历史考证的方法来断定古文经都是伪造的,并针对汉代经学残缺及秦始皇焚书之所为的说法根据《史纪》等书的内容进行全面的考证。认为秦始皇焚书时,并没有全部毁掉所有经书。按《史记·秦始皇本纪》载:"非博士官所职,天下敢有藏《诗》《书》百家语者,悉诣守尉杂烧之。"如果《史记》不错误的话,秦博士所藏书是不在焚烧之列的。坑儒,被坑者有一部分是方士,并非全部都是儒者。而且像叔孙通、伏生、张范都是秦博士,但是,在秦始皇坑儒时并没有被杀掉,而且在汉代传经时发挥了重要作用,这是史实。因此,《新学伪经考》并不是完全没有依据,但其不足也是十分明显的。梁启超在《清代学术概论》中指出:此书有的地方过于"武断",有的内容,特别是说在"《史记》《楚辞》刘歆羼入者数十条,出土之钟鼎彝器皆刘歆私铸埋藏以欺后世此实为事理之万不可通者"。梁启超进一步指出:在这部书中,康有为"往往不惜抹杀证据或曲解证据,以犯科学之大忌,此其短也"②。另外,按康有为所言《史记》已经被刘歆"羼入"就不可信了,既然如此,为什么又用《史记》来证明所有经书没有全部毁掉,秦博士没有都被坑掉呢?从学术研究的角度分析,《新学伪经考》确如梁启超所言,不合理、不科学、不严谨处是显而易见的,但是,它的影响是相当大的。

《新学伪经考》这部对学术思想界颇有震动的著作,在思想界引起怀疑并否定古文经的狂潮。当时这种巨大影响,被梁启超称为"思想界之一大飓风也"。被康有为称之为"伪经"的,早被清统治者列为"十三经"之中,《十三经注疏》是经皇帝"钦定"过的。康有为宣布其为"伪经",实际上宣布被统治者奉为经典的古文经为"伪经",使其在学术界的地位发生动摇。顽固派叫嚷着"祖宗之法不可变",他们所"恪守的祖训"的思想理论基础部分来自古文经。如果古文经

---

① 梁启超:《清代学术概论》,中华书局1954年版,第56~57页。
② 《新学伪经考》自序。

被断定是"伪经",他们顽固守旧的思想便失去了理论支柱。其政治影响和作用也就显露出来。这是康有为著本书的重要目的。

《新学伪经考》的刊行,影响是重大的。康有为一方面向两千年来一直居统治地位的"经典"开刀,向正统经学挑战,一方面又把斗争的矛头指向封建制度,这是康有为著《新学伪经考》的真正目的。他决心以今文经的经学理论为思想武器,"起亡经,翼圣制",打着孔子的旗号,来启发人们的思想觉悟。康有为指出,"统二十朝王者礼乐制度之崇严,咸奉伪经为圣法,诵读尊信,违者以非圣无法论,亦无一人敢违者,亦无一人敢疑者"①。既然历代统治者所依靠的"经典"都是伪造的,那么与之相联系的政治、经济、文化教育制度就存在问题了。

由此可见,《新学伪经考》的政治意义在于启发人们重新审定传统的思想与制度。既然两千年来人们奉为神圣不可侵犯的"经典"都是"伪造"的,那么其他还有什么不可以怀疑和批判呢?所以,它的发表对于启发人们思想觉悟、批判封建专制主义制度、变法维新发挥了重要的动员作用。《新学伪经考》的政治作用大于学术作用。

康有为的另一部重要著作是《孔子改制考》。《孔子政制考》共二十一章。康有为认为:"人生六七龄以前,事迹茫昧,不可得记也。开国之始,方略缺如,不可得详也。况太古开辟,为萌为芽,漫漫长夜,舟车不通,书契难削,畴能稽哉。"②康有为接着指出,就连三皇五帝中的三皇是谁说法也不一。"世传三王五帝、多以为伏羲、神农为三皇,其一者或曰燧人,或曰祝融,或曰女娲,其是与非未可知也。"③

康有为认为,人类社会是不断进化的。"凡物积粗而后精生焉,积贱而后贵生焉,积愚而后智生焉。"④历史发展到夏禹阶段时,"积人积智,二千年而事理咸备"。从"事迹茫昧,不可得记也",到"事理咸备"是经过了漫长的历史演变而成。

春秋之际,井田制瓦解,世卿世禄制被破坏,以血缘关系为纽带的宗法制遭到了沉重打击,乃至出现子弑父、臣弑君的混乱政治局面。孔子在这种历史条

---

① 《孔子改制考》卷一。
② 《孔子改制考》卷一。
③ 《孔子改制考》卷二。
④ 《孔子改制考》卷二。

件下"树论语,聚徒众,改制立度,思易天下"。①诸子百家都在这一历史时期,创立自己的学派,出现了百家争鸣的历史局面。在这里,康有为摘掉了套在孔子头上的神圣光环,把孔子与诸子放在同等地位上进行考查,以还其本来面目。康有为认为,诸子在创立学派后,纷纷进行改制,改现实之不合时宜之制。例如他指出:"墨子恶时之专用世爵,故耗古圣以申尚贤之义。"②尚贤,有能则举之,在墨子思想中占重要地位,墨子为什么提倡"尚贤"、"举能",康有为说得十分清楚,"是时,专用世爵",世卿世禄制度已经妨碍了历史的发展,只有"尚贤"、"用能",才是为政之正途。而这种"尚贤"、"用能"自古有之。"故古者尧举舜于服泽之阳,授之政,天下平。禹举益于阴之中,授之政,九州成。汤举伊尹于庖厨之中,授之政,其谋得。"③看来,托古改制自古有之是符合中国历史发展的需要的。康有为进一步认为,先秦诸子都托古改制。"老子之托黄帝,墨子之托大禹,许行之托神农。凡言黄帝,皆老氏所托古者。"④孔子托尧舜。为什么先秦诸子都托古呢?康有为指出,"荣古而虐今,贱近而贵远,人之情哉!耳目所闻睹,则遗忽之;耳目所不见闻,则敬异之,人之情哉!"⑤他引用《淮南子·修务训》"世俗之人,多尊古贱今,故为道者必托之于神农、黄帝而后能人说"。康有为说:"淮南子尚知诸子托古之风俗,此条最为明确。盖当时诸子纷纷创教,竞标宗旨,非托之古,无以说人。"⑥看来,"托古"是为了"说人",康有为要效法先秦诸子,"恶时之专制,故托孔子之民主"。这是《孔子改制考》的要旨。

康有为认为议院是中国上古就存在的一种制度。他指出春秋时,"管子创议院,亦托先王",他引《管子·桓公问》"黄帝立明台之议者,上观于贤也。尧有衢室之问者,下听于人也。舜有告善之旌,而主不蔽也。禹立谏鼓而备讯矣。汤有总街之庭,以观人诽也。武王有灵台之复,而贤者进也。此古圣帝明王所以有而勿失,得而勿忘者也。桓公曰:'吾欲效而为之,其名云何?'对曰:'名曰啧室之议'"⑦。在康有为看来,议院并非西方各国所独创,先秦齐国已设之,而

---

① 《孔子改制考》卷二。
② 《孔子改制考》卷二。
③ 《墨子·尚贤上》第八。
④ 《孔子改制考》卷四。
⑤ 《孔子改制考》卷四。
⑥ 《孔子改制考》卷四。
⑦ 《孔子改制考》卷九。

第三章 变革中国社会的改良思想

且效法上古。设议院,不仅不足为奇,而且是国家长治久安的重大举措。黄帝、尧、舜、禹、汤乃中国古代之先圣明君,为了巩固其统治,而设议院,管仲相齐,托古创议院,齐为春秋五霸之一,可见设议论院意义是重大的。

康有为认为:"凡大地教主,无不改制立法也,诸子已然矣。"他还引《淮南子·氾论训》"夫殷变夏,周变殷,春秋变周。三代之礼不同,何古之从",认为"以春秋为变周,可为孔子改制之证"①。在康有为看来,孔子是一个十足改革家,特别是在"冠服、三年丧、亲迎、井田、学校、选举"②等诸方面孔子都做了改革,"明选举之法,而削封建、世卿之制",定刑罚,阐乐之义,改革的范围是很大的。

康有为指出:先秦诸子改制皆托古,并且"皆自谓尧、禹、汤、文、武之道"。"此与韩非《显学篇》谓孔子、墨翟俱道尧、舜,而取舍不同,皆自谓真尧、舜。尧、舜不可复生谁使定尧、舜之真全合。比两书观之,藉仇家之口以明事实,可知六经中之尧、舜、文王,皆孔子所言君主所寄托,所谓尽君道、尽臣道,事君治民,止孝止慈,以为轨则,不必其为尧、舜、文王之事实也"③。

综上所述,可见《孔子改制考》的基本思想是:

第一,中国历史是不断变化,不断进化的。这种变化本身是改革的结果。

第二,西方政治制度中的"议院",中国自古有之,而且是国强民富的重要制度,是有为君主的重要举措。孔子改制托于尧、舜,而尧、舜皆"民主"之君主。

第三,孔子是改革家。孔子之所以是"圣人",在于他的"改制"。

康有为是打着孔子改制这面大旗来鼓动变法维新的,在孔子托古改制的庇护下来宣传自己的变法主张,目的是使他的变法主张合乎古训,合圣人之道。他指出:"《春秋》始于文王,终于尧、舜,盖拨乱之治为文王,太平之治为尧舜,孔子之圣意改制之大义;《公羊》所传,微言之第一义也。"④康有为在《孔子改制考》中,极力宣传的是变法合古训、圣意;采用考证的方法,充分运用中国古代文化中的历史进化观,以前所未有的视角,重新塑造了一个为维新变法服务的孔子,在当时的中国思想界影响是巨大的。梁启超曾把这一巨制比为"火山大喷发",是不为过的。但是,康有为的变法,却与中国古代史上的改制有着本质的

---

① 《孔子改制考》卷九。
② 《孔子改制考》卷九。
③ 《孔子改制考》十二。
④ 《孔子改制考》十二。

不同。康有为的改制,在政治制度上,是实行西方资产阶级的议院制,彻底变革封建政治制度,并且把它作为实现中国富强免于受制于侵略者的重要举措之一,故此,康有为的"改制"思想不仅为戊戌变法提供了重要理论基础,更由于它处于特殊的时代,而具有十分重要的进步意义和爱国主义的民族意识。

2. 从西方文化中汲取变法依据

1879年康有为开始了解西方,涉猎西学。康有为"薄游香港……乃始知西人治国有法度,不得以古旧之夷狄视之。乃复阅《海国图志》《瀛寰志略》等书,购地球图,渐收西学之书,为讲西学之基矣"。1882年,他道经上海见租界繁盛,"益知西人治求之有本。舟车行路,大购西书以归讲求焉。十一月还家,自是大讲西学,始尽释故见"。到1883年,康有为"购《万国公报》,大攻西学书,声、光、化、电、重学及各国史志、诸人游记皆涉焉。于时欲辑《万国文献通考》,并及乐律、韵学、地图学,是时绝意试事,专精问学,新识深思,妙悟精理,俯读仰思,日新大进"①。经过几年的探索与学习,康有为对西方资本主义国家由感性认识提高到理性认识,为其变法提供了重要思想动力,西方的一些政治思想也是其变法的重要思想基础。

首先,把视野从中国伸向世界,探讨和总结一些国家由弱到强和由强到弱的历史,为中国变法求强寻找历史依据。他指出:当时世界一些国家"有自大而小、自强而弱、自存而亡者,不可不察也。有自小而大、自弱而强、自亡而存者,不可不察也。近者万国交通,争雄竞长,不能强则弱,不能大则小,不能存则亡,无中立之理"。那么,是什么原因使国家由强变弱呢?"是皆守旧不变,君自尊,与民隔绝之国也"。在这些国家中,他十分推崇日本,认为"自弱而强者,日本是也",日本之所以变强,是"皆变法开新,君主能与民通之国也"②。近代日本外有英、美之祸,受到来自西方的侵略,内为将军柄政,封建遍国,天皇仅以虚名而已,但是,日本派员出国学习,进行了政治制度的改革,"以升庸议政,开参议局、对策所、元老院以论道经邦",同时,"大派卿士游学泰西,而用西人为顾问,尽译泰西之书,广开大小之学,于是气象维新"③。当然,日本的改革也不是一帆风

---

① 《康南海自编年谱》《戊戌变法》(四)。

② 见《康有为早期遗稿述评》附录:康有为著《日本变政考》序、按语、跋,中山大学出版社1988年版,第104页。下不另注,均引自该书。

③ 见《康有为早期遗稿述评》附录:康有为著《日本变政考》序、按语、跋,中山大学出版社1988年版,第105页。

第三章 变革中国社会的改良思想

顺的,"泰西情意未狎,阻挠之议亦甚",于是加大改革力度,"易衣服,去拜跪,改正朔以率之","立议院以尽舆论","草定议院之宪法。宪法既定,然后台具毕张,与万国通流合化矣"。接着"采德、法之兵制,师英国之商务,法美国之工艺,集罗马、英、法之律法,兼收东西之文学格致,精摹力仿,咄咄逼真。至今三十年,举国移风,俗化蒸蒸,万法毕新,工出新器,商通运学,农用机器,人士莘莘,皆通大地之故,兼六艺之学,任官皆得通才,以兴作为事,人主与群臣议院,日日讨论,孜孜不已,盖新政成矣"。结果,"泰西以五百年讲求之者,日本以二十余年成之。治效之速,盖地球所未有也。然后北遣吏以开虾夷,南驰使以灭琉球,东出师以抚高丽,西耀兵以取台湾,于是日本遂为盛国,与欧洲德、法大国颉颃焉。然论其地,不过区区三岛;论其民,不过三千余万,皆当吾十之一。然遂以威振亚东,名施大地。迹其致此之由,岂非尽革旧俗,大政维新之故哉!"①

其次,中国向西方学习什么?从上文中不难看出,康有为认为日本是中国应该效仿的国家,日本由一个弱国变成了强国,是因为日本进行改革的结果,那么,怎样改革,从何处入手呢?向西方学习,这是日本由弱变强的重要途径,中国应该遵循这一道路。学习什么,这是问题的关键。从康有为的叙述中,不难看出首先是学习西方的政治制度,主张学习日本立宪法、设议院"参议局、对策所、元老院以论道经邦"进行政治制度变革,然后是学习日本进行文化建设,尽译"泰西之书",接着移风易俗,而后进行法律建设、经济建设、改革"兵制",这是一个从政治、经济、文化、军事进行全面改革的大胆设想。

康有为认为并从日本的改革实践中预感到,改革不会一帆风顺,守旧势力不会甘心在改革中失去得到的权益,定会千方百计阻碍改革,但是,只要目标明确,有坚定的信心,采取正确的策略,改革会冲破旧势力的阻挠而取得成功的。

康有为指出:"泰西以财富兵力,横行地球,越数万里而灭人国,削人土,咸惊其兵舰之精奇,或骇其制造之新巧。吾中国甲午以前,所论西人,大率如此。近自甲午败后,讲求渐深,略知泰西之强,不在炮械军兵,而在学校。于是言学校者渐多矣。"②事实是自从1840年后,中国的有识之士便开始探讨中国落后的原因并寻求解决的办法,影响最大的是洋务运动。从思想观念上说,洋务运动

---

① 见《康有为早期遗稿述评》附录:康有为著《日本变政考》序、按语、跋,中山大学出版社1988年版,第106页。

② 《日本变政考》卷一按语。

的启动说明了朝野上下认识到中国落后于西方这一事实,两次鸦片战争清廷都是以失败告终,丧权辱国不平等条约的签订,使曾经的大清王朝辉煌不再,如不改弦更张,其统治则难以为继。当时,在统治者看来,中国落后的原因只是船不坚炮不利,洋务运动的初期,重点是开办军事企业。同时,派员出洋学习军事、购置军事装备,建立新式海军,似乎有了船坚炮利为基础,中国不能说可一雪前耻,但是却有了自强的基础。1894年间的中日战争,清朝再次失败,而这次失败的对手却是近在咫尺的"蕞尔小国"的日本。甲午之战的结局给国人前所未有的刺激,人们更加深入研究中国失败的原因和国家的前途。

实际上,在清廷启动洋务运动时,一些有识之士对此曾进行过批评,认为只凭船坚炮利不足以实现国富民强的目的,曾萌动学习西方政治制度思想,最早产生这一思想的是冯桂芬,但是,却没有引起统治者的重视,一些守旧的官吏,连洋务运动都反对,何况进行政治制度改革了。因此,上述言论只是部分地正确反映了当时中国一些情况,而不是全部。不能否认,在中国当时思想界确实有人主张办学校,育人才,并认为这是促进中国进步与发展的重要途径。这其中有针对当时中国教育制度的批评,认为科举制度已经培养不出国家需要的人才,创办新式学校,派人出国学习,教育救国是有一定市场的,对科举制度的批判不是一小部分人的思想主张,而成为一股思想潮流,取消科举制度,在戊戌变法期间曾作为一项重要的政策内容,不能不和前一段人们对八股取士批判有关。在这方面上,康有为的描述是符合历史事实的。但是,这些都不是中国落后的真正原因和所在。那么,制约中国进步的因素是什么呢?西方的强大在于什么地方呢?

二、康有为的政治主张

康有为认为"泰西之强,在其政体之善也。其言政权有三:其一立法官,其一行法官,其一司法官。立法官,论议之官,主造作制度,撰定章程者也;行法官,主承宣布政、率作兴事者也;司法官,主执宪掌律、绳愆纠谬者也。三官立而政体立,三官不相侵而政事举"[①]。在这里康有为告诉人们,日本之所以强,而且是由弱变强,是向西方学习的结果,这是不争的事实,那么,向西方学习什么,学习西方强大的根本,是"政体之善",善在何处,三权分立,也就是西方的政权

---

① 《日本变政考》卷一按语。

第三章　变革中国社会的改良思想

组织形式是由"立法,行法,司法"构成。船坚炮利固然重要,培养人才也是强大一个国家的重要举措,但就当时中国的实际来说,最重要的还是进行政治制度改革,这是中国由弱变强的根本。它表明,康有为所确定的中国改革的道路是通过建立三权分立的政治体制,走日本明治维新的道路。日本步西方资本主义国家发展道路,不仅仅单纯地发展经济,而是全面向西方学习。政治改革是学习西方重要的内容,没有这样的改革环节,是不会取得实质进步的。这一主张无疑具有推动中国进步的意义。

康有为对三权分立的政权组织形式及作用进行了形象的描述。他说:"国之有政体,犹人之有身体也。心思者,主谋议,立法者也;手足者,主持行,行法者也;耳目者,主视听,司法者也。三者立以奉元首而后人事举。而三者之中,心思最贵。心不思而信足妄行,不辨东西,不避险阻,未有不颠仆者。三官之中,立法最要。无谋议以立法,则终日所行,簿书期会,守旧循常,乘轩泛海,五月披裘,惟有沉溺暍死而已。"①问题的要害是"三者立以奉元首而后人事举",这与西方政治体制中的三权分立还是有重大差别的。在西方政权组织形式中分为君主立宪制度和共和制两种。康有为主张实行前者,这是毫无疑义的,但是,在西方资本主义国家的君主立宪制中,并不存在"三者立以奉元首而后人事举"这种关系的,君主与议会和内阁的关系在不断变化,总体上说,立宪制度下的君主并无实质上的权力,只是国家的象征,如日本的天皇尽管受到民众的尊重,但是,在国家的政治生活中作用并不大,英国的君主在形式上权力很大,但是,实权在内阁。从根本上说,无论君主立宪制的国家中的君主权力有多大,与封建专制下的皇帝的权力都是不可同日而语的。所以康有为的三权分立主张中,封建意识还是很浓的。

康有为指出了封建专制下政治体制的不足:"上下局议事之义也,然既知有立法、行法二议矣。然心思虽灵,使之持行则无用;手足虽敏,使之谋议则无所知。各有其宜,不能兼用,亦不能互用。惟百体之中以心为宜,故亦时有以心约束手足之处。以立法官兼行法者,必无以行法官兼立法之理。今吾中国百司,皆行法之官,无立法之官也。维新之际,由旧必蹶。而一切新政,交部议之,是以行法官为立法官,犹以乎足而兼心思,虽竭蹶从事,而乎足之愚,岂能思乎?

---

① 《日本变政考》卷一按语。

惟有乱败而已。"①中国封建社会所确立的政治体制,是君主专制,这一制度始于秦始皇的皇帝制度,经过历代封建统治阶级的完善,皇帝的权力到了无以加的程度。各级官吏只是皇帝的奴仆,皇帝的话是命、是令、是制、是敕、是圣旨,具有无上的权威而不允许受到怀疑,国家的一切决策权、用人权、立法权、司法权、行政权都在皇帝手中。"中国百司,皆行法之官,无立法之官"的概括是十分准确的。推行新政是前无古人的壮举,封建专制下的官僚政治体制与之是不相适应的,权力之间没有监督、没有牵制,"惟有乱败而已",这一认识是深刻的。因为改革后的中国已经不是封建制度下的国家了,中国社会将进行着一场翻天覆地的变化,从一个落后的封建国家改革成一个资本主义国家,国家的性质变了,政治、经济、文化等必然发生变化,落后的政治制度不改革,中国摆脱不了受人制约的困境。

所以他认为"日本变法之始,即知此义,定三权之官,无互用之害;立参与,议立法官,故其政日新月异,而愈能通变宜民,盖得泰西立政之本故也"②。

但是,康有为认为"《书》之立政,三宅三俊,《诗》称三事,皆三权鼎立之义"③。除了反映了他的改革思想古香古色外,实在和三权分立没有任何关系,而所谓的"唐人中书谋议,尚书行政,门下封驳,亦微有其意。但宗旨未大明,谋议未全归,用人未征草茅,此其所以异欤!今欲行新法,非定三权,未可行也"④,更是和资产阶级的三权分立没有任何联系。唐代的三省六部制,是皇帝之下的行政机关,他也承认,"中书谋议,尚书行政,门下封驳"相对西方的三权分立"亦微有其意",仅此而已。但是,"今欲行新法,非定三权,未可行也"才是问题的实质。

《尚书》与《诗经》所言之事,实在是离现实的中国太远了,"三宅三俊"的史实如何,史书并不明确,唐朝的三省六部制历史上确确实实存在着。因为六部属尚书省,因此,只谈中书、尚书、门下三省的分工及权限便可以了。康有为认为三省六部制与西方的三权分立制度相比"微有其意"。在表面上看,特别是"门下封驳"是说门下省有封驳之权。这里有必要把它说清楚。中国自秦始皇确立了皇帝制度后,设有丞相一职,位高权重,处于一人之下,万人之上,这一情

---

① 《日本变政考》卷一按语。
② 《日本变政考》卷一按语。
③ 《日本变政考》卷一按语。
④ 《日本变政考》卷一按语。

第三章 变革中国社会的改良思想

况一直保留到西汉前期,汉武帝开始加强皇帝的权力,不断削弱相权,此后,历代君主无不加强中央集权。所谓加强中央集权,是使地方听命于中央,中央听命于皇帝一人。唐代实行的三省六部制度,实质上是把秦汉时期的相权分为三个部门也就是三省。初期,三省长官为宰相,后来,只要加上"同中书门下"头衔便是宰相,使得一些品级较低的人只要有这样的头衔,便成了实质的宰相,这就削弱了相权,加强了皇帝的权力。因此说,唐朝实行的三省六部制是加强皇帝权力的措施,而不是约束皇帝。门下省有封驳之权。封驳,按《词源》:"对诏敕认为不当,封还和加以驳正。汉哀帝封董贤,丞相王嘉封还诏书,谏阻;东汉钟离意为尚书仆射,也多次封还诏书。汉代有关封驳,无专职掌管,唐制:凡诏敕都经门下省,如认为有失宜的可以封还,对有错误的由给事中驳正。"①这是事实,史书上也确实记载着皇帝的圣旨受到一些制约没有实行的事例。但是,这与西方近代以来的君主立宪制在本质上是不同的,皇帝的权力从根本上说是不受制约的,在一定程度上是对其他两省的牵制。在唐代,中书省的主要职责是起草诏令,从这个意义上说封驳之权的运用,是加强皇帝权力,确保诏令真正体现皇帝的旨意。

康有为主张设立议院,这是康有为对西方资本主义政治制度进行了积极的探索的结果。早在《上清帝第四书》中就提出了"设议院以通下情"。这一思想的形成,说明康有为思想发生了重要变化。其实,早在康有为之前,中国先进思想家,如王韬、郑观应等对西方社会政治制度就进行了积极的探索和研究。

郑观应在《盛世危言》中说:"欲张国势,莫要于得民心,欲得民心,莫要于通下情,莫要于设议院。"开始把中国的富强与政治变法联系在一起。与他们不同的是,康有为直接上书皇帝要求设议院,变革中国政治体制。当然,康有为对西方政治制度中的议院,开始并不是认识得很清楚,曾一度认为是中国古代帝王听取下级意见的场所,他认为议院是皇帝的咨询机构。他说:"至会议之士,仍取上裁,不过达聪明目,集思广益,稍输下情,以便筹饷。用人之权,本不属是。乃使上德之宣,何有上教之损哉。"②表明他对西方议院的性质、地位、作用,及议员来源还不甚了解。在《上清帝第五书》中,康有为明确提出:"自兹国事付国

---

① 《词源》第二册,商务印书馆1984年版,第869页。
② 康有为:《上清帝第四书》。

会议行","定宪法公私之分"。①康有为对议院的认识发生了变化。康有为经过详审国势,提出中国应学习俄国彼得大帝,自上而下实行变法,在政治制度上采取君主立宪制,改革落后的封建君主专制制度,使中国免于被瓜分,同时,这种政治体制又与传统儒学中的"君轻民重"的民本主义相吻合。在《上清帝第四书》中,康有为说:"夫泰西诸国之相逼,中国数千年未有之变局也。曩代四夷之交侵,此强兵相陵而已,未有治法文学之事也。今泰西诸国以治法相竞,以智学相尚,此诚从古诸夷之所无也。"②《上清帝第四书》指出了西方资本主义国家文化的优越性,并把西方资本主义国家与传统的诸"夷"相区别。明确指出其二者本质上的不同。

康有为所以对西方议院情有独钟是因为他对封建政治制度特别是清朝政治腐败不满。

清朝政治黑暗,"自公卿台谏督抚外,无得上书者"③。康有为因自身的遭遇,深深感到,纵然你有诸葛之志,管仲之才,因没有清朝规定的官职连给皇帝上书的资格都没有。1988年他第一次上书光绪皇帝,因为没有出身,布衣上书为当时制度所不允许。连话语权都没有还谈什么抱负的实现。残酷的政治现实促使他产生学习西方设立议院的思想,进而能够实现民情得以上达的理想。

那么,这些有上书大权的"公卿台谏督抚"的作用如何呢,由于清朝已经成为一"守旧之国,官无不尊。直省督抚之尊,出门则旌旗遮道,从者塞途,坐于节衙,崇深严闭,非显官不得见。即至州县坐衙,号称亲民,而胥差林立,堂室数重,门阖隔绝,小民仰望有若帝天。故疾苦不上闻,冤抑遍地,小吏胥役,舞弊万端,皆缘官贵疏远之故"④。现实的政治制度和体制不改革,"公卿台谏督抚"在政治上的不作为已经成为制约国家发展与强大的重要阻力。富国强兵,使中国免于受制于列强,是康有为奋斗的目标,在他看来,清朝的政治现状是达不到他的政治理想的,改革中国政治制度唯有进行变法,变法是实现中国强大的重要的途径。

世界有了新的发展变化,国家的治理内容也不同于过去,在他看来现在国家的要政事涉"租税、驿递、货币、权量、结约、通商、拓疆、宣战、讲和、招兵、聚

---

① 康有为:《上清帝第五书》。
② 康有为:《上清帝第四书》。
③ 康有为:《日本变政考》卷一按语。
④ 康有为:《日本变政考》卷一按语。

第三章 变革中国社会的改良思想

粮、定兵赋、筑城砦武库,两藩争讼"事情的繁杂已经非过去行政能比,而"吾中国皆一二枢权大臣谋之者,余公卿无得与闻焉"的政治制度与现实显然与世界的进步与发展是不相适应的。"日本乃以此国家大政,尽付之天下之庶人贤士,而不以一大官干预其间",不仅日本,"泰西各国略如此,然而皆强矣。吾一二人谋之至重至密,然而割地失权,岌岌恐亡矣"。不改革中国的政治制度,丧权辱国之事仍不可避免,中国沦落的趋势并不能挽回。"夫达聪明目,一人之才力闻见,与众人之才力闻见,孰短孰长,当不待辨。况当大地忽通,万法更新之际,一切新法新学,多非旧臣老耄所能知识者,而以一国之大事,付之彼一二人耳目之私,其能当乎?日本维新之始,规模阔大、条理通达如此,宜其致治之速也。惟中国风气未开,内外大小,多未通达中外之故,惟有乾纲独断,以君权雷厉风行,自无不变者。但当妙选通才,以备顾问。若各省贡士,聊广见闻而通下情,其用人议政,仍操之自上,则两得之矣。"①由此可见,设立议院是革除清朝政治弊端、处理国家要政、适应世界发展趋势所必然要走的道路,并且符合中国传统政治思想的要旨。他指出:"《书》云:'谋及庶人',孟子称:'国人皆曰',盖真吾中国经义之精也。"②议院的设立是中国传统文化中民本主义的集中体现,符合儒家治国方略,是日本强大的重要原因,也是西方各国普遍采用的政治制度,更是反映"庶人"、"国人"意愿的场所,又可采"众人之才力闻见"避免国家政治方略偏听偏信一二个"旧臣老耄"的孤陋寡闻之见而误国。在对中国政治制度的批判中,认识到中国与西方政治制度的差别及世界形势的变化,不学习西方,不进行政治制度的改革是没有任何出路的。

康有为认为政治制度改革是中国富强之要政。他把西方资产阶级民主思想和中国儒学的民本思想进行融合,在中西会通中建立新的君民观,作为提出政治改革方案的思想前提。康有为接受了西方资产阶级启蒙学者的政治观点,认为"天地生人,本来平等"③,故"人有自主之权"④。至于"君臣一伦,亦全从人立之法而出,有人立之法,然后有君臣。今此法归于众,所谓平等之意用人立

---

① 康有为:《日本变政考》卷一按语。
② 康有为:《日本变政考》卷一按语。
③ 康有为:《实理公法全书》,《康有为全集》第一集,第290页。
④ 康有为:《实理公法全书》,《康有为全集》第一集,第279页。

之法者也。最有益于人道矣"①。他指出:"官者民所共立者也。皆所谓君也"②。"民之立君者,以为己之保卫者也"。③君不能卫民当然即可废除,这是不言而喻的。

他从接触到的西方资本主义文化中了解到自由、平等是泰西资产阶级民权学说和民主政治的基本原则。西方议会制度是这一原则的重要体现,在西方政治制度中,议会是近代西方国家政治权力的重心。国家的一切重大政务活动,都要经过议会的讨论并通过。他说:西方国家"政事皆出于议院"④。议院拥有决策权。由选民选举产生的议院,对有关国家内政外交等重大事务,"一切与民共之"⑤。强调说这是卓有成效的民主政治制度。这是康有为主张变法、实行西方议会制的重要原因。同时,他认为,西方的议会制度与中国固有的民本主义有一定的契合度。他在《日本变政考》中所作的按语里,谈及议会时,不止一次引用传统文化中的《尚书》《孟子》。"《书》云:'谋及庶人',孟子称:'国人皆曰'",并反复说明这是"中国经义之精也"。康有为认为传统儒学里,"民贵君轻之义"⑥"天下之公,非一人之私"⑦以及"古者君臣以养民为事"⑧都体现出"民为邦本,本固邦宁"的朴素民本主义思想。他指出自秦始皇统一中国,建立封建君主专制制度以来,民本思想作为儒学的精华,遭到了严重摧残,以至于完全被湮灭。

康有为从中国历史中清醒地看到"盖自生民以来,中国之祸,未有若秦之酷毒者也"⑨。后代"从秦既笃既久,以为时制之宜,只知君国为重为大,以民为轻,于是,二千年来,民功遂歇绝息灭于天下"⑩。溯本穷源,他认为"使二千年民功不兴,日即于偷,民日以艰,皆经义不明之咎也"⑪。

---

① 康有为:《实理公法全书》,《康有为全集》第一集,第288~289页。
② 康有为:《实理公法全书》,《康有为全集》第一集,第298页。
③ 康有为:《实理公法全书》,《康有为全集》第一集,第288页。
④ 康有为:《与洪右臣给谏论中西异学书》,《康有为全集》第一集,第537页。
⑤ 康有为:《与洪右臣给谏论中西异学书》,《康有为全集》第一集,第537页。
⑥ 康有为:《与朱一新论学书牍》,《康有为全集》第一集,第1021页。
⑦ 康有为:《与朱一新论学书牍》,《康有为全集》第一集,第1024页。
⑧ 康有为:《民功篇》,《康有为全集》第一集,第58页。
⑨ 康有为:《民功篇》,《康有为全集》第一集,第68页。
⑩ 康有为:《民功篇》,《康有为全集》第一集,第68页。
⑪ 康有为:《民功篇》,《康有为全集》第一集,第79页。

第三章 变革中国社会的改良思想

"经义不明"需要以西方民主等观念贯通。康有为于是把西方民主观念与古代民本思想融合,给民本思想注入新鲜的政治内涵,"以治今日中西大通之局"。不难看出这种中西会通,为他提出新的君民观,在儒学上找到了合理的根据。

康有为出于政治改革的需要,曾认真地对西方政治制度做了探索和研究。看到资产阶级国家民主政治存在着"民主共和"与"君主立宪"的重要区别。然而不论民主共和还是君主立宪,都是根据宪法,明确规定以立法、行政、司法三权分立作为民主政治的基本原则。他说"国之有政体,犹人之有身体也。心思者,主谋议,立法者也;手足者,主持行,行法者也;耳目者,主视听,司法者也。三者立以奉元首而后人事举"①。

他还注意到:同属君主立宪国家,其君权的强弱也是不同的。他说:"考之地球,富乐莫如美,而民主之制与中国不同。强盛莫如英、德,而君民共主之制,仍与中国少异。惟俄国其君权最尊,体制崇严,与中国同。"②康有为所以强调效法俄国,主要以为中国与俄国的国情十分近似。其一,俄国"君权最尊,体制崇严与中国同"。康有为经过审时度势,慎重考虑,认为从中国国情来说,我国政治制度改革当以效法俄国彼得大帝以君权变法为最佳选择。他曾讲过"故居今日地球各国之中,惟中国之势独能之。非以其地大也,非以其民众也,非以其物产之丰也,以其君权独尊也"③。其二,俄国"其始为瑞典削弱,为泰西摈鄙亦与中国同"④。他曾明确指出中国在帝国主义列强侵略与争夺下民族危亡的严峻形势:列强瓜分中国若"箭在弦上,省括即发"⑤。因此,"自同治、光绪以来,总署使馆、同文馆、招商局、制造局、税务局、船政厂、电线、铁路之设,皆采用新政,非祖宗之旧法矣"。应该说为了摆脱在西方列强的侵略战争中丧权辱国的不利局面,清政府也被迫进行了一些变革,但是"徒以根本未变,大制未新,少袭皮毛,未易骨髓,譬犹厦屋朽坏,岌岌将倾,而粉饰补漏,糊裱丹青,思以支拄,狂风暴雨之来,求不覆压,岂可得哉?故外侮一来,绝无可恃。猥以万里大国,委命他人,一使狂言,举国震慑,听其刮割,此真自古绝无之事。安有抚万里之

---

① 康有为:《日本变政考》卷一按语。
② 康有为:《上清帝第七书》,《戊戌变法》丛刊(二),第203页。
③ 康有为:《康子内外篇》,《康有为全集》第一集,第165~166页。
④ 康有为:《上清帝第七书》,《戊戌变法》丛刊(二),第203页。
⑤ 康有为:《上清帝第五书》,《戊戌变法》丛刊(二),第203页。

大国,而无计若此者乎? 然而至于此者,则以国是未决,变法未尽,午针摇荡,操柁游移,加以风雾晦冥,波涛大作,其船虽大,必覆无疑"①。综观泰西各国,"以君权变法,转弱为强,化衰为盛之速者,莫如俄前主大彼得,故中国变法,莫如法俄,以君权变法,莫如采法彼得"②。这就是他争取光绪皇帝的支持,实行"君权变法"的由来。

君权至尊,为三纲之首义。在尊崇君权,以君权变法的前提下,汲取俄国彼得大帝政治改革的历史经验,在中国实行政治制度改革,建立君主立宪政体。康有为认为这种改革并不悖于"民贵君轻"的儒家思想。为了论证它的合理性,他用中国古代哲学关于体用概念说明了"西政"与"义理"的关系。他说:"故仆以为必有宋学义理之体,而讲西学政艺之用,然后收其功也。"③以"义理"为体,以"西政"为用。在这里康有为找到了中西文化会通的重要支点。

阅历颇深的康有为,深知要在一个有着几千年封建文化传统的国家,进行前所未有的政治制度的改革,洵非易事。既不能离"经"叛"道",给顽固守旧势力以口实;又要潜移默化地通过儒学形式,找到维新变法的历史根据。这样才可以站稳脚跟,争取到"合法"地位,他认为给"西学"披上"中学"的外衣,赋予维新变法以探索经学真谛的学术论战性质,是能够收到预期的效果的。

因此,在《请大誓臣工开制度新政局折(上清帝第六书)》中,原来在《上清帝第四书》《上清帝第五书》中的"政事皆出于议院"、"自兹国事付国会议行","定宪法公私之分"等内容不见了。康有为说:"若至近之墨迹可摹,绝佳之画谱可临者,职于地球中新兴者得二国焉:曰俄,曰日。"他希望光绪皇帝能够"以俄国大彼得之心为心法,以日本明治之政为治谱而已。昔彼得为欧洲所摈,易装游法,学于船匠,变政而遂霸大地"。他指出:"日本为俄、美所败,步武泰西,乃至易服改纪,而雄视东方。此二国者,其始遭削弱与我同,其后底盛强与我异。日本地势近我,政俗同我。成效最速,条理尤详,取而用之,尤易措手。"这是康有为主张学习日、俄的主要原因,也是他向光绪皇帝进呈《日本变政考》《俄彼得变政记》两书的动因并借此寻求中国变法的现实依据。为此,他向光绪皇帝建议:"一曰大誓群臣以革旧维新,而采天下之舆论,取万国之良法;二曰开制度局

---

① 康有为:《请大誓臣工开制度新政局折(上清帝第六书)》,《杰士上书汇录》卷一。
② 康有为:《上清帝第七书》,《戊戌变法》丛刊(二),第203页。
③ 康有为:《与朱一新论学书牍》,《康有为全集》第一集,第1040页。

第三章 变革中国社会的改良思想

于宫中,征天下通才二十人为参与,将一切政事、制度重新商定;三曰设待诏所,许天下人上书,人主以时见之,称旨则隶入制度局。"①康有为把这三条视为"诚变法之纲领","伏愿皇上采而用之"。"除旧布新,择吉日大誓百司庶僚于太庙,或御乾清门,下诏申警,宣布天下以维新更始,上下一心,尽革旧弊,采天下之舆论,取万国之良法。"

其一,"用南书房、会典馆之例,特置制度局于内廷,妙选天下通才十数人为修撰,派王大臣为总裁,体制平等,俾易商榷,每日值内同。共讨论,皇上亲临,折衷一是,将旧制新政斟酌其宜,某政宜改,某事宜增,草定章程,考核至当,然后施行"②。南书房是清康熙年间设立,原本是一与翰林院学士论经史、谈诗文之地,后具有"撰拟诏令、谕旨,参预机务"的职能,是康熙加强中央集权的重要措施。清入关后,决策过程中,原来在关外就存在的"议政王大臣会议"有着十分重要的作用。议政王大臣会议的成员均为满洲贵族,他们掌握着国家重大军事和其他事物的决定权,它的存在妨碍皇帝集权专制。如皇太极死由郑亲王济尔哈朗、睿亲王多尔衮为摄政王,辅国理政这一重大决策就是议政王大臣会议决定的。多尔衮摄政期间,议政王大臣会议作用被削弱,多尔衮死后议政王大臣会议作用又显现出来,曾一度重操各部大权。康熙十六年设立南书房,实际参与决策,满族宗王、贝勒等上层贵族参与处理国政的机会越来越少了,雍正七年设立了军机处,议政王大臣会议的权力被进一步削弱,到乾隆年间这一制度被取消了。会典馆为康熙年间仿明代制定《明会典》的办法而制定《康熙会典》的地方,后一直到光绪朝都制定了"会典","会典"内容为清朝行政法规。康有为想把"南书房"参与国家决策的职能和会典馆制定行政法的职能放在"制度局"内,其作用一是"妙选天下通才十数人为修撰",从人员组成上重用新人;二是要效仿当年康熙设立南书房,削弱旧臣的权力,便于新法的实施;三是制定新的法规,使其有立法的功能。这样的做法在客观上减少了守旧派对变法的攻击,因为清代从设立南书房、内阁开始,就意味着加强皇帝的权力,削弱守旧大臣的势力,后又设立军机处,进一步加强了皇权。进行这样的机构改革,是有先例的,虽然不提设立议院,但是,从制度局所拥有的职能上说,其作用是相当大的,同时,康有为在现实中深切感受到光绪的权力受到了守旧派的制约,特别是

---

① 康有为:《请大誓臣工开制度新政局折(上清帝第六书)》,《杰士上书汇录》卷一。
② 康有为:《请大誓臣工开制度新政局折(上清帝第六书)》,《杰士上书汇录》卷一。

西太后更是乾纲独断,为了推行新法必须加强光绪的权力。

其二,在"午门设待诏所","许天下人上书,皆与传达,发下制度局议之,以通天下之情,尽天下之才"①。这是为通下情而使制度局所具有的另外一职能。虽然康有为在这里并没有把它上升为言论自由属于西方民主制度的体现,或宪法规定的人民所拥有的权利的高度,但是,它实施的目的是广开言路。在中国传统文化中,民本主义曾是进步思想家的政治理想制度的体现,早期维新人士所主张的"君民不隔"就是为了实现以民为本的政治主张或他们对西方政治制度的一种解读。在中国没有修宪法、没有实行西方民主制度的条件下,采用这样一种方式来听取一般士大夫的政治主张和建议,无疑是康有为的一种创造。同时,这一机构还有"或与召见称旨者,擢用或擢入制度局参议,其将来经济特科录用之才,仿用唐制,开集贤、延英之馆以待之,拔其尤者选入制度局。其他条陈,关涉新政者,皆发制度局议行"②这样的职能和作用。这就是发现"经济特科"人才,选拔"经济特科"人才进入"制度局",进而打破守旧派对国家政权的垄断,进而有利于新法的实施。

其三,康有为指出,当时的清政府是"有办事之官,而无议论之官,譬有手足,而无心思,又以鼻口而兼耳目。大学问思辨,而徒为笃行,夜行无灯,瞎马临池,宜其丛脞也。若开局讨论,专设一官,然后百度维新,可得精详。其新政推行,内外皆立专局以任其事"③。他认为清政府中原有的机构如"六部为行政之官,掌守例而不任出议,然举行新政无例可援"。"盖军机出纳喉舌,亦非论道经邦,跪对顷刻,岂能讨论?""总署困于外交,且多兼差,簿书期会,刻无暇晷"。④这些机构当时之所以设立,有当时的背景,但是,已经不能在实施新法中发挥作用了,而且这些机构并没有"制度局"这样的职能。康有为深刻认识到:"变法事体大,安有无论思专官而可行乎?"⑤显然,这个"制度局"是个"议论"的机构,是个决策机构,不是单纯的立法机关,"制度局"人员不是西方议员,通过选举产生,而是通过"待诏所"在上书的人员中进行选拔,改变了科举考试为国家选拔人才的办法,是想通过这一措施为新政网罗和招徕人才,这样又

---

① 康有为:《请大誓臣工开制度新政局折(上清帝第六书)》,《杰士上书汇录》卷一。
② 康有为:《请大誓臣工开制度新政局折(上清帝第六书)》,《杰士上书汇录》卷一。
③ 康有为:《请大誓臣工开制度新政局折(上清帝第六书)》,《杰士上书汇录》卷一。
④ 康有为:《请大誓臣工开制度新政局折(上清帝第六书)》,《杰士上书汇录》卷一。
⑤ 康有为:《请大誓臣工开制度新政局折(上清帝第六书)》,《杰士上书汇录》卷一。

兼有原吏部的一些职责，国家的其他行政职能也不用原来的六部，而是新设立十二局。

其四，在制度局之下，设有法律局、税计局、学校局、农商局、工务局等十二个局，就是实施"将旧制新政斟酌其宜，某政宜改，某事宜增，草定章程，考核至当，然后施行"的一个具体的新机构。这是康有为所确立的新的政治体制。除了吏部的职能在"待诏所"外，根据国家政治、经济发展的需要设立了新的行政机关，原中央政府的权力转移到十二局中，按康有为的设计，地方组成"新政局督办"来代替督抚并推行新政，县设"民政局"，负责地方新政。这样从中央到地方进行重大的政治体制改革，这是前所未有之大变动。新政之所以没有推行下去，百日维新期间，光绪诏书尽管如雪片一样飞向全国，但是，地方大员并不照章办事，除了光绪是个无权的皇帝这一因素外，这一政治改革危及督抚的切身利益，也是重要的原因。

同前几次上书不同，这次上书是直接呈给光绪的，在这个重要的上书中，康有为不提他过去一再主张的议院，是一个值得研究的问题。这次上书后，康有为说他"于是昼夜缮写日本变政考、俄彼得变政记二书"①。在所进呈的《日本变政考》中，他撰写了大量的按语，通过这些按语，我们可以了解这一时期康有为的一些思想主张。"《诗》称：'询于刍荛。'《书》称：'谋及卿士，谋及庶人。'辟四门，明四目，达四聪，皆以广听舆人之论也。今天下之大，而内阁仅堂官数个人、台官数十人，外之督抚二十余人，能达于上而已。其余人士，虽讲求天下之故，能言兴利除弊者，皆不得上达。或全令上达，又虑文字繁多，不能阅看。日本有议院以议事，故以议院受建白之书，与众议员共决之，登日志，公评之，则下情可通，而众议皆集矣。"②这是康有为对议院的一种理解，按这一理解，议院不过是一个广泛听取意见、接受建议，带有咨询性质的通下情的场所。设置这样的机构是为了使"言兴利除弊"之言"皆得上达"，改革只有"堂官"、"台官"、"督抚"才能上书的不利局面。但是，他又说："日本变法，以民选议院为大纲领。""然民智未开，蚩蚩自愚，不通古今中外之故，而遽使之议政，适增其阻挠而已。令府、州、县开之以奉宣德意，通达下情则可。日本亦至二十余年始开议

---

① 康有为，康南海自编年谱，《戊戌变法》丛刊（四），第140页。
② 康有为：《日本变政考》卷四按语。

院。吾今于开国会尚非其时也。"①"其民智愈开者则其国势愈强,英美诸国是矣。民智之始何基乎？基于学校。民智之成何验乎？验于议会。夫学校与议会,相联络、相终始者也。故学校未成,智识未开,遽兴议会者,取乱之道也。学校既成,智识既开,而犹禁议会者,害治之势也。夫议会之终不能禁,犹学校之必不能废也。"②在此期间康有为曾写过《答人论议院书》,说议院在"中国不可行也",原因是"天下国势民情,地地不通,不能以西人而例中国"③。表面上看,康有为的思想有些后退,不如百日维新前思想激进,实际上这一主张更加符合当时的中国实际。西方从封建社会向资本主义社会迈进经过了很长的时间,按康有为所说,日本的明治维新也是有一个过程的。没有一个经济充分发展、没有一个思想启蒙过程,不可能实现中国政治制度的根本变化。这一时期,康有为不主张设立议院,还有一重要原因,就是守旧的力量太强大了,"然以此辈充议员,凡此新政必阻无疑"④。在这种情况下设立议院还能推行新政吗？所以,他说"今日之言议院,言民权者,是助守旧者以亡其国也"⑤。因此,为了推行新法,只能退而求其次,先设立制度局,改革官制,通过选拔人才,排除守旧势力在朝中的力量,对于当时中国的实际来说,是一种有效策略。所以,在此期间,康有为还是积极肯定议会、宪法、三权分立的制度,但是,又把这些西方的民主制度与中国古代文献中、历史中的理论和制度相比附。用唐代的三省来比附西方的三权分立,用周代的明堂来比附议院,用"待诏"比附西汉待诏公车,用民本主义来比附西方的民主理论等,把本来本质不同但有某种契合度的事物强行捆绑在一起,目的无非是说西方这些东西中国早就有之,企图减少守旧派对新政的阻挠。

三、康有为的富国观

富国是康有为变法思想的主要内容之一。"富国为先"和"富国养民"⑥是

---

① 康有为：《日本变政考》卷六按语。
② 康有为：《日本变政考》卷七按语。
③ 康有为：《答人论议院书》,见孔祥吉《戊戌维新运动新探》附录,湖南人民出版社1988年版,第61～62页。
④ 康有为：《答人论议院书》,见孔祥吉《戊戌维新运动新探》附录,湖南人民出版社1988年版,第61～62页。
⑤ 康有为：《答人论议院书》,见孔祥吉《戊戌维新运动新探》附录,湖南人民出版社1988年版,第61～62页。
⑥ 康有为：《上清帝第二书》,《戊戌变法》丛刊(二),第141页。

第三章 变革中国社会的改良思想

康有为变法的主要内容也是变法的目标。发展经济是富国的重要措施,是富国强兵的重要基础。中国要摆脱受西方奴役的困境,除了进行政治改革外,必须发展经济,没有强大的经济为后盾,就没有强大的军事力量,就改变不了中国落后挨打的局面。康有为发展经济的思想主张首先重视现代的工业生产,把机器大工业置于建设整个中国国民经济的重要地位。

1895 年,康有为在《公车上书》中,曾重复过早期维新思想提出的"以商立国"的口号。也像郑观应那样,着力宣扬"商战"的重要性与迫切性。1898 年"百日维新"时期,他改变"以商立国"的提法,明确地把发展工业看成是"富国"的基础。提出"兴实业"、"振兴商务",并把"定为工国"作为立国的根本方针。这是一个顺应历史潮流,促进中国社会经济走向近代化的先进思想和革新方案。根据对日本的考查,他认为日本变法"先留意于户籍、地图、备荒、赏罚、学校、商业等事,此皆孟子所谓民事不可缓也。盖国者积众民而成也,未有不讲民事而国能富强者也"[①]。

中国应效仿日本,发展经济,促进国家强大。维新志士提出的"富国之法",涉及工业、农业、矿业、交通、财政、贸易、金融等广泛的生产领域和流通领域。整个经济建设的重心则是国家的工业化。应当说这是发展中国经济的一个伟大的创举。

(一)发展工业

中国是个传统的农业国家,历来实行"重农抑商"政策,极大地束缚了资本主义生产力的发展。近代机器工业,"各省皆为厉禁,致吾技艺不能日新,制作不能日富,机器不能日精,用器、兵器皆多窳败"[②]。遂至造成"洋纱、洋布、洋绸、洋缎、洋呢、羽纱、毛毯、毛巾、花边、纽扣、针线、伞灯、颜料"[③]等洋货充斥内地与边疆市场,加深了民族工业的危机。康有为指出:"徒使洋货流行而禁吾民制造。"[④]造成民族工业衰微不振,利权外溢,这完全是"自蹙其国"[⑤]的倒行逆施。要改变我国机器工业落后状况,应当采取"纵民为之,并加保护"的发展民

---

① 康有为:《日本变政考》卷二按语。
② 康有为:《上清帝第二书》,《戊戌变法》丛刊(二),第 141~145 页。
③ 康有为:《上清帝第二书》,《戊戌变法》丛刊(二),第 141~145 页。
④ 康有为:《上清帝第二书》,《戊戌变法》丛刊(二),第 141~145 页。
⑤ 康有为:《上清帝第二书》,《戊戌变法》丛刊(二),第 141~145 页。

族工业的政策。为此,他主张"凡作机器厂者,出费领牌,听其制造"。同上述政策相适应,还要注重"考工"和"劝工"。设立"考工院,译外国制造之书","选通测算学童,分门肄习,入制造厂"以及采取对新的设计、发明"许其专利"①等具体措施,才能扶植和调动发展近代机器工业生产的积极性和创造性,并用科技进步来促进我国资本主义工业的迅速发展。康有为这一主张,是与他对西方资本主义国家科学技术进步、生产发展的现状有所了解分不开的。

在百日维新期间,康有为向光绪进呈了《请以爵赏奖励新艺新法新器新学以励人才开民智折》,在此折中,康有为概括了近代西方科学与技术发明对人类社会的影响,明确指出了工业文明在推动历史过程中的作用。认为"欧洲富强之原由,于励学开新之故"。他指出,近代以来,西方在"电学"、"重学"、"化学"、"医学"、"光学"等自然科学方面都取得了巨大进步,"知地如球""哥白尼发地之绕日"使得"科仑布寻得美洲万里之地,辟金山以致富,每年得银巨万""工人制有新器";"电学则乾隆时美人弗兰格林,考出物质体内皆有电气,于是道光末年创电线,近年电灯、德律风、留声器从此出焉"。"法人巴斯加勒创制压柜,能以一斤起四百斤。乾隆三十四年英人瓦得,创水气运机之器,铁路轮船皆由此出。"于是,"英人华忒创以机代工织布之器,于是英布出口值五六万万。美人创缝衣机器,一分钟可缝三千针。近泰西农人垦地、播种、刈麦皆用新机器。乾隆时法人创煤气灯,而遍大地。道光时英主悬赏格以招新式时表者,故伦敦表冠欧洲。嘉庆十二年英人富吞创成轮船。道光十年英人施蒂芬森造成火轮车,而后膛枪、无烟药、钢甲、鱼雷船继踵并出"②。经过他对西方的了解,看到了科学的发展,推动了西方工业的进步。于是,我们不难理解,他主张国家设立"工务局"、"农商局"、"矿政局""铁路局"、"邮政局"等机构,意在加强对相关行业进行管理,促进中国工业、交通、邮政业的发展,推动中国经济的发展,实现国家的富强。

为促进工业发展,他主张中国也像其他国家一样实行发明专利管理制度。他指出"盖近百年来,新法尤盛。各国及日本有专卖特许,寮掌鼓励民人制造新器"。由于支持,"几有创制新器及著一书,皆报官准其专卖,或三十年,或五十

---

① 康有为:《上清帝第二书》,《戊戌变法》丛刊(二),第 141~145 页。
② 康有为:《请以爵赏奖励新艺新法新器新学以励人才开民智折》,《杰士上书汇录》卷一。

第三章　变革中国社会的改良思想

年,不准他人仿造,并赏给牌照以为光荣,视其器物分作数等"。科技不断进步,国家发展速度很快,"如美人爱的森辛巳年八月创成电灯,至九月美之华盛顿、纽约,法之巴黎,英之伦敦皆已燃遍。爱的森以专卖电灯之故巨富至五千万。格兰斯顿罢总统而贫,撰一说部骤行,得三十余万。故其国人争以创新器、著新书为业,穷岁月,传子孙,破产业,沉思渺虑,苦心孤诣为之,以得一新器新书可富贵累世也。考英国自明至乾隆前,大辂椎轮乃始草创,岁出新器数十种,自乾隆二十八年至咸丰二年,岁出新器约二百五十种;自咸丰三年至同治十年,岁出新器二千种;近三十年则多至三四千种。进之法国,则岁出九千种。美国为最盛,岁出且万二十种。退之若奥,则八百余种,意七百余种,丹麦、比利时四五百种,俄亦三百余种"①。这些国家强大与国家实施专利制度和促进发明创造有着十分密切的关系,这是中国富强的必由之路。他向光绪皇帝指出:"国尚农,则守旧日愚;国尚工,则日新日智。"②康有为当然不能从本质上认识到小农经济本身所固有的缺点,愚昧、目光短浅,都是封建专制的结果,但却从农业文明和工业文明的比较上看出了两者的差距。他从世界发展的现状出发,认为世界已经到了一个工业化的时代,新的知识、新的技术、新的发明广泛应用到生产和生活的各个方面,在科术不断进步面前,中国仍然抱着陈腐的观念不放,国将不国则指日可待。中国历来重农轻商,视工业为末业,在世界逐渐为统一市场的条件下,工业文明居于世界主导地位,还抱着重农轻商的陈腐观念不放,不注意发展工业而与西方列强去竞争,确是本末倒置之举。与西方相比,中国工业发展水平简直不值一提,洋务派虽然搞了几十年的洋务运动,康有为认为,一方面垄断不准别人办,一方面自己又没有办好。要想使中国富强,首先应发展工业,而且要实行民营,无论何种企业,均宜"纵民为之,并加保护。"

(二)发展农业

传统的中国经济以农为主,封建统治阶级一直把重农抑商作为治国的重要经济政策。"民以食为天","食"是人民的最基本的生活,是统治者最重要的职责。食的来源是农业生产,没有农业生产,就没有足够的粮食,人民就会流离失

---

① 康有为:《请以爵赏奖励新艺新法新器新学以励人才开民智折》,《杰士上书汇录》卷一。
② 康有为:《上清帝第二书》,《戊戌变法》丛刊(二),第 141~145 页。

所，社会就会矛盾重重，进而动荡不安。中国古代社会中，最重要的社会问题，表面上是土地，实质是土地上生长的粮食。在经济不发达的社会中，重视农业生产，是促进国家安定的基本国策之一。随着社会的发展，特别是工业革命之后，农业固然重要，但是，它只是一个国家经济领域中的一个生产部门，如果过度强调发展农业，特别是仍然坚守固有的重农抑商观念和政策，必然会严重束缚中国经济的发展，这也是事实，但是，不重视农业发展也不能从根本上解决国富民强这一重大问题。关键的问题是采用什么样的政策、方法来发展中国的农业，既要发展农业，又要不走重农抑商的老路。

康有为指出：传统文化中存在民事不可缓，不违农时的思想，《礼经》也曾记载天子躬耕籍田以劝农。"民以食为天，食以农为本。水旱饥馑，皆有国者所患。然与其绸缪于事后，莫如虑患于几先。日人于气候之不顺，即虞农作之有害。令民以勤俭，教民以储蓄。恐其令之不遍也，命官而巡视之；恐其民之不觉也，下书而训之。我则农学不讲，测候不精，丰歉既无以预知，备荒亦无善策。又且铁路未修，转运难达，及乎饥馑荐臻，饿殍载道，乃始集款捐赈。即使无官府之隐匿，无胥吏之侵渔，而民之转于沟壑者，不知几几矣。"①

为此，他主张设立的"农商局"的职责之一就是，"掌凡种植之法、土地之宜、垦殖之串"②。加强对农业生产的管理，因为日本设有"农商局"职责为"劝农"及"设学校、赐机器、立章程，劝保护，教制造土产"③。同时，学习日本在发展农业上所采取的科学措施，设有"测候所，测风雨云气，每月布告"④。为确保农业丰收提供保障。

他提倡和推广近代农业生产的新工艺和科学管理方法。主张在国家扶助下加强对农业的技术改造，"察土质，辨物宜"；精选"百谷、花木、菜蔬、牛羊牧畜"良种；采用"鸟粪"为肥料；通过"电气可以速长成，沸汤可以暖地脉，玻罩可以御寒气"⑤等先进管理方法，彻底改变我国农业生产的落后面貌。同时，还提出农业生产的机械化，采用"各式"、"机车"，"刈禾则一人可兼数百工，播种则

---

① 康有为：《日本变政考》卷十按语。
② 康有为：《请大誓臣工开制度新政局折（上清帝第六书）》，《杰士上书汇录》卷一。
③ 康有为：《日本变政考》卷三按语。
④ 康有为：《日本变政考》卷四按语。
⑤ 康有为：《上清帝第二书》，《戊戌变法》丛刊（二），第141～145页。

一日可以三百亩"①,进一步提高靠畜力、人力难以比拟的劳动生产率。康有为认为农业生产,"弃楛而从良,鼓舞则用新而去旧",经过技术改革则"农业自盛"。这是被西方诸国资本主义近代农业充分证明了的一条成功的道路。

在农业生产领域里,康有为提出发展棉花、甘蔗、畜产品与毛革。鼓励蔗糖、棉毛织品生产和"开河种树"、"渔网取鱼"、"养蜂"等多种经营以及改善茶、丝出口贸易状况,在国际市场上同意大利、法国、日本茶丝相竞争,以便促进农业的发展。利用中国木材、鱼类罐头,"抵拒"外国同类商品在我国市场上的销售,②更是富国利民的重要措施,不容忽视。其次,发展中国的近代农业。康有为认为,农业在国民经济发展中占有重要地位,农业不发展直接影响工业和商业的发展。康有为的重农思想与传统的重农政策有重要的区别。封建专制制度下的重农,是把农民固定在分散的小块土地上,农民承受沉重的封建剥削。落后的生产方式使中国的农业一直停滞不前。康有为指出:"吾中国农业皆数千年旧法,自赵过改用耕犁后,未有增新法。"③这种落后的农业生产方式是不适应近代化工业的发展的。在倡导发展近代工业化的同时,康有为力主发展中国的近代化农业,并认为这是富国的重要基础。他提出变革中国农业生产方式,积极主张用西方资本主义国家先进的科学技术来改造中国的农业生产。特别重视农业生产中广泛采用西方的先进技术,用机器来代替手工劳动,不断提高农业的劳动生产率,精选良种发展畜牧业,在种植、造种、施肥上均采用西方先进的技术。同时,他建议在全国各地广设农业学校,培养农业技术人才,并创办农报以开阔人们的视野,传播农业技术,推广先进的经验,使中国农业走向近代化。

(三)发展矿业、交通、邮政、金融等产业

康有为从各国开发矿藏、发展国家经济的历史中,看到美国"以开金银之矿富甲四海";英国"以开煤铁之矿,雄视五洲"。④ 我国矿产资源十分丰富,其最著者有"云南铜锡,山西、贵州煤铁,湖广、江西铜铁铅锡煤,山东、湖北铅,四川

---

① 康有为:《上清帝第二书》,《戊戌变法》丛刊(二),第141~145页。
② 康有为:《上清帝第二书》,《戊戌变法》丛刊(二),第141~145页。
③ 康有为:《上清帝第二书》,《戊戌变法》丛刊(二),第141~145页。
④ 康有为:《上清帝第二书》,《戊戌变法》丛刊(二),第141~145页。

铜铅煤铁等矿,亘古封禁留待今日"①。特别是山西煤矿埋藏量极大,星罗棋布有百三十万方里。而且"苗皆平衍,品亦上上"。德国人誉为"甲于五洲,地球用之千年不尽"。康有为主张,要有效地开发我国地下资源,应当聘用外国专家"踏勘",并购买西国采矿机械,修筑矿山铁路。只要经营得法,不滥用私人,减轻矿税,保护投资者及矿工的合法权益,就可以使地下宝藏得到开发利用,为发展我国国民经济服务。

铁路、轮舟,既可"运兵"、"运械",又"便于商贾运货,便于负担谋生"②,是近代资本主义国家的重要交通工具。康有为指出:"美人铁路如织网丝,五里十里,纵横午贯,而富甲大地。俄人筑之,辟地万里。近者英之得印度、缅甸,俄之得西伯利至珲春,法之得越南,皆筑铁路以逼三陲矣。"③"铁路之利,天下皆知。"④我国需要借鉴欧美各国,提倡商办铁路。"吾民集款,力自能举,无使外国,收我利权。"⑤西方列强都重视铁路建设,从建设铁路上促进工商业发展,获得巨大利益。就是日本国在"明治维新"后,对铺设铁路也高度重视。从1870年修筑东京至横滨第一条铁路后,到1895年,仅用了二十五年时间,便铺设铁路长达一千一百十八里。还有"在造未竣之铁路一千七十二里"。其中官办"凡五百八十里,商办一千五百三十八里"⑥。他认为我国修筑铁路,不仅"荒地辟为腴壤,商货溢于境外",而且可使"穷间化为富民"。⑦ 其经济效益与社会效益都是相当可观的。轮舟为水上运输工具,"轮舟之利与铁路同"。发展近代航运促进经济发展,便利货运和行旅,这是"官民商贾,交收其益"⑧的好事。国家应当鼓励民间投资,举办轮船航运公司,"亦宜纵民行之,出费领牌,听其拖驶"⑨。他还提出依托铁路、轮舟等先进交通工具,用近代邮政代替古老的驿站,既能改变旧式驿站"岁费帑三百万两,而民间书札不得过问"以及"赍费厚重"和"运寄艰难往来消息不便"的弊病,又可做到"利国"与"便民"并举。

---

① 康有为:《上清帝第二书》,《戊戌变法》丛刊(二),第141~145页。
② 康有为:《上清帝第二书》,《戊戌变法》丛刊(二),第141~145页。
③ 康有为:《请大誓臣工开制度新政局折(上清帝第六书)》,《杰士上书汇录》卷一。
④ 康有为:《上清帝第二书》,《戊戌变法》丛刊(二),第141~145页。
⑤ 康有为:《上清帝第二书》,《戊戌变法》丛刊(二),第141~145页。
⑥ 《日本铁路》,《时务报》第一册,第19页。
⑦ 康有为:《上清帝第二书》,《戊戌变法》丛刊(二),第141~145页。
⑧ 康有为:《上清帝第二书》,《戊戌变法》丛刊(二),第141~145页。
⑨ 康有为:《上清帝第二书》,《戊戌变法》丛刊(二),第141~145页。

第三章 变革中国社会的改良思想

康有为认为:"银行者国之脉也。泰西不藏国币,国家皆设大银行。君民共之,财宝无滞。"日本明治维新的一项重要改革,就是设立银行,"颁布条例,然资本尚小,运用多滞,后又设中央、正金两银行,分设支店。然后货财流通,权衡平准",于是允许"民间私立"。于今日本国"公私银行并各会社业类银行者,共有千余所。资本万万,血脉流贯,故能独操利权"。银行设立后,"市场权利不至为西人所夺。而财既相通,则农工商各业,便集资本,易于举行。故欲兴起工业,推广商务,舍银行莫由也"①。银行是一个国家的财经命脉,在发展国民经济中的作用是不言而喻的,在当时的中国,设立银行又有反对西方资本主义国家攫取中国经济利益的反掠夺作用,这是康有为高于守旧势力一筹之处。统一货币,改革币制是近代资本主义国家整顿财政,发展金融的重要办法。维新志士认为我国币制十分紊乱,不仅有自制银圆、制钱,还有外币流通。中国元宝、银锭,"形体既难携带,分两又无一定";还有"库平"、"湘平"、"漕平"之别,"轻重难定,亏折滋多"。② 整顿办法是我国"自铸银钱,外国银钱不许通用","以收利权"。③ 广东已开局铸银,应"饬下户部,预筹巨款,并令各直省皆开铸银局",统一"花纹、年号、式样、成色"。整顿财政上"聚举国之财,收举国之利莫如钞法"。应令"天下银号报明赀本,皆存现银于户部及各省藩库"。再由"户部用精工制钞",然后"量其多少,皆给现银之数,而加其半"。④ 发行纸币,提高其信誉,这样"巨商乐借国力,富户不患倒亏。国家借款不须重息中饱,外国汇款,无须关票作用"⑤。此外,"公款寄存,可有入息,钞票通行,可护商务"⑥。其效益是有目共睹的。

康有为认为实行上述各项措施,固然是"富国大计",可使"国不患贫矣",但是"百姓匮乏,国无以为富也"⑦。因此解决民富问题,意义十分重大。"富民"和"养民"是分不开的,二者都是"国以民为本"的体现。不注重"养民",

---

① 康有为:《日本变政考》卷七按语。
② 康有为:《上清帝第二书》,《戊戌变法》丛刊(二),第141~145页。
③ 康有为:《上清帝第二书》,《戊戌变法》丛刊(二),第141~145页。
④ 康有为:《上清帝第二书》,《戊戌变法》丛刊(二),第141~145页。
⑤ 康有为:《上清帝第二书》,《戊戌变法》丛刊(二),第141~145页。
⑥ 康有为:《上清帝第二书》,《戊戌变法》丛刊(二),第141~145页。
⑦ 康有为:《上清帝第二书》,《戊戌变法》丛刊(二),第141~145页。

"是自拔其本也"①。西方资本主义国家,把"务农"、"劝工"、"惠商"、"恤穷",当作"养民"的重要内容,这是有道理的。应当看到,把"劝工"和"惠商",作为养民、富民的重要措施提出来,这已经突破了"重本抑末"的自然经济观念。维新志士明确地把发展近代工商业作为国民经济的重要基础,反映出当时中国商品经济发展成为不可阻挡的客观趋势。也说明不打破传统的自然经济观念,确实难以促进资本主义的发展。这样,维新思想就在观念上实现了更新。在发展资本主义商品经济思想的指导下,进一步树立把我国从自然经济的轨道转向资本主义经济轨道上来的新认识和新观念。

封建时代的开明政治家、思想家,往往从地主阶级立场出发,强调"养民之道"。近代中国进步思想家,继承了这个传统,也把"通民情"、"达民隐"、"解民困"等作为缓和社会矛盾、发展生产的重要条件。维新志士可贵之处在于把"养民"思想加以推陈出新,把封建自然经济和封建皇权观念下的民本主义,提高到资产阶级民本主义的高度,对旧民本主义进行改造,建立起"以民为本"的新观念。这个新观念是属于资本主义范畴的,它是资产阶级民权思想在经济上的明显表露。

早期维新思想家便提出过"民本"思想。这种"民本"思想,固然包含了一些新的因素,然而从整体上来看,它仍属于从旧民本主义向新民本主义过渡的意识形态。维新思想则不同,它所提出的民本主义是在发展资本主义经济思想的指导下,把"劝工"、"惠商"提到首位,再也不是过去那些"轻徭薄赋"、"与民生息"等陈腐观念所能比拟的了。

西方商品经济大潮席卷中国的严酷现实,使康有为对"商战"有了深刻的认识。他在《上清帝第二书》中说:"古之灭国以兵,人皆知之,今之灭国以商,人皆忽之。以兵灭人,国亡而民族存,以商贾灭人,民亡而国随之。中国之受弊,盖在此也。"中国是一个传统的"以农立国"的国家,欲免于被侵略,必须更换观念,采取以商立国的措施,来抵御西方资本主义国家对中国的经济侵略,所以他提出了"惠商"政策,作为富国之本。他在《上清帝第二书》中提出:"令各省设立商会、商学比较厂。"他指出:"商会者何?一人之识未周,不若合众议;一人之力有限,不若合公股。故有大会大公司国家助之,力量易存……英人乾隆时之取印度、道光时之犯广州,非其政府之力,乃其公司之权。盖民力既合,有国助之,

---

① 康有为:《上清帝第二书》,《戊戌变法》丛刊(二),第 141~145 页。

第三章 变革中国社会的改良思想

不独可以富贵,且可以辟地,商会所关,亦不少矣。"①

在这种情况下,中国要确立新的价值观念。以中西文化贯通自居的康有为,在中西方文化的对比中,寻找中国落后的差距。他以为:"中国自从三代故为一统之国,地广邈,君亦日尊。以一君核万里之地,而又自私之,驾远驭,势有所限,其为法也守,其为治也疏",而"泰西自罗马之后,分为列国,争雄竞长,地小则精神易及,争雄则人有愤心,故其君虚己而下士,士尚气而竞功,下情近而易达,法变而日新"②。中西双方因具体的历史条件不同,形成了相异的价值观。中国缺少的是西方文化中的"争雄竞长"精神、"尊贤而尚功"的价值观念,而"争雄竞长"、"尊贤而尚功"是振奋民族精神积极进取的不可缺少的精神力量。发展近代中国经济,促进中国经济的近代化是康有为富国思想的主旨。而在发展经济中,首先是发展中国的工业,西方工业的进步,使他们能够"争雄世界"。1895 年,康有为在《公车上书》中提出"以商立国"的口号,这个"商"实质是包括多重含义的,随着他对西方资本主义各国认识的加深,在"百日维新"期间,他不仅明确提出把发展近代中国的工业作为富国的根本大计,同时,还提出了发展农业、交通、金融等事业,目的是推动中国经济的全面发展,同时,在现实中,他也认识到,资本主义的生产不同于小农经济,工、农、商、交通、金融是有机联系的整体,像中国这样的大国,要发展经济缺少任何一个部门、任何一个行业都会受制于人。

当时,封建统治者中的顽固势力,一直视西方工业为洪水猛兽,"各省皆为厉禁,致吾技艺不能日新,制作不能日富,机器不能日精,用器、兵器皆多窳败"③。以致各种外国商品充斥中国市场,其结果是十分严重的。它使中国民族工业萎缩不振,特别是洋货充斥中国,利权外溢,这是一种倒行逆施的自蘖之举。因此,康有为主张清政府应采取"纵民为之,并加以保护"的政策,积极发展和扶植中国的民族工业。建议清政府,凡是"成大工厂以兴实业"者,要给予奖励,特别是主张"凡作机器厂者,出费领牌,听其制造"④。竭力反对洋务派对企业的垄断,强调放手发展民间工业。在发展近代民族工业的同时,康有为把科学技术的发展视为促进工业生产的重要手段。他多次倡言,办各类学校,培养

---

① 康有为:《上清帝第二书》,《戊戌变法》丛刊(二),第 141~145 页。
② 康有为:《与洪右臣给谏论中西异学书》,《康有为全集》第一集,第 535~536 页。
③ 康有为:《上清帝第二书》,《戊戌变法》丛刊(二),第 141~145 页。
④ 康有为:《上清帝第二书》,《戊戌变法》丛刊(二),第 141~145 页。

掌握新技术的各类人才。他认为:"欲设学购械,非富国不可;欲富其国,非智其士、智其农工、多著新书多制新器不可;欲士民多出新书、新器,非去其八股、白折之学,而悬新器、新书之赏,驱数百万之人士,数万万之农工商,转而钩心构思,求新出奇不能为功。"①他主张,中国应向外国派留学生,积极学习外国的科学技术,创办新的教育制度,倡议乡设小学,县设中学,省和国家设大学,在学校中开设各近代学科,培养新式人才,促进中国经济的发展。因此,在戊戌变法期间,一个重要内容就是废除科举制度。康有为指出:西方资本主义国家之所以强大,是与其重商政策及有关重商措施分不开的,西方资本主义强国,"有商学以教之,有商报以通之,有商部以统之,有商律以齐之,有商会以结之,有比较厂以厉(励)之,有专利牌以渗之。"②而中国一直轻视商业,把它列为末业,其结果财源外流、商业不振导致中国经济萎缩,是中国积贫的重要原因。要富国必须效法资本主义国家,采取一系列的方针、政策来促进中国商业的发展,从而带动中国经济的增长。要发展商业,首先应摒弃陈腐的"重农轻商"、"重本抑末"观念,只有改变这一陈腐观念,并立法保护商业,才能使商务振兴;其次,还要破除抑制商业发展的厘金等封建税收制度。康有为指出:"每省厘卡数百,吏役数千,吏则以溢额比较其劳,故争剥民以取盈;役则寝馈于是,争以刻商为能事。"③中国商人在内地受到封建关卡的层层盘剥,不废除厘金等封建弊政,商业是很难发展的。

康有为发展商业的主张,是中国商品经济不断发展的反映。它说明,商品经济代替封建的小农经济,是历史发展的必然趋势。

四、康有为变革教育的方案

康有为的变法维新,是要对中国进行全面的变革,教育在一个国家发展过程中有着极其重要的地位和作用,改革教育制度、教育内容是康有为变法思想的重要组成部分,也是戊戌变法过程中的主要内容之一。

如果从多角度研究戊戌变法,必然得出这样结论:戊戌变法在中国历史上

---

① 康有为:《请以爵赏奖励新艺新法新器新学以励人才开民智析》《杰士上书汇录》卷一。
② 康有为:《请立商政以开利源折》,《杰士上书汇录》。
③ 康有为:《奏请裁撤厘金片》,《戊戌变法》第二册,第265页。

具有多重意义。从文化教育方面来说，康有为极力倡导新学，也就是倡导近代以来兴起于西方并在世界历史发展过程中发挥着巨大作用的自然科学。马克思在《共产党宣言》中高度评价"资产阶级在它的不到一百年的阶级统治中所创造的生产力，比过去一切时代创造的全部还要多，还要大"①。西方资本主义高度发展的背后是生产力的快速发展，大工业的出现推动了整个世界都发生了根本的变化，封建社会变成了资本主义社会，而发生这一巨变的是科学技术。科学技术的发展离不开人，掌握了先进科学技术的人，是推动社会历史发展的根本力量，而教育在这个过程中发挥了重要作用。在自然经济条件下，人们的生产是以个体为主，而现代化的大工业实现了社会生产的社会化，世界统一的市场的形成，以个体为主的生产与社会生活是格格不入的。与之相适应的是工业生产、政治活动、经济活动、社会管理呈现出世界范围的交流，自然科学与社会科学的种类繁多、快速发展，这是当时中国所面临的世界。

（一）对科举制度的批判

康有为在戊戌变法期间主张变革中国的教育制度，取消八股取士的科举考试制度，绝不是单纯的教育制度、教学内容、教学方法的改革，而是根据变化了的世界而提出的变革中国政治制度、促进中国经济发展、推动中国历史前进的重要举措的一部分。因此他认为："泰西之强，不在军兵炮械之末，而在其士人之学，新法之书。凡一名一器，莫不有学；理则心伦、生物，气则化、光、电、重，蒙则农、工、商、矿，皆以专门之士为之，此其所以开辟地球，横绝宇内也。"②这一认识远远高于洋务运动的倡导与推动者。一是指出西方的强大，并不是表面上的"军兵炮械"，西方的船坚炮利只是表面，深层次的原因在于西方整体文化的领先；二是教育的发展，科学技术的进步，这是西方称雄世界的重要资本；三是西方各个行业都学有专才。所以他在《上清帝第四书》中，给光绪皇帝的第一条建议便是"立科以励智学"。"泰西当宋元之时，大为教王所愚，屡为回国所破，贫弱甚矣。英人倍根当明永乐时创为新义，以为聪明凿而愈出，事物踵而增华，主启新不主仍旧，主宜今不主泥古。"③反观清王朝"方今国势弱蹙，由于民贫兵

---

① 《马克思恩格斯选集》第1卷，人民出版社1972年版，第255页。
② 康有为：《日本书目志自序》，《康有为全集》第三卷，第583~584页。
③ 康有为：《上清帝第四书》，《康有为全集》第二卷，第169页。

弱。泰西以民为兵,民皆入学。故其兵皆识字,通图算,我无论若何练兵,而兵不知学,终非其比。若农工商皆有新学,尤为富国要图。夫农工商兵之学,皆不出于举人、进士,而皆出于童生,故以经济六科试童生。窃谓今日救贫弱之首务,其效尤急于特科常举也"①。"而今生童岁科试,仍以八股。近以考试近百年,文题皆有蓝本,务为割截枯困之题,侮圣言以难士人。士人以急于科第,亦争勾心斗角,便词巧说以应之。"于是天下数以百万计的生童士人,"穷志尽气,白首黄馘,日夜孜孜,仍从事于割截枯窘之八股,其为弃才莫甚焉"②。问题的关键是所学内容多是为了科举而进行的一种训练,况且"今沿宋、明之旧,以科举选士,士咸在学校中;课"四书"、"五经"之义以为文,士皆在义理中。魁杰之士舍此无可复进,故时出其间,以为可以育材得士矣。然士皆溺于科举,得者若升天,失者如坠渊,于是驱天下之人习哇滥之文。《易》之奥眇,古人掌之大卜者。《大学》《中庸》之深博,古之公卿师儒所学,而今强童龀之子习其文,诵其义,以为科举之阶。久而自为童生至其得第,并"六经"之文而不能诵之。不知古今,不通艺学,佽佽然若聋瞽,然可长驱登高,等为公卿。后生师慕,争相仿效,谬种相传,滔滔不绝,沛若江河,泛弥天下。学官不讲,则广设书院以奖翼之;进士不足,则多为举人、拔贡、优贡以选举之;然亦不过多增咿求爵禄之肆而已。上者既无古人德行、道艺之教,下之并无后世章句文史之学,聚天下而为臭诟亡耻、啫利无知之骁徒,国家其谁与立?由今之学,不变今之法,而欲与之立国牧民,未之有矣。此又汉、宋人所不及料也"③。这制度的弊病一是所学内容以"四书""五经"为主,内容单一,限制了人们的视野,束缚了人们的思想;二是学习目的就是为了做官,这样官员知识陈旧,不了解世界发展的形势,对自然科学一无所知,在现代政治、经济面前茫然不知所措;三是康有为认为学习内容的安排也不科学。《易》为占卜之学,而且内容"奥眇"是不适合少年学习的;《大学》《中庸》内容"深博",也不适合少年学习,因为科举必考,是得第之阶,迫使少年不得不学习,结果培养不出国家与社会所需要的人才。更为重要的是,科举制度所培养的人,只会做官"牧民",而现实社会的发展又需要各种专门人才,于是形成了社会需要的人,现行制度培养不出来,所培养的人社会又不需要这

---

① 康有为:《请照经济科例推行生童岁科试片》,《杰士上书汇录》。
② 康有为:《请照经济科例推行生童岁科试片》,《杰士上书汇录》。
③ 康有为:《教学通义》,《康有为全集》第一卷,第133页。

种矛盾。这一矛盾存在对中国的影响是很大的。由于重视科举,而科举考试内容十分陈旧,结果必然出现严重的弊病:"患专官无才吏,专学无才士;患田无才农,城无才工,市无才商,山无才虞,百艺技巧无才奸,国家无以为治。此今日学之大患也。"①在康有为看来,中国当时人才匮乏,士大夫多不通古今,不了解中外,不学无术,这并不是本人的过错,而是因朝廷实行科举制度,人们从少年就开始准备科考,不能不学"文题皆有蓝本""割截枯困之题",不得不进行"帖括"方面的训练。这种训练根本培养不出国家需要的人才,而且与教育的本质是相背离的,同时也背离了中国周代确立的教育制度。康有为认为,周代的教育制度可称之为最完善的教育制度。为此,他对中国的教育史进行了检讨,总结了中国教育发展过程中的得失。

(二) 对中国教育史的检讨

康有为认为,教育起自何时,不得而知,但是,人是有差别的,有的"善辩",有的"善思",这是人与人的差别。由于差别的存在,有"君子"与"小人"之别。人们在社会生活中的行为不同,"群居五人,则长者异席,此礼仪之造端,朝仪庭训之椎轮也"。"人道之始,必有作",于是有居住之所等,在此基础上有城郭;交通需要舟车;要存在就要进行生产活动和其他社会活动,所谓"燔黍捭豚,蕢桴土鼓"②。在这个过程中,教育产生了,其过程是"老者传之幼者,能者告之不能者,此教之始也。幼者学于长者,不能者学于能者,此学之始也"③。教育的内容是"作",它由两个方面构成,康有为概括为:"礼教伦理"和"事物制作"。"礼教伦理,德行也,事物制作,道艺也。后圣所谓教,教此也;所谓学,学此也。"④康有为在这里无疑道出了教育的本质,就是从道德和专业入手对人进行教育和培养,用今天的话说就是培养人做人做事。随着人类社会的进步,生产的发展,社会分工越来越细,康有为认为,从羲和经过神农再到黄帝,中国出现了农业、手工业、商业,出现了婚丧嫁娶。礼治兴,文明始。人们在社会生产实践中需要各种技能才能安身立命,需要伦理道德才能融入社会。技能与伦理道德对于人来说同样重要。所以"舜命契为司徒,敬敷五教;使民父子有亲、夫妇

---

① 康有为:《教学通义》《康有为全集》第一卷,第134页。
② 康有为:《教学通义》,《康有为全集》第一卷,第82页。
③ 康有为:《教学通义》,《康有为全集》第一卷,第82页。
④ 康有为:《教学通义》,《康有为全集》第一卷,第83页。

有别、君臣有义、长幼有序、朋友有信,是为崇行之教……当时稷教稼穑,夷典三礼,垂作工,益作虞。夫曰教稼典礼,必有教学,推之工、虞,亦当复然,则非司徒、典乐之教可知也。但司徒、典乐之教为公教,凡民与国子皆尽学之;稷、礼、工、虞为私学,或世其业,或学其官,而后传之。立教设学,自此始也"①。在这个时期,人们的分工越来越细,但是,教育内容的一般性却没有变化,仍然是伦理道德和从事生产的技能。

康有为认为,周深谙教育的本质,设有公学与私学。"公学凡四,一曰幼学,《尔雅》以释训诂,《少仪》以习礼节;二曰,德行学,六德则知、仁、圣、义、中、和,六行则孝、友、睦、姻、任、恤;三曰艺学,礼、乐、射、御、书、数;四曰国法,本朝之政令、教治、戒禁。四者天下之公学,自庶民至于世子莫不学之,庶民不徒为士,凡农、工、商、贾必尽学之,所谓公学也。"②"公学者,天下凡人所共学者也;私学者,官司一人一家所传守者也。公学者,幼壮之学;私学者,长老之学。公学者,身心之虚学;私学者,世事之实学。公私必相兼,私与私不相通。"③由此不难看出,康有为认为,周代教育是集周代之前教育之大成。一是遵循教育规律,按程序进行教育。就是在教学过程中强调"入学之叙",是从幼年到成年,不同的年龄接受不同的教育内容,今天看来这也是十分科学的,由于"先后既得其叙,功候又尽其宜",进而避免出现"强进之患"(即拔苗助长之义)。符合教育培养人的规律,按人的成长过程的不同阶段,而选择教育内容。二是注重人的伦理道德教育,于是有公学与私学之分,且二者不能有所偏。

在康有为看来,在周代,公学与私学并重,并无优劣、高下之分,《学记》称"古之教者,家有塾,党有庠,术有序,国有学"。但是,教学以"六德"、"六行"、"六艺"为内容。仍然围绕着"德行"、"道艺"两个方面。除国学外(按康有为:国学为天子、世子、公卿、大夫之嫡子与凡民之俊秀皆教之。但是,教学内容也是"德行"、"道艺"并重),其他"三年大比",考学习者"德行"、"道艺"才能,人们选择不同的职业如农、工、商、贾、圃、医、牧、官等。从教育内容分析,公学类似现代的"基础"教育,私学类似现代的"专科"或"专业"教育。康有为认为周代是十分重视私学的,"各有专官,各有专学,则各致其精,各不相知,如耳、目、

---

① 康有为:《教学通义》,《康有为全集》第一卷,第84页。
② 康有为:《教学通义》,《康有为全集》第一卷,第86页。
③ 康有为:《教学通义》,《康有为全集》第一卷,第85~86页。

第三章 变革中国社会的改良思想

鼻、口各不相通,而皆有专长。其他不能,不以为愧,不以为耻。材智并骛,皆足以致君国之用"①。周代教学制度是否这样完备,是一个值得进一步研究的问题,并不能简单认为是康有为为了变法维新寻找依据的一贯做法。为了减少守旧派对变法的阻挠,康有为把西方现有的政治制度与中国古代政治制度相比附,借此来表达他的政治理想和诉求,反映了他的价值取向。通过对他所确定的周代教育制度,来否定中国自战国以来的教育制度,特别是科举制度,这是他推崇周代教育制度的动因。可是,我们从中可以看出康有为的教育主张是"公学"与"私学"并重,这是有其合理之处的。如果我们抛开康有为过于赞誉周代教育制度而不论,只就其教育主张来说,这一注重基础教育,强调根据不同年龄而授之以不同教学内容,注重人们的思想道德和专业技能并重的教育思想,就是今天看来也有值得借鉴之处,因此,还是值得肯定的。

康有为认为战国之际,"俗尚大非,册籍尽去,盖贤能之书已随守官之学同亡","孔子时礼已不具"。②这就使得后来者很难恢复周的教育,因此,"孔子虽圣,而绌于贱卑,不得天位以行其损益百世、品择四代之学,及躬当明备,亦不过史佚之徒,佐翊文明。况春秋之末造,天子失官,诸侯去籍,百学放黜,脱坏大半矣。孔子勤勤恳恳,远适宗周,遍游列国而搜求之,问礼于老聃,访音乐于苌弘,求三百五篇于太师……区区数者,不过先王一官一守破坏之余,孔子得之已备极艰难矣,况百官之学乎"③。但是,孔子只不过是一布衣,尽管"孔子以一身兼备掌故之宗,嗣文王、周公之道,然既不得位,自无制作之事相迫而来。所与讲求者,皆天下英才,但与讲《礼》《乐》《诗》《书》之道,道德义理之精,自无暇及农医琐细之业,不如有国者事实相迫也"④。但是,"治家当备米、盐、灶、盎之物,治国并搜巫、医、农、牧之官,理势自然。有精与不精,无才与不才,皆不能缺少。必不能坐谈高义,舍器言道,遂可家有衣食,国备农兵"⑤。教育内容与周代相比已经不完全了,其不足与缺欠是显而易见的。所以,在康有为看来,孔子虽然是圣人,但是,没有周公的地位,尽最大的努力只不过部分地继承了周公教学的内容,即进行了"德行"教育而缺少了"道艺"的内容。"后世之学统出于

---

① 康有为:《教学通义》,《康有为全集》第一卷,第96页。
② 康有为:《教学通义》,《康有为全集》第一卷,第116页。
③ 康有为:《教学通义》,《康有为全集》第一卷,第118页。
④ 康有为:《教学通义》,《康有为全集》第一卷,第118页。
⑤ 康有为:《教学通义》,《康有为全集》第一卷,第118页。

孔学"①，"孔学"对比周代的教育内容来说是残缺不全的，后代所进行的教育更不能与周同日而语了。秦代以吏为师，与周相比只是神似，而汉代的经学，以"五经"为基本内容，则更是背离了周代教育的原意。所以，康有为认为"考求学术之变，后世民治之坏，则不得不深罪汉之君臣"。因为"古者道与器合，治与教合，士与民合"②，"公学"与"私学"是结合在一起的。汉代以经学为教育内容，只有"公学"而无"私学"，东汉时经学也大盛，但是，去古已远。在康有为看来，晋杂庄老，六朝加以佛，已不足论，唐代学制有三代之规，但是远不及古人，"小学非德行、道艺之教，大学无乐德、乐言、乐舞之学故也"③。而"进士之试，始于隋炀，其去道益远，其所以成就人才者益非。尔后千岁，为经义，为诗赋，虽有小变，而皆取士以文词，士皆务于文以为学，学既奇谬而文亦不工"④。批判的锋芒直指科举制度了。

康有为的《教学通义》是他早年的一部著作，与其说是对中国教育史的检讨，还不如说是他探讨中国如何摆脱受制于西方困境，从教育方面寻求途径的结果。学校是国家的基础，培养人才事涉国家是否强盛，是否能够使中国摆脱西方殖民主义统治，其意义是重大的。因此，康有为的思想主张，并不是单纯变革中国政治制度，而是在变革中国政治制度的同时，推动中国教育改革，为国家培养有用之才，因此，是从挽救民族危亡的高度来看待教育改革，这是康有为改革中国教育的真谛所在。

（三）改革教育体制的主张

废八股，兴新学，建立新的教育制度主张在康有为变法思想中占重要地位。康有为曾利用光绪召对的机会，面陈八股之危害，在其《康南海自编年谱》中曾记载说："今日之患，在吾民智不开，故虽多而不可用，而民智不开之故，皆以八股试士为之。学八股者，不读秦汉以后之书，更不考地球各国之事，然可以通籍，累致大官。今群臣济济，然无以任事变者，皆由八股致大位之故。故台辽之割，不割于朝廷，而割于八股；二万万之款，不赔于朝廷，而赔于八股；胶州、旅大，威海、广州湾之割，不割于朝廷，而割于八股。上曰：'然。西人皆为有用之

---

① 康有为：《教学通义》，《康有为全集》第一卷，第119页。
② 康有为：《教学通义》，《康有为全集》第一卷，第127页。
③ 康有为：《教学通义》，《康有为全集》第一卷，第131页。
④ 康有为：《教学通义》，《康有为全集》第一卷，第131页。

第三章 变革中国社会的改良思想

学,而吾中国皆为无用之学,故致此。'对曰:'上既知八股之害,废之可乎?'上曰:'可。'对曰:'上既以为可废,请上自下明诏,勿交部议,若交部议,部臣必驳矣。'上曰:'可'。"①八股及科举制度扼杀人才,所学内容多陈腐无用,所培养人才对世界不能说一无所知,但多数碌碌无为,不能适应新形势下的外交、军事斗争的需要;不能经营新的企业,开展不了相应的经济活动。这样的人才培养得越多越误国,在这个意义说,清朝无论是在对外的军事斗争中,还是在面对西方殖民主义的侵略中丧权辱国,割地、赔款与八股取士的科举制度培养不出新式人才有一定的间接的关系,但是,不正是朝廷实施的科举制度,才培养出这些无用之人吗?所以康有为说对外战争之失败,清廷有丧权辱国之举,不在于"朝廷",而在于"八股"就显得十分牵强了。但是,从中不难看出,光绪对八股之害与康有为是有同样认识和体会的。戊戌变法期间,废八股、兴新学成为重要的举措,并设立了京师大学堂,在戊戌变法后,百日维新的其他内容多被废弃,而京师大学堂却保留下来,充分说明了废八股、兴新学成为任何力量也阻碍不了的趋势。

那么,如何兴新学?康有为主张:

构建全新的教育体制。在"请开学校折"中,他提出仿效欧美、日本等国家,建立基础教育和高等教育的现代教育制度。他指出西方各国在教育制度上一般分为小学、中学、专科学校、大学,"令乡皆立小学,限举国之民,自七岁以上必入之,教以文史、算数、舆地、物理、歌乐,八年而卒业,其不入学者,罚其父母"。"县立中学,十四岁而入,增教诸科尤深,兼各国文,务为应用之学。其初等科二年,高等科二年。"中学毕业班,自是而入专门学者听之,专门者凡农商矿林机器工程驾驶,凡人间一事一艺者,皆有学。专门学毕业后则可以升入大学学习,学习内容为"经学,哲学,律学,医学"。英国、美国大学的课程设置有自己的特点,英国大学分"文、史、算、印度学、阿拉伯学、远东学,于哲学中自为科,美则加农工商于大学,日本从之"②。为此,他建议中国应该"乡立小学,令七岁以上必入之学,县立中学,其省府能立专门高等大学。各量力皆立图书仪器馆,京师立大学"③。"小学中学者,教所以为国民,以己国之用,皆人民之普遍学也。高等专

---

① 康有为:《康南海自编年谱》,《戊戌变法》(四),第 146 页。
② 康有为:《请开学校折》,《戊戌变法》(二),第 217~218 页。
③ 康有为:《请开学校折》,《戊戌变法》(二),第 217~218 页。

门学者,教人民之应用,以为执业者也。大学者,犹高等学也,磨之砻之,精之深之,以为长为师,为士大夫也。"①在这里康有为主张学习西方实行立法的形式,使社会所有的人都能接受教育,而且带有强制性地要求适龄儿童必须入学,同时要求完全废除封建的教育体系,用新的教育体系来代替旧的落后的教育体系,这无疑是一历史的进步,也是值得肯定的。这一主张,适应了世界教育发展的潮流,这一变革的实现,将使中国的教育尽快融入世界教育体系中。那么,如何对待中国现存的教育体制呢?康有为主张对其进行改造。在《请改直省书院为中学堂,乡邑淫祠为小学堂,令小民六岁皆入学,以广教育而成人才折》中指出:"泰西各国,尤重乡学,其中等学校、小学校遍地。学校以数十万,生徒数百万,举国男女,无非知书识字,解图绘,通算学,知历史,粗知天文地理之人。中学以上,咸有天文、地舆、化、光、电、重、公法、律例、农商、工矿、各国语言文字、师范之学。故非独其为士者知学也,其农、工、商皆有专门之学。即其被选为兵者,亦皆童幼出自学堂,咸粗知天文、地理、图算、格致。妇女亦皆有学,近多为医师、律师及为师范蒙师者。盖有一民即得一民之用。"②除了继续呼吁实行适龄儿童接受教育及"农、工、商皆有专门之学"外,同时,提出了"妇女亦皆有学,近多为医师、律师及为师范蒙师者"这一新的内容。那么,如何使中国的教育达到像西方一样规模呢?这就要充分利用原有的教育场所。康有为主张:一是"各直省及府州县,咸有书院,多者十数所,少者一二所。其民间亦有公立书院、义学、社学、学塾",把它们改造成小学或中学或大学;"省府、州县乡邑公私现有之书院、义学、社学、学塾,皆改为兼习中西之学校。省会之大学院为高等学府;州县之书院为中等学校;义学、社学为小学"。二是提倡民间办学。"鼓动绅民,捐创学堂。其能自捐万金、广募十万金经费者,赏以御书匾额,给以学衔;其有独捐十万巨款创建学堂者,请特旨奖励,赏以世职,以资鼓励。"③三是改庙堂为学堂。"以臣广东论之,乡必有数庙,庙必有公产。若改诸庙为学堂,以公产为公费,上法三代,旁采西例,责令民人子弟年至六岁者,皆必入小学读书,而教之图算、器艺、语言、文字,其不入学者,罪其父母。若此则人人知学,学堂遍地,不

---

① 康有为:《请开学校折》,《戊戌变法》(二),第217~218页。
② 康有为:《请改直省书院为中学堂,乡邑淫祠为小学堂,令小民六岁皆入学,以广教育而成人才折》《杰士上书汇录》。
③ 康有为:《请改直省书院为中学堂,乡邑淫祠为小学堂,令小民六岁皆入学,以广教育而成人才折》《杰士上书汇录》。

独教化易成,亦且风气遍开,农工商兵之学亦盛。筹措资金办学。"①四是筹措教育经费。"庙必有公产。若改诸庙为学堂,以公产为公费","请严旨戒饬各疆臣,清查善后局及电报招商局各溢款、陋规,滥费尽拨为各学堂经费"②。鼓动绅民捐款办学。

(四)改革教学内容

坚持"德行"与"道艺"并举的教育方针,在这一方针指导下进行教育、教学内容的改造。康有为指出,科举制不仅考题"枯困纤小",而且专注"破、承、开、讲、提对、中对、后对、结对"之形式,考生"亦钩心斗角,碎义逃难,便辞巧说以应之""不必发明经义",这种教育实现不了"负荷大教、推行圣道、讲明义理、培养人心、美化风俗、立功立政、毗佑国家"的目的,要改变"今天下人士知律而不知经、知势而不知教、知利而不知义、知公(私)而不知私(公),敢于作奸犯科而不敢急公仗义"现象,特别是改变封建教育制度下所培养出的官员"其串上也,知拜跪忌讳,貌为畏谨,而内便其欺诈粉饰之私;其交友也,应酬往还,饮食征逐,而内怀险诐轻薄之意;其临下也,则刻暴残忍,而无仁厚恺悌之心。都会尤甚,官场尤甚"。对国不忠,对友无信,对民不仁,无君子之品德。③他认为"天之生民,有身则立君以群之,有心则尊师以教之。君以纪纲治大群,师以义理教人心。然政令徒范其外,教化则入其中,故几天下国之盛衰,必视其教之隆否。教隆,则风俗人心美,而君坐收其治;不隆,则风俗人心坏,而国亦从之。此古今所同轨,万国之通义也。孔子作"《春秋》而乱臣惧,作'六经'而大义明,传之其徒,行之天下,使人知君臣父子之纲,家知仁恕忠爱之道"。否则,"则民如标枝,人如野鹿,贼心乱性,悍骛狠愚,虽有刑政"也不会从根本上解决社会的教化和风气,实现不了"父子相亲,夫妇相保,尊君亲上,乐串劝功"的目的,如不改变,"则大教沦亡,则垂至纲常废坠,君臣道息,皇上谁与同此国哉?方令割地频仍,人心已少离矣,或更有教案生变,皇上与二三大臣何以镇抚之耶?臣愚窃谓今

---

① 康有为:《请改直省书院为中学堂,乡邑淫祠为小学堂,令小民六岁皆入学,以广教育而成人才折》《杰士上书汇录》。
② 康有为:《请改直省书院为中学堂,乡邑淫祠为小学堂,令小民六岁皆入学,以广教育而成人才折》《杰士上书汇录》。
③ 康有为:《商定教案法律,厘正科举文体,听天下乡邑增设文庙,并呈〈孔子改制考〉,以尊圣师保大教绝祸萌折》《杰士上书汇录》。

曰非维持人心,激厉(励)忠义,不能立国"。这就是教化的作用,中国传统的道德教育是不可缺少的。"宜改礼部为教部,以发明孔子之道为主。日讲君臣、父子之义,忠爱之道。"①当然,康有为的道德教育的内容仍然含有封建的"纲纪"内容,反映了他思想深处对儒家文化的依恋。对于一个深受传统文化影响的人来说,不可能一下子彻底脱离封建文化的束缚。对此,我们不能苛求前人。当然,后来在中国革命不断向前深入发展,特别是当新文化运动在中国兴起时,曾经的改革思想家康有为却落伍于时代,则是后话了。

康有为重视教育是为了多培养国家需要的人才,是为变法维新服务的。推行新政、发展现代工业、商业、农业、交通运输业、金融业都需要新式人才,这些人才都是旧的科举制度所不能培养的。经过考察,他认为"泰西学术之精深,非天使之然也。聪明才力,非彼独智也。盖诱之有方,励之有法,日无遗晷,习无遗工,人无遗才,事无遗憾也。人徒知泰西之强,弗知其强由于学也。知其强由于学,未知其学所由精也"②。为此,他主张在新学校中,要大力引进西学,也就是把近代自然科学的相关学科、技术作为教学的主要内容。"凡天文,地矿、医、律、光、重、化、电、机器、武备、驾驶分立学堂,而测量、图绘、语言、文字皆学之。"③在《请改直省书院为中学堂,乡邑淫祠为小学堂,令小民六岁皆入学,以广教育而成人才折》中再次强调:中学以上开设"天文、地舆、化、光、电、重、公法、律例、农商、工矿、各国语言文字"等学科和技术来代替八股的帖试、词章之学。教学内容改革是为其变法的政治目的服务的。康有为强调中国古代的教育存在"公学"与"私学",其后者是为了使人们能够在社会中安身立命,学有一技之长,在服务社会的同时,也是受教育者得以生存的重要手段和途径,同时,中国要实现富国强兵的目的,必须发展现代工业、农业、运输业、金融业,进而建立新的国民经济体系,并形成与之相适应的政治体系。毫无疑问,只有把当时的自然科学和相关技术引入到中国的教育内容中,才能适应这一需要。教育内容的改变,使中国教育教学内容更新,用自然科学和技术代替传统的旧学,是中国教育史上的巨大进步。

---

① 康有为:《商定教案法律,厘正科举文体,听天下乡邑增设文庙,并呈〈孔子改制考〉,以尊圣师保大教绝祸萌折》《杰士上书汇录》。
② 康有为:《日本变政考》卷一。
③ 康有为:《上清帝第二书》,《戊戌变法》,第148~149页。

（五）男女平等、派留学生、改革考试的主张

康有为接受了西方平等思想，主张人人平等。他指出，中国古代治国，只讲"爱民保民"，民不分等，因为"同为天之所生，皆是民也，无有流品之别"，但是，后来依据不同的身份、职业把人们分等，"今尚有蜑户、乐户、流氓、优倡、皂隶、民奴等"，这是没有任何道理的，更不合理的是，在现实生活中这些人被人们所歧视，"皆不得考试，不得齐于民数"①。这是完全错误的。他指出，"泰西各国，无男女皆教，凡男女八岁不入学者，即罪其父母"②。在西方资本主义的民主理论和法律中，受教育是人的基本权利，康有为在这里首先把它纳入君主以民为本，"爱民保民"的范畴，这与他受西方文明的影响是分不开的。而且"民"的范畴显然不是封建社会中的"民"了。更难能可贵的是他不仅主张妇女与男子一样应该接受教育，而且他认为，对于妇女进行教育，其意义是重大的，"故于下，少一坐食无用之人，即于上，收一兴产植业之益"。在某种意义说是一解放生产力、扩大劳动力之举，是对传统的、根深蒂固的男尊女卑陈腐观念的有力批判，也是他平等思想的具体体现，而他"中国以二百兆之女子，曾无一学校以教之，则不学者居其半，是吾有民而弃之也"的观点。在当时来说是居于时代前列的。"且人生幼时，半借母教，其母不学，则自胎孕至总角，气质之禀赋，既关德性，陋俗之见闻，濡染尤易，是不徒弃此二万万之妇女，并二万万之男子而亦弃之矣。"③中国妇女长期以来就没有社会地位，没有与男子平等的权利。封建的伦理道德强调的"三从四德"、"三纲五常"加重了对妇女的封建束缚和压迫。特别是自宋代以来，中原妇女实行裹足，对此，康有为是深恶痛绝的，为此他坚决反对给自己的女儿裹足。百日维新期间，他曾专门上一奏折，对这一现象进行批判，认为这是中国废除已久的"古之刖刑"，是"自宋世恶俗，流今千载，害及亿兆。此诚亘古未有之酷毒，而今全地球所笑之蛮俗"④。康有为主张对妇女进行教育，使妇女与男子享有同样的权利，是对封建社会条件下对妇女束缚和压迫的否定，有助于妇女的解放。

---

① 康有为:《日本变政考》卷三按语。
② 康有为:《日本变政考》卷三按语。
③ 康有为:《日本变政考》卷三按语。
④ 康有为:《为万寿大庆，乞复祖制，行恩惠，宽妇女裹足，以保民保国，延生气而迓天庥折》《杰士上书汇录》。

中国受制于科举制而人才不兴,发展新式教育又急需各类专门人才,如何解决这一矛盾,康有为主张学习日本,"大聘外国专门教习至数十人","大派游学之士,归而用之",①以此来解决创办新式教育的师资不足问题。早在《上清帝第二书》中,康有为认为日本、俄国由弱变强的一个重要原因就是派人到国外学习,学业有成后归国,成为推进国家建设、促使国家强大的有用之才,在改变这两个国家的落后面貌中发挥了重大作用。"日、俄之强也,由遣宗室大臣,游历各国,又遣英俊子弟,诣彼读书",俄国彼得大帝也曾到外国学习"归而变政,故能骤强"。由此可见派人出国学习之重要。②

百日维新期间,康有为上《请广译日本书派游学折》。在此折中,康有为开门见山地建议清政府要想实现富国强兵的目的,必须"大派游学,以通世界之识,养有用之才"③。他认为甲午之战,清政府之所以失败,从教育政策上分析,是因为清政府闭关自守,导致人才不足用,在新的世界面前,中国所谓的鸿学大儒只能目瞪口呆,工业革命后,西方快速发展,只有具备与之相应的政治、现代的经济体系、相关的知识,才能在与世界列强的竞争中不被淘汰,因为世界不是闭关自守的世界了。日本也曾闭关自守,但是,因为变法,早派人赴欧洲学习,成为今日之强国,并在甲午之战中打败了中国。为了改变中国的不利局面,应该学习日本,派人到外国学习。"惟日本道近而费省,广历东游,速成尤易,听人负笈,自往游学,但优其奖导,东游自众,不必多烦官费。但师范及速成之学,今急于须才,则不得已,妙选成学之士,就学于东,则收新学之益,而无异说之害。昔日本变法之始,派游学生于欧美,至于万数十人,归而执一国之政,为百业师,其成效也。此臣所以请派游学也。"④他主张,"大县三人,中县二人,小县一人,皆举其县之秀才"。全国选出"三千游学者"学习"哲学、海陆军、化电、光重、农工、商矿、工程、机器"等,几年后,中国"立国之才,庶几有恃"。⑤

康有为还提出了改革考试的办法。废除了旧的学习内容,当然要改革考试内容这是不言而喻的。在《上清帝第二书》中,虽然秀才、举人等旧有名称没有变化,但是,考试的内容已经与科举制度下的考试内容有天壤之别了。其内容

---

① 康有为:《日本变政考》卷四按语。
② 康有为:《上清帝第二书》,《戊戌变法》(二),第151页。
③ 康有为:《请广译日本书派游学折》,《戊戌变法》(二),第222~224页。
④ 康有为:《请广译日本书派游学折》,《戊戌变法》(二),第222~224页。
⑤ 康有为:《请广译日本书派游学折》,《戊戌变法》(二),第222~224页。

第三章　变革中国社会的改良思想

涉及"经、史、策论、掌故、外国、专门之业、图器、中外地理"①。在百日维新期间，康有为又提出了新方案。"请推行经济科之例，以经古场为正场，试专门一艺，时务策一艺，其专门若天文、地舆、化光、电重、图算、矿律各占一门，取倍本额而复试，以五经题一艺，四书题一艺，取入如额，又略如论礼以发明圣经大义为主，罢去割截枯困、侮圣言之题，破、承、开、讲八股之式及连上犯下、钓渡挽悖谬之法。其考官仍出割截题者，以违制论。县府试同亦限二场。首场试专门、时务，二场试经艺。"②

康有为的教育主张体现了传统的以民为本的思想，并赋予民本思想以新的内涵，是为其政治改革服务的，中国古代的民本思想中大讲"亲民"、"近民"，在他看来"王所以勤勤恳恳为亲民之政者，非独养其生也。盖亦有以开其智焉。其民智愈开者则其国势愈强，英美诸国是矣"。开民智的举措是什么，在于办学校。"民智开与否验于议会。夫学校与议会，相联络、相终始者也。故学校未成，智识未开，遽兴议会者，取乱之道也。学校既成，智识既开，而犹禁议会者，害治之势也。夫议会之终不能禁，犹学校之必不能废也。"③发展教育，兴办学校，是"亲民"的体现，开民智是"亲民"举措，这一举措与议会制度的确立有着密不可分的关系。学校成，民智开、议会立，否则"遽兴议会者，取乱之道也"。

康有为认为发展教育是强国之道。在他看来，西方各国"不强于其训练器械船舰也，而强于其童幼入学，能识字、图算，粗通天文地理也"。"日本汲汲于限民六岁入学，男女并教，无一人之遗，至今三十年，人才蒸蒸，著进如林。农工商兵皆已有学，故耕植、制造、转运之业，日益精新，骤强之故由此哉！"④

在他的教育思想中，坚持把传统的伦理道德作为教学内容，也没有提出彻底废除科举制度。对于第一个问题，我们认为不能对康有为提出更高的要求，否则，就不是历史的态度了。历史的发展是有一个过程的，不可能要求康有为把什么问题都解决，这是不可能的，也是不客观的。当时，中国社会的主要问题是挽救民族的危亡，发展教育只是康有为进行改革、变法图强思想中的部分内容，有些问题还来不及认真思考；再者，中国传统文化博大精深，对其进行梳理不是短时间就可以办到的，因此不可苛求。关于第二个问题，科举制度无论在中国教育史上，还是世界教育史上都占有重要的地位，作为一种考试的方式，录

---

① 康有为：《上清帝第二书》，《戊戌变法》（二），第149页。
② 康有为：《请照经济科例，推行生重岁科试片》《杰士上书汇录》。
③ 康有为：《日本变政考》卷七按语。
④ 康有为：《日本变政考》卷五按语。

用人才的方式还是比较公平的,关键的问题是考什么内容,康有为恰恰是在学习内容和考试内容上提出了改革主张,这对封建的教育制度是个很大的冲击,百日维新期间他的教育改革主张受到守旧派的激烈反对,足以说明他的教育思想的价值和对中国教育史的贡献。

康有为教育思想的价值还在于,他想把中国的教育纳入世界教育体系。综上所述,我们不难看出,康有为的主张,无论从教育体系的构建,还是学校教育教学内容的改革,都会使中国的教育发生脱胎换骨的改变。这种改变是顺应世界教育发展潮流的改革,是一种历史的进步。中国历史发展的事实也证明了康有为改革中国教育的思想主张是正确的,科举制的取消、新兴学校的建立,这些曾被守旧派诅咒的新生事物,在戊戌变法失败不久,却经过曾经反对变法的守旧派批准而出现在中国大地上。对于此,守旧派也只能是空有"无可奈何花落去"的哀叹了。

第三节　梁启超的维新思想

梁启超,字卓如,号任公,又称饮冰室主人,广东新会人。生于1873年,卒于1929年。

梁启超自幼受儒家思想教育,17岁应试中举。1890年拜康有为为师。在戊戌变法期间,梁启超积极追随康有为,参加和领导了戊戌变法,曾与康有为其他弟子一起帮助康有为完成《新学伪经考》《孔子改制考》的编撰工作,在上海办《时务报》,鼓吹变法维新,提出发展资本主义经济主张,传播"民权革命论",在介绍卢梭的《民约论》时宣传资产阶级国家观。他热情颂扬《人权宣言》,对天赋人权论和义务权利学说进行热情的宣传。他提倡"新民"思想,并认为"新民"是"新中国"的重要基础。作为资产阶级启蒙思想家,梁启超的文笔流畅,感情丰富,在戊戌变法期间影响是巨大的。后世以"康梁"并称。

梁启超在戊戌政变后,逃亡日本。胡汉民说梁启超"在日本尝一度与中山先生接近,大倾服之,则亦为革命之言论;其《新民丛报》初期'我不破坏人亦破坏'之论调,盖缘于此"[①]。及康有为闻梁启超政治态度有变曾派人前去责之;遂保皇如初,反对革命。辛亥革命后回国,梁启超曾任袁世凯内阁司法总长。

[①]　胡汉民:《胡汉民自传》,《辛亥革命在湖北史料选辑(上)》,湖北人民出版社1981年版。

第三章 变革中国社会的改良思想

袁世凯称帝后,梁启超以积极的态度反对帝制,但不久,梁启超又依附军阀,抗拒马克思主义。胡汉民认为他:"读书以剽窃武断为工,认识浅薄,至不能自完其说,则反复无常,而自夸为流质尚变。"①这一说法虽有失公允,但从一个侧面也道出了梁启超这个人物较为复杂的性格了。

一、维新变法的积极鼓动者

戊戌变法运动,是变千百年固有的封建专制制度为新型资产阶级君主立宪制,是中国亘古未有之举。这对于封建守旧势力来说如丧考妣,因此横加反对与攻击。为了批判顽固不化的守旧势力,梁启超从自然界之变化到人类社会历史的演变来论证戊戌变法运动的合理性。认为"变"是"古今之公理也",这是千古不易的道理。

他指出:"法何以必变?凡在天地之间者,莫不变。昼夜变而成日,寒暑变而成岁;大地肇起,流质炎炎,热熔冰迁,累变而成地球;海草螺蛤,大木大鸟,飞鱼飞鼍,袋兽脊兽,彼生此灭,更代迭变,而成世界……"自然世界是这样,人类社会也是如此。

梁启超列举中国古代税制的变化时指出:"贡助之法变为租庸调,租庸调变为两税,两税变为一条鞭。"中国的兵制也经过"井乘之法变为府兵,府兵变为旷骑,旷骑变为禁军"的演变。中国的选官制度也是"学校升造之法变为荐辟,荐辟变为九品中正,九品变为科目",不断地变化以适应新的社会要求。梁启超指出:"上下千岁,无时不变,无事不变,公理有固然,非人之为也。"②变化是事物发展的客观规律。无论是自然界还是人类历史,都受这规律所支配,这是历史发展的必然趋势,是任何力量也阻挡不了的。

面对守旧势力的责难,梁启超指出:"不能创法,非圣也,不能随时,非圣人也。上观百世,下观百世,经世大法,惟本朝为善变。"清王朝不仅"变服色"、"变文字"、"变历法",而且"圣祖皇帝,永免滋生人口赋,并入地赋,自商鞅以来,计人之法,汉武以来,课丁之法,无有也,则变赋法矣"。③梁启超指出:"外

---

① 胡汉民:《胡汉民自传》,《辛亥革命在湖北史料选辑(上)》,湖北人民出版社1981年版。
② 梁启超:《饮冰室合集·文集·变法通议》。
③ 梁启超:《饮冰室合集·文集·变法通议》。

而交邻,始用闭关绝市之法,一变而通商者十数国,再变而命使者十数国矣。此又以本朝变本朝之法者也。"①梁启超认为:当时之中国,与古代不同,"秦后至今,垂二千年,时局匪有大殊,故沉法亦可不改。国初因沿明制,稍加损益,"即使科举不讲经世,各级官吏终鲜异材。中央政府只要使各级官吏互相牵制,内无外戚之干政,外无藩镇跋扈之患,就是墨守祖宗所定之法,并稍加整顿,也可以治天下,这是比较客观的。但是,形势发生了重要变化,西方列强对中国的入侵,使中国面临着被瓜分的危险,要使中国免蹈"突厥、印度"之覆辙,必须变法。

梁启超看到随着历史社会的发展,旧有的典章制度,都要随之变革。他指出:"法行十年或数十年或百年而必敝,敝而必更求变,天之道也。"②他形象地比喻为,"人一日食",不可一食永饱,求一食永饱者必死,求一劳永逸者必亡。变法是历史发展的最基本规律,"大地既通,万国蒸蒸,日趋于上。大势相迫,非可阏制"③。在这种条件下,变也得变,不变也得变。顺应时代的发展和要求而变,可保国保民,不顺应历史的发展,逆历史潮流而动,也要变,这种变是灭种亡国之变。梁启超列举变之种种前途:一是日本,自变而强;二是突厥、(埃及、高丽等国)是他人执国家权力而发生变化;三是如印度、越南、缅甸等国是"见并于一国而代变者也";四是如波兰被瓜分。④ 为此,他大声疾呼:"非变法万无可以图存之。"

通过对中国历史发展过程的剖析,他深刻指出了变法是历史发展的基本规律。中国自秦确立了封建专制制度后,总体上说,社会的基本制度并没有发生根本的变化。但是,不等于说统治方式没有更改。从政治制度上说,封建的中央专制主义制度、皇帝制度、三公诸卿制度的建立,奠定了中国封建社会的基本政治体制。秦被汉代替后,"汉承秦制"说的也是政治体制没有变化,但是,在具体的制度设计上,还是发生了重大改变。中央政权机关中,皇权的加强、相权的弱化、地方上的郡国并行制等都与秦有了显著的不同。从汉代本身来说,前期与中期不同,中期与后期也不同,前汉与后汉相比更是不可同日而语。西汉前期,在政治思想上奉行的是黄老之学,中期开始实行"罢黜百家,独尊儒术",一改秦焚书坑儒的文化政策,使经学大昌。所以,梁启超指出:"《诗》曰:'周虽旧

---

① 梁启超:《饮冰室合集·文集·变法通议》。
② 梁启超:《饮冰室合集·文集·变法通议》。
③ 梁启超:《饮冰室合集·文集·变法通议》。
④ 梁启超:《饮冰室合集·文集·变法通议》。

第三章 变革中国社会的改良思想

邦,其命维新。'言治旧国必用新法也。其事甚顺,其义至明,有可为之机,有可取之法,有不得不行之势,有不容少缓之故。"①汉代秦是这样,汉以降概莫能外。

中国历史的发展与变化,只是一个朝代代替了另一个朝代,而近代以来,国际环境发生了重大变化。西方殖民主义伴随着工业革命的兴起,为了开拓国际市场,把侵略扩张作为基本国策,使一些守旧不变之国成为其殖民地。梁启超把视角从中国伸向了世界,他指出:"印度,大地最古之国也,守旧不变,夷为英藩矣。突厥地跨三洲,立国千年,而守旧不变,为六大国执其权、分其地矣。非洲广袤,三倍欧土,内地除沙漠一带外,皆植物饶衍,畜牧繁盛,土人不能开化,拱手以让强敌矣。波兰为欧西名国,政事不修,内讧日起,俄、普、奥相约,择其肉而食矣。中亚洲回部,素号骁悍,善战斗,而守旧不变,俄人鲸吞蚕食,殆将尽之矣。越南、缅甸、高丽,服属中土,渐染习气,因仍弊政,蘸靡不变,汉官威仪,今无存矣。"②同时,他也指出一些国家因变法由弱变强,如俄国"自大彼得游历诸国,学习工艺,归而变政,后王受其方略,国势日盛,辟地数万里也。今夫德,列国分治,无所统纪,为法所役,有若奴隶,普人发愤,兴学练兵,遂蹶强法,霸中原也。今夫日本,幕府专政,诸藩力征,受俄、德、美大创,国几不国,自明治维新,改弦更张,不三十年,而夺我琉球,割我台湾也"③。顺应世界历史发展的潮流,必须变法更新,这是避免中国亡国的唯一选择。世界历史发展的现实使人们认识到,无论在历史上你曾经是多么强大,形势变化了,这是世界发展的大势,在西方的船坚炮利面前,要么是俯首听命,任人宰割,要么是改革,奋发图强,守旧是没有出路的。

那么,对于当时的中国来说,应该改变什么? 这就有必要对当时的中国国情进行分析。一个国家的国情,是指这个国家的政治、经济、军事、教育等方面的基本概况。只有认清国情,才能制定出适合这个国家发展的基本政策,确保这个国家政治清明、经济繁荣、军事强大。梁启超主张变革中国现实,就不能不对中国的国情进行分析。

梁启超认为,当时的中国经济,"工艺不兴,商务不讲,土货日见减色;而他

---

① 梁启超:《饮冰室合集·文集·变法通议》。
② 梁启超:《饮冰室合集·文集·变法通议》。
③ 梁启超:《饮冰室合集·文集·变法通议》。

人投我所好,制造百物,畅销内地,漏卮日甚,脂膏将枯"。文化教育,则"学校不立,学子于帖括外,一物不知,其上者考据词章,破碎相尚,语以瀛海,瞠目不信。又得官甚难,治生无术,习于无耻,曹不知怪"。军事则"兵学不讲,绿营防勇,老弱瘾烟,凶悍骚扰,无所可用。一旦军兴,临事募集,半属流丐。器械窳苦,饷糈微薄。偏裨以上,流品猥杂,一字不识,无论读图,营例不谙,无论兵法。以此与他人学问之将、纪律之师相遇,百战百败,无待交绥"。政治则"官制不善,习非所用,用非所习,委权胥吏,百弊蝟起。一官数人,一人数官,牵制推诿,一事不举。保奖蒙混,鬻爵充塞,朝为市侩,夕登显秩。宦途壅滞,候补窘悴,非钻营奔竞,不能疗饥。俸廉微薄,供亿繁浩,非贪污恶鄙,无以自给。限年绳格,虽有奇才,不能特达,必俟其筋力既衰,暮气将深,始任以事。故肉食盈廷,而乏才为患。法敝如此,虽敌国外患,晏然无闻,君子犹或忧之,况于以一羊处群虎之间,抱火厝之积薪之下而寝其上者乎?"①中国经济受到西方资本主义经济的猛烈冲击,自19世纪60年代开始兴办"洋务",但是,并没有从根本上改变中国自然经济属性,自给自足的小农经济仍占主要地位,近代工业没有得到大的发展,也没有形成商品经济,在西方资本主义经济面前束手无策,中国成为西方的原材料和商品市场。1895年后,西方开始在中国设立工厂,对中国进行更加疯狂的经济掠夺。一些有识之士对八股取士的科举制度多有诟病,曾进行过多次抨击,这种教育制度除了培养封建制度的奴才,只能做官外,所学的"帖括"治生无术,于生产、生活毫无用处。清朝的八旗兵、绿营在入关前后的一个时期内所向披靡,随着封建制度的日薄西山,八旗兵、绿营腐败无能早在太平天国时就暴露无遗,曾国藩组建地方武装,湘军的崛起,曾在镇压太平天国中发挥了重要的作用,随后又有李鸿章的淮军,但是,这些军队面对农民武装可谓威风一时,面对西方的军事侵略,无论是八旗兵、绿营还是后来的清朝军队,几乎是每战必败。清王朝的军队只能骚扰乡民,在对外的军事斗争中却器械落后、毫无战斗力。清政府政治腐败由来已久,卖官鬻爵使官场如市场,办事推诿使政事效率极其低下,钻营行贿是晋升唯一"正途",靠八股之术而步入仕途之官员,除精通"帖括"外,多数对外面世界一无所知,这些昏庸之人根本不是什么国家的栋梁,而是误国之蠢材。清王朝早已千疮百孔,奄奄一息,面对疮痍满目的中国,一切有良知的中国人不可能无动于衷。

---

① 梁启超:《饮冰室合集·文集·变法通议》。

第三章 变革中国社会的改良思想

中国自古以来,曾国力强大。这个强大在一定程度上是相对周边国家来说的。因此,对于统治者来说是但虞内忧,不患外侮,对于统治内部来说是如何防止皇权旁落,对于国内来说,注重减少矛盾,防止农民起义。因此,在经营国家过程中,"兴利之意少,怀安之念重,而虑危之念轻"①。这一统治方略,自秦以后,因国际时局没有大的变化,因此,整体上说治理国家的办法基本上是修修补补,也无大碍。就清朝来说,自入关后,沿袭从前,师承明代,对明朝的政策"稍加损益",虽然取士科举,武官选自行武,外戚不干政事,无权奸之虞,督抚监司互相牵制,加上清朝的皇帝相对明朝来说,整体上要好得多,所以,闭关自守,独立世界。但是,面对西方世界,一个资本主义经济发展了两百多年的殖民主义世界,按原来的统治方法与政策就显得十分落后和不适应了。为此,面对变化了的世界,中国"稍不自振,则灭亡随之矣"。所以,应该"广设学校,奖励学会,惧人才不足,而国无与立也。振兴工艺,保护商业,惧利源为人所夺,而国以穷蹙也。将必知学,兵必识字,日夜训练,如临大敌,船械新制,争相驾尚,惧兵力稍弱,一败而不可振也。自余庶政,罔不如是。日相比较,日相磨厉,故其人之才智,常乐于相师,而其国之盛强,常足以相敌。盖舍是不能图存也。而所谓独立之国者,目未见大敌,侈然自尊,谓莫己若。又欺其民之驯弱而滚愒之,虑其民之才智而束缚之。积弱陵夷,日甚一日,以此遇彼,犹以敝痈当千钧之弩。故印度、突厥之覆辙,不绝于天壤也"。梁启超进一步指出:"变法之本,在育人才;人才之兴,在开学校;学校之立,在变科举;而一切要其大成,在变官制。"②

认真分析梁启超的思想,不难看出,他是主张从教育、经济、政治三个方面进行变革的。为什么梁启超把教育置于首要的地位?经过他的考察,他认为:"道莫善于群,莫不善于独。独故塞,塞故愚,愚故弱;群故通,通故智,智故强。星地相吸而成世界,质点相切而成形体。数人群而成家,千百人群而成族,亿万人群而成国,兆京陔秭壤人群而成天下。无群焉,曰鳏寡孤独,是谓无告之民。虎豹狮子,象驼牛马,庞大傀硕,人槛之驾之,惟不能群也。非洲之黑人,印度之棕色人,美洲、南洋、澳岛之红人,所占之地,居地球十六七,欧人剖之铃之,若槛狮象而驾驼马,亦曰惟不能群之故。群之道,群形质为下,群心智为上。群形质者,蝗蚁蜂蚁之群,非人道之群也,群之不已,必蠹天下,而卒为群心智之人所

---

① 梁启超:《饮冰室合集·文集·变法通议》。
② 梁启超:《饮冰室合集·文集·变法通议》。

制。蒙古、回回种人,皆以众力横行大地,而不免帖耳于日耳曼之裔,螳蚁蜂蚁之群,非人道之群也。群心智之事则赜矣。欧人知之,而行之者三:国群曰议院,商群曰公司,士群曰学会。而议院、公司,其识论业艺,罔不由学;故学会者,又二者之母也。学校振之于上,学会成之于下,欧洲之人,以心智雄于天下,自百年以来也。"①

梁启超不同于当时的守旧派在于他对世界的了解。近代以来,西方资本主义得到了全方位的发展。在这个发展过程中,科学技术发挥了重要的作用,无论是西方工业、商业、军事,还是政治理论、经济理论,无论是政治制度还是经济制度,在西方征服世界过程中显露出无比的优越性、先进性。而这些进步与发展的背后,有掌握了先进技术、不同凡响的思想家、政治家、科学家,而这些人无一不是从学校培养出来的。梁启超客观地揭示了国与国的竞争是科学技术的竞争,科学技术的竞争是智力的竞争,智力的竞争是教育的竞争这一真理。由此,我们不难理解在梁启超所确立的变法方案中,涉及了教育、经济、政治等三个方面,而把教育列为重要的第一要务。

梁启超等维新人士的改革,是一个促使中国朝着世界历史进步潮流的方向,向着现代化国家发展所进行的全面变革。政治上用西方的民主制度代替封建专制主义中央集权制;经济上,发展近代工业、交通、矿业、金融业等资本主义的经济;在教育上,要求废除八股取士的科举制度,构建新的教育体系,为创建一个全新的中国培养人才。这一主张,必然与守旧派产生极大的矛盾,因而受到当时一些人的诘难,对此,梁启超给出了自己的答案。

针对"法固因时而易,亦因地而行。今子所谓新者,西人习而安之,帮能有功,苟迁其地,则弗良矣"的诘难,梁启超说:"泰西治国之道,富强之原非振古如兹也,盖自百年以来焉耳。"②西方资本主义从产生发展,经历了二百多年的历史,不是短期内实现的。在这个过程中,无论是政治制度的产生与发展,还是自然科学的发展及工业生产技术的出现,不是自古以来就存在的,也是后来出现的,在这一地区先是产生了资本主义生产关系的萌芽,而后不断成长起来,这一变化在欧洲不是发生在一个国家中,而是程度不同地发生在各国,最终形成了资本主义生产关系的统一市场。梁启超认为,这些所谓的新法,也不完全是西

---

① 梁启超:《饮冰室合集·文集·变法通议》。
② 梁启超:《饮冰室合集·文集·变法通议》。

第三章 变革中国社会的改良思想

方人的独创或故有,"实为西人所改造,改而施之西方,与改而施之东方,其情形不殊,盖无疑矣"①。居于东方日本的崛起本身就说明了问题。

针对新法是"用彝变夏"的诘难,这实质上涉及如何对待西方文化的态度问题。梁启超认为中国"古之圣人,未尝以学于人为惭德也"。况且"法者,天下之公器也,征之域外则如彼,考之前古则如此,而议者犹曰彝也彝也而弃之。必举吾所固有之物,不自有之,而甘心以让诸人,又何取耶?"②人类在进行生产和生活中总是有所发明和创造,在这个过程中所形成的物质文明和精神文明是人类所共同拥有的财富,本应该供全人类所共有、共享。在历史的发展中,各民族相互学习是促进本民族发展的重要途径,从中国历史发展过程看,本身就是一个各民族文化不断融合的过程,这个过程实质是一个取长补短的学习过程,《史记》所记载的赵灵王胡服骑射之典故对于当时的读书人来说,是耳熟能详的。中国文化对周边国家的影响就更大了,日本、朝鲜、越南等国的法律深受唐代影响,如此可见一斑。梁启超还列举教育、农业生产、刑法、手工生产、官制、选举制度等,认为中国古代就有,并不是西方的专利。当然,他有些认识,如认为"谋及卿士,谋及庶人,国疑则询,国迁则询,议郎博士,非西官也(汉制,博士与议郎、议大夫,同主论议,国有大事则承问,即今西人议院之意)。流宥五刑,疑狱众共,轻刑之法,陪审之员,非西律也。三老啬夫,由民自推,辟署功曹,不用他郡,乡亭之官,非西秩也。尔无我叛,我无强贾,商约之文,非西史也。交邻有道,不辱君命,绝域之使,非西政也"③。列举典型的西方所有的一切中国古已有之的思想,目的是减少来自守旧派对维新的阻挠,实际上这些事物确实不是西方的,但是,真的与西方文化没有什么相关性。

针对"然中国当败衄之后,穷蹙之日,虑无余力克任此举。强敌交逼,眈眈思启,亦未必能吾待也"之诘难,梁启超指出:"日本败于三国,受迫通商,反以成维新之功。法败于普,为城下之盟,偿五千兆福兰格,割奥斯、鹿林两省,此其痛创,过于中国今日也。然不及十年,法之盛强,转逾畴昔。然则败衄非国之大患,患不能自强耳。"他还指出:"泰西各国,磨牙吮血,伺于吾旁者,固属有人;其顾惜商务,不欲发难者,亦未始无之。徒以我晦盲太甚,厉阶孔繁,用启戎心,巫

---

① 梁启超:《饮冰室合集·文集·变法通议》。
② 梁启超:《饮冰室合集·文集·变法通议》。
③ 梁启超:《饮冰室合集·文集·变法通议》。

思染指。及今早图,示万国以更新之端,作十年保太平之约,亡羊补牢,未为迟也。"①梁启超紧紧抓住亡国之根本问题,从世界历史的演变中寻找变法的依据,通过日本等国的历史与现实告诫守旧派,一时之败,及"穷蹙之日"并不可怕,可怕的是在失败面前没有痛定思痛并找出失败及"穷蹙"的根源,更严重的是对中国当时所面临的恶劣的国际环境茫然不知,果如此则中国被列强所瓜分则指日可待了。

针对"中国之法,非不变也。中兴以后,讲求洋务,三十余年,创行新政,不一而足,然屡见败衄,莫克振救,若是乎新法之果无益于人国也"的论调,梁启超指出:"前此之言变者,非真能变也,即吾向者所谓补苴罅漏,弥缝蚁穴,漂摇一至,同归死亡;而于去陈用新,改弦更张之道,未始有合也。"②梁启超没有否认洋务运动是新政,但是它进行了三十年,并没有给中国带来富强,对于中国来说,不是学点西方的军事、办点工厂、购置些西方的武器装备就会使中国强大起来。反观日本,也学习西方,他们是从政治制度到发展教育、发展经济,这是学习西方的根本,而清政府的洋务运动则只学习了西方的皮毛。

梁启超早年追随康有为,在万木草堂学习期间,曾帮助康有为著《新学伪经考》《孔子改制考》。同时,康有为在万木草堂时,"讲中外之故,救国之法"③,对学生常课《春秋公羊传》或点读《资治通鉴》《宋元学案》《诸子语类》。万木草堂的教学内容丰富,不仅有中国传统的经、史、子、集,而且学习江南制造局所译的西方之书。万木草堂的教学形式灵活,康有为在教学中"始则答问,继则广谭,因甲起乙,往往遂及道术至广大至精微处。吾侪始学耳,能质疑献难者盖鲜有之,则先生大乐益纵,而所以诲之者益丰"④。这种讨论式的教学方式对培养学生的独立思考能力、对于社会问题的思索能力,启迪思想并形成不同于科举制度下的八股取士思维方式,无疑有着十分重要的作用。在此期间,梁启超接受了康有为的公羊学说,即社会进化论,了解了中国与世界,特别是对中国当时所处的恶劣国际环境更是忧心忡忡。

1895年的中日之战,清政府败局已定,在京城参加会试的康有为、梁启超得知《马关条约》即将签订,发动了公车上书运动,"中国之有群众的政治运动实自

---

① 梁启超:《饮冰室合集·文集·变法通议》。
② 梁启超:《饮冰室合集·文集·变法通议》。
③ 丁文江、赵丰田编:《梁启超年谱长编》,上海人民出版社1983年版,第25页。
④ 丁文江、赵丰田编:《梁启超年谱长编》,上海人民出版社1983年版,第26页。

此始"①。自此,梁启超登上了中国近代史的舞台。甲午之战后,梁启超投身于中国的维新变法事业之中,先是编辑《中外纪闻》,被封后,在上海创办《时务报》连载其《变法通议》一文,批判封建专制制度,倡导变法维新。其重要的理论基础就是今文学派所宣扬的春秋三世之说。这一学说今天看来理论缺陷不少,但是,其基本精神是承认社会在不断地发展与进步,从这个意义上说它是一种社会进化观是不为过的。梁启超是康有为的追随者,是"对于今文学派为猛烈的宣传运动者"②。主张社会的进步,反对固步自封的守旧派,积极主张变法维新,但是,从这一时期他所宣传的内容上分析,他所确立的中国改革方案,只涉及教育、经济、官制等方面,对于"民权",只是"亦时时发民权论,但微引其绪,未敢昌言"③。但是,对于封建专制主义的批判和对封建君权的否定,必然倡导"民权",这是历史发展的潮流。

二、梁启超的民权观

因经济、社会、政治、环境及其他方面的因素促使各国的发展呈现不同的特点和历史进程,西方资产阶级民主制度的建立是有着历史与文化传统的。古希腊、罗马经历了发达的奴隶社会和不发达的封建社会。如果说古希腊对后世的影响是其民主制度,那么古罗马对人类的贡献则是法律制度。西方资本主义国家在发展过程中继承的最大政治遗产,就是民主与法制。同时,欧洲的中世纪,也就是封建社会的历史过程不长,并且在这个过程中没有形成类似中国皇帝所拥有的专制权力。在法国存在许多的封建采邑,英国有大量的自治领地,它们的存在在一定程度上促进了封建地主势力的增长,封建势力强大了,皇帝的权力却削弱了,加上欧洲发展过程中出现了新兴的、自治的城市,这都是与中国历史发展不同之处。因此,在欧洲,随着封建社会的发展,其内部已经孕着资本主义生产关系的萌芽。奴隶社会的政治制度与法律形式只要改变其阶级属性和内涵,很容易发生质的变化。事实上在奴隶社会和封建社会中也存在着民主、自由、平等,只不过它只限于奴隶主阶级、封建地主阶级内部。与中国历史发展不同的是,欧洲封建社会产生与发展过程,也是这个社会悄然发生资本主义的

---

① 梁启超:《饮冰室合集·专集·清代学术概论》。
② 梁启超:《饮冰室合集·专集·清代学术概论》。
③ 梁启超:《饮冰室合集·专集·清代学术概论》。

量变过程,而撬动由封建社会向资本主义社会发生质变的标杆则是近代科学技术,它促进了生产力的发展。欧洲资产阶级革命前后在思想文化领域内曾有过对其历史的发展产生重大影响的事件,一是宗教改革,二是文艺复兴运动。前者使宗教成为人们进行伦理道德教育的重要原则、精神、理论,后者启迪人们反封建的意识,培养人们的民主意识。科学技术发展、生产力水平提高、政治制度形成、思想文化解放,这四个方面是同时并举、同时并进的,形成四位一体整体向前发展的欧洲资产阶级发展的历史。历史的发展是不平衡的,当西方资产阶级显示出较强的生命力时,亚洲各国仍停留在封建专制或地方割据的时期。亚洲国家的觉醒是受到欧美民主共和的进步潮流激荡的结果。

中国人在民族资本主义经济初步发展的基础上,在民族危机日趋严重的条件下受到欧美民主政治潮流的冲击开始了觉醒。以康有为、梁启超为代表的维新人士,以新的面貌和战斗姿态活跃在中国政治舞台。他们吸收了欧美早期资产阶级革命理论,并以西方民主制为榜样,企图在半殖民地半封建的中国社会进行改革,变封建专制政体为资产阶级君主立宪制度,建立资产阶级民主国家。

在人类历史上,中国曾以文明古国著称于世。自秦汉所确立的封建中央集权专制主义制度,两千多年来始终成为我国封建国家政权的基本模式。在封建君主专制和宗法制度的长期统治下,封建皇权、神权、族权、夫权紧密结合成为中国人民沉重的政治和精神枷锁。封建社会的专制统治,不仅剥夺了广大民众的政治权利和人身自由,而且成为中国社会向前发展的极大障碍。

1840年鸦片战争后,西方资本主义侵略势力,为了奴役与控制中华民族的需要,竭力保持中国封建君主专制制度,驯服并培植清政府,作为压迫中国的支柱和工具。因此,中国沦为半殖民地半封建社会过程中,并没有因为自然经济结构逐步分解和阶级结构变化,使封建帝制及皇权受到削弱,反之得到相应的强化。

历史表明:中国人民反封建、反专制的斗争,不仅是从封建制度压迫下获得政治解放的重要前提,同时也必将推动民族解放运动的高涨,为社会经济、政治进步创造有利条件。当然 像中国这样有两千年封建专制统治历史的国家,根本上缺乏西方国家那样的民主传统,因此萌发出近代民权意识是要经历一个漫长而艰难的过程的。

中国历史走进近代后,封建专制制度面临着前所未有的政治危机。帝国主义与中华民族的矛盾、国内各民族的矛盾、地主与农民的矛盾、新兴资产阶级与

第三章　变革中国社会的改良思想

封建专制势力的矛盾,错综复杂地交织在一起,形成一个巨大的合力,极大地冲击着封建专制统治的顽固堡垒。有识之士深刻感受到两次鸦片战争,特别是帝国主义列强出于侵略野心,通过侵华战争与外交讹诈,严重地侵夺中国领土和主权;同时清醒地意识到清政府封建专制政权的腐败,则是使列强侵略图谋得逞的重要内部条件。总结鸦片战争以来的教训,他们看到引进西方国家先进军事武器与技术,并不能从根本上挽救中华民族危亡。于是在民族矛盾、阶级矛盾日趋激化下,提出了具有反对封建专制内涵的"重民"主张。这是从传统民本主义向近代民权思想转变的催化剂,促进了民本主义向"君民共治"思想的转化。

王韬,作为早期资产阶级思想代言人,渴望找到一条缓和君主关系、使中国走上富强之路,提出"泰西诸国,以英为巨擘,而英国政治之美,实为泰西诸国所闻风向慕,则以君民上下互相联络之效也"。联系到中国现实,王韬认为"今日崇尚西学,仿效西法,渐知以商力浚利源,与西商并驾齐驱潜夺其权"①固然有利于中国社会经济的发展,但是却不应忘却或抛弃"民为邦本"的优良传统。根据我国国情,欲谋国家富强,不能只学西方科学技术的"工艺制造",更迫切需要借鉴西方国家"上下相通,民隐得以上达,君惠亦得下逮"②的"君民共治"政治制度。

王韬"重民"思想的理论基础是民本主义,与传统的民本思想不同的是增添了议会民主的新内涵,初步反映出资产阶级进步的政治倾向。这是与我国古代民本主义的重要区别。但是,王韬对"民"的认识还未脱离传统观念的束缚。其提出中国臣民"莫不沐浴先圣之教,知所以尊君而亲上。而世变日新,其君子则多狃于因循,其小人则渐趋于硗薄,以致寡廉鲜耻,各怀一心"。他同时指出缓和君民对立,保持社会稳定,最可靠办法,就是"遏乱民",并采取"宽猛张弛"、"刚柔相济"的策略。显然,王韬这种"治民"、"牧民"的主张,是同资产阶级民权思想大相径庭的。郑观应比王韬前进了一步。他积极鼓吹中国由贫弱转向富强,必须学习西方国家君主立宪,设议院的先进政治制度。郑观应认为设议院最大的优越之处:一是可得民心。"欲张国势,莫要于得民心;欲得民心,莫要

---

① 王韬:《弢园文录外编》,第22页。
② 王韬:《弢园文录外编》,第24页。

于通下情,莫若于设议院。"①二是克服官场上长期存在的"畏葸、琐屑、敷衍、颟顸"等弊端。"公谒大夫,墨守陈编,知古而不知今"②;"游士后生",又"浪读西书,知今而不古"。③即使真有才干者,"然和衷少而掣肘多,往往创办一事,聚议盈廷,是非莫决;甚且谓其更张成法,蜚语中伤,谗书满箧"④。于是"因循粉饰",相互推诿,层出不穷。卒令吏治日趋败坏。设议院则"凡事虽有上、下议院议定,仍奏其君裁夺"。"其立法之善,思虑之密,无逾于此"。⑤三是可消除"营私植党,上下攀援之弊"。⑥"议院官绅均匀,普遍举自民间,则草茅之疾苦周知,彼此之偏私尽泯"⑦,有助于疗治朋党误国之痼疾。

郑观应主张设议院,实行"君民共主",但是其心目中的议院,同西方各国议院的性质与职能是不同的。他认为设议院的目的是解除君主独裁的病根。因而提出"今欲除此病根,非顺民情,达民隐,设议院不可。有议院则捐苛捐、破障界、敦睦守、公黜陟,且借以收民心,筹捐款,实于国计民生两有裨益"⑧,借以缓和君民关系的紧张。

可见,王韬、郑观应主张设议院的着眼点与西方不同。他们认为设议院的目的,主要不是行使民权,维护国民权利,而是把议院作为沟通君民关系,缓和朝野上下矛盾的工具。

何启、胡礼垣曾深刻指出王韬、郑观应关于设议院的实质:"凡军国大政,其权虽出于君上,而度支转饷,其议先询商民。"⑨这就一语道破了他们所说的议院,只是一个在皇权支配下的咨询机构而已。

资产阶级维新派康有为、梁启超等对民权的热情召唤和呐喊,表明近代中国经济、政治变革过程中,资产阶级同封建专制势力的斗争,开始进入一个重要阶段,进而揭开了资产阶级民权思想与皇权思想激烈较量的帷幕。

梁启超指出:按西方之理论,所谓民权"人人有自主之权。何谓自主之权?

---

① 郑观应:《郑观应集》上,第314页。
② 郑观应:《郑观应集》上,第314页。
③ 郑观应:《郑观应集》上,第315页。
④ 郑观应:《郑观应集》上,第315页。
⑤ 郑观应:《郑观应集》上,第315页。
⑥ 郑观应:《郑观应集》上,第314页。
⑦ 郑观应:《郑观应集》上,第314页。
⑧ 郑观应:《郑观应集》上,第322页。
⑨ 《戊戌变法》(一),第197页。

第三章 变革中国社会的改良思想

各尽其所当为之事,各得其所应有之利,公莫大焉,如此则天下平矣。防弊者欲使治人者有权,而受治者无权,收人人自主之权,而归诸一人,故曰私"。"权也者,兼事与利言之也。使以一人能任天下人所当为之事,则即以一人独享天下人所当得之利,君子不以为泰也。""地者积人而成,国者积权而立,故全权之国强,缺权之国殃,无权之国亡。何谓全权? 国人各行其固有之权;何谓缺权? 国人有有权者,有不能自有其权者;何谓无权? 不知权之所在也。无权恶乎起? 曰:始也,欲以一人而夺众人之权,然众权之繁之大,非一人之智与力所能任也,既不能任,则其权将糜散堕落,而终不能以自有。"①梁启超以西方天赋人权论为基础,说明了民权就是人民所拥有的对国家的管理权,众人之事,由众人来管,每个人都有自己的权利,权与利是相结合的,国家的权力不可以由个人独断专行,独断专行国运不会长久。中国自1840年以来,国运不昌,每战必败,在一定程度上可说是专制主义制度的结果,因此,改变中国的被动挨打局面非行民权不可。兴民权主张是梁启超维新变法思想中的主要内容之一。其主张主要为:变革中国封建专制政治制度为资产阶级民主制度。梁启超认为人类历史是发展的,这一发展理论源于公羊三世说,他进一步对这一说法进行了阐述。认为"三世"内容是:"多君为政之世"、"一君为政之世"、"民为政之世,"每"世"又有两个阶段,梁启超称之为"六别"。"多君者,据乱世之政也;一君者,升平世之政也;民者,太平世之政也。此三世六别者,与地球始有人类以来之年限有相关之理,未及其世,不能躐之;既及其世,不能阏之。"②人类社会制度就是这样不断向前发展着。我们这里不讨论梁启超的"三世"说是否合理或其科学性,而是承认梁启超这一学说的价值在于他对历史发展的认可,社会制度不是一成不变的,而历史前进的方向是专制向民主过渡。从梁启超所确定的历史发展的进程看,当时的中国处于"一君为政之世"中的第一个阶段"君主之世"的后期,他所主张的是这一时期的第二阶段:"君民共主之世"即资产阶级的君主立宪制度。

梁启超为什么主张君主立宪制度?

他说:"今日全地球号称强国者十数,除俄罗斯为君主专制政体,美利坚、法兰西为民主立宪政体外,其余各国则皆君主立宪政体也。君主立宪者,政体之最良者也。民主立宪政体,其施政之方略,变易太数,选举总统时,竞争太烈,于

---

① 梁启超:《饮冰室合集·文集·论君政民政相嬗之理》。
② 梁启超:《饮冰室合集·文集·论中国积弱由于防弊》。

国家幸福,未尝不间有阻力。君主专制政体,朝廷之视民如草芥,而其防之如盗贼;民之畏朝廷如狱吏,而其嫉之如仇雠。故其民极苦,而其君与大臣亦极危,如彼俄罗斯者,虽有虎狼之威于一时,而其国中实机阢而不可终日也。是故君主立宪者,政体之最良者也。地球各国既行之而有效,而按之中国历古之风俗与今日之时势,又采之而无弊者也。"①没有选择专制政体与共和政体,梁启超说得十分清楚,他认为君主立宪政体为"最良"。除了他认为这一政体在中国有传统因而符合中国国情与历史外,还有其他原因。应该说西方资产阶级的政治制度无论是君主立宪制还是民主共和制,其本质并没有什么不同。在戊戌变法期间,梁启超深受康有为影响,而康有为一直主张学习日本进行变法,日本经过变法后改变了国家的命运,而日本采用的就是君主立宪制度。这是梁启超选择立宪制的原因之一;其二,戊戌变法是自上而下的改革运动,光绪是戊戌变法的支持者,是变法维新运动的重要依靠力量,就当时的维新人士来说,在这种情况下根本不可能主张实行共和制;其三,梁启超有时把民主共和制称之为"民政",他认为西方一些国家"既能行政者,必其民智甚开"②。西方"民政"之国"人人有自主之权"。他形象地说:"当孩提之时,则不能不借父母之保护。今中国尚孩提也,孩提而强使自主,时曰助长,非徒无益,将又害之。故今日倡民政于中国,徒取乱耳。"③认为实行共和制就意味着取消皇帝,在中国没有皇帝,在维新人士思想中这是不可想象的。需要指出的是,梁启超是一个社会进化论者,但是,他并没有在社会性质上分清封建社会与资本主义社会的区别,没有认清由资本主义社会代替封建社会是一种历史的进步与发展,没有认清资产阶级的君主立宪与民主共和并不存在着递进关系。这一点我们从他对人类社会发展进程所概述的"三世六别"说便可见一斑。同时,无论是君主立宪还是民主共和,对于当时的中国国民来说都有一个教育的过程,有一个提高国民素质的过程,从这点来说,"民智未开"需要启蒙并没有错,并不是需要一个"家长"来保护。尽管如此,并不影响我们对梁启超民权观的肯定。

立宪政体之要义之一,在于制定一部宪法,对权力进行约束。梁启超指出:"立宪政体,亦名为有限权之政体;专制政体,亦名为无限权之政体。有限权云

---

① 梁启超:《饮冰室合集·文集·立宪法议》。
② 梁启超:《饮冰室合集·文集·论君政民政相嬗之理》。
③ 梁启超:《论保全中国非赖皇帝不可》,《梁启超选集》,上海人民出版社1984年版,第90页。

者,君有君之权,权有限;官有官之权,权有限;民有民之权,权有限。故各国宪法,皆首言君主统治之大权及皇位继袭之典例,明君之权限也;次言政府及地方政治之职分,明官之权限也;次言议会职分及人民自由之事件,明民之权限也。"①在梁启超看来,所谓立宪,就是要有一部约束国内所有人的宪法,宪法在一个国家中具有至高无上的地位,人们的政治活动必须依据宪法,君主也不例外。但是,梁启超提出了两个问题,一是有法不依怎么办? 即"奸雄窃取,以蹂躏宪法,又将何以待之? 故苟无民权,则虽有至良极美之宪法,亦不过一纸空文,毫无补济,其事至易明也"。二是一个国家不是一个人能够治理的,必须有官吏,"天下上圣少而中材多,是故勉善难而从恶易,其所以不敢为非者,有法以限之而已,其所以不敢不守法者,有人以监之而已"。问题是"乃中国未尝无法以限官吏,亦未尝不设人以监官吏之守法,而卒无效者何也? 则所以监之者非其道也。惧州、县之不守法也,而设道、府以监之;道、府不守法,又将若何? 惧道、府之不守法也,而设督、抚以监之;督、抚不守法,又将若何? 所谓法者,既不尽可行,而监之之人,又未必贤于其所监者,掣肘则有万能,救弊则无一效,监者愈多,而治体愈乱,有法如无法,法乃穷"。他给出的答案是"是故监督官吏之事,其势不得不责成于人民,盖由利害关切不用民权。宪法与民权,二者不可相离,此实不易之理,而万国所经验而得之也"②。正是在这种权力有限论原则下,西方资产阶级的政治体制采用三权分立制度。梁启超指出,为了克服"一任之于君相之手,听其自腐败自发达。及孟德斯鸠出,始分别三种政体,论其得失,使人知所趣向。又发明立法、行政、司法三权鼎立之说,后此各国,靡然从之,政界一新,渐进以迄今日"③。分权、限权是政治文明的表现和人类的进步。但是,这种进步是相对封建专制制度而言的。

法治。西方立宪制度是建立在宪法的基础之上,我们说它的进步性表现在对于国家进行"法治"而不是封建专制下的"人治"。对于法,马克思曾指出:"法的关系正像国家的形式一样,既不能从它们本身来理解,也不能从所谓人类精神的一般发展来理解,相反,它们根源于物质的生活关系。"④法的阶级本质

---

① 梁启超:《饮冰室合集·文集·立宪法议》。
② 梁启超:《饮冰室合集·文集·立宪法议》。
③ 梁启超:《饮冰室合集·文集·论学术之势力左右世界》。
④ 马克思:《政治经济学批判》序言,《马克思恩格斯选集》第2卷,人民出版社1972年版,第82页。

没有发生变化,维护统治阶级利益的性质没有变,不同于奴隶社会和封建社会的是,资产阶级的法对所有人都有约束力,从理论与实践上不允许任何人超越法律。而奴隶社会和封建社会中不仅奴隶主、皇帝,一些贵族也享有不受法律制裁的特权。在中国封建社会的法律中,明确规定了"八议"制度,公开宣称法律面前人人不平等。因此,梁启超的民权观是建立在法制的基础之上,通过制定宪法来维护和保证维新变法的合法性,因此,它的进步意义是值得肯定的。

自由与平等是戊戌变法期间维新人士积极宣传和鼓动的观念和口号。梁启超指出,卢梭"天赋人权"的要义是"以为人也者生而有平等之权,即生而当享自由之福,此天之所以与我,无贵贱一也","国家之所以成立,乃由人民合群结约,以众力而自保其生命财产者也,各从其意之自由,自定约而自守之,自立法而自遵之,故一切平等。若政府之首领及各种官吏,不过众人之奴仆,而受托以治事者耳"①。平等、自由这一口号是反对封建专制的重要思想武器,也是民权实现的表现,梁启超指出:"自由者,权利之表证也。凡人所以为人者有二大要件,一曰生命,二曰权利。二者缺一,时乃非人。故自由者,亦精神界之生命。"②在梁启超看来,民权与国权密不可分。对于当时的中国来说,"彼历代之民贼,束缚驰骤,磨牙吮血,以侵我民自由之权,是可忍孰不可忍!言国事者,莫不瞋目切齿怒发曰:彼欧美之虎狼国,眈眈逐逐,鲸吞蚕食,以侵我国自由之权,是可忍孰不可忍"③。因此,梁启超的民权与欧美的资产阶级民权有着重要的区别和联系。在反对封建专制制度方面,它与欧美的资产阶级民权观有一致性,并成为他反对封建专制的重要思想武器,同时,也是反对外来侵略,进行民族解放斗争的思想武器。对于中国人民来说,所要求的自由,不仅仅是反对封建专制的束缚,争取个性解放这一单纯的任务,更重要的是摆脱西方殖民主义的统治,获得民族独立和解放,由此,为梁启超的民权观打上反对殖民主义侵略的烙印。

梁启超在"百日维新"前,不遗余力地宣传救亡图存与维新变法的主张,积极撒播民权思想种子,推动知识分子摆脱皇权思想阴影,使之接受资产阶级民主、自由思想。那拉氏顽固集团,发动戊戌政变,囚禁了光绪帝,血腥镇压了"戊

---

① 梁启超:《饮冰室合集·文集·论学术之势力左右世界》。
② 梁启超:《饮冰室合集·文集·立宪法议》。
③ 梁启超:《饮冰室合集·专集·自由书》。

第三章 变革中国社会的改良思想

戊六君子",扼杀了维新运动。梁启超切身感受到封建专制"毒瘤"不去,中国民族的前途是无望的。梁启超的老师康有为曾告诫他:"今日当言开民智,不当言兴民权。"①但是,梁启超却反其道而行之,强调"故今日而开民智之为急,则舍自由无他道矣"②,并严正指出:中国"于政治之界则服一王之制不敢稍有异言,此实为滋愚滋弱之最大病源"。"言自由者无他,不过使之得全其为人之资格而已。质而论之,即不受'三纲'之压制而已,不受古人之束缚而已。"③借以表示同康有为在民权问题上的分歧。

梁启超作为戊戌时代著名的改革家、思想家,其宣传民权思想的主要特色在于:

第一,把"救亡"和"民权"紧密地联系起来,赋予民权以爱国主义新的时代内涵。

梁启超在帝国主义列强抢夺"租借地"、划分"势力范围"的严峻形势下,大声疾呼:"国者何?积民而成也;国政者何?民自治其事也;爱国者何?民自爱其身也。故民权兴则国权立;民权灭则国权亡……故言爱国必自兴民权始。"④

梁启超认为中国人民"二千余年俯首蜷伏于专制政体之下,以服从为独一无二之天职"⑤,几乎被完全剥夺了自由权与生存权。这是导致丧失民族独立和国家主权衰微的根本所在。梁启超强调振兴民权是复兴国权的必由之路。给人以深刻的爱国主义教育和启迪。

第二,澄清并理顺国家、政府与国民三者关系,为民权找到合法的位置,树立起近代国家与国民的正确观念。

梁启超提出必须分清"国家与天下"、"国家与朝廷"以及"国家与国民",也就是"国家"、"政府"与"国民"三者的联系和区别。他说:"中国数千年来,常处于独立之势,吾民称之为禹域也,谓之为天下,而不谓之为国。"中国"盖数千年来,不闻有国家,既无国矣,何爱之可云?"⑥"但闻有朝廷,每一朝之废兴,而一国之称号即与之存亡。"这是把国家与政府(朝廷)混为一谈,"不知国家为何物",国家与国民的关系是"国也者积民而成,国家之主人为谁?即一国之民是

---

① 梁启超:《致南海夫子大人书》,丁文江等《梁启超年谱长编》,第236~237页。
② 梁启超:《致南海夫子大人书》,丁文江等《梁启超年谱长编》,第236~237页。
③ 梁启超:《致南海夫子大人书》,丁文江等《梁启超年谱长编》,第236~237页。
④ 梁启超:《论民权》,《清议报》,第22册。
⑤ 梁启超:《饮冰室合集·文集·论独立》。
⑥ 梁启超:《饮冰室合集·文集·中国积弱溯源论》。

也"。凡"自主之独立之国民,为今世文明国所最尊重者"①。"故西国恒言:谓君也,官也,国民之公仆也"②。为澄清认识上的混乱,梁启超指出:政府(朝廷)与国家二者不能混同。政府可以更迭,但国家的盛衰、兴亡不受其影响。国民是构成国家的基础。国民是国家的主人。"君"和"官",虽然是国家首脑和政府官员,然而却都是国民的公仆。他们不得侵夺和危害国家和国民的权益,否则便当依法废黜或罢免。梁启超特别重视的是国民利益和国家利益的一致性。国民既是国家主人就要树立并不断增强热爱国家的国民意识,国家更要维护国民的正当权益,同时还要创造行使和保护民权的条件及措施。

第三,用"绅权"使民权与"皇权"融合起来,使民权同皇权从对立走向协调,形成独具一格的民权观。

梁启超说:"民权者,其国之君仍世袭其位;民主者,其国之君由民选立,以几年为期。吾言民权者,谓欲使中国之君世代相承,践天位勿替,非民主国之谓也。"③他认为顽固守旧势力所以视"民权"如同洪水猛兽,"盖由不知民权与民主之别,而谓言民权者,必欲彼所戴之君为仇,则其忧之、疾之、畏者也固宜;不知有君主之立宪,有民主之立宪,两者同为民权,而所以训致之途,亦有由焉"。"故欲翊戴君主者,莫如兴民权。"④

梁启超把"君主立宪"说成是"民权";"民主立宪"说成是"民主",同时以是否保留世袭地位的君主,作为区分"民权"与"民主"的标准。这样便使自己的观点陷入极大矛盾之中。维新志士把"民权"与"民主"相对立的这种阐释,在逻辑上固然是混乱的,但是却适合其政治上的需要。一方面,提倡民权,要求开议院,取得合法参政权;另方面,又反对民主,反对建立民主共和制,实际上维新志士这种特殊的民权观,深刻暴露出民族资产阶级上层分子对封建皇权的妥协以及对人民觉醒的恐惧。

应当加以注意的是,梁启超为了使"民权"与"皇权"从对立走向统一,还热烈鼓吹"绅权"。他说:"今日之策中国者,必曰兴民权",但"欲兴民权,宜先兴绅权"。⑤"兴绅权",就其实质来看,用"绅权"代替"民权",也正表明其所说的

---

① 梁启超:《饮冰室合集・文集・中国积弱溯源论》。
② 梁启超:《饮冰室合集・文集・中国积弱溯源论》。
③ 梁启超:《饮冰室合集・文集・立宪法议》。
④ 梁启超:《饮冰室合集・文集・立宪法议》。
⑤ 梁启超:《饮冰室合集・文集・立宪法议》。

"民权",只是一种同"皇权"相妥协的表现。"绅权"对整个国民的民权来说,仅是反映出资产阶级上层的狭隘利益,同真正的资产阶级民主政治制度下的民权是不可同日而语的。

戊戌时代提出的"绅权",固然表现出资产阶级进步的政治倾向,但它绝不排斥"皇权",而且其"绅权"仍依附于"皇权",因而是可以为封建统治集团接受的。这正是梁启超民权观的局限性。

三、梁启超的民族观

民族概念是一个舶来品,第一个把它引入中国的是梁启超。史学界公认梁启超最早使用它是在1889年所发的《东籍月旦》一文中,随后在1902年所著的《新民说》中对民族主义给出了自己的定义并对西方民族主义的产生与发展进行了介绍。

戊戌变法失败后,梁启超被迫到了日本,在日本他有机会更加广泛接触到西方文化。他在《三十自述》中说:"戊戌九月至日本。十月与横滨商界诸同志谋设《清议报》,自此居日本东京一年,稍能读东文,思想为之一变。"其间对戊戌变法进行反思,旨在进一步探求中国强大、摆脱西方殖民主义的道路。

那么,梁启超的思想发生了什么变化呢?

首先,在《清议报》上抨击清政府,梁启超说自己这一时期"明目张胆,以攻击政府,彼时最烈矣"[1]。清政府的腐朽,导致了中国被瓜分的危局。甲午之战前,"当海军初兴,未及两年,而颐和园之工程大起,举所筹之款,尽数以充土木之用。此后名为海军捐者,实则皆颐和园工程捐也"。他尖锐指出,那拉氏为了满足自己的私欲,"括全国之膏血以修国防,而其实乃消磨于园林土木之用"。甲午之战,清政府惨遭失败,是因为那拉氏"骄奢淫逸,不恤民隐,靡国帑而误军机者。恐虽有苏张之舌,不能讳其罪也"[2]。三十年来,清政府以"自强"为口号大张旗鼓地办洋务,建立新式海军,但是结果并不尽如人意。由于其腐败,招致了新失败,战后订立的《马关条约》,使中国更加陷入了新的民族危机,并直接导致了帝国主义掀起瓜分中国的狂潮,中国单纯学习西方的科学技术以达到自强的目的没有实现,清政府的腐败使中国失去了自强的机会。康、梁等维新人士

---

[1] 丁文江、赵丰田编著:《梁启超年谱长编》,第171页。
[2] 梁启超:《饮冰室合集·文集·瓜分危言》。

主张变法,就是为了寻找实现中国自强的道路,目的十分明显。中国不变法,不改弦更张,就不能强大;国势不强,就不能摆脱西方殖民主义对中国的束缚与奴役。但是因为那拉氏发动了戊戌政变,结果"变法不成,中国之所以弱者"。"昔者不知变而不变,则有望焉,今也知变而不变,变而中止,则无望矣"。① 清政府的顽固不化使自强的希望变成了绝望。最后,她囚禁了光绪,"新政尽废,自绝之机,已成绝望"②。对于清政府来说,镇压了维新变法,失去了通过自我改革实现富强的道路和机遇。

其次,梁启超在理论上对专制主义进行清算。这期间,梁启超撰写了一系列文章,对封建主义进行了批判,并指出专制主义的存在是中国积贫积弱的渊薮。他在总结中国历史的基础上不无讽刺地说,历代专制主义者其"治理之成绩有三,曰愚其民、柔其民、涣其民是也。而所以能收此成绩者,其持术有四:曰驯之之术,曰饵之之术,曰役之之术,曰监之之术是也"。"驯之之术"的要旨是"重于礼乐","使人柔顺屈从"。他指出,中国"数千年来,所以教民者,其宗旨不外乎此"。其结果造就的国民无不充满了奴性、愚昧、自私、怯懦的性格。"饵之之术"的要者是"以爵赏自荣之念"为上。梁启超指出,清初,"天下思明,反侧不安",统治者"开博学鸿词科,再设明史馆,搜罗遗失,征辟入都,位之以一清秩、一空名,而天下帖帖然戢戢然矣"。"役之之术"的要旨是"彼民贼既攘国家为己一家之私产矣",所以设置官吏"为一姓保其私产也,故官吏皆受职于君"。所以,专制制度下的官吏,均是一群"无脑、无骨、无血、无气之死物也"。唯知忠于皇帝为务,不思进取,处于文明竞进之世界,弱肉强食,中国当然在对外战争中每战必败;在封建制度下,这些官员唯上为上策,忠君为己任,因此,"不复知廉耻为何物,道义为何物,权利为何物,责任为何物","无国事,民事可办"。"监之之术"要旨是防民变,防止皇权被篡。梁启超指出,尽管统治者采取了"驯、饵、役、监"术,但是举国之大,难免有不甘心于为奴者而"学陈涉之辍耕陇畔,效石勒之倚啸东门"。于是,采取了监督等手段,禁止人民有言论、集会、信教等自由,钳制人民的思想。梁启超指出,"中国积弱之故,盖导源于数千年以前,日积月累,愈久愈深,而至今承其极敝而已"③。因此,梁启超表示:"我辈

---

① 梁启超:《饮冰室合集·文集·中国积弱溯源论》。
② 梁启超:《饮冰室合集·文集·中国积弱溯源论》。
③ 梁启超:《饮冰室合集·文集·中国积弱溯源论》。

第三章 变革中国社会的改良思想

实不可复生息于专制政体之下,我辈实不忍复生息于专制政体之下。专制政体者,我辈之公敌也,大仇也!有专制则无我辈,有我辈则无专制。我不愿与之共立,我宁愿与之偕亡。"①进而表明与封建专制政体的势不两立。

其三,与康有为产生了分歧,并产生了反满思想。1902 年,梁启超在《保教非所以尊孔论》中说:"此篇与著者数年前之论相反对,所谓我操我矛以伐我者也。今是昨非,不敢自默。"②康有为在戊戌变法前曾撰写了《孔子改制考》作为变法的理论基础,之所以打着孔子的旗号是为了减小保守派对变法的质疑,梁启超也曾协助康有为撰写此书,也曾一度认为西方的政治制度中国古代已有之,并在《古议院考》一文及相关的文章中都认可这一思想。当时这一思想就遭到了严复的批判,随后梁启超对这种思想产生了怀疑并有所改变。戊戌变法失败后,康有为仍坚持原来思想不变并主张尊孔保教,梁启超则主张教不能保,逐渐与康有为产生了分歧。梁启超认为"文明之所以进,其原因不一端,而思想自由,其总因也"③。中国学术发达莫过于春秋战国,乃思想自由之故。秦朝以降,"思想一窒",此后之孔学已非孔子时代之主张与本意了。汉朝后历代倡导孔学者,乃当世士大夫自己的主张,故思想被"束缚"于一孔之见,后学者只能"守一先生之言,其又稍在此范围外者,非不敢言之,抑亦不敢思之,此两千年来保教党所成就之结果也"④。因而,梁启超主张保国而非保教。康有为对此大为不满,曾去数信进行批评,但梁启超始终不为其所动,并就此与康有为进行争论。梁启超深刻指出:"故吾最恶乎舞文贱儒,动以西学缘附中学者,以其名为开新,实则保守,煽思想界之奴性而滋益之也。"⑤一语切中保教者之要害。需要指出的是,这期间梁启超思想最大变化是主张以革命手段推翻清政府的统治并与孙中山的革命党建立了联系。这也是康有为最不满意之处。从《梁启超年谱长篇》中又可看出,梁启超与康有为的分歧还表现在继续坚持自上而下的改革实现立宪制还是运用暴力手段推翻清政府建立共和制度。梁启超从戊戌政变的结果认清了那拉氏为代表的专制政府。"以顽固为体,以虚诈为用,若欲与

---

① 梁启超:《拟讨专制政体檄》,李华兴编《梁启超选集》,第 380 页。
② 梁启超:《饮冰室合集·文集·保教非所以尊孔论》。
③ 梁启超:《饮冰室合集·文集·保教非所以尊孔论》。
④ 梁启超:《饮冰室合集·文集·保教非所以尊孔论》。
⑤ 梁启超:《饮冰室合集·文集·论保教主义束缚国民思想》。

之联结以保大局,是尤被文绣于粪壤,蒸沙而欲其成饭也。"①在梁启超看来,以那拉氏为代表的清政府是一个已经不可救药的腐朽政权了,因此必须"拔之"而后快。同时,梁启超并由反对那拉氏的专制政权而萌发了反满意识并提出民族主义的概念。梁启超在给康有为的信中指出:"今日民族主义最发达之时代,非有此精神,决不能立国。弟子誓焦舌秃笔以倡之,决不能弃去者也。而所以唤起民族精神者,势不得不攻满洲。日本以讨幕为最适宜之主义,中国以讨满为最适宜之主义。弟子所见,谓无以易此矣。满廷之无望久矣,今日日望归政,望复辟,夫何可得? 即得矣,满朝皆仇敌,百事腐败已久,虽召吾党归用之,而亦决不能行其志也。"②以那拉氏为代表的满清政府已经是个毫无希望的腐朽政权,发动戊戌政变,使中国失去了一次重要的改革与发展的机会,后不久,在义和团运动爆发时,想利用义和团抵抗外来侵略,这种利用不是真正与义和团联合抵抗外国侵略者,而是盲目排外,一旦失败则惊慌失措,结果在八国联军的淫威下签订了《辛丑条约》表示要"量中华之物力,结与国之欢心"。以那拉氏为代表的清政府彻底失去了领导中国人民反对外来侵略的领导权,已经沦为"洋人的朝廷",其卖国行为得以彻底暴露,其丑恶行径令人愤怒并受到有爱国之心的进步人士的猛烈抨击,因此,只有动员人民,树立反满的民族主义大旗,推翻那拉氏的反动统治,中国才有希望。在这封信中,梁启超还告诉康有为,反满主张并不是他一个人所为,不仅革命党人提倡反满,就是在康有为弟子中也弥漫着强烈的反满情绪,称清政府为"满贼"、"清贼"的文章句句出自同门弟子之手,屡见各种报端,"唯《新民报》稍加含蓄",梁启超以当时海外华侨、革命党人、康氏弟子反满言论告诉康有为,民族主义是一个不可阻挡的历史潮流。

  梁启超倡导民族主义是他对世界历史发展过程有了明确认识而得出的结论。他在《新民说》的绪论中指出:"国也者,积民而成。国之有民,犹身之有四肢、五脏、筋脉、血轮也,未有四肢已断,五脏已瘵,筋脉已伤,血轮已涸,而身犹能存者,则未有其民愚陋、怯弱、涣散、浑浊,而国犹能立者。故欲其身之长生久视,则摄生之术不可不明;欲其国之安富尊荣,则新民之道不可不讲"③。梁启超为什么得出这样的结论? 经过考察他发现,同在一个世界,为什么有的国强,

---

① 梁启超:《饮冰室合集·文集·论支那独立之实力与日本东方政策》。
② 丁文江、赵丰田编著:《梁启超年谱长编》,第286页。
③ 梁启超:《饮冰室合集·文集·新民说》。

第三章 变革中国社会的改良思想

有的国弱?有人认为是"地利",即地理环境发挥作用,有人认为是"英雄",即重要的历史人物发挥作用,对此,梁启超不以为然。他从西方历史及中国历史发展和演进的过程中认识到,一些国家如古罗马曾强大,但今已不复存在,中国历史上的元朝之前也曾横扫欧亚大陆,今早已灭亡。所以他认为地理环境与英雄人物在历史发展过程中起到非常重要的作用,这是不能否认的,但是,不能永远起作用,再好的环境也会发生变化,英雄的力量再强大,也有故去的时候。因此,要想使一个国家永久强大,必须使其国民成为"新民",这是一个国家存在与发展的重要基础。经过考虑,他认为当时的中国,要完成两大任务,一是"内治",要解决和探讨的是:中国通过什么样的道路才能强大起来;二是"外交",怎样摆脱西方殖民主义的侵略,通过什么的道路实现中国的独立与富强。这是两个有着紧密联系又有区别的重大问题。对于内治,不能不考虑政府与人民的关系,他认为政府与人民如"寒暑表之与空气也"。"国民之文明程度低者,虽得明主贤相以代之,及其人亡则其政息焉。""国民之文明程度高者,虽偶有暴君污吏,虔刘一时,而其民力自能补救之而整顿之。"因此,他认为,"然则苟有新民,何患无新制度,无新政府,无新国家!非尔者,则虽今日变一法,明日易一人,东涂西抹,学步效颦,吾未见其能济也。夫吾国言新法数十年,而效不睹者何也?则于新民之道未有留意焉者也"。这两个问题的提出,抓住了中国社会的主要矛盾,并试图从根本上解决这个问题。可是,提高国民素质固然重要,必须明确中国人民素质不高的原因是什么,在封建专制制度下,如何使国民素质提高,不推翻清王朝的统治,国民怎能拥有民主时代的素质?不推翻封建专制统治,谈提高国民素质则本末倒置。值得肯定的是,梁启超认识到国民在一个国家发展过程中所体现出的巨大力量,改造中国不能靠一两个所谓的救世主般的"英雄"。这是他在探究中国自强道路上迈出的重要一步。梁启超认为,由于封建专制的统治,中国的"民德、民智、民力"现状就是有贤君相,也无济于事。基础不牢,立足之上的大厦必然倾倒。国家是由各省组成的,各省是由市县组成的,而市县是由村落组成的,村落是由一家一户的国民组成的,因此,国家非一人或少数人之力便可使之强大,不能寄希望于少数的贤君、贤相,因此,"责望于贤君相者深,则自责望者必浅。而此责人责己、望人不望己之恶习,即中国人所以不能维新大原"[①]。只有千千万万中国人都勇于担当责任,国家才有希望。因此

[①] 梁启超:《饮冰室合集·文集·新民说》。

梁启超主张的新民是从每一个人开始,构成一个新的民族,一个有责任的民族,在这个民族基础上建立的政府必然是一个有责任的政府,能够担当挽救中国于水火的历史大任,这是解决中国"内治"的必然。需要我们深入思索的是,就国内来说,满汉民族矛盾并不是十分激烈,为什么在这个时期,梁启超举起民族主义大旗?而且梁启超反对那拉氏,但是不反对光绪,而光绪也是满族人,要清楚这个问题先要了解一下梁启超对民族主义的认识。

梁启超指出:"自十六世纪以来,欧洲所以发达,世界所以不断进步,皆由民族主义所磅礴冲击而成。"[①]那么,什么是民族主义呢?即"各地同种族、同语言、同宗教、同习俗之人,相视如同胞,务独立自治,组织完备之政府,以谋公益而御他族是也"。到了19世纪后,这一主义发展为民族帝国主义,所谓民族帝国主义就是"其国民之实力,充于内而不得不溢于外,于是汲汲欲求扩张权力于他地以我为尾闾,其下手也,或以兵力,或以商务,或以工业,或以教会,而一用政策以指挥调护之是也"[②]。

关于什么是民族主义,有众多的定义,现在看来,梁启超关于民族主义的定义无论在当时还是在目前,都是具有一定的科学性的。他指出了民族主义不是人类产生后就出现的,而是16世纪后产生于国外,也就是说,民族主义产生于资本主义并伴随资本主义的发展而发展的。他指出民族主义是一种意识,即排外性,而就当时的中国来说,这种民族主义具有反对外来侵略的性质。他指出民族的构成要素是语言、宗教、习俗,但是他更强调,"相视如同胞,谋公益而御他族"。唯独没有强调血缘。所以,梁启超关于民族的定义不是狭义的种族论,在客观上重视和强调地域,强调生活在一个共同体中,强调历史传统。所以,他的民族观是大民族观,即视国内各民族为一大家庭的中华民族观。这一思想在1903年发表的《政治学大家伯伦知理之学说》中有所体现,他说:"吾中国言民族者,当于小民族主义之外,更提倡大民族主义。小民族主义者何?汉族对于国内他族是也。大民族主义者何?合国内本部属部之诸族以对于国外之族是也……合汉合满合蒙合回合苗合藏,组成一大民族。"[③]梁启超的民族观以放眼世界的大视野,揭示出民族主义的内涵。他指出:"凡百年来种种之壮剧,岂有

---

① 梁启超:《饮冰室合集·文集·新民说》。
② 梁启超:《饮冰室合集·文集·新民说》。
③ 梁启超:《饮冰室合集·文集·进化论革命者颉德之学说》。

第三章 变革中国社会的改良思想

他哉,亦由民族主义磅礴冲激于人人之胸中,宁粉骨碎身,以血染地,而必不肯生息于异种人压制之下。英雄哉,当如是也!国民哉,当如是也!今日欧洲之世界,一草一石,何莫非食民族主义之赐。"他热情颂扬民族主义是"世界最光明、正大、公平之主义也,不使他族侵我之自由,我亦毋侵他族之自由。其在于本国也,人之独立;其在于世界也,国之独立"[①]。由此而彰显了梁启超民族主义浓厚的爱国主义精神。

早在1899年,梁启超对世界形势进行了深入分析,一针见血地指出,西方帝国主义之所以发动侵略战争,压迫其他弱小民族,有深刻的经济原因。自工业革命后,大工业代替了手工业,出现了生产过剩的经济危机,"欧洲全境,遂有生产过度之患,其所产物不能不觅销售之地"[②]。前有哥伦布发现美洲使之成为欧洲的殖民地,后有澳大利亚、亚洲之印度、非洲均成为西方的殖民地及原材料和商品市场。但是,这一结果并没有满足西方殖民者的胃口,他们为克服生产过剩而产生的经济危机,对于中国早就垂涎三尺了,因此,今日西方殖民者对中国发动了侵略战争,非逞其野心黩兵为快,而是西方国家求得生存的措施,在这种情况下,物竞天择,适者生存这一自然法则被帝国主义运用于国与国的政策上,在这个世界上无什么道理可讲,只有强权,强权是以武力为后盾的,武力是以经济发展为基础的,对外扩张,侵略他国,欺压弱小民族,这就是西方的政治,也是资产阶级民族主义的实质。对于此,中国必须有清醒的认识,举起民族主义大旗,赋予其爱国主义内涵,塑造新的国民,使之具有新的性情,觉悟不断提高,形成统一的巨大力量来反对西方的侵略,这是梁启超民族主义的实质和进步意义。

为此,梁启超提出了他的"新民观",也就"新民"应有的精神、品德,进而揭示出他的民族主义的本质特征。

在政治制度上,梁启超力主实施西方资产阶级的君主立宪制。认为这是西方各国强大的主要原因。他指出:"君权与民权合,则情易通,议法与行分,则事易就。二者斯强矣。"[③]

这是梁启超变法思想的核心内容。他指出:"国也者,积民而成。"欲建立新

[①] 梁启超:《饮冰室合集·文集·国家思想变迁异同论》。
[②] 梁启超:《饮冰室合集·文集·论近世国民竞争之大势及中国前途》。
[③] 梁启超:《饮冰室合集·文集·古议院考》。

的国家，必须行新民之道即改造国民，提高整个民族的素质。"国民之文明程度低者，虽得明主贤相以代之，及其人亡则政息焉"，"国民之文明程度高者，虽偶有暴君污吏，虔刘一时，而其民自能补救之而整顿之。拿破仑虽然旷世之名将，授其八旗、绿营之惰兵，则无以御敌；哥仑布虽然航海之大家，乘以朽木之船，则不能渡溪沚"。"故今日欲抵当列强之民族帝国主义，以挽浩劫而拯生灵，惟有实行我民族主义之一策。而欲实行民族主义于中国，舍新民末由。"①

那么，如何造就"新民"？梁启超认为"淬厉其固有而已"。他指出："凡一国之能立于世界，必有其国民独具之特质"，就是说，每一个民族都有其独特的优秀文化传统。这是一个国家民族主义之根柢和源泉。中国文化传统历尽磨难、但精神与文化传统不断，其优秀文化传统"宏大高尚完美，厘然异于群族者，吾人所当保存之而勿失坠也"②。然而，这种"保存"，并不是保守，抱残守缺，而是要经过"淬厉"，保存其优秀的文化传统，去其糟粕。但是，只是"淬厉其固有"还不足以形成"新民"，即建立新的民族素质。欲完善民族素质，"则不可不博考各国民族所以自立之道，汇择其长取之，以补我之所未及"③。特别是取西方资本主义国家之民德、民智、民力来改善中国"新民"的素质。

那么，梁启超要从哪几个方面来塑造"新民"呢？

首先，他认为，"新民"应具有"公德"。他说："人人独善其身者谓之私德，人人相善其群者谓之公德。"梁启超所谓"私德"乃指个人在伦理道德上的修养，"公德"乃指个人的社会责任并包含社会公德。他认为"私德公德，本并行不悖"，但在封建社会中，德育之中心是"束身寡过主义"。国民不知公德为何物。随着社会的发展，人们之间的联系越来越密切，特别是在资本主义社会，"各地同种族、同言语、同宗教、同习俗之人，相视如同胞，务独立自治，组织完备之政府，以谋公益而御他族是也"④。在这种历史条件下，"群之于人也，国家之于国民也"，"盖无群无国，则吾性命财产无所托，智慧能力无所附，而此身将不可以一日立于天地。故报群报国之义务，有血气者同具也。苟放弃此责任者，无论其私德上为善人、为恶人，而皆为群与国之蟊贼"⑤。梁启超之公德观强调个人

---

① 梁启超：《饮冰室合集·文集·新民说》。
② 梁启超：《饮冰室合集·文集·新民说》。
③ 梁启超：《饮冰室合集·文集·新民说》。
④ 梁启超：《饮冰室合集·文集·新民说》。
⑤ 梁启超：《饮冰室合集·文集·新民说》。

与国家的关系，倡导个人对社会、对国家要像子女对待父母尽孝、尽义一样履行其义务的责任。

其次，他认为，"新民"应具有"国家思想"。以爱国为神圣使命。他说，国家思想是指："对于一身而知有国家，对于朝廷而知有国家，对于外族而知有国家，对于世界而知有国家"。"国家之立由于不得已也，即人人自知仅恃一身之不可，而别求彼我相团结、相补助、相捍救、相利益之道也。"①梁启超虽然不懂得国家是阶级矛盾不可调和的产物，但也看到国家并不是从来就有的，是社会发展到一定阶段的产物。在这种条件下，"而欲使其团结永不散，补助永不亏，捍救永不误，利益永不穷，则必人人焉知吾一身之上，更有大而要者存。每发一虑，出一言，治一事，必常注意于其所谓一身以上者"②。梁启超积极主张在急难之际，应群策群力，捍城御侮，并认为这是"国家思想之第一义"。在半殖民地半封建社会条件下，面临苦难重重的祖国，用爱国主义来唤醒和号召人民，是具有积极意义的。

其三，梁启超是资产阶级民权的倡导、鼓吹者。他认为，在资本主义国家中，作为"新民"最重要的权利是自由权。但是，中国人民的自由权受到了严重的侵犯。一是在历代封建专制制度下，"彼历代之民贼，束缚驰骤，磨牙吮血，以侵我民自由之权，是可忍孰不可忍！"二是"被欧美之虎狼国，眈眈逐之，鲸吞蚕食，以侵我国自由之权，是可忍孰不可忍！"③由此可见，在梁启超看来，人民欲行使自由权利，是有条件的，一是去掉封建专制主义制度，二是抵御外来侵略，反对帝国主义对中华民族的压迫。对内实行资本主义民主，对外反对帝国主义侵略，实现国家的独立。没有国家的独立，则没有个人的自由。个人自由权利是建立在国家独立民族解放基础之上的，梁启超的自由观是其民族主义的重要组成部分，是其民权思想的重要内容。因此，他的自由观具有双重含义，对外反对西方殖民主义对中华民族的压迫，对内反对封建专制主义的统治。这一主张不仅闪烁着民主主义思想的光辉，也闪烁着爱国主义的光芒。

梁启超认为人民享受的自由权利有六种："四民平等问题：凡一国之中，无论何人不许有特权，是平民对于贵族所争之自由也；参政权问题：凡生息于一国

---

① 梁启超：《饮冰室合集·文集·新民说》。
② 梁启超：《饮冰室合集·文集·新民说》。
③ 梁启超：《饮冰室合集·文集·自由书》。

中者,苟及岁而即有公民之资格。可以参与一国政事,是国民全体对于政府所争得之自由也;属地自治问题:凡人民自殖于他土者,得任意自建政府,与其在本国时所享之权利相等,是殖民地对于母国所争得之自由也;信仰问题……民族建国问题:一国之人,聚族而居,自立自治,不许他国若他族握其主权,并不许干涉其毫末之内治,侵夺其尺寸之土地,是本国人对于外国所争得之自由也。工群问题……"①他认为,凡一国之公民都应享受此自由权利。他从西方资本主义国家发展的历史中看到,在不同的历史时期,"公民"的内涵是不尽相同的。他指出,古希腊的"公民"享有自由之权,但其公民,"不过国民中一小部分,而其余农、工、商及奴隶,非能一视也"。欧洲中世纪,"实泰西黑暗时代也"。享有自由权利的只限于极少部分人,"及十七世纪,格林威尔起于英;十八世纪,华盛顿兴于美;末几而法国大革命起狂风怒潮,震撼全欧……"资产阶级的自由权利,也就从此而实现。但是,梁启超却错误地认为中国在其列到的六大问题中,要么是早已解决,如第一条,"战国以来,即废世卿之制,而阶级陋习,早已消灭也"。要么就不存在问题,如第三、五、六问题。他说:"则今日吾中国所最急者,唯第二之参政问题,与第四之民族建国问题而已。"②梁启超正确地认识到,在不同的历史发展阶段,"公民"的范畴是不一样的,自由权利的享受也是不相同的。在奴隶社会中,奴隶主有自由,而奴隶是没有自由的;在封建社会中只有地主的自由,而没有农民的自由;在资本主义社会中,只有资产阶级的自由,而劳动人民的自由权利则完全被剥夺。梁启超的主张反映了其思想的混乱与矛盾,一方面他对中国历代封建专制进行批判,认为人民欲获得自由必推翻封建专制制度,并把它作为实现自由的前提条件。同时,又认为中国不存在封建压迫与剥削,说明其在对中国社会性质的认识上存在严重错误。一方面,又把资产阶级参政作为争取自由的主要任务,要实现其资产阶级君主立宪制的政治理想。尽管如此,梁启超的自由观中宣扬个性解放的进步意义还是应该肯定的。

四、建立新式企业制度的主张

西方殖民主义、中国封建专制主义的双重压迫,造成了近代中国的民贫国弱。中国怎样才能摆脱这一灾难深重的局面,走上富国强兵的道路,是近代中

---

① 梁启超:《饮冰室合集·文集·新民说》。
② 梁启超:《饮冰室合集·文集·新民说》。

第三章 变革中国社会的改良思想

国一切关心国是民瘼的思想家孜孜以求的问题。梁启超对中国近代经济发展问题十分重视,特别是在建立新式企业制度的问题上提出了自己的主张。

19世纪70年代后,人们已经注意到,中国不仅患弱而且患贫,贫是弱的根源,于是洋务派兴办了一系列民用企业。人们已经认识到,振兴实业是救贫挽弱的重要条件和措施。甲午战败更刺激了国人兴办实业的热情,到20世纪初年,在中国展开了收回利权运动并由此掀起了办实业的高潮。对于这股兴办实业的浪潮,梁启超指出,这是中国经济被西方商品经济冲击的"一埋塞以尽,情见势绌,不得不思所以振其敝也"①的结果。甲午战后,帝国主义在华划分势力范围,并由商品输出变为资本输出,纷纷在华修铁路、开矿山、办工厂。帝国主义对华经济侵略的加深,严重侵夺了中国人民的经济利益,对于步履维艰的中国民族工业无疑是雪上加霜。需要指出的是:中国民族资本主义经济是在外国资本主义经济冲击下,封建的自给自足自然经济逐渐解体后而形成并有所发展的,但始终没有发展成为独立的经济体系,中国的资本主义经济的发育是极不成熟的,在企业管理上更缺少科学的方法和制度。19世纪70年代洋务派所办民用企业为吸收民间资金懵懵懂懂采用股份制作为企业管理的形式。由于受主客观条件的限制,洋务派并没有对如何管理企业进行研究,所以这种股份制并不是建立在科学基础之上的,它必然存在种种弊端。梁启超在对西方资本主义国家经济考察后指出:资本主义企业最初的形态为"率以一人或一家族经营之,或雇用少数人而已"②。这种企业,一般说来,规模比较小,资金也不雄厚。它在资本主义自由竞争时,是较为普遍、普通,或主要的资本主义企业组织形式。随着资本主义的发展,特别是资本主义由自由竞争发展到垄断阶段,企业的组织形式发生了重要变化。虽然自有资本企业还存在,但已不占主要地位了,代之而起的是股份制企业,它成为这一历史时期资本主义经济组织中最基本、最主要的组织形式。梁启超称之为"新式"企业。那么,股份制企业为什么受到人们的青睐? 梁启超指出:"盖自机器骤兴,工业革命,交通大开,竞争日剧,凡中小企业,势不能以图存,故淘汰殆尽,而仅余此大企业之一途也。"③随着资本主义由自由竞争发展到垄断阶段,工业革命的发展,生产技术的不断提

---

① 梁启超:《饮冰室合集・文集・敬告中国之谈实业者》。
② 梁启超:《饮冰室合集・文集・敬告中国之谈实业者》。
③ 梁启超:《饮冰室合集・文集・敬告中国之谈实业者》。

高,企业规模越来越大,投资越来越多,单个资本家难以承担大型企业的巨额投资,股份制企业应运而生。

梁启超指出,西方股份制分为两种,一是无限公司,投资者负无限责任。当企业亏损"则罄其所有财产之全部以偿通负"①。二是有限责任公司。"股东除交纳股银外,无复责任",企业如有亏损"惟以公司之财产,处理之债务,而外此一无所问"②。无论何种公司,都有一定的风险,所以,在西方资本主义国家中的股份制企业,一是股东们在生产过程中,一般都谨慎从事,鲜有弊窦,二是国家有严格的法律来规范企业的行为。在西方资本主义国家中,通过颁布法律来规定企业内部的组织行为,各种组织互相钳制使企业行为处在法律监督之下;通过法律来规范企业的经营行为,股东们了解企业的状态,经理要在股东大会上"明白宣示于大众,无得隐匿;有法律以防其资本之抽蚀暗销,毋使得为债权者之累"③。由此可见,股份制企业是资本主义经济发展到一定阶段的产物,其生产、经营活动是在资本主义法律制度下才得以存在和发展的。近代中国,封建地主阶级的中央集权制并没有发生根本变化,统治者所颁布的法律以巩固专制主义为根本目的,不知资本主义法律为何物。尽管清政府在其"新政"前后,颁布了《钦定大清商律》,但梁启超认为:"中国法律自颁布,违反自违反,上下怡然,不以为怪。"他进一步指出:"有法不行,则等于无法。""寻常私人营业,有数千年习惯以维持之,虽无法犹粗足自存。此种新式企业,专恃法律之监督、保障以为往命,纪纲颓紊如中国者,彼在势固无道以发荣也。"④股份制企业相对自然经济条件下的个体、分散的企业组织来说是一种新的企业组织形式,不仅需要资产阶级政府通过立法来确定企业法人的法律地位、权利、义务,而且公司内也应完善其管理体制,而这种管理完全应依据法规来行其政事。

清王朝是一个地主阶级专制的封建政府,颁布《钦定大清商律》属迫不得已。这一法规对日益发展的中国近代商品经济有一定的保障和促进作用。但就清政府本质来说,这个政府不会用法律来维护资本主义经济形态,而西方资本主义国家的企业组织、经济形态,是资本主义社会生产力发展到一定历史阶段的产物,法律的颁布与企业组织的形成,二者是有机的结合体。"中国国民则

---

① 梁启超:《饮冰室合集·文集·敬告中国之谈实业者》。
② 梁启超:《饮冰室合集·文集·敬告中国之谈实业者》。
③ 梁启超:《饮冰室合集·文集·敬告中国之谈实业者》。
④ 梁启超:《饮冰室合集·文集·敬告中国之谈实业者》。

第三章 变革中国社会的改良思想

无一日能安于法律状态者也。"①梁启超极力主张完善中国的资本主义法律制度,以确保股份制企业的建立。法治是专制的对立物,西方资产阶级国家按照资产阶级意志、资产阶级民主原则制定法律,以法治国。在思想上,受天赋人权理论的支配,其基本原则是法律面前人人平等。这是资本主义商品经济发展的必然要求,用法来规范企业的行为,是资产阶级法制原则在经济领域中的具体体现。梁启超的这一主张无疑是进步的。

梁启超认为:"股份有限公司必责任心强固之国民,始能行之而寡弊。"②在梁启超看来,企业实行股份制固然有其历史发展之必然性,与自然经济条件下的个体经营、分散的手工作坊相比有其优点,但股份制也存在弊端和不足。理想的股份制企业,公司员工与企业的利益休戚相关,员工们投资入股使他们与企业的利益具有一致性。但是,在当时的股份制企业中,对于公司的职员来说,所占公司股份只是一小部分,"而营业赢亏,皆公司所受,其赢也利非我全享,其衄也害非我独蒙,故为公司谋,恒不如其自为谋之忠","其尤不肖者,则借公司之职务自营其私"。③ 这种状况,在法制严明的欧美诸国,也有人尚能有术以与法相遁,这是其一。其二,在股份制企业中能克尽职责者,实惟股东。但是,并非所有股东都为企业尽职尽忠。股东对企业的态度由其投资多少来决定,而在实际中"为股东者,恒非举其财产之全部,投诸股份;即多投矣,而必悉投诸一公司。且股份之为物,随时可以转卖"④。股票作为一种特殊的商品,可以随时买卖,在梁启超看来,西方资本主义国家购买股份者,其本意并不在于收股本、分红,"但冀股份幸涨,则售去以获利耳"⑤。购买股份的本身也具有投机性质。梁启超的说法并非没有根据。当年洋务派创办了开平煤矿,轮船招商局原存有开平矿务局股票银21万两,1893年后则将开平股票全部脱手。因为开平矿务局股票面值每股一百两,在上海股市上曾一度涨至二百四五十两。而该矿务局所发股利最高仅为10.5%。⑥ 因此,光凭股东或公司职员手中据有股票,使其对公司尽职尽责,是达不到目的的。股东或公司职员手中握有公司股票,使他

---

① 梁启超:《饮冰室合集·文集·敬告中国之谈实业者》。
② 梁启超:《饮冰室合集·文集·敬告中国之谈实业者》。
③ 梁启超:《饮冰室合集·文集·敬告中国之谈实业者》。
④ 梁启超:《饮冰室合集·文集·敬告中国之谈实业者》。
⑤ 梁启超:《饮冰室合集·文集·敬告中国之谈实业者》。
⑥ 孙毓棠编:《中国近代工业史资料》第一辑(下册),中华书局1962年版,第661页。

们与公司的利益有一定的联系,企业经营之结果直接影响他们的自身利益,在一定程度上可以激发企业职员及股东生产、管理的积极性。这是不能否认的。但人们如果把所有股票全部出手,则与公司没有利益上的一致,很难用此来调动人们生产的积极性。

对于当时的实业热,一股脑创办股份制企业,其弊端则就更多了。

梁启超指出,"其一,每股收银太少",结果投资绝对额增加了,投资入股人多了,相对个人资本投资量很少,经济收益较分散,对于投资者来说收益是无足轻重的,"易导其放弃权利之心"。"放弃权利,即放弃义务"。①

"其二,公司之成立,往往不以企业观念为其动机。"②20世纪初年,清政府实行"新政",颁布了有利于民族资本主义发展的有关条例、法律,允许民间招集商股设立公司,开发矿山,修办铁路。民族资本主义经济力量有所增长,随之展开了大规模的收回利权运动。对此,梁启超给予了高度评价,认为"此其纯洁之理想,宁可不敬?"但是,热情并不能代替科学,举办企业,必须遵循经济规律。"生计行为不可不率循生计原则",只凭热情,不足以促进生产的发展,使经济振兴,必须探寻"生计原则",按其规律行事,否则,"以故职员亦自托于为国家尽义务,股东目以见义勇为奖之,不忍苛加督责,及其营私败露,然后从而搐击之,则所损已不可复矣"③。表面上的爱国行为,却没有达到爱国救国的目的,"实以病国也"。

"其三,凡公司必有官利,此实我国公司特有之习惯,他国所未尝闻也。"④企业生产,经营盈亏,各有不同,获利多少由企业生产效益确定。如果无论企业经营状况,年终必按某些固定的标准分利,必然影响企业扩大再生产的能力。这一弊端不除,企业与股东的关系已经发生了变化,不再是股份公司的性质,握有股票的股东实际上成了企业的债权人。梁启超认为这是有悖于经济规律的,当然也就谈不上什么股份制企业。在梁启超看来,要克服上述弊端,必须提高整个国民的素质,使国民有强烈的参与精神和责任感。他指出:"人生于天地之间,各有责任。知责任者,大丈夫之始也;行责任者,大丈夫之终也;自放弃责任,则是自放弃其所以为人之具也。"⑤无论是对家庭、对企业、对国家都有一定

---

① 梁启超:《饮冰室合集·文集·敬告中国之谈实业者》。
② 梁启超:《饮冰室合集·文集·敬告中国之谈实业者》。
③ 梁启超:《饮冰室合集·文集·敬告中国之谈实业者》。
④ 梁启超:《饮冰室合集·文集·敬告中国之谈实业者》。
⑤ 梁启超:《饮冰室合集·文集·呵旁观者文》。

第三章 变革中国社会的改良思想

的责任。放弃责任其家必败,其企业必破落,其国必亡。如何才能使人民有责任感,他认为:"盖人民必生活于立宪政体之下,然后公共观念与责任心乃日盛,而此两者即股份公司之营魂故也。"①

梁启超指出:"质而言之,则所谓新式企业者,以股份有限公司为其中坚者也。今欲振兴实业,非先求股份有限公司之成立发达不可。"②洋务运动中,特别是1870年代后所创办的民用企业多采取官督商办的股份制作为企业的组织形式。但是,它是相当不规范的,由于清政府投资多,对企业控制也就特别严格。清政府委任的"总办"懂得企业经营之道,企业就发展,当所用匪人,企业就陷入困境。不仅轮船招商局发展极不稳定,开平煤矿最后也被英国人所控制。对此,梁启超认为这是"中国今日之政治现象、社会现象,则与股份有限公司之性质不相容"③之结果。

企业的存在与发展,需要有相应的政治条件。股份制企业"与立宪政体之国家最相类,公司律譬犹宪法也,职员则譬犹政府官吏也,股东则譬犹全体国民也。政府官吏而不自省其身为受国民之委托,不以公众责任置胸臆,而惟私是谋,国未有能立者;而国民怠于监督政府,则患有宪法,亦成僵石。是故新式企业,非立宪国则不能滋长"。企业的组织形式及其机制是一定历史阶段的产物,是由一个国家的生产力发展水平决定的,同时,也受这个国家政治制度的影响。在梁启超看来,西方资本主义国家的股份制,是资产阶级立宪政体在经济组织上的缩影,故此,三权分立同样是股份制企业的核心。

股份制企业不能脱离与之相适应的政治环境而生存,它的产生与发展更需要有与之相适应的金融、股票市场及其他投资环境与机制。故此,梁启超认为:"股份有限公司必赖有种种机关与之相辅。"股份制的重要特点是企业资金来源不是靠国家拨款,而是通过发行股票的形式把分散在民间的闲散资金集中在股份公司进行独立经营。"股票成为一种之流通有价证券,循环转运于市面,使金融活泼而无滞也,股票之转卖抵押,虽一日千度,而公司营业之资本,丝毫不受其影响。"因此,梁启超极力主张建立有价证券交易所。④ 这样便于使"股票作

---

① 梁启超:《饮冰室合集·文集·敬告中国之谈实业者》。
② 梁启超:《饮冰室合集·文集·敬告中国之谈实业者》。
③ 梁启超:《饮冰室合集·文集·敬告中国之谈实业者》。
④ 梁启超称之为股份懋迁公司。梁启超指出,股份懋迁公司的业务为"本以有价证券之买卖媒介为业",实质就是现代的证券交易公司。

为一种商品,使社会之资本,流通如转轮"①。有利于会集民间闲散资金,企业不断吸收它,使其扩大生产规模,从而促进经济发展。梁启超认为,不仅股票是商品,而且国债、地方债、社债与股票具有同样的性质,也是商品,但这种商品只能在国家规定的金融市场上流通,其作用是显而易见的。他指出:"欧美各国有此种种利器,常能以一资本而当什百资本之用,其所以致富者皆此也。"②中国虽然建立了股份制公司,但因为金融市场的不成熟,股东有股票,则"藏诸箧底,除每年领些少利息外,直至公司停办时,始收回老本耳。若欲转卖抵押,则又须展转托亲友以求人与我直接,非惟不便,且将因此受损失焉"③。这是中国股份制企业不发达之重要原因之一。

作为近代化的股份制企业,其内部机构复杂,规模愈大,企业事务愈繁重。梁启超指出,"盖为一小国之宰相易,为一大公司之总理难"④。为此强调"今世生计界之竞争,其剧烈殆甚于军事,非具有生计学之常识,富于实际阅历,而复佐之以明敏应变之天才,以之当经营之冲,鲜不败矣"⑤。梁启超充分认识到商场如战场,企业要想在激烈的竞争中得以生存,必须有健全的企业制度,卓越的领导能力,才能获得效益。而这种竞争能力则取决于企业内部员工的素质与经营者的管理才能。但是,中国由于受传统观念的影响,一直视商业为末业,受这一思想的影响,人们把凡是从事与经济有关的事业与活动都视为"商"而加以轻视。这种观念自然把人们的目光引向仕途,走科举之路。但是,时代已经发生了变化,如果说在古代社会人才都集中在政治、军事等领域内,随着近代工业的发展,人们已经认识到"今日之英雄,强半在实业界。今各国之巍然为工商界重镇者,皆其国中第一流人物也"⑥。在梁启超看来,作为企业的领导者,既要有学识,譬如"生计学常识"等;又要有一定的管理经营企业的能力,这是近代股份制企业领导者的最基本的素质。他引用中国古代著名大商人白圭的话,认为合格的企业领导者,应有"伊尹、吕尚之谋,孙吴用兵,商鞅行法"达到其智以权变,其勇以决断,其仁以取舍,其强以能守。因为"今日生计界之现象,其繁赜诡变,

---

① 梁启超:《饮冰室合集·文集·敬告中国之谈实业者》。
② 梁启超:《饮冰室合集·文集·敬告中国之谈实业者》。
③ 梁启超:《饮冰室合集·文集·敬告中国之谈实业者》。
④ 梁启超:《饮冰室合集·文集·敬告中国之谈实业者》。
⑤ 梁启超:《饮冰室合集·文集·敬告中国之谈实业者》。
⑥ 梁启超:《饮冰室合集·文集·敬告中国之谈实业者》。

第三章 变革中国社会的改良思想

千百倍于古昔"①。在竞争激烈的商界中,作为股份制的"总理"仍然像传统商人那样,只知死守故业,计较锱铢,不了解"生计学之概略"则不可当公司之大任。他认为,当时股份制企业在任选公司"总理"上的弊端表现为,"最下者,则发起人本无企业之诚心,苟以欺人而自营私利,公司成则自当总理据以舞弊者也。稍进者,则任举一大绅,不问其性行才具如何,惟借其名以资镇压者也。更进者,则举一素在商界朴愿有守之人充之,而其才识能任此事业与否,不及问也。最上者,则举一人焉于此事业技术上颇有学识经验者充之,而其经营上之才器何如及平素性行何如,不及问也"②。在以上四种人选中,确实第四种为"最上"。但梁启超认为,公司"总理"类似一国之宰相,"不必通兵刑钱谷"。实践证明,办铁路举铁路工程师为公司"总理",办工业公司则举一工学博士为"总理",这些人可以担当公司中技术"一部分之业务",是技术人员,是不能作为管理人员来使用的。梁启超已经认识到,企业管理必须具有"经营"上的才能方可担当此任。在一定意义上说,用专业技术人才来任公司的经理也是用人不当的另一种表现,因为并没有发挥这些人的长处。他认为,公司要想有竞争能力,首先是选好企业的经理。这是企业管理中最重要的因素之一,是企业具有竞争能力的重要条件,而近代中国恰恰缺少的就是这一条件,所以兴办实业是十分困难的。

综上所述,不难看出梁启超认为振兴中国实业必须解决四个问题。一是确立资产阶级立宪政体,作为国家的政治制度,使其成为实施"新式"企业的政治条件。梁启超建立"新式"企业制度的构想是其政治思想的一部分,是为其政治目的服务的,在这里他强调以法治国,用法律来规范人们的经济活动,这无疑是正确和进步的。二是强调国人的素质,并把它当作振兴实业的重要条件。反映了梁启超的远见卓识。支撑人们生存的绝不是单纯的金钱或物质利益,更有使命感和责任心。三是强调为企业的存在而建立与资本主义经济相适应的各种机制,特别是发育成熟的金融市场,确保股票、债券流通无阻,为企业投资创造条件。四是采取种种措施提高企业的竞争能力。梁启超对西方资本主义经济中的激烈竞争是有深刻认识的。早在1899年,梁启超就指出:"自前世纪以来,学术日兴,机器日出,资本日加,工业日盛,而美洲全境,遂有生产过度之患,其

---

① 梁启超:《饮冰室合集・文集・敬告中国之谈实业者》。
② 梁启超:《饮冰室合集・文集・敬告中国之谈实业者》。

所产物不能不觅销售之地。"①当今世界之竞争乃至战争都是"属于经济(用日本名,今译之为资生——原著注)之事",而对于本来就落后于欧美资本主义的中国经济要想在竞争中求生存,没有很强的竞争能力是很难迎接外来挑战的。而竞争的最后决定因素是人才。梁启超认为企业经理比小国宰相还难担任,这不无道理。在上述四方面中,梁启超认为建立资产阶级的立宪政体特别重要,是后三个问题落到实处的关键,从而把确立资本主义企业制度与建立资产阶级立宪制度有机地联系在一起。

需要说明的是,梁启超不是一个经济学家,更没有办过实业,他虽然提出了问题,并努力寻求解决这些问题的办法,但由于受其经历的限制,有些问题难免脱离实际而陷入空想,这是不可以苛求的。

第四节 严复的维新思想

严复,字几道,福建侯官人。生于1854年,卒于1921年。

严复幼年受业于著名儒师黄少岩门下,因此传统儒家文化的根基相当深厚。因父死家贫无力从师,1866年考入洋务派所办的福州船政学堂读书,开始涉猎西方自然科学。1877年被洋务派选送赴英国留学,在英国的格林威治海军学院学习,并以优异的学习成绩修完高等数学、物理、海军战术、海战等课程。

严复学习期间,时值中国边疆危机不断,民族灾难日重。对祖国命运的忧虑,促使严复不仅努力学习自然科学而且认真考察和学习英国的社会制度及西方资产阶级进化论、自由论和社会政治学说。其注意力从"船坚炮利"转向西方资产阶级的科学与文化。特别是对达尔文的进化论、斯宾塞的社会机体论有较深的了解。

1879年,严复回国,任北洋水师总教习。1900年离校去上海,曾一度帮助马相柏创办复旦公学,并任复旦公学校长,数月后辞职,在此间翻译了西方部分著名政治学说著作。

甲午战败,给严复以强烈的刺激。他先后在《直报》上发表了《论世变之亟》《原强》《辟韩》《救亡决论》,同时翻译了《天演论》而名噪一时。1897年,严复在天津办《国闻报》宣传变法维新思想,对戊戌变法在舆论上起了推波助澜的

---

① 梁启超:《饮冰室合集·文集·论近世国民竞争之大势及中国前途》。

第三章　变革中国社会的改良思想

作用。

梁启超称,戊戌至庚子间,清室衰败日益明显,"青年学子相率求学海外",而赴日本者众,当时"译述之业特盛,定期出版杂志不下数十种",日本每有新书出版则在国内有翻译出版,"新思想之输入如火如荼",但是,在出版的书目中并不是有系统的介绍,唯以多为贵。只有严复不同,严复有针对性地对西方文化进行有选择的翻译,所以梁启超说:"西洋留学生与本国思想界发生关系者,复其首也。"①在中国近代思想史上,传播西方资产阶级文化过程中,严复功不可没。"在中国两千多年,特别在中国近代的学术思想史中,严复占有显著的地位。"②

一、社会进化的思想

1895年,中日甲午战争以清王朝失败签订《马关条约》而宣告结束。中国面临被帝国主义瓜分的危险。严峻的现实使严复认识到在帝国主义时代,弱小民族处于被侵略、受奴役的地位,如不奋发图强,亡国灭种迫在眉睫。他对优胜劣败、弱肉强食有了深刻的认识和切身的感受。1896年,严复开始翻译英国赫胥黎的《进化论与伦理学》。

赫胥黎在《进化论与伦理学》中指出,世界是不断进化的。"不仅植物界,而且动物界;不仅生物,而且地球的整个结构;不仅我们的行星,而且整个太阳系;不仅我们的恒星及其卫星,而且作为那种遍及于无限空间并且持续了无限时间的秩序的证明的亿万个类星体,都在努力完成它们进化的预定过程。"③他指出,世界进化的原因,在于事物本身。"在生物界,这种宇宙过程的最大特点——就是生存斗争,每一物种和他所有物种的相互竞争,其结果总是选择。"④凡是适应客观条件变化,便可以生存,否则就会被自然界淘汰,这是一个优胜劣败的过程。即"生存斗争使那些比较不能使自己适应他们生存环境的人趋于灭亡。最强者和自我求生力最强者趋于蹂躏弱者。"⑤

---

① 梁启超:《清代学术概论》。
② 王栻主编:《严复集》前言,中华书局1980年版,以下不另注均引自本书。
③ 《进化论与伦理学》,科学出版社1971年版,第5页。
④ 《进化论与伦理学》,科学出版社1971年版,第3页。
⑤ 《进化论与伦理学》,科学出版社1971年版,第57页。

严复对赫胥黎的著作,在翻译过程中进行了改造,特别是在翻译过程中加了许多按语,使《天演论》既有赫胥黎的观点,又有严复的观点。特别是严复把斯宾塞的学说也加了进去。严复之所以快速把赫胥黎的著作介绍到中国来,并在翻译过程中背离了他自己提出的"信、达、雅"的翻译标准,是出于中国当时民族危机加剧,救亡图存的政治需要迫切。严复对原著的加工和改造是以唤醒民族的觉醒为目的,以救亡图存为标准,以提高民族素质为核心对赫胥黎、斯宾塞的学说进行取舍的。

严复打破了自然界与人类的界限,将人类历史的发展与自然界的发展结合在一起加以考察,强调"物竞天择,适者生存"是人类社会发展的一般规律。他列举美洲、澳洲土著人为证说:"墨、澳二洲,其中土人日益萧瑟,此岂必虔刘胲削之而后然哉! 资生之物所加多者有限,有术者既多取之而丰,无具者自少取焉而啬,丰者近昌,啬者邻灭。此洞识知微之士,所为惊心动魄,于保群进化之图,而知高睨大谈于夷夏轩轾之间者,为深无益于事实也。"[①]他认为人类社会不能脱离自然界而独立存在,适用于自然界的法则当然也适用于人类社会,这种"天演公例"是随地可察的社会发展规律。这就脱离了赫胥黎的"社会进程意味着对宇宙过程的每一步抑制,并代之以另一种可以称为伦理的过程"的观点。严复的思想主张源于斯宾塞的理论,接受了斯宾塞提出的"进化"是自然界与人类社会的一般发展规律的思想,但又不等同于斯宾塞的主张。在斯宾塞的理论中,人类只能被动顺从"天择",因此,人类只能循着天演公例实现进化,所以主张消极"任天而治",让社会顺其自然,任其淘汰。严复提出"适者生存"。因为人类社会与自然界之植物、动物不同。"立其所祈向之物,尽吾力焉,为致所宜,以辅相翼之。俾克自存,以可久可大也。"[②]他吸收了赫胥黎"与天争胜"的观点,强调经过努力,奋发图强便可以达到"适者"的条件。

严复的思想主张在当时影响是巨大的。它惊醒了处于严重民族危机下的中国人民,让他们意识到在国际帝国主义瓜分中国的险恶形势下,再不奋发图强,必然成为帝国主义的弱肉而被强食。因此,它敲响了救亡图存的警钟,给当时的中国人民以极大的激励,鼓舞人们振奋精神为中华民族崛起而做不懈的努力。它告诉人们,弱小民族经过努力,肯"与天争胜",生存之权就能掌握在自己

---

① 严复:《天演论》,《严复集》第五册,第1331页。
② 严复:《天演论》,《严复集》第五册,第1335页。

第三章　变革中国社会的改良思想

手中,从而转弱为强。

严复所译的《天演论》意义是深远的。他对西方进化论的介绍使人们认识到,无论自然界还是人类社会都在不断变化,这是对于西汉以来"天不变,道亦不变"传统观念的全面否定和冲击。他为中国前途与命运忧心忡忡的国人提供了先进的思想武器,成为戊戌变法的重要理论。与康有为"托古改制"的思想达到和谐一致,收到异曲同工之效。严复的政治目的是十分明确的,他指出:"天下大势,犹水之东流,夫已浩浩成江河矣,乃障而反之,使之在山,此人力所必不胜也。"①人类历史发展的总趋势就是不断进化,"观今日之世变,盖自秦以来未有若斯之亟也"②。在这种历史条件下,特别是甲午战后所形成的对中国极其不利的国际环境,中国人民必须明确"天下理之最明而势所必至者,如今日中国不变法则必亡是矣"③。他告诫封建统治者及顽固势力,在帝国主义瓜分中国的严重关头,如不改弦更张,变革落后腐朽的封建专制主义制度,向西方学习,建立资产阶级的君主立宪制,以顺应历史发展的大趋势,亡国灭种的结局必不可免。

诚然,严复宣传的进化论存在严重的不足。他不懂得最终决定社会发展的是社会生产力的变革,只承认社会的"渐变",否定突变,认为"民之可化,至于无穷,惟不可骤之以骤"④。这是严复受到认识限制及中国特殊历史环境的制约,是不可以苛求的。

二、对封建君主专制的批判和对民权的鼓吹

严复在政治制度上,赞美西方资产阶级的君主立宪制,并把实施资产阶级的民主制度作为救亡图存、自强保种的重要举措。故此,他认为孟子的"民为重,社稷次之,君为轻",是古今君民关系之"通义"。在严复看来,一个社会要运转,人们必须分工,因此有君、臣、民之分。"民既为是粟米麻丝、作器皿、通货财与凡相生相养之事矣,今又使之操其刑焉以锄,主其斗斛、权衡焉以信,造为城

---

① 严复:《原强》,《严复集》第一册,第26页。
② 严复:《论世变之亟》,《严复集》第一册,第1页。
③ 严复:《救亡决论》,《严复集》第一册,第40页。
④ 严复:《救亡决论》,《严复集》第一册,第25页。

郭、甲兵焉以守,则势不能"①。人们为了求生存,必然要从事各种生产活动和社会活动,对多数人来说,是为了适应社会环境,自然环境而创造出社会物质财富,他们不可能一方面从事社会生产,一方面又要兼理礼乐刑政,于是社会出现分工,人们"择其贤者,立而为之君"②。并认为这是天下立君之旨也。"是故君也臣也,刑也兵也,皆缘而卫民之事而后有也;而民之所以有待于卫者,以其有强梗斯夺患害也。"③人们立君、设臣的目的是为了"卫民"。是为了维护人民的利益。正是基于这种认识,严复认为:"国者,斯民之公产也,王侯将相,通国之公仆也。""斯民也,固斯天下之真主也。"④

君、臣、民不是从来就有的,是社会发展到一定程度的结果,是社会分工的必然要求,这是对"王侯将相宁有种乎"的肯定和理论上的阐述,是对君权神授的大胆否定;择其贤者,立而为之君,君之所以立为君是因为其"贤",产生的办法是人民进行选择,这是对封建帝王继承制度的否定。"选贤与能"是《礼记·礼运篇》中对大同世界国家君主产生所进行的描述,是进步思想家对美好国家制度的向往。国家官员的产生同样是人民选择的结果,王侯将相是国家的公仆,而不是骑在人民头上作威作福的老爷;只有人民才是国家的主人,由人民决定君、臣的命运,而不是相反。基于这样的认识,严复对中国封建专制制度下的君,采取大胆否定态度,并进行了批判。

他指出:"夫自秦以来,为中国之君者,皆其尤强梗者,也最能欺夺者也。"⑤"秦以来之为君,正所谓大盗窃国者耳。"⑥封建君主从人民手中窃取了权力,又唯恐人民发觉而夺取政权,所以"其法与令蝟毛而起,质而论之,其什八九皆所以坏民之才,散民之力,漓民之德者也"⑦。《辟韩》一文,发表于1895年。严复以大无畏的精神,把批判的矛头直指秦以来的封建专制制度,并斥封建君主为窃国者,这是需要非凡的勇气的。

纵观两千年来的历代君主,为实施其统治,维护君主专制制度,采取了种种

---

① 严复:《辟韩》,《严复集》第一册,第34页。
② 严复:《救亡决论》,《严复集》第一册,第40、25页。
③ 严复:《辟韩》,《严复集》第一册,第34页。
④ 严复:《辟韩》,《严复集》第一册,第34页。
⑤ 严复:《辟韩》,《严复集》第一册,第36页。
⑥ 严复:《辟韩》,《严复集》第一册,第34页。
⑦ 严复:《辟韩》,《严复集》第一册,第34页。

第三章 变革中国社会的改良思想

措施,颁布多如"蝟毛"的法令,用来钳制人们的思想和行动。他们怕人民夺取属于自己的权力,不得不以多如"蝟毛"的法令和其他手段来愚弄人民。中国人民的贫弱、愚昧,完全是封建专制的结果。欲使人民获取自由,实现民主制度是唯一的途径。

在《辟韩》中,严复批判了韩愈视君主为圣人救世的观点。他指出,人们赖以生存的物质文化和维护社会秩序的礼乐刑罚,不是君主们创造的。如果圣人们创造了一切,那么"彼圣人者,其身与其先祖必皆非人焉而后可,必皆有羽毛、鳞介而后可,必皆有爪牙而后可。使圣人与其先祖父皆人也,则未及其生,未及成长,其被虫蛇、禽兽、寒饥、木土之害而夭死者,固已久矣,又乌能为礼乐刑政,以为他人防备患害也哉?"[1]因此圣人则不为人了。所以他认为韩愈的《原道》是"其于道于治浅也"。严复指出:"且使民与禽兽杂居,寒至而不知衣,饥至而不知食,凡所谓宫室、器用、医药、葬埋之事,举皆待教而后知之,则人之类其灭久矣,彼圣人者,又乌得此民者出令而君之。"[2]按严复的观点,社会之所以有君、臣、刑、兵皆"缘卫民之事而后有也;而民之所以有待于卫者,以其有强梗欺夺患害也"[3]。人类社会之所以形成国家,是其固有矛盾之结果。当然,绝不是严复所谓"有其强梗欺夺患害也者,化未进而民未尽善也"[4]。它是私有制产生后,有了阶级,当阶级矛盾不可调和时才产生了国家。对此,严复当然是不理解的。但是,他认为,君之所以存在,是"与天下之不善"有直接原因的。需要指出的是,严复"君"的概念并不单指封建社会的"君主",有时泛指一个国家的统治者,或一种制度。以往论者对严复"然则及今而弃吾君臣,可乎? 曰:是大不可。何则? 其时未至,其俗未成,其民不足以自治也。彼西洋之善国且不能,而况中国乎!"这段话多加否定,认为这是严复思想中存在的严重不足,不敢彻底否定君主制。实际上,应全面理解严复关于君的概念。事实上,近代思想家对君、国家、国家的领导者并不是划分得太清的。有时指封建专制的君主,有时指国家、有时特指国家领导者。联系《辟韩》全文,特别是严复认为"是故君也者,与天下之不善而同存,不与天下之善而对待也"[5],如果"天下尽善"君则没有必要存在

---

[1] 严复:《辟韩》,《严复集》第一册,第35页。
[2] 严复:《辟韩》,《严复集》第一册,第36页。
[3] 严复:《论世变之亟》,《严复集》第一册,第34页。
[4] 严复:《辟韩》,《严复集》第一册,第35页。
[5] 严复:《辟韩》,《严复集》第一册,第35页。

了。这样看来,这里的"君"不应是封建专制下的"君主",如果是封建制度下的君主,严复就不会斥封建专制下的皇帝是"大盗窃国者"了。在《论世变之亟》中,严复划清了资产阶级民权与封建君权的界限。他指出,"中国最重三纲,而西人首明平等","中国尊主,而西人隆民"。①

严复在《辟韩》中,揭露了封建专制下君主"窃国"的面目,严复认为"君"并不是从来就有的,是人类历史发展到一定阶段的产物,"君"也不是永远存在的,当"天下尽善"时,"君"就没有存在的必要了。从而揭开了蒙在封建君主面上的"君权神授"的面纱,使人们认识到之所以存在君,是人们公举的结果,国家设置官吏的目的在于保护人民的利益,官吏是人民公仆。

严复对封建君权至上的批判,是为了在中国实现西方资产阶级的民主政治制度。这种政治制度的实现是需要条件的。其重要条件之一,就是人民要有自由的权利。这种自由的权利是民权的核心。他说:"夫自由一言,真中国历古圣贤之所深畏,而从未尝立以为教也。彼西人言曰:惟天生民,各具赋禀,得自由者乃为全受。故人人各得自由,国国各得自由,第务令毋相侵掠而已。侵人自由者,斯为逆天理,贼人道。其杀人伤人及盗蚀人财物,皆侵人自由之极致也。故侵人自由,虽国君不能。而其刑禁章条,要皆为此设耳。"②这里体现了卢梭的"天赋人权"的思想。自由为体,民主为用,实行西方资产阶级政治目的是给人民以自由权利,民主是实施自由的重要保障和手段。在西方这种政治体制下,人们拥有自由生产、自由竞争、自由贸易及言论、出版等自由政治,这是西方资产自由的范畴。在《老子评语》中,严复指出:"故今日之治,莫贵乎崇尚自由。自由,则物各得其所自致,而天择之用存其最宜,太平之盛可不期而自至。"③人们的自由权利是天赋予的,就应归还于人民,这是一个国家富强的根本条件。国家富强了才能挽救民族危机,只有这样,才能免遭"天演"的淘汰。

实行资产阶级民主政治,并不是一蹴而就的。就国民来说,要有较高的素质。他主张提高国民素质,必须做到:"一曰鼓民力,二曰开民智,三曰新民德。"④所谓"鼓民力",就要禁止鸦片,禁止缠足等陋习,使国民有强健的体魄;所谓"开民智",就是要提倡西学,废除八股,使民众有较多的近代科学知识;所

---

① 严复:《论世变之亟》,《严复集》第一册,第3页。
② 严复:《论世变之亟》,《严复集》第一册,第2~3页。
③ 严复:《老子评语》,《严复集》第四册,第1082页。
④ 严复:《原强》,《严复集》第一册,第54页。

谓"新民德",就是废除封建的三纲五常,代之以资产阶级的自由、平等、民主等新道德。这样才能为设立议院,实行资产阶级的君主立宪制,取代封建主义的君主专制创造条件。

就当时的中国来说,最迫切的任务,是摆脱帝国主义、封建主义的统治,建立崭新的资产阶级民主政治的国家,如果能走上君主立宪政体,通过自上而下的改革道路来实现这一政治目的,也是具有进步意义的。而发展教育,提高国民素质则是建立新的国家之后,必须实施的重要举措。但是,先进行国民教育,通过提高国民素质,来实现其政治目的则是不现实的。

三、严复的中西文化观

在中国近代史上,严复可称得上学贯中西,特别是对西方文化的了解在当时是无人可比的。

首先,严复是西方文化的积极传播者。他翻译的学科是十分广泛的,有自然科学的进化论,社会学的《群学肄言》,经济学的《原富》,法学与政治学的《法意》《群己权界论》《社会通诠》。另外还涉及逻辑学、教育学等。他对西学的介绍,使人们对西学的认识有了进一步的深化。

严复之前,人们对西学的了解不外是"船坚炮利"或"声光化电"之类。对西方政治制度有一些零散的介绍也多比附中国上古时期或历史传说之类的情况。而严复不仅介绍了西方资产阶级的进化论给中国人民带来了新的世界观,而且通过翻译《穆勒名学》(《逻辑学》)给中国人民带来新的资产阶级的方法论,同时还把西方资产阶级的政治学、经济学、社会学及西方资产阶级社会制度传播到国内。这样,便使中国人民对西学从整体上有了系统的认识。严复之所以积极传播西学,是由于他认为中学存在严重的缺欠,只凭中学难以完成挽救中华民族危亡的任务。他指出:"且中土之学,必求古训。古人之非,既不能明,即古人之是,亦不知其所是。记诵词章既已误,训诂注疏又甚拘,江河日下,以至于今日之经义八股,则适是以破坏人材,复何民智之沂与有耶?"[①]这些"考据"、"记诵词章"、"训诂注疏"、"经义八股"多属空疏不实之学。在这个体系培养出来的人,上至宰相六部九卿,下到各省督抚,都不能在御外侮中委以重任。而西学则不然,近之保身治生,远之可以利民经国。严复看到西学自明代以前

---

① 严复:《原强修订稿》,《严复集》第一册,第29页。

"与中土亦相埒耳。至于晚近,言学则先物理而后文词,重达用而薄藻饰。且其教子弟也,尤必使自竭其耳目,自致其心思,贵自得而贱因人,喜善疑而慎信古。其名数诸学,则借以教致思穷理之求;其力质诸学,则假以导观物察变之方,而其本事,则筌蹄之于鱼兔而已矣"。严复还站在时代高度,从中西文化的对比中,明确提出中西文化的异同和长短:"中国最重三纲,而西人首明平等;中国亲亲,而西人尚贤;中国以孝治天下,而西人以公治天下;中国尊主,西人隆民;中国贵一道而同风,西人喜党居而州处;中国多忌讳,而西人重讥评。其于财用也,中国重节流,而西人重开源;中国追淳朴,而西人求欢虞。其接物也,中国美谦屈,而西人务发舒;中国尚节文,而西人乐简易。其于为学也,中国夸多识,而西人尊新知。其于祸灾也,中国委天数,而西人恃人力。"①严复在文中称,对中西文化"未敢遽分其优绌也",实际上优劣已在其心中。严复在其他文章中更明确指出,欲使中国富强,"非西学不可"。发展经济,实施新的政治举措,提高国民的民族心理素质,非抛弃传统文化中的糟粕、吸收西方先进文化不可。这是严复力主西学的重要原因。

　　严复是西学的积极提倡者,对中学有所批判,但并不主张完全抛弃中学,因此,他不是一个全盘西化的鼓吹者。严复主张保教,即保护中国优良的文化传统。这并不是墨守成规,不求发展。他指出:"据史以观,则知历代同奉孔教以为国教。然二千年来,改变极多。西汉之孔教,异于周季之孔教;东汉后之孔教,异于西汉之孔教;宋后之孔教,异于宋前之孔教。"②就是说,自孔子创儒家学派以来,经过了不同历史阶段的变革或创新,并不是一成不变的。同时也说明历代统治者都根据自己的需要对儒家学说有所取舍,而取舍的原则是有利于封建君主专制的统治。

　　严复在西方留学期间,根据对西方资本主义国家的了解,提出了中国并没行孔教,而行佛教与土教的观点。按西方资本主义国家的标准,看一国家奉行什么信念,"当观其妇人孺子,不在贤士大夫也;当观其穷乡僻壤,不在通都大邑也;当观其闾阎日用,不在朝聘会同也"③。考察中国的实际情况,在上述地区和人群中,并没有人拜祈孔子,反倒多信鬼神。这实际上是背离孔教的。严复

---

① 严复:《论世变之亟》,《严复集》第一册,第3页。
② 严复:《保教余义》,《严复集》第一册,第84页。
③ 严复:《保教余义》,《严复集》第一册,第54页。

指出："孔教之高处，在于不设鬼神，不谈格致，有明人事，平实易行。"①但是，由于"民智未开，与此教不合。虽国家奉此以为国教，而庶民实未归此教也"。在严复看来，封建统治者并没有真正实行孔教，而欲实行孔教，"必开民智，夫不读万国之书，不能明一先生之说也"②。

建立一种新的文化体系，必须立足于本民族传统文化根基，继承其富有生命力的合理成分，同时，要吸取外来文化，但这种吸取也必须合乎本国国情和时代要求，从而创造出新的文化。严复后来思想发生了某些变化，特别是在1913年发表《读经当积极提倡》一文，虽趋于保守，但其中也有合理成分。如他认为传统经学中"至于民生风俗日用常行事，其中彝训格言，尤关至要"。"显示而征之，则有如君子喻义，小人喻利，欲立立人，欲达达人，见义不为无勇，终身可为惟恕。又如孟子之称性善，严义利，与所以为大丈夫之必要，凡皆服膺一言，即为人最。"③需要指出的是，严复的读经主张，是从加强人们的伦理道德方面提出的，并不是完全要求人们按照经法去从事。他指出"彼西人之成俗为国，固不必则吾之古，称吾之先，然其意事必与吾之经法时暗合，而后可利行，可以久大"。无论是什么民族，在其发展过程中，必然形成本民族所固有的风俗习惯、道德规范。而其中确有万古不变之道理，无论人间世变大异，还是革故鼎新之际，都存在着有利于人类文明、进步的公有道德，这都是要保存，并有所发展的。

第五节　谭嗣同的社会思想

谭嗣同，字复生，号壮飞，湖南浏阳人，生于1865年，卒于1898年。

谭嗣同出身封建官宦之家，少有大志，青年时涉足新疆、甘肃、直隶、两湖、苏、皖、浙、台湾各地。他"察视风土，物色豪杰"④，既游历了祖国壮丽山河，又目睹了在外国殖民主义者侵略下及清政府腐败统治造成的中国黑暗、落后、贫穷的状况，从而激发了忧国忧民意识和强烈的爱国之情。

谭嗣同自幼系统学习了儒家经典，及长致力于诗词古文，考据笺注，研读野史，旧学根基较深。他最初也以捍卫"圣道"、反对"西法"为己任。中法战后其

---

① 严复：《保教余义》，《严复集》第一册，第54页。
② 严复：《保教余义》，《严复集》第一册，第54页。
③ 严复：《读经当积极提倡》，《严复集》第二册，第331页。
④ 梁启超：《谭嗣同传》，《戊戌变法》四。

思想发生了较大的变化,有了学习西方的要求,但这时的思想及认识水平并没有超过王韬、郑观应等人。甲午战后,谭嗣同思想发生新的变化。空前的民族矛盾,使谭嗣同告别"旧学"而倡西学。他先在湖南首倡新学。1896 年,他在上海结识梁启超,接触了康有为的思想,对其大加折服,自认是康有为"私淑弟子",从而加入维新派队伍,并立即成为维新派中左翼一员猛将,并积极批判君权,鼓吹民权。他曾在湖南协助陈宝箴实行新政,与梁启超在长沙办时务学堂,后在浏阳办《湘报》。1898 年,应光绪诏入京,被授四品卿衔,军机章京上行走。"戊戌政变"发生,谭嗣同以"各国变法无不从流血而成,今中国未闻有因变法而流血者,此国之所以不昌也,有之请自嗣同始"[①]的慷慨之言唤醒国人,后被杀害于北京,与林旭等人被称为"戊戌六君子"。

一、救亡图存的爱国主张

甲午战后,帝国主义掀起瓜分中国的狂潮,使民族危机进一步加剧。对此,谭嗣同指出:甲午战后,清政府丧权割地,"时局之危,有危于此时者乎?图治之急,有急于此时者乎?……舐糠既及米矣,剥床则又切肤矣。台湾沦为日之版图,东三省又入俄之笼网,广西为法所涎,云南为英所睨。迩者,胶州海湾之强取,山东铁路之包办,德又逐逐焉"[②]。帝国主义瓜分中国之野心已昭然于天下。面对如此变局,谭嗣同感到"割心沉痛",中国已经面临着"含生之类无一人一家之不亡"[③]的亡国灭族之灾难。在这种局面下,中国仍然抱残守缺,像顽固派那样愚昧守旧,亡国灭种即将大祸临头。那么,中国的出路在哪里?

他主张"尽变西法"。首先,发展近代中国的经济,以抵制西方资本主义国家对中国的经济侵略,因为西方资本主义国家利用对中国的商品输出"以商为战,足以灭人之国于无形"[④],鉴于中国被迫丧失了关税自主权,他极力反对清政府与西方资本主义国家所订不平等条约中的"协定关税"条款,主张加以废除,倡导发展民族工业。通过开公司,招商股来振兴中国的实业,从而增强中国

---

① 蔡尚思、方行编:《谭嗣同全集·治事篇》,中华书局 1981 年版,以下不注明出版的均出自本书。
② 谭嗣同:《谭嗣同全集·治事篇》。
③ 谭嗣同:《谭嗣同全集·报贝元征书》。
④ 谭嗣同《谭嗣同全集·上欧阳中鹄书》。

第三章 变革中国社会的改良思想

的经济实力,增强反对外来侵略的物质基础。

其次,谭嗣同指出:"详考数十年之世变,而切究其事理,远验之故籍,近咨之深识之士。"①变法维新,是历史发展的必然趋势,也是挽救民族危亡的唯一出路。根据对西方资本主义国家历史的了解,他认为,西方资本主义国家之所以强大,在于推陈出新,所谓"欧美二洲,以好新而兴",亚洲、中国、澳洲,以好古为特征避免不了灭亡的命运,而人类社会的总趋势总是不断变化,弃旧而更新,这就是"天以新为运,人以新为生"②。所以,无论人类社会还是自然界,"因有见于大化之所趋,风气之所溺,非守文因旧所能挽回者"③。中国如果再不自新、自强,"殷鉴不远,覆车在前"。中国也将成为西方资本主义国家的"隶役"而无任何主权而言。他指出:"若南洋、印度之群国,非、澳两美之土番,供役不为不勤,翊戴不谓不久,而奴房虐遇,生死唯命。何尝得免于薙狝之惧,而毫未界以自主之权乎?"④中国要摆脱"隶役"地位,避免成为帝国主义的属国,只有顺应历史发展的进步潮流,自立、自新、自强,才能捍卫民族的利益,变法维新,救亡图存,这是抵御外来侵略的重要条件,谭嗣同反对帝国主义对中国的侵略和掠夺,反对清政府中因循守旧的顽固派,他要求变法维新,主张自立、自新、自强,代表了中国人民的根本利益,而其爱国之情也溢于言表。

二、冲决封建专制网罗的呐喊

谭嗣同是同时代思想家中最激进的代表。"冲决一切网罗"是他的反封建思想和个性解放的著名口号。谭嗣同指出:"初当冲决利禄之网罗,次冲决俗学若考据、若词章之网罗,次冲决全球群学之网罗,次冲决君主之网罗,次冲决伦常之网罗,次冲决天之网罗,终将冲决佛法之网罗。"⑤从中可以看出,君主专制、考据、词章、八股、封建伦理道德都在"冲决"范围之内。谭嗣同这一思想主张,是从政治制度、思想文化、伦理道德上要求打破封建专制的束缚,以实现资产阶级的民主、自由、平等的个性解放。

---

① 谭嗣同:《谭嗣同全集·上欧阳中鹄书》。
② 谭嗣同:《谭嗣同全集·报贝元征书》。
③ 谭嗣同:《谭嗣同全集·报贝元征书》。
④ 谭嗣同:《谭嗣同全集·治事篇》。
⑤ 谭嗣同:《谭嗣同全集·仁学·自叙》。

在谭嗣同的哲学思想中,"仁"是其基本概念。他认为"仁"是万物之源,"天地间亦仁而已矣"。"仁"是无处不存,充斥天地,"仁之至,自无不知也"。"仁"又是一切知识的源泉。被评定为"在对待思维与存在的关系这一基本问题上,谭嗣同是断定精神对自然界来说是本原的唯心主义者"①。但是,这是需要做出具体分析的。谭嗣同以"仁"为万物之源,为其政治思想奠定了重要理论基础。在诠释"仁"的含义时,谭嗣同说,"仁以通为第一义","通则仁矣"。那么,"通"的内涵是什么? 在谭嗣同看来有四项内容:这就是"中外通"、"上下通"、"男女通"、"人我通"。也就是要求中外平等,君民平等,男女平等,人人平等。正是这一理论,把"仁"看作万物之本,才使谭嗣同否定"君权神授"的传统观念。把决定人们行为、左右人的智慧归结为"仁",而不是"神",在此基础上,他进一步探求了"君民"关系。

谭嗣同认为:"生民之初,本无所谓君臣,则皆民也。民不能相治,亦不暇治,于是共举一民为君。夫曰共举之,则非君择民,而民择君也。夫曰共举之,则其分际又非远甚于民,而不侪于民也。夫曰共举之,则因有民而后有君,君末也,民本也。天下无有因末而累及本者,亦岂可因君而累及民哉? 夫曰共举之,则且必共废之。君也者,为民办事者也;臣也者助办民事者也。赋税取之于民,所以为办民事之资也。如此而事犹不办,事不办而易其人,此天下之通义也。"②谭嗣同虽然不能科学地解释阶级、国家及国家机器产生的原因,却也看到国家机构并不是人类社会自诞生之日就存在的。它是"民不能相治,亦不暇治",即社会矛盾发展的结果。社会生产力的提高促使人类社会几次大分工。人类社会之所以分为君、臣、民,是社会发展的需要和社会分工之必然结果,于是由民来"共举君"。自西汉以来,封建君主的权力交接被蒙上了神秘的面纱,特别是在"天不变,道亦不变"的神学观念支配下,皇帝被视"天子"而神圣不可侵犯。在"天人感应"的理论中,统治者行其政事受天之左右,统治者失去统治权是因为天革其命。谭嗣同大胆提出冲决"天"的网罗,把支配人们行为的力量归结为无处不在的"仁",并据此吸收了西方政治思想中的"天赋人权"的思想,才得出由"民"举"君"的结论。谭嗣同这种"重民轻君"思想也源于中国古代民为本的思想,特别是受明末清初王夫之、黄宗羲思想的影响,他大胆提出"民本

---

① 侯外庐:《中国近代哲学史》,人民出版社1972年版,第215页。
② 谭嗣同:《谭嗣同全集·仁学》。

君末"和废君权、兴民权的思想,并提出应效仿西方资本主义国家的政治制度,设立议院来反映民的要求。这一思想不仅提出了要求变革中国现实政治制度的资产阶级政治主张,同时也符合人类历史发展的必然趋势,因此是要给予肯定的。

从上述资产阶级民主思想出发,谭嗣同批判的锋芒直接对准了君主专制制度。

谭嗣同指出:"二千年来,君传一伦,尤黑暗否塞,无复人理,沿及今兹,方愈剧发。"他说:"两千年来之政,秦政也,皆大盗也。"①自秦始皇确立君主专制制度后,历代君主都是"独夫民贼",他们盗取了本应属于人民的权力,视天下为己有,为所欲为,对人民进行种种盘剥,"供一身之不足,又滥纵其百官,又欲传之世世万代子孙,一切酷毒不可思议之法,由此其繁兴矣"②。谭嗣同认为,中国之所以受外族凌辱,落后于西方资本主义国家,主要是君主专制之结果。因此,他在对君主专制制度进行批判的同时,把斗争矛头直指清政府。他指出清统治者入关后,实行民族压迫政策,对中原人民犯下种种罪行。他甚至攻击清王朝是:"爱新觉罗诸贱类异种,亦得凭陵乎野蛮凶杀之性气以窃中国"③。他分析太平天国农民的反清斗争时认为:"洪杨之徒,苦于君害,铤而走险,其情良足悯焉"④。既看到农民反对清王朝的斗争是君主专制对广大农民进行经济剥削和政治压迫之结果,又对农民反对清王朝的斗争给予极大的同情。在"君"由"民举"的思想支配下,谭嗣同实际上已经告诉人们,清王朝统治者的所作所为,均失去了为"君"之资格,按照他的"彼君之不善,人人得而戮之"的主张,清王朝的君主专制制度理应废除。所以,有些研究者指出谭嗣同具有一些革命的倾向,这种评价还是有一定道理的。

三、对封建伦理道德的批判

封建的伦理道德,以"三纲五常"为核心。"三纲五常"是封建君主专制制度的精神支柱。在政治制度上要废弃君主专制制度的谭嗣同,必然对三纲五常

---

① 谭嗣同:《谭嗣同全集·仁学》。
② 谭嗣同:《谭嗣同全集·仁学》。
③ 谭嗣同:《谭嗣同全集·仁学》。
④ 谭嗣同:《谭嗣同全集·仁学》。

发动猛烈的抨击。

谭嗣同指出:"俗学陋行,动言名教,敬若天命而不敢渝,畏若国宪而不敢议。嗟呼!以名为教,则其教已为实之宾,而决非实也。又况名者,由人创造,上以制其下,而不能不奉之,则数千年来,三纲五伦之惨祸烈毒,由是酷焉矣。君以名桎臣;官以名轭民,父以名压子,夫以名困妻,兄弟朋友各挟一名以相抗拒,而仁尚有少存焉者乎?"①

名教,也称为礼教。礼,本来是西周统治者为维护其宗法制、等级制相结合的政治制度而制定来约束人们的行为规范的,经过儒家,特别是经过汉代儒家们的提倡与改造,成为中国封建专制主义的意识形态。由于在封建社会,以血缘关系为纽带的宗法等级原则是"礼"的核心,封建统治者倡导以礼化人,故称其为"礼教"。礼教,是以等级制、宗法制为基本原则,讲求名分,故又称为"名教"。从中国封建社会结构来说,它是由以血缘关系为纽带,宗法制与等级制相结合的等级社会。在封建社会里,人们的身份呈金字塔形,依次为皇帝、贵族、官吏等上层社会,其次为民,民又分为良、贱。在封建社会中,这种等级是十分森严的。一旦列入"贱民"籍,不仅本人备受歧视,而且殃及子孙,他们没有参加科举考试及做官的资格。

因此,人们的尊卑、富贫、贵贱之界限是十分严格的。故此,封建社会不仅呈现其等级制特点,同时又有宗法制为这一社会的组织基础。在封建社会中,每一个家族内就是一个封建专制的王国,在家族内,族长具有很大的权力,而家庭内部也存在长幼、男女、尊卑之区别,表现出等级的区别,但更为突出的是以血缘关系为纽带所构成的亲疏关系。等级制度既不能靠法律,也不能靠镇压来维护,自然落在了封建道德上面。对于礼,荀子说:"礼者,贵贱有等,长幼有差,贫富轻重各有称者也。"②这是对礼的含义较为准确的概括。

"三纲五常"则是封建专制主义道德的最集中的体现。所以毛泽东"在封建社会条件下,政权、族权、神权、夫权,代表了全部封建宗法的思想和制度,是束缚中国人民特别是农民的四条极大的绳索"③的论断是十分正确的。

对于封建的礼教,谭嗣同深受其害。梁启超说他"幼丧母,为父妾所虐,备

---

① 谭嗣同:《谭嗣同全集·仁学》。
② 荀子:《荀子·富国》。
③ 毛泽东:《湖南农民运动考察报告》,《毛泽东选集第一卷》,第33~34页。

第三章 变革中国社会的改良思想

极孤孽苦"①。这种环境,养成了谭嗣同"生平亢傲自喜,不受世俗束缚"②的性格。所以,他对君权的批判,必然要触及维护君主专制的精神支柱,既整个纲常名教。谭嗣同指出:"三纲五常"是"惨祸烈毒",是专制君主用来束缚臣民的枷锁,是由统治者创造、钳制人们行为的精神武器。"父为子纲",既"父以名压子";"夫为妻纲",既"夫以名困妻",谭嗣同对"三纲"的实质进行了揭露,使人们认识到,在"三纲"中,君、父、丈夫起绝对的主导作用,而臣、子、妻则处在绝对的服从地位。这一切都是统治者为了维护其等级制、宗法制而"由人创造"出来的,其危害是十分严重的。"名之所在,不唯关其口,使不敢倡言,乃并锢其使不敢涉想","足以破其胆而杀其灵魂"。③ 人们的言论、思想、行为都被"三纲五常"紧紧束缚住了。谭嗣同对"三纲五常"的实质进行的揭露与批判,在同时代的思想家中,是最为深刻、最为激进的。

谭嗣同指出:"君臣一伦尤为黑暗否塞,无复人理,沿及今兹,方愈剧矣。"他在大胆否定君权神授时,对调解君臣关系的最高道德"忠"进行了新的阐发。"古之所谓忠,以实之谓忠也。下之事上当以实,上之待下乃不当以实,上之待下乃不当以实乎?则忠者共辞也,交尽之道也,岂专责之臣下乎?"事实上,儒家创始人孔子本身也是反对愚忠的,他主张"君视臣以礼,臣视君以忠""道不同,不相谋也"④。就是说在君臣关系中,臣对君的忠是有条件的,谭嗣同在此基础上进一步提出"忠"是君臣的"共辞"。不能片面要求臣下绝对服从君主,忠于君主,上下都应互"忠",实质是要求君臣平等。

谭嗣同指出:"子为天之子,父亦为天之子,父非人所得而袭取也,平等也。"⑤在"三纲"中,父与子的关系按封建伦理道德是支配与被支配的关系,是对父权的绝对肯定。谭嗣同对此是反对的。封建社会中"父子之名"是天经地义的,是"卷舌而不敢议"的,谭嗣同认为,父与子都是天之子,因此就应平等,而不能认为"父以名压子"是"天之所命"。父子之间是一个什么样的关系,为什么要平等相处,谭嗣同并没有说得太清楚。但是,他主张父子平等,对几千年来封建社会所形成的固有的"父为子纲"加以否定是具有积极意义的。

---

① 梁启超:《谭嗣同传》。
② 《戊戌变法》(四),第55页。
③ 《谭嗣同全集·仁学》。
④ 参见《论语》。
⑤ 《谭嗣同全集·仁学》。

在夫妇关系、男女关系上,谭嗣同认为"重男轻女者,至暴乱无礼之法也"。主张"男女同为天地之菁英,同有无量之盛德大业,平等相均"①。这是他"男女通"思想的具体体现。

谭嗣同愤怒谴责在封建社会中男尊女卑观念支配下重男轻女的种种丑行。他指出:"男则姬妾罗侍,放纵无忌;女一淫即罪至死。驯至积重,流为溺女之习,乃忍为蜂蚁豺虎之所不为。"②这些重男轻女,歧视、迫害妇女,溺杀女婴之举都是有悖常理,丧失人性的。谭嗣同还批判了封建帝王残害妇女的暴行,并揭示了中国妇女悲惨的社会地位及受压迫的根源。他指出:"中国动以伦常自矜异,而疾视外人;而为之君者,乃真无复常,天下转相习不知怪,独何欤?尤可愤者,己则渎乱夫妇之伦,妃御多至不可计,而偏喜绝人之夫妇,如所谓割势之阉寺与幽闭之宫人,其残暴无人理,虽禽兽不逮焉。"谭嗣同不仅在理论上批判男尊女卑的陈腐观念,而且身体力行。他与梁启超等人发起"戒缠足会",在湖南倡导女"不缠足",而且开办女学,极力提倡妇女解放。

谭嗣同对"三纲五常"的批判,是他冲决封建专制网罗政治思想的重要组成部分,是其鼓吹资产阶级平等、自由、民主思想的主要内容,在中国近代思想史上有着十分重要的意义,对于近代中国的启蒙运动也发挥了积极的作用。

四、发展资本主义经济的主张

在政治制度上,谭嗣同尖锐地抨击君主专制制度,主张以资产阶级的君主立宪制来代替君主专制制度。在思想文化上,主张用西方先进的科学文化来更新传统的封建文化,通过发展资本主义经济使中国走上富强的道路。

首先,谭嗣同主张"中外通",即实现中国独立自主与外国资本主义国家平等交往。为实现这一目的,谭嗣同以务实的态度,反对人们纠缠于不必要的争论中,特别是反对那些食古不化的顽固派。他指出:"自中外开通以后,因俗间呼海为洋,于是有洋务之名,凡一切来自他国者,与本国所有而少新颖者,悉以洋字冠之。"特别是发展近代工业、交通、矿山,修筑铁路,采用机器进行生产,这一切,在谭嗣同看来,"皆中国应办之实事,为抵御他国计在此,即不为他国亦不

---

① 《谭嗣同全集·仁学》。
② 《谭嗣同全集·仁学》。

第三章　变革中国社会的改良思想

能竟废此也"①。凡是有利于促进中国经济发展,有利于使中国富强,有利于中国抵御外侮,应不管什么"夷",还是"洋",都应为我所用。他斥责那些自命不凡的顽固守旧分子,"溺于考据词章而怙以虚骄,初不辨为某洲某国,概目之曰洋人,动辄夜郎自大,而欲恃一时之意气,尽驱彼于海外而闭关绝市"②。所以,谭嗣同是以务实的态度来对待西方文化的。不仅如此,谭嗣同还主张成立各种学会,用农学、工学、商学、矿学、医学"若凡天地、化电、图算、格致诸学"来代替"考据词章"之学,为振兴中国资本主义经济培养近代化的实用人才。

其次,欲实现"中外通",使中国以独立主权与外国平等交往,必须大力发展中国的经济。发展民族资本主义,必须破除封建主义对它的束缚。谭嗣同主张民办公司,民办企业,发展中国的资本主义经济。自19世纪60年代,洋务派兴办洋务运动开始,到90年代,在三十多年中,中国经济发展并不大,究其原因,谭嗣同认为:"中国所不可为者,由上权太重,民权尽失。"所以,"一闻官字,即蹙额厌恶之"。因为官办的结果"权与利皆归省局"③,其弊大于利,所以谭嗣同主张"散利于民"④。只有效法西方资本主义国家,"散利于民",才能鼓励人们投资新式企业,这样才能实现"其民日富,其国势亦勃兴"⑤的目的。谭嗣同说:"西人于矿务铁路及诸制造,不问官民,止要我有山有地有钱,即可由我随意开办"⑥,中国也必须向西方资本主义国家那样,对于民间创办各种企业非但不阻止,相反要"鼓舞其气,使皆思出任事,是以趋利若鸷禽猛兽",这样才能使封建的自然经济逐步过渡到资本主义商品经济。

其三,谭嗣同对西方资本主义国家的大工业机器生产赞不绝口。说它"一日可兼十数日之程","一年可办十数年之事","一世所成就可抵数十世","一岁之岁月,恍阅数十(千)年"。故此,他积极鼓励富户投资办厂。资本主义工业革命后,促进了资本主义生产力的极大提高,它所带来的变化是自然经济下的生产所无法比拟的,就人类历史的发展来说,工业革命也发挥了极为重要的作用,工业革命是人类社会的一大进步。谭嗣同对资本主义大工业的向往,是对

---

① 谭嗣同:《谭嗣同全集·治事篇》。
② 谭嗣同:《谭嗣同全集·上欧阳中鹄书》。
③ 谭嗣同:《谭嗣同全集·报唐佛尘书》。
④ 谭嗣同:《谭嗣同全集·报唐佛尘书》。
⑤ 谭嗣同:《谭嗣同全集·报唐佛尘书》。
⑥ 谭嗣同:《谭嗣同全集·报唐佛尘书》。

这一历史进步的充分肯定。事实也是如此,只有大力发展生产力,才能打破自然经济条件下生产和经济停滞不前的状况,只有发展资本主义大工业,才能与资本主义政治制度相适应。当然,谭嗣同认为发展资本主义大工业就会使人人富有,这是不符合实际的。说明了谭嗣同对资本主义社会缺乏必要的认识和了解,而且表现出他思想中的空想成分。

谭嗣同与同时代的思想家一样,思想中也存在着不可克服的矛盾。他思想激进,接近于民主革命思想,要求废君权兴民权,极力反对封建君主专制,但始终对光绪忠诚不贰,忠心耿耿,表现出封建道统中的知遇之恩观念的根深蒂固。但瑕不掩瑜,谭嗣同思想中虽然存在不足,其反封建纲常的思想在中国近代史上的影响却是同时代其他思想家所不能代替的。

第六节 社会改良思想的历史评价

社会思想的产生是近代中国社会矛盾发展的必然产物,是近代中国社会政治、经济变动的必然反映,是洋务运动后出现的一次新的社会思潮。

19世纪60年代兴起的洋务运动,以封建专制制度及纲常名教为基础,吸收西方"船坚炮利"等军事技术,其主旨是企图巩固日趋没落的清王朝。在这个运动中,洋务派高举的一面旗帜就是"中学为体,西学为用",从中西文化沟通的历史进程来看,"中体西用"是中国接纳西学的第一个阶段,是中西文化低层次融合的必然产物。洋务运动的首倡者,要么是握有朝纲的皇族成员,要么是权倾一方的封疆大吏,从既得利益和长远利益出发他们都要站在清王朝的立场上为巩固清王朝而献计献策,这些人与清王朝是一损俱损、一荣俱荣,所以在本质上与顽固派没有什么根本区别。

随着洋务运动的发展,民族资本主义经济有了相当的规模,清王朝固有的一套统治方式严重束缚了中国民族资本主义的发展,中国民族资本主义的深入发展,把人们的视角从"船坚炮利"引向更深的层次。冯桂芬就认为:"以今论之,约有数端:人无弃材不如夷,地无遗利不如夷,君民不隔不如夷,名实必符不如夷。"[①]而郑观应对此则有了更深刻的认识,他指出洋务运动在学习西方的问题上是"遗其体而求其用,无论竭蹶步趋常不相及,就令铁舰成行,铁路四达,果

---

① 冯桂芬:《校邠庐抗议·制洋器议》

第三章　变革中国社会的改良思想

是恃哉"。这是1892年他在《盛世危言》序中的一段话。在甲午海战前，人们已经意识到，如果清王朝不振刷纪纲，改弦更张，实行变法，在具体的管理制度、行政体系上做出相应的改革，中国是绝不能摆脱危机的。甲午海战中，中国北洋水师无论从装备、人员素质、吨位都可以与日本相抗，并在总体上要强于日本，黄海之战，日本首先被迫离开战场就是实证。事实使人们认识到"中学为体，西学为用"的不足。严复在1902年撰写的《与外交报主人书》中指出："有牛之体则有负重之用，有马之体则有致远之用；未闻以牛为体，以马为用者也。"人们在接受外来文化时主要是为我所用。在现实生活中，人们看到了西方船坚炮利的威力，才不认为它是奇技淫巧，与洋务派相比，维新志士们在更高的层次，来探求振兴中华民族的道路。他们对洋务派的抨击，一是在理论上否定其不伦不类，二是从社会实践上批评洋务派在"中体西用"口号下求强、求富路线的破产。他们把西方文化分为两个层次，认为西方文化中"器物"，即科学技术，是低层次的。"制度"才是西方文化的精髓。把西方资产阶级君主立宪制度拿来为我所用，实行维新变法，便能够挽救中国的危亡，维护民族的生存延续。

戊戌维新志士们在变法中，力图在变革中国经济发展资本主义的同时变革中国的政治制度，并且又把政治制度的变革与中国新文化建设结合在一起。严复在《原强》中提出的救国方案是"鼓民力"、"开民智"、"新民德"，其中"三者又以民智为最急也"。[①] 严复认为，中国想富强必须解"愚"、"贫"、"弱"，"而三者中，尤以愚为最急"。[②] 梁启超认为，"变法之本，在育人才；人才之兴，在开学校；学校之立，在变科举；而一切要其大成，在变官制"[③]。从开民智和育人才入手，引申到变革封建专制主义制度，这是他们共同的认识和主张。他们是这样说的，也是这样做的。在戊戌变法期间，维新派分别在上海、天津、北京、长沙等地办报纸，设学校，开学会，其目的不仅是为变法维新大造舆论并培育维新人才，而且还要传播资产阶级的思想、观念，不断扩大其政治影响。所以戊戌变法运动不仅仅是单纯的变革封建专制为资产阶级君主立宪制，同时也是一场新文化运动。

资产阶级新文化运动的总目标是追求科学与民主。

[①] 严复：《原强》，《严复集》第一册，第29页。
[②] 严复：《与外交报主人书》，《严复集》第三册，第560页。
[③] 梁启超：《饮冰室合集·文集》第一册，第一卷。

晚清社会思想之变迁

在提倡科学上,维新志士们做了大量工作。维新派十分了解自然科学在发展资本主义经济中的重要作用。严复提出:"无论天文地质之奥殚,略举偏端,则医药通乎治功,农矿所以相养,下洎舟车兵治,一一皆富强之实资。"①,严复认为自然科学是西方资产阶级政治之本,"是故以科学为艺,则西艺实西政之本。设谓艺非科学,则政艺二者,乃并出于科学,若左右手,未闻左右之相为本末也"②。由此可见,维新派对自然科学的重视并不亚于对封建政治制度的改革。正因为如此,在戊戌变法期间西方自然科学包括农业、动物、植物、畜物、林业、渔业、机械、化学都被介绍到国内。在戊戌变法期间,创办的《农学报》《工商学报》《算学报》《格致新报》《经世报》都相继介绍或翻译有关自然科学和应用科学的知识。在传播自然科学的同时,维新派还传播了西方资产阶级的社会科学。如西方的进化论、经济学说、政治学说,特别是它传播了西方资产阶级的新道德,使人们不同程度地了解和认识了西方资产阶级的政治制度,资产阶级的"天赋人权"理论,资产阶级的自由、平等、民主等观念。值得注意的是,维新派在传播西方文化的同时,对封建主义的思想文化进行了前所未有的批判。谭嗣同提出"冲决网罗"的口号,并公开提出"君末民本"的思想。对"君权神授"给予无情的揭露与批判,并做了大胆的否定。他指出"生民之初,本无所谓君臣,则皆民也。民不能相治,亦不暇治,于是兴举一民为君"。"夫曰共举之,则因有民而后有君,君末也,民本也。天下无有因末而累及本者,亦岂可因君而累及民哉?夫曰共举之,则且可共废之。君也者,为民办事者也;臣也者,助办民事者也。赋税之于民,所以为办民事之资也。如此而事犹不办,事不办而易其人,亦天下通义也。"③君源于民,是民之一分子,君权乃民授非神授,君是民推举为民办事之人,民可以推选君,也可以废除他,其条件是不为民办事或办不好事。这种君主起源论从理论上说有其不足之处,但是,在打击封建的纲常,瓦解君权神授的迷信上,成为揭露君为臣纲的理论基础,对于启发人民的思想觉悟有着十分重要的意义。

戊戌维新派力主实施君主立宪制。资产阶级的君主立宪制与共和制在本质上都是反封建的政治制度。立宪制下的君,其权力被限制在资产阶级的宪法

---

① 严复:《与外交报主人书》,《严复集》第三册,第559页。
② 严复:《与外交报主人书》,《严复集》第三册,第559页。
③ 谭嗣同:《谭嗣同全集·仁学》。

第三章 变革中国社会的改良思想

范围之内。在这种制度下,无论是君还是一般人民都拥有民主的权利。资产阶级权利的具体化就是追求自由。梁启超把自由列为"新民"所必须具备的素质是有一定道理的。资产阶级为了追求自由同封建地主阶级进行斗争,伴随资本主义经济的产生、发展、壮大,资产阶级终于登上历史舞台,建立了资本主义的民主制度。资本主义政治制度相对封建君主专制制度来说是进步的。在这种制度下,"过去的那种地方和民族的自给自足和闭关自守状态,被各民族的各方面的互相往来和各方面的互相依赖所代替了。物质的生产如此,精神的生产也是如此。各民族的精神产品成了公共的财产。民族的片面性和局限性日益成为不可能,于是由许多民族的和地方的文学形成了一种世界性的文学"[1]。在戊戌变法期间,被视为神圣不可亵渎的君主及千百年来形成的三纲五常并由此而产生的旧观念、旧道德、旧思想受到了抨击,代之以资产阶级的世界观和方法论。

社会改良思想是在洋务思想基础上发展起来的一种新的社会思想,是中国近代民族新文化形成过程中的起步阶段,与洋务思潮有联系也有着本质的区别。在向西方学习这个问题上,洋务思想与戊戌思想具有共同点。洋务派打破传统的"夏夷之辨",兴办学校,派留学生出洋,创办各类新式企业,传播了西方的一些科学技术,把魏源的"师夷之长技以制夷"落在实处。但这种学习只是表面上学习西方的"船坚炮利",没有学到本质的东西。而维新派在这个基础上则大大向前跨了进一步,不仅学习西方的科学技术,而且要在中国实行资产阶级的君主立宪制,全面发展资本主义经济,建立全新的资产阶级的新文化。这样,社会改良思想具有洋务思想不能比拟的气势和规模,形成了前所未有的思想广度和深度。

洋务派在兴办新式企业过程中,为中国民族资本主义经济的发展创造了一定条件,为戊戌思潮的形成奠定了一定的物质基础。人们在社会生产实践中发现了封建专制制度与新式企业生产管理是格格不入的,要求建立新的管理制度,在此基础上把变革的视角伸向了国家政治体制改革,提出了比早期维新思想更为明确的君主立宪政体的主张和方案。

洋务思想是地主阶级在两次鸦片战争和太平天国农民战争的冲击下,以挽救封建制度为历史背景而兴起的思想。在一定意义上说,洋务思想在客观上也

---

[1] 《共产党宣言》,《马克思恩格斯选集》第一卷,人民出版社1975年版,第255页。

具有挽救民族危亡的作用。

戊戌思想是在甲午战争后中国民族矛盾日益尖锐、民族存亡问题空前严重的历史条件下,民族新觉醒的产物。在帝国主义瓜分中国的险恶形势下,封建专制主义统治的腐朽本质再一次暴露,民族资本主义经济受到了本国封建主义和外国资本主义双重压迫。在这种条件下,民族资产阶级选择了变法道路,从变革中国封建专制制度入手来解决中国的问题,寻求一条新的道路。洋务思想与戊戌思想的区别是显而易见的。一个要继续维护封建专制制度,在维护这个腐朽制度的同时,使中国摆脱受制挨打的局面。与以往历史不同的是引进外国先进的科学技术来维护落后腐朽的封建专制。而戊戌思潮则全面、系统地从整体上主张向西方学习,在挽救中国民族危机的同时,把中国历史推向一个更高的阶段。用先进的资产阶级政治制度来取代落后的腐朽的封建专制制度,提出以民权思想为基础,以立法、行政、司法"三权分立"为政治原则的西方资产阶级国家的君主立宪制,戊戌思潮有了资产阶级民主的新内容。

从中国思想文化的演变来分析,维新变法思想是中国的旧文化向新文化转变的重要里程碑。

戊戌变法之前,人们也倡言变革,但其理论基本上是传统文化中的变易观,没有脱离今文学派论政言变的传统。王韬说:"易曰,穷则变,变则通,知天下事未有久而不变者也,上古之天下一变而为三代。""三代以来,至秦而一变,汉以来至今日而又一变。"①实际上这一思想是孔子的"齐一变,至于鲁;鲁一变,至于道"思想的翻版。这一思想观念与戊戌变法期间维新派所引进的进化论不可同日而语。在变法期间,进化论逐渐代替了传统的变易哲学,民权、自由、平等逐渐代替了君权至上等观念。资产阶级倡导的新文化运动正在勃兴,它导致了中国近代的"诗界革命"、"文体革命"、"小说革命"、"戏剧改革",产生了资产阶级的新史学,促进封建文化的变革,此后,科学与民主成为中国人民奋斗的目标,中国文化从地主阶级的经世思想发展为洋务思潮,从洋务思潮又发展为更高层次的戊戌维新思潮。

如果说洋务派学习西方是从西方的科学技术入手,企图效仿西方工业革命,利用科学技术发展中国的军事企业,用先进的武器来装备清朝的军队,以抵抗西方的军事侵略,挽救岌岌可危的封建统治,在客观上并不排除具有挽救民

---

① 王韬:《弢园文录外编》。

第三章 变革中国社会的改良思想

族危亡的作用。那么维新变法思想则进一步看到封建专制制度的腐朽,单纯地发展军事企业并不能促使中国强大,单纯地发展民用企业也不足以促进中国富强,并不能从根本上解决中国的民族危机这一中国当时最重要、最现实的社会问题。于是,主张效法西方资产阶级的君主立宪制,对中国进行改造。这种改造对于当时的中国来说,是一个涉及政治、经济、教育、文化等诸多方面的改造,实际上是一个全面改造中国,促进中国现代化的改革方案,因此,无论是从深度还是广度来说,都远远超过了洋务运动中所产生的思想和改造中国社会的方案。

戊戌变法因顽固派的阻挠而失败了,但是,它对中国的影响却超出了顽固派的预想,更具有讽刺意味的是,20世纪初年,反对维新变法的顽固派们也不得不进行改革,推出了"新政","新政"内容之一就是进行政治制度改革,仿西方行君主立宪制,而开展新政前曾欲派员出国考察,要员中就有维新变法的支持者端方。考察后,端方委托梁启超起草了近二十万字的宪政考察报告,更令人想不到的是,"新政"的内容与戊戌维新有高度的相似性。在某种程度上,戊戌维新为清政府的"新政"做了铺垫。

第四章 二十世纪初年的社会革命思想

第一节 社会革命思想兴起的历史背景

一、中国社会的矛盾进一步激化,清政府成为"洋人的朝廷"

戊戌变法失败后,义和团运动兴起。义和团运动是以农民为主体的反对帝国主义瓜分中国的爱国斗争,在八国联军的镇压下,义和团运动失败了。义和团运动的失败,暴露了清政府投降卖国的反动嘴脸,促使中国人民进一步觉醒,人们认识到欲挽救中华民族的危亡,不推翻反动的清政府是不会成功的。

帝国主义镇压义和团后,与清政府签订了《辛丑条约》,这是一个旨在灭亡中国的条约。帝国主义利用《辛丑条约》在中国攫取了更多的殖民特权,并在政治、经济、军事等方面控制了清政府。帝国主义一方面鼓吹"门户开放"政策,企图使中国成为国际帝国主义的共同殖民地;一方面驯服清王朝,使其俯首帖耳地为列强服务和效劳。

清政府在20世纪初年所确立的外交路线是"量中华之物力,结与国之欢心",完全沦为"洋人的朝廷"。

民族矛盾的尖锐、阶级斗争的激荡,使清政府再也不能照旧统治下去了,于是便参照西法,实行改弦更张的"新政"。清政府的"新政"除了在政治上要仿照西方实行君主立宪外,主要内容之一是练兵,即编练新式军队和筹款。编练新军需大量资金,对外战争赔款也要庞大的财政支出,清政府把它统统转嫁到劳动人民身上。劳动人民苦不堪言,加剧了国内阶级矛盾。

斯大林指出:"帝国主义在中国的统治不仅表现在它的军事威力上,而且首先表现在中国工业的命脉即铁路、工厂、矿山、银行等都处在外国帝国主义者支

第四章　二十世纪初年的社会革命思想

配或控制之下。"①辛亥革命前后,帝国主义对中国的轻重工业都进行了大量的投资。帝国主义在华投资,形成了在中国工业的垄断地位。帝国主义在中国的投资取得了惊人的利润。帝国主义还通过借款给中国政府,在中国开设银行,垄断了中国的金融和财政。帝国主义对中国的野蛮剥削和掠夺引起了中国人民的强烈不满,人们发出了悲愤激昂的呼号。"瓜分豆剖逼人来,同种沉沦剧可哀!太息神女今去矣,劝君猛省莫徘徊。"②具有五千年文明史的中国,绝不允许自己成为帝国主义强盗刀俎上的肉任人宰割。

二、中国民族资本主义的发展

甲午战后十几年中,中国民族资本主义有了较大的发展。

《马关条约》签订后,帝国主义加紧对中国进行经济侵略,特别是资本主义进入帝国主义阶段后,资本输出代替了商品输出。《马关条约》允许日本在中国投资办厂,各帝国主义援引"最惠国待遇"条款纷纷来华,在中国开矿山、修铁路,在中国"设厂制造"。

帝国主义在对中国经济侵略的同时进一步破坏了中国的自然经济,进一步瓦解了中国城乡手工业和农民的家庭手工业,也就进一步扩大了商品市场和劳动力市场。这是发展资本主义的先决条件。

从1905年到1908年,这是民族工业发展的新高峰时期,新增设的资本在一万元以上的厂矿为二百三十八家,共拥有资本六千一百余万元,平均每家企业资本为二十六万元左右。

据近代经济史专家分析:这次高峰期平均每家厂矿资本二十三万元,似乎增长不大。但是,如果把两次高峰时期发展最快的年份做比较,情况就有不同。1897年是前一高峰时期设立企业最多的一年。当年共创办了二十二家厂矿,资本共为五百七十八万元,平均每家拥有资金约二十五万元;而1906年,新设厂矿六十八家,共有资本二千二百九十万元,平均每家资本在三十三万元左右。可见在后一高峰中,新设厂矿资本力量是有较大增长的;而个别企业所拥有资本高达一百万元以上,如山东中兴煤矿公司、山西保晋公司及天津丹华火柴厂等,更是前所少见的。此外,民族资本的投资范围也较前宽广。除了棉纺织和

---

① 斯大林:《论中国革命的前途》,《斯大林选集》上,人民出版社1972年版,第480页。
② 陈天华:《猛回头》。

缫丝工业保持着重要地位外，面粉、肥皂、水泥、水电及机器工业，也都成为民族资本竞相投资的对象。① 这些民族企业在不同程度上与帝国主义和封建主义存在着矛盾，特别是中小企业，深受帝国主义经济侵略之威胁，帝国主义与封建势力严重地威胁着它们的生存。人们认识到，"今欧美各国资本充溢……如水银泻地，无孔不入。不幸而中国适为经济竞争之中心点，流入之资本既多，则彼之所谓会社，所谓实业同盟者，断非吾中国一二涣散纷离之商人所能敌"②。因此，中国民族资产阶级强烈的反帝反封建的要求，在20世纪初叶，转化成为风起云涌的收回利权运动、抵制美货爱国运动便是不言而喻的了。

总之，20世纪初年，帝国主义侵略日益加深，人民生计日蹙。国势危急，岌岌不可终日。爱国人民，顺应时代要求，推动反帝反封建风潮汇成一股势不可挡的革命洪流，涤荡着清王朝的腐朽统治。

三、革命民主派的形成与发展

戊戌变法失败后，特别是义和团运动失败后，清政府的反动面目暴露无遗："这朝廷，原是个，名存实亡。替洋人，做一个，守土官长。"③人们对清政府再不抱任何幻想了。除了康有为、梁启超仍然坚持改良主义路线外，资产阶级改良派发生了重要的分化，不少人逐渐抛弃了对清政府的幻想而转向了革命。

1894年，孙中山在檀香山创立兴中会。兴中会以"驱除鞑虏，恢复中华，创立合众政府"为奋斗目标，标志着革命民主派的形成。革命民主派的形成，表明在中国产生了新的政治力量。他们以民主革命为宗旨，以暴力革命为手段，以建立民主共和国为目标，先后进行了一系列革命活动。

兴中会成立后，立即发动了广州起义和惠州起义，从1905年组建同盟会起到武昌起义前，短短的七年中，在同盟会领导和影响下，发起了八次起义，最终推翻了清王朝。

从1901年到1905年间，以资产阶级为主体的爱国团体如雨后春笋般遍布中国大地。特别是1904年，先后成立了以黄兴、陈天华、宋教仁为首的华兴会；

---

① 参阅张国辉《辛亥革命前中国资本主义的发展》，《近代史研究》1982年第2期。
② 张枬等编：《辛亥革命前十年间时论选集》第一卷（上），三联书店1980年版，第471页。
③ 陈天华：《猛回头》。

以陶成章、蔡元培、章太炎为首的光复会;以张难先、胡瑛为首的科学补习所。这些革命团体在青年学生、会党、新军中从事革命活动,宣传民主革命思想,革命民主派在新的条件下获得了不断壮大和发展。

革命派在革命中十分注重资产阶级民主革命思想的宣传工作。

1900年,孙中山在香港创办《中国日报》,1901年,留日学生在日本创办《国民报》,到辛亥革命前,资产阶级革命派先后在世界各地和国内,创办了120多种报刊。这些报刊,猛烈抨击清政府的卖国行径,揭露帝国主义对华的侵略,积极鼓吹民主革命,推翻清政府。在出版报纸的同时,革命民主派还发行了大量的书籍,其中影响较大的有陈天华的《警世钟》《猛回头》、章太炎的《驳康有为论革命书》、邹容的《革命军》,同时,还翻译和介绍了西方资产阶级的政治学说著作。如卢梭的《民约论》、孟德斯鸠的《万法精意》、约翰·穆勒的《论自由》、斯宾塞的《代议政体》《社会学原理》等。这些书籍,从爱国主义立场出发,深刻揭露、批判清政府对内镇压,对外投降的反动黑暗统治,传播了资产阶级的民主革命思想,启发了革命者的思想觉悟,推动了资产阶级民主革命的发展。

总之,20世纪初年,资产阶级革命民主派,以崭新的面貌活跃在中国的政治舞台之上,同各种反动势力进行斗争,这表明中国革命民主派日益走向成熟。1905年,各革命团体在日本东京组建中国同盟会。同盟会成立后,规定了中国民主革命的统一纲领;特别是孙中山在《民报》上阐述了"三民主义",为中国民主革命提供了新的理论武器。一场资产阶级领导的民主革命,开始席卷中国大地。

第二节 邹容、陈天华的思想

一、邹容反封建的民主革命观

邹容,原名桂文,又称尉丹、威丹、绍陶,四川巴县人。生于1885年,卒于1905年。

邹容出生于四川一个拥资巨万的大商人家庭。自幼聪慧好学,少年时代,熟读"四书"、"五经"及《史记》《汉书》。但对传统说教日感厌倦,视线投向维新派所传之新学、西学书刊。

1901年,邹容赴上海入江南制造局附设的广方言馆学习日语。次年,东渡日本,入东京同文书院。在日本留学期间,邹容积极参加蓬勃兴起的民主革命活动,是"拒俄义勇队"的发起人之一。他如饥似渴地探求西方资产阶级民主主义知识,对封建清王朝更加憎恶。1903年开始撰写《革命军》一书。

1903年,邹容回国,寄住上海爱国学社,与章太炎同寓,因思想接近,结为忘年交。同年,《革命军》一书完稿,由章太炎作序,署名"革命军中马前卒邹容",五月出版。《革命军》问世后,影响极大,被誉为中国的"人权宣言"。是时,《苏报》由章士钊主笔,刊登评论和介绍《革命军》的文章,"排满","仇满"文字不绝于版面,并载章太炎《驳康有为论革命书》。清政府与帝国主义勾结,制造《苏报》案,捕《苏报》馆人及章太炎,邹容自投捕房,以与章太炎共患难,因不堪狱中折磨,1905年4月,邹容被迫害惨死狱中,年仅20岁。辛亥革命后,南京临时政府追赠其为"大将军"。

《革命军》以高昂的政治热情和生动的笔触,对民主革命做了出色的宣传。

(一)充分肯定革命的必要性,赞颂革命是"天演之公例"。强调中国要摆脱封建专制,在世界上重振中华威风,非革命不可

宣传革命的必要性,是《革命军》的重要内容和特点。他说:"我中国欲脱满洲之羁缚,不可不革命;我中国欲与世界列强并雄,不可不革命;我中国欲长存于二十世纪新世界上,不可不革命;我中国欲为地球上名国、地球上主人翁,不可不革命。"[①]为了动员广大人民起来同清政府进行斗争,邹容对清朝入关以来种种罪恶统治进行了无情的揭露和抨击。他指出:自清政府在北京确立其统治地位后,对中原人民进行了极其残酷的统治,特别是经过"扬州十日"、"嘉定三屠"等野蛮镇压,统一了中国,为了强制人民剃发,八旗兵铁骑所至,屠杀掳掠,无恶不作,给广大人民带来数不清的苦难。

清军入关后,强行民族压迫政策,激起了中原人民的反抗斗争,这种斗争随着满族文化与中原文化的融合、清政府的残酷镇压、满族贵族政权不断稳定和统治阶级采取相对缓和国内阶级矛盾政策,如实行地丁合一等经济政策而逐渐消失。但民间秘密结社组织始终存在,反清复明的思想,在部分中原人民心中

[①] 邹容所作《革命军》,全书两万余字,共七章,分为绪论、革命之原因、革命之教育、革命必剖清人种、革命必先去奴隶之根源、革命之大义、结论等。以下引文均出自《革命军》,见《辛亥革命》资料丛刊(一)不另注。

是有一定烙印的。邹容揭露清政府的民族压迫政策,唤醒了长期以来埋在中原人民心里对清王朝统治的不满。邹容特别指出:"今我同胞受治于贼满人之胯下,是即牛马之受治于牧人也。"极具鼓动人民与满清王朝进行斗争的号召力。

为了动员人民进行革命,邹容揭露清王朝的封建专制统治的罪恶。邹容以西方资产阶级的"天赋人权"和"自由、平等、博爱"为武器,从多方面揭露和抨击了封建专制制度。他指出,在封建专制制度下,人民没有任何自由可言,"吾同胞每年中死于贼满人借刀杀人滥酷刑法之下者不知凡几",特别是广大农民,生活更为痛苦不堪。"今试游于穷乡原野之间,则见夫黧其面目,泥其手足,终日劳劳而无时或息者,是非我同胞之为农者乎?若辈受田主土豪之虐待不足,而满洲人派设官吏,多方剥之。"在封建专制制度的压迫下,被层层盘剥的农民,"务使之鬻妻典子而后已"。人民已经无法生存下去了,只有奋起反抗,才能挣断套在身上的封建枷锁。

(二)《革命军》明确地提出建立资产阶级共和国的方案

在《革命军》中,邹容提出了建国纲领25条。其主要内容是,主张推翻清王朝的封建专制主义制度,按照美国的宪法制定新的、中国资产阶级的宪法,主张在新建的国家中,实行男女平等,人民的自由权利,如言论、出版等不许侵犯。国家实行总统议会共和制,各省公举一议员,大总统由议员选举产生,地方政府也要由选举产生。政府有保护人民的权利和义务,如果违背人民的意志,人民即可革命,选举新的政府。对外,争取民族独立,主张"所有宣战议和、订盟通商,及独立国一切应为之事,俱有十分权利与各大国平等"。所创国家称"中华共和国"。这是一个对内实行民主、对外实行民族独立的资产阶级共和国方案,这是一个否定封建专制制度的革命方案。中国自秦始皇建立封建的皇帝专制制度后,皇帝拥有无上的权力,经过汉代,特别是董仲舒"道之大,原出于天;天不变,道亦不变"[1]思想被采纳。道,在中国古代哲学中本来特指规律与法则,在这里却成为了封建制度而固定不变,这一思想被汉武帝所接受并成为维护封建制度的重要理论,从此,君权神授被历代帝王所接受,封建中央集权制成为不容置疑的、根深蒂固存在于中国社会中的政治制度,并从法律上加以维护和巩固,对封建制度的任何指责都视为对皇帝权威的挑战,成为封建法律重点打击

---

[1] 《董仲舒传》,《汉书》卷五十六。

的对象。

（三）对封建专制主义的揭露与批判

邹容把建立资产阶级共和国与反对封建专制制度密切结合在一起。

首先，他用西方资产阶级"天赋人权"来否定中国封建专制制度。他指出："一国之政治机关，一国之人共司之，苟不能司政治机关，参与行政权者，不得谓之国，不得谓之国民。"他认为，"各人不可夺之权利皆由天授"。而中国自秦朝建立中央集权制后，皇帝"悍然尊大，鞭笞宇内，私其国，奴其民，为专制政体，多援符瑞不经之说，愚弄黔首，矫诬天命，揽国人所有而独有之，以保其子孙帝王万世之业"，历代封建统治者，都是"民贼、独夫、大盗、巨寇"，把国家看作是"一家一姓"之私产，"而自尊曰君、曰皇帝，使天下之人无一平等，无一自由"。而资产阶级共和国，则是人民享有自由，实现人人平等，这是与封建专制主义相对立的政体，也是封建专制政府绝不会容许之举。所以，革命派应该"诛杀满洲人所立之皇帝，以儆万世不复有专制君主"。反对封建专制，主张建立资产阶级的共和国，是邹容政治思想的核心。但是，中国是一个具有几千年历史的封建专制国家，封建观念在人们心目中是根深蒂固的，只有以极大的革命勇气，深刻揭露封建专制制度的罪恶，才能使民主革命思想得到广泛传播，邹容在这方面的作用是功不可没的。

经过几千年封建专制的统治，封建的伦理成为人们的精神枷锁，要推翻封建专制主义政治体制，对人民进行启蒙教育是十分必要的。邹容在《革命军》中提出破除封建伦理道德观的主张。邹容指出："中国之所谓二十四朝之史，实一部奴隶史也。"在这种历史条件下，"父以教子，兄以勉弟，妻以谏夫，日日演其惯为奴隶之手段"，造就了一大批"既无自治之力，亦无独立之心"，"倚赖之外无思想，服从之外无性质，谄媚之外无笑语，奔走之外无事业，伺候之外无精神"的奴才。而这种根源就是封建专制。"窒息于专制政体之下者，无所往而非奴隶"。邹容在批判封建伦理道德的同时，主张用资产阶级的法制、自由、平等观念，对人民进行教育，启发人民的思想觉悟，培养人民的"上天下地，惟我自尊，独立不羁之精神"，"冒险进取，赴汤蹈火，乐死不辞之气概"，反对忠于君、孝于亲的封建伦理。邹容对封建制度及封建伦理观的批判，唤起人们的觉醒，在启发人们为自由、平等而努力打破封建枷锁的斗争中发挥了积极的作用。

《革命军》作者以坚定的革命立场，旗帜鲜明的政治态度，吹起民主革命的时代号角。它的问世,给中国当时思想界以极大震动,它的问世也引起了清政府的极度恐慌。虽然遭到反动当局的禁止,却不胫而走。《革命军》一版再版,行销百万余册,充分说明其生命力的旺盛。鲁迅说:"倘说影响,则别的千言万语,大概都抵不过浅近直截的'革命军马前卒邹容'所作的《革命军》。"[①]它是这个时代的产物,又影响了这个时代,从此,"中华共和国"成为20世纪中国人民奋斗的目标,极大地鼓舞着中国人民推翻封建专制的伟大斗争。

二、陈天华的反帝爱国思想

陈天华,原名显宿,字星台、过庭,号思黄,湖南新化县人。生于1875年,卒于1905年。

陈天华出生在一个贫苦的乡村塾师家庭。幼年因贫曾"营小卖自治以求学"。稍长,清朝官场暴戾贪墨,人民饥寒交迫,备受欺压的境况,激起陈天华强烈不满,对洪秀全,杨秀清领导的太平天国深表景仰。

陈天华在戊戌变法期间,考入新化县实业学堂,1900年至1902年,先后在长沙岳麓书院、省求实书院、省城师范馆就读。

1903年,入日本东京弘文学院师范科学习。时逢沙俄侵占我东北,列强欲瓜分中国,陈天华极为愤慨,参加声讨沙俄妄图霸占东北的拒俄运动,参加"拒俄义勇队"。"拒俄运动"遭清政府镇压,陈天华在焦虑愤懑中,挥笔撰就《猛回头》、《警世钟》,以唤醒国人。1903年9月,沙俄增调军队侵入我东北,陈天华返国。1904年,陈天华与黄兴等人在长沙成立华兴会,策划武装起义反清,事泄又赴日本。

陈天华与宋教仁等创办《二十世纪的支那》杂志鼓吹革命。1905年,同盟会成立,《二十世纪的支那》改为同盟会机关刊物《民报》。陈天华以爱国激情在《民报》上发表了一系列反帝反封建的文章。

留学生在日本的革命活动,引起了清政府的恐惧。清驻日公使暗中勾结日本政府,由日本政府出面发布取消中国留学生规则,陈天华对此悲愤异常。1905年12月7日,他写了一份《绝命辞》,于是投海自尽,用死来激励国人爱国。其主要著作有《警世钟》《猛回头》等。

陈天华与邹容是辛亥革命前堪称比肩并驾的资产阶级宣传家。冯自由在

---

① 鲁迅:《杂记》,《鲁迅全集》第一卷,人民出版社1982年版,第221页。

晚清社会思想之变迁

《革命逸史》中说陈天华"所著咸用白话文或通俗文,务使舆夫走卒皆能谈之了解,故其文字小册散播于长江沿岸各省,最为盛行,较之章太炎《驳康有为论革命书》及邹容《革命军》,有过之无不及"。"就中以《猛回头》《警世钟》二种为效力至伟。"

(一)揭露帝国主义侵略中国的罪行,激励中国人民进行革命,建立独立自主的新中国

揭露帝国主义侵略中国的罪行,是陈天华思想的鲜明特色之一。为了唤醒中国人民的爱国之情,陈天华用群众容易接受的白话文写成唱本的体裁,向群众揭示了自鸦片战争以来,由于帝国主义的野蛮侵略给中国人民带来的深重灾难,使中国面临着十分险恶的危亡局势。他指出,自鸦片战后,海禁大开,各列强纷至沓来。"不上五十年,弄得中国民穷财尽。"[1]从两次鸦片战争到甲午战争,清政府对外是每战必败,特别是甲午战后,帝国主义掀起瓜分恶浪。"日本占了台湾,俄国占了旅顺,英国占了威海,法国占了广州湾,德国占了胶州,把我们十八省都画在势力圈内丝毫也不准我们自由。"[2]

帝国主义对华侵略,还表现在文化上对中国人民的精神奴役,派大批传教士来华。这些传教士在中国更是无恶不作,不仅向中国输出精神鸦片,而且"如狼似虎,一点待他不好,遂办起教案来,要怎么样就怎么样"[3]。

陈天华还用血泪斑斑的事实,揭露了八国联军在华无恶不作的丑行。"可惜北京一带,被八国杀得尸体遍野,血流成河,足足杀了四百万。俄国乘势占了东三省,无故的把六千人赶入黑龙江。"[4]

帝国主义肆意侵夺中国的各种权利,给中国人民带来日益深重的灾难。对此陈天华以十分沉痛的心情写道:"痛只痛,因通商,民穷财尽!痛只痛,失矿权,莫保糟糠!痛只痛,修铁路,人扼我吭!痛只痛,在租界,时遭凌践!"[5]

陈天华指出,中国面临的敌人,与过去历史上的朝代更换具有本质的不同,"从前灭国,不过是把那国的帝王换了座位,于民间仍是无损,于今就大大的不

---

[1] 陈天华:《警世钟》,《辛亥革命》资料丛刊(一)。
[2] 陈天华:《警世钟》,《辛亥革命》资料丛刊(一)。
[3] 陈天华:《警世钟》,《辛亥革命》资料丛刊(一)。
[4] 陈天华:《警世钟》,《辛亥革命》资料丛刊(一)。
[5] 陈天华:《警世钟》,《辛亥革命》资料丛刊(一)。

第四章 二十世纪初年的社会革命思想

相同了","那灭种的法子也是不一,或先假通商,把你国的财源如海关等一手揽住,这国的人渐渐穷了";"或先将利债借与你国,子息积多,其国永远不能还清,拱手归其掌握,或修铁路于你国中,全国死命皆制在他手;或将你国的矿产尽行霸占"①。陈天华用无可辩驳的事实,对帝国主义侵略中国的本质进行了揭露和批判,对于提高中国人民的民族觉悟确实起到了振聋发聩的作用。

为了启发中国人民的爱国思想觉悟,唤醒人们起来挽救日渐危亡的祖国,陈天华对中国当时所面临的险恶处境进行了宣传。他指出:"俄罗斯,自北方,包我三面;英吉利,假通商,毒计中藏;法兰西,占广州,窥伺黔桂;德意志,胶州领,虎视东方;新日本,取台湾,再图福建;美利坚,也想要,割土分疆。这中国,那一点,我还有份?这朝廷,原是个,名存实亡。"②陈天华用生动形象的笔触,向中国人勾画了甲午战后,帝国主义瓜分中国的狂潮恶浪,企图消灭中国的险恶形势。

(二)揭露清政府投降卖国、残暴昏愦的反动嘴脸

20世纪初年,中国社会发生了重大变化。清政府已沦为帝国主义在华的统治工具,甘当洋人儿皇帝。陈天华指出,由于清政府卖国投降,使中国人民"都是洋人畜圈里的牛羊,锅子里的鱼肉,由他要杀就杀,要煮就煮","我们同胞辛苦所积的银钱产业,一齐要被洋人夺去,妻儿老小,活活被洋人拆散","大好的江山,变成了犬羊的世界,神明贵种,沦落为最下等的奴才"③。中国人民这种悲惨命运是清王朝对外投降的结果。他深刻指出:清政府"这朝廷,原是个,名存实亡。替洋人,做一个,守土官长。压制我,众汉人,拱手降洋"④。"洋人的朝廷",这个丑恶面目暴露无遗。20世纪初年,国内阶级矛盾尖锐,清政府为缓和阶级矛盾,曾举"新政"调整其统治政策,表示要"革新"。对此,资产阶级改良派欢欣鼓舞,而陈天华却强调:"你道今日中国还是满洲政府的吗?早已是各国的那些财政权、铁道权、用人权,一概拱手送与洋人,洋人全不费力,要怎么样,只要下一个号令,满清政府遂立刻奉行。中国虽说未曾瓜分,其实已经瓜分

---

① 陈天华:《警世钟》,《辛亥革命》资料丛刊(一)。
② 陈天华:《警世钟》,《辛亥革命》资料丛刊(一)。
③ 陈天华:《警世钟》,《辛亥革命》资料丛刊(一)。
④ 陈天华:《警世钟》,《辛亥革命》资料丛刊(一)。

数十年了"。① 因为义和团运动之后,满清政府与帝国主义的关系是主与奴的关系,陈天华一针见血地指出:"你道各国占领了北京,怎么不就地这中国实行瓜分了？不晓得各国像貌不同,言语不通,兼且离我中国很远,那里有许多人征服我们？不如留着这满洲的政府,代他管领,他又管领这满洲的政府",陈天华对清王朝统治者,无视国破民族亡的现实,整天沉湎在醉生梦死状态,进行了愤怒的鞭挞,把清王朝卖国求荣的反动面目公开示众,擦亮了中国人民的眼睛,促进了群众的觉醒。

(三) 呼吁中国人民同中外反动势力进行斗争以拯救中华民族

陈天华指出,在外国侵略者的魔爪下,中国人民都成了帝国主义任意宰割的牛羊。要改变这种受奴役的地位,只有彻底打碎套在中国人民身上的枷锁,推翻清王朝的反动统治,誓死抗击帝国主义的侵略,"那怕他,枪如林,炮如雨下；那怕他,将又广,兵又精强；那怕他,专制政,层层束缚；那怕他,天罗网,处处高张！"②只要全体中国人民团结一致,"洋兵不来便罢,洋兵若来,奉劝各人把胆子放大,全不要怕他"。无论是读书人,还是农民；无论是"做生意"的还是"做手艺"的人,"齐把刀子磨快,子药上足,同饮一杯血酒,呼的呼,喊的喊,万众直前"。③

陈天华把斗争锋芒直指帝国主义。为把帝国主义赶出中国,他号召全民族一齐起来同侵略者进行斗争,直到取得最后胜利。帝国主义对中国进行民族压迫,反对帝国主义就不是少数人的行为,在帝国主义侵略面前,"倘若是,现政府,励精图治；保得住,俺汉种,不遭凶殃,俺汉人,就吞声,隶他宇下,纳血税,做奴仆,也自无妨"④。然而,清政府成为洋人朝廷,所以,在反对帝国主义的同时,也要反对封建的清王朝,从而把反帝反封建的斗争结合在一起了。这种民族、民主革命,就要抛弃对清政府的幻想,增强全国人民的自信和自强的革命精神。

首先,要有正确的政策和策略,区别对待外国人。在同帝国主义进行斗争时,要时刻提高警惕,但却要放弃盲目排外的做法,"平日待各国的人,外面极其

---

① 陈天华:《警世钟》,《辛亥革命》资料丛刊(一)。
② 陈天华:《猛回头》,《辛亥革命》资料丛刊(一)。
③ 陈天华:《猛回头》,《辛亥革命》资料丛刊(一)。
④ 陈天华:《警世钟》,《辛亥革命》资料丛刊(一)。

平和,所有教堂、教士、商人,尽要保护,内里却刻刻提防他,如他要占我的权利,一丝儿不能"。另外,强调学习西方的长处,"越恨他,越要学他","学到他的,把来打他,岂不更好吗!"①

其次,要团结一切力量一致对外。一是团结会党。因为秘密会党"干生愤恨刿族侵陵中国,所以结集党羽,无非是想为汉种出力,打救同胞"。所以,他主张与会党进行联系,彼此照应,并主张与教民进行联系,劝说教民,教可以自由相信,但应爱国,不允许帝国主义侵略中国。二是要动员工、农、兵、学、商、青、妇团结一致,为民族独立和解放事业共同奋斗。

其三,陈天华指出,要敢于同帝国主义进行斗争。"其实洋人也是一个人,我也是一个人,我怎么要怕他。"②他说:"俗语说的,一人舍得死,万夫不敢挡。一十八省四万万人,都舍得死,各国纵有精兵百万,也不足畏了。各国的兵很贵重的,倘若死了几十万,他就怕中国,不敢来了。"③陈天华的这一思想主张,表现了中国人民爱国主义的高尚情操和放手同一切反动势力进行斗争的中国人民不畏强暴的革命英雄气概。

陈天华的反帝爱国思想,具有强烈的时代特征。他明确认识到清政府已经是洋人朝廷,把反帝与反封建结合在一起,抓住了当时中国社会的主要矛盾。在反对帝国主义斗争中,不仅反对简单盲目地排外,而且提倡向西方学习一定的策略;在反对封建主义斗争中,并不是简单地反对满清政府,而是要根除封建专制制度。这就表明陈天华的反帝爱国思想所具有的科学性和认识价值。

第三节 朱执信的社会思想

朱执信,名大符,广东番禺人。生于1885年,卒于1920年。

朱执信出生于封建士大夫家庭。1902年入私塾读书。严重的民族危机和社会危机,使他产生了救亡和变革的愿望。在校期间,他组织了群智社,并认真阅读《扬州十日记》及王夫之等清初进步思想家的书籍,同时接触了西方资产阶级启蒙主义思想家的学说,开始探求救国的真理。

---

① 陈天华:《猛回头》,《辛亥革命》资料丛刊(一)。
② 陈天华:《猛回头》,《辛亥革命》资料丛刊(一)。
③ 陈天华:《猛回头》,《辛亥革命》资料丛刊(一)。

1904年,朱执信东渡日本留学。次年加入同盟会,开始从事民主革命的活动。1905—1907年,朱执信以饱满的革命热情参加了与改良派的论战,在深刻揭露和批判清政府假立宪、抨击改良派思想主张的同时,系统地阐述了孙中山的三民主义。

1906年,朱执信回国积极参加武装推翻清政府的斗争,黄花岗之役负伤逃亡香港。武昌起义后,朱执信与广东革命党积极响应,并担任了军政府的总参议,随后支持孙中山的"二次革命",参加了护法运动。

俄国发生十月革命后,给朱执信带来更大的希望,他热情赞颂十月革命,并从中吸取了进步思想,这时期他撰写了大量文章,赋予三民主义某些新的内涵。

1920年,朱执信支持孙中山驱除桂系的主张,在策动虎门炮台守军反正过程中不幸遇难。

朱执信是中国资产阶级革命民主派的著名理论家和活动家,在长期革命活动中撰有大量文章,以后收入《朱执信集》内。

一、对清政府假立宪的揭露与批判

1905年,革命派在探索中国民主革命道路过程中,提出了民主革命的纲领,并把"驱除鞑虏,恢复中华"作为民主革命的首要任务。朱执信作为孙中山的忠诚战友,极力捍卫孙中山提出的革命纲领,坚决主张采取暴力革命的手段来推翻清王朝,以实现中华民族的独立与解放。朱执信在《论满洲虽欲立宪而不能》《驳法律新闻之论清廷立宪》等文章中,对清政府假立宪的反动面目进行了揭露,指出了革命的必要性和合理性。

朱执信一针见血地指出:"满洲日言立宪,欲以为愚弄一世具,藉保其大位也。"[①]

1905年后,清政府为缓和国内矛盾,曾派五大臣出洋考察,并表示要实行立宪。消息传出,改良派感到欢欣鼓舞。朱执信认为:"夫谓满洲从外患刺激而悟变法自强之为急务,此一般根本之误也。夫满洲知内乱耳,何知外患。彼之目的,犹是聊乐一日之目的也。夫所谓外患,抑又何损于彼。"[②]清政府的立宪活

---

① 朱执信:《驳法律新闻之论清廷立宪》,《朱执信集》,上中华书局1979年版,第33页。

② 朱执信:《驳法律新闻之论清廷立宪》,《朱执信集》上,第34页。

第四章 二十世纪初年的社会革命思想

动是不得已而为之的保持满清贵族特权之举。"是故言变法自强者,非对外而然,实对内而然也。其言之意,固在名,而不在实也。惧民之昌,则已之薄,因予之口惠,销其锐气,奖以空名,而揽其实权。"是时,清政府一方面对日益发展的民主革命感到恐惧,同时,一些握有实权的朝臣和地方封疆大吏并不完全听令于清廷,清政府封建中央专制集权制受到了威胁。1900年,义和团运动爆发时,为了利用义和团,清政府发布"宣战上谕"后,李鸿章、刘坤一、张之洞则宣布"宣战上谕"是"矫诏",表示"断不奉行"。参加和附和这一活动的,先后有两广、闽浙、两江、湖广等地的督抚。另一变化就是江浙一带的士绅和资本家,如张謇、汤寿潜等人,与清政府的地方大吏相勾结,广泛进行立宪活动。1905年日俄战争的结果促使俄国民主革命运动不断高涨,为清王朝所恐惧与鉴诫。在这种历史条件下,清政府权衡得失,才决定立宪。朱执信称清政府之立宪是"知内乱",变法是对内而言,为"揽其实权",切中了清政府立宪之要害。

在朱执信看来,要立宪,必须按资产阶级"天赋人权"的原则,实现人人自由与平等。而满洲贵族自入关后,一直采取的是民族歧视与民族压迫政策,不解决这一民族问题,空谈立宪只能是一场骗局。

朱执信指出,清政府所实行的封建君主制,其吏治败坏,统治黑暗,是与立宪的民主制相对立的。在统治集团内部,满族贵族一直掌握朝纲,朱执信说:"夫今日满人之政权,百倍汉族,束发为吏,无大过失,则黑首卿相可坐致也。以是误下而肥,无所能则以谄为工。其所志无过金玉侈靡,则不惮以贪婪为业。天下之涂毒,一切由之。"[1]吏治败坏,政治黑暗,绝不应简单地归结为满洲权贵的过失,实际上是封建专制制度本身无法克服的矛盾所致。在对封建制度的批判上,朱执信在理论的深度上不如改良派,但是,他却把封建制度的腐败与满族贵族的统治联系在一起,主张:"欲立宪,则必革命","革命者欲去满人""舍革命更无他求",[2]把推翻清王朝的斗争与反对满洲贵族的统治结合在一起,强调革命的必要性,有助于民主革命思想的传播。

朱执信思想中不足之处是显而易见的。他说:"若数国之民,种性各异,其中有政治能力优者,则并服其劣者,于政治上为最良。故今日中国而欲立宪也,必汉族之驱并满洲而后能为之,与之合同,适以自累也。姑无论仇雠,以求政治

---

[1] 朱执信:《论满洲虽欲立宪而不能》,《朱执信集》上,第2页。
[2] 朱执信:《论满洲虽欲立宪而不能》,《朱执信集》上,第3页。

上进步之顺序言,亦当如是。况吾汉族,非排满,则其政治能力,亦固无所伸张也耶。"①就满族来说,入关后并非立刻腐化。各封建王朝末期政治腐败是中国封建专制制度的通病,清王朝也没有走出这一历史规律。但是,也应看到,清朝入关后,给满清贵族以种种特权,旗人也多养尊处优,不思进取,八旗兵的腐败足以说明这一点。后来清政府成立"皇族内阁"时其中出类拔萃者几乎没有,应该说是这一民族的悲哀与不幸。但这并不是满民族的民族性导致的结果,而是封建专制制度的罪孽。朱执信过分强调民族的优劣性,掩盖了阶级、阶级压迫的实质,实际上把汉人视为正统,这种观点无疑是不正确的。

二、国民革命论

主权在民,是资产阶级政治思想的核心,资产阶级的民主制度则是这一思想在政治制度上的表现形式。就西方资产阶级政治制度来说,分为"共和制"与"君主立宪制"。两者表现形式相异,阶级本质相同,都是与封建专制制度相对立的政权组织形式。但是,近代中国资产阶级改良派与革命派在这一问题上却有不同的认识。梁启超认为:民权与民主是有区别的。"而谓言民权者必与彼所戴之君主为仇,则其忧之、嫉之,畏之也固宜。不知有君主之立宪,有民主之立宪,两者同为民权,而所以驯致之途,亦有由焉。凡国之变民主也,必有迫之使不得已者也。使英人非虐待美属,则今日之美国,犹澳洲、加拿大也;使法王非压制其民,则今日之法国,犹波旁氏之朝廷也。"②而中国"今也内有爱民如子、励精图治之圣君"③,只可实行君主立宪,没有通过革命,而建立资产阶级共和制的必要。

朱执信在《论社会革命与政治革命并行》一文中,阐述了他的民权观,并主张"贫民当政",极力鼓吹国民革命。

首先,朱执信批判了改良派的"绅权"论。他指出:实行"绅权",并没有革除封建专制制度的弊端。"绅权"绝不是民权。如果实行"绅权","则桓灵卖官之政,乃真能应富人以官者","捐纳之制,其可永存,而平等之说,直当立覆

---

① 朱执信:《沦满洲虽欲立宪而不能》,《朱执信集》上,第3页。
② 梁启超:《饮水室合集·文集·立宪法议》。
③ 梁启超:《饮水室合集·文集·立宪法议》。

地"。① "绅权"不是民权,它从根本上否定了资产阶级的天赋人权思想主张,是对资产阶级平等观的亵渎和否定。

其次,朱执信在认真考察中国历史的基础上指出:"中国往代揭竿之事,多起于经济之困难,于汉、唐、明之末季尤著,此最当注意之点也。由此以扩充之,则经济组织能早完善,不致召今日之社会革命,未可知也。惟图苟且之安,而无百年之计,政府未覆而戴新主,及其功成,相与休息,更不闻有为谋大多数衣食完足之道者,此致足惜者也。然中国革命运动之力不出于豪右之族,证佐亦以昭矣。"他主张"现时革命运动,亦绝不以豪右为中心"②。中国封建专制制度是中国贫富悬殊的总根源,是中国革命运动的起因。"豪右"者是这一制度下的既得利益者,他们极力维护封建制度的目的在于维护其本身利益不受侵犯,欲彻底解决中国的社会问题,免除中国历史总是在封建专制制度兴衰往复的循环中,非革命不可,而革命的依靠力量是贫民而不是"豪右"。

其三,朱执信主张"贫民当政"。他指出:"凡政治革命之主体为平民,其客体为政府(广义),社会革命之主体为细民,其客体为豪右。"③在朱执信看来,"细民"也具有平民之参政、议政等各项民主权利,这是较为彻底的资产阶级民权观。关于"细民",朱执信指出:"细民者,古义率指力役自养之人",包括农民在内的一切劳动者。由此可见,朱执信强调的是人人平等,人人都拥有对国家的管理权。劳动者不因其贫而被拒于政权之外,富有者也不因其有钱就一定能参政、议政。这种贫民当政思想,抓住了封建社会主要矛盾。事实证明,农民是反对封建专制统治的主要社会力量,也是中国资产阶级革命所依靠的主要社会基础。只有发动农民(包括一切劳动者)起来与封建势力进行斗争,才能彻底打碎封建地主阶级专政的国家机器。

三、对民生主义的阐述

民生主义是孙中山三民主义中的社会革命纲领。其主要内容就是防止出现严重的贫富对立,避免资本主义的恶果。用孙中山的话说叫作"打破社会上

---

① 朱执信:《朱执信集》上,第66页。
② 朱执信:《朱执信集》上,第64页。
③ 朱执信:《朱执信集》上.第60页。

不平等之阶级也,此阶级为贫富阶级"①。具体的办法就是"平均地权"。对这一思想,朱执信做了较为系统的理论阐述。

朱执信主张通过革命建立新的社会制度,为解决中国人民的民生问题奠定基础。他的民生观借鉴了马克思的社会主义理论,吸收了苏联的经验,也有中国传统文化的烙印。他提出了通过赎买土地政策实行土地国有的土地经营思想、发展实业来振兴国民经济,他的"理想军队"、"理想地区"方案直接面对民众生活,体现了以民为本,代表了人民的利益是值得肯定的。"理想地区"是朱执信对于中国社会发展的新探索,是一个过渡阶段,它突破了旧三民主义,但还不能认定是完全的社会主义制度,也不是资本主义制度,而是一种带有社会主义色彩的、代表平民利益的政治制度。

民生,即人民的生存与生活的改善。对于救亡图存是第一要务的中国人民来说,改善生活只是一种奢侈的想法,求生存则是首当其冲的愿望,挽救民族危亡是历史提出的时代任务。西方殖民主义者疯狂侵略和清王朝的腐朽统治将一个主权独立国家推向半殖民地深渊。中国近代社会的特殊性决定了有正义感、有良心、有责任的思想家必然担当起反帝反封建的历史重任。残酷无情的事实告诉人们:改善生活的前提是首先能够生存,而生存的条件是民族的独立与解放,这一条件的实现是必须进行革命,建立新的制度,使中国人民的民生问题的解决有制度上的保障。对革命道路进行探索是这一时期民主革命派的必然选择。1840年后,中国经历了从闭关锁国走向开放的过程,这一过程是痛苦的,但是,却决定了中国的根本变化。在这个变化过程中,部分中国人把探索中国救亡图存道路的目光投向了西方,在有选择地接受西方资本主义文明的同时,也接触到了马克思主义并受到了一定的影响。朱执信就是这样一位思想家。

朱执信早年赴日本学习,其间接触了马克思主义,并撰写了《德意志社会革命家列传》一文,于1906年4月刊载在《民报》上。这篇文章不仅客观介绍了马克思的生平,而且对《共产党宣言》《资本论》的内容也做了客观和相对准确的介绍。同时,对社会革命的动因有了自己认识。他认为革命分为政治革命和社会革命,"政治革命者,第以对少数人夺其政权为目的耳,然则敌少而与者众也。

---

① 孙中山:《孙中山全集》第6卷,第27页。

第四章 二十世纪初年的社会革命思想

社会革命,则富族先起为阻,而政府又阴与焉,务绝灭其根株,以谋其一己之安"①。在揭示了"政治革命"目的的同时,说明了"社会革命"中的当权者与"富人"之间沆瀣一气的关系。他指出:"马克思认为'资本家者,掠夺者也。其行,盗贼也。其所得者,一出于朘削劳动者以自肥尔'。"②对此,朱执信是认同的,并深刻指出了西方社会矛盾激化的原因和革命的缘由。他在1906年4月发表在《民报》上的《论社会革命当与政治革命并行》一文中指出:"社会革命之原因,在社会经济组织不完全也。凡自来之社会上革命,无不见其制度自起身者也,此必然之原因也。至其他有所藉而后暴发者,偶见之事,固不能谓社会革命绝不缘是起,而言社会革命无必然之关系,则非所论也。而今日一般社会革命原因中最普通而又以之代表一切者,则放任竞争,绝对承认私有财产权之制度也。今日之社会主义,盖由是制度而兴者也。因是制度之敝而后为之改革之计画者也。于英、于法、于德、于奥、意等,无不皆然。而俄罗斯则独不殊,谓之例外可耳。"③资本家对于工人阶级的残酷经济剥削,为确保已得利益,以资产阶级国家机器为暴力工具来强化统治,因此,只有铲除这一不合理的政治制度,结束少数人对多数人的统治,是当时西方社会主义思潮兴起和必然诉求。

贫富不均是中国封建社会矛盾的根源之一。为维护统治者的长治久安,历朝历代有所作为的皇帝、王公、大臣也曾殚精竭虑。在封建社会,最能代表财富的是土地,土地问题一直是历代皇帝关注的大问题。秦汉确立了地主土地所有制后,土地兼并成为一种趋势,汉哀帝时日益严重,成为社会矛盾激化的根本原因,因此有"限田之议"。如何限田,也就是防止地主对土地的高度垄断,曾一度成为统治者采取巩固自己地位、缓和社会矛盾、解决贫富不均的主要政策,但是都没有获得成功。汉代以降的统治者们无不采取各种措施,特别是在改革土地制度上下功夫,于是有均田制等新的土地政策与制度出现了。但是,无论怎样做,中国历史发展的事实,是都没有从根本上解决中国的贫富不均问题。均贫富只是部分停留在口号上了,实际上是办不到的。一般来说,社会矛盾多因贫富不均所致,中国封建社会爆发了大大小小的农民起义,到后来均贫富则成为农民起义、反对地主阶级的口号,太平天国时,把均贫富这一思想发挥到极致。

---

① 朱执信:《朱执信集》上,第8页。
② 朱执信:《朱执信集》上,第16页。
③ 朱执信:《朱执信集》上,第56~57页。

而在人们心理上,对"不患贫,而患不均"也是认同的。纵观中国历史不难发现,均贫富作为动员农民反抗封建统治的口号,确实发挥了应有的作用,但是,没有相应的社会制度做保障,旧式农民起义只能是封建王朝改朝换代的工具。像太平天国这样的史无前例的农民政权,也没有逃离其兴也浡、其亡也忽的历史宿命。

对于爆发社会革命之缘于社会制度的不合理,朱执信进行了进一步的阐述。朱执信认为西方社会存在着贫富不均,这是表面现象,实际上,"贫富悬隔者,社会经济组织不完全之结果"①。也就是说,社会上存在的贫富相差是特殊现象,是客观存在,并且是问题的外在表象,其根本原因在于"社会经济组织不完全"。那么,这"不完全"是怎样造成的,这"不完全"的表现是什么,朱执信认为"放任竞争,绝对承认私有制是也"②。社会制度不从根本上变革,是不能解决"贫富悬隔"这一问题的,社会制度是产生社会矛盾的根本,而要解决这一问题的途径只能进行社会革命了。从中不难看出革命民主派所进行的辛亥革命之目的,不仅是要结束满族贵族的封建统治,而且是变革中国社会的性质,建立民主制度。学界特别是国外一些学者仅从同盟会纲领的"驱逐鞑虏,恢复中华"的表面上就认定辛亥革命是"种族革命"而不具有民主革命的性质,这是与革命民主派宣扬的"反满"口号相关,更重要的是没有全面认清辛亥革命的内涵并片面理解"驱逐鞑虏,恢复中华"所致。当然,朱执信也主张或认为"绝灭竞争,废去私有财产制,或不可即行;而加之制限,与为相对的承认,则学理上殆无可非难者也"③。就中国当时的历史条件,或辛亥革命后,乃至相当长的时期内是不可能废除"私有财产制"的。这是中国历史发展的阶段所决定的,朱执信这种认识是符合客观事实的。朱执信明确指出,"放任竞争"与"自由竞争"是有所区别的,这区别的标志,就是对"资本"进行限制,使其不可"独占之天然生产力",使"资本之所以支配一切之权失矣"。④ 其实质,就是不允许在中国产生垄断资本、金融寡头,如果出现了这种财富高度集中在少数垄断者手中的情况,他们"独占"社会资源,是对他人进行"竞争"的妨碍,这一认识是十分独特的。

---

① 朱执信:《朱执信集》上,第57页。
② 朱执信:《朱执信集》上,第57页。
③ 朱执信:《朱执信集》上,第57页。
④ 朱执信:《朱执信集》上,第58页。

第四章 二十世纪初年的社会革命思想

朱执信认为:"另未至贫富悬隔,可为社会革命。"①贫富过于悬殊,是革命的动因。那么,没有达到这种程度,为什么还要进行革命呢?

首先,我们必须分析朱执信的"贫富悬隔"指的是什么,革命的目的是什么。在朱执信看来,当时的中国并没有发生类似欧洲的革命,是因为中国存在贫富差别,但是还没有达到"贫富过于悬隔"的地步。"中国今日因不无贫富之分,而决不可以谓悬隔,以其不平不如欧美之甚。"②既然如此,为什么还要革命呢?朱执信认为:"盖社会革命者,非夺富民之财产,以散诸贫民之谓。"③革命民主派所进行的革命,不是旧式的"均贫富",更不是"杀富济贫",这种简单的"杀富济贫"在他看来,不仅不是革命,而且是"动乱",因为"杀富济贫"并不能解决中国社会的根本问题,或者说不能从根本上铲除贫富过于悬殊而滋生社会矛盾不断激化的土壤。"杀富济贫"表面上使社会财富不均的问题得到解决,但结果必然是"复令为竞如昔,则无有蹈覆轨而不颠者也"④(这是从中国改朝换代的历史发展过程中得出的结论。所以,革命的目的是"取其不平之制而变之,更对于已不平者,以法驯使复于平,此其真义也"⑤),这才能从根本上消除产生社会矛盾的根源所在。

其次,朱执信认为:中国当时没有发展到欧美国家资本主义社会的程度,资本主义社会的"不平之形未见,而已有可致不平之制度"⑥。因此,要进行社会革命,防止欧美资本主义社会的弊端在中国产生或出现。朱执信清楚认识到,中国社会的性质不是西方资本主义制度,还没有产生左右国家政治、经济命脉的资本高度垄断集团,社会矛盾的性质也不同,在这种情况下,铲除滋生资产阶级垄断集团可能产生的土壤,减少革命的成本,这与孙中山所主张的革命有异曲同工之效,因为"当其未大不平时行社会革命,使其不平不得起,斯其功易举也"⑦。由此,使产生社会过于贫富不均的萌芽消除掉,对国家、社会、人民来说就等于减少一次大规模的革命,减少一次大规模的社会动荡,在发展中国的道

---

① 朱执信:《朱执信集》上,第58页。
② 朱执信:《朱执信集》上,第58页。
③ 朱执信:《朱执信集》上,第58页。
④ 朱执信:《朱执信集》上,第58页。
⑤ 朱执信:《朱执信集》上,第58页。
⑥ 朱执信:《朱执信集》上,第58页。
⑦ 朱执信:《朱执信集》上,第58页。

路上,使中国不从属于西方资本主义。

其三,"社会革命当有不因于贫富悬隔者"。朱执信指出:"盖社会革命之后,于往代之经济制度变更亦当用之。然如自封建时代之经济制度变为放任竞争制度之际,亦可言革命也。"①也就是说,资本主义代替封建社会,这是一种历史发展的必然,当然是革命。朱执信认为这种革命并不是单纯地由"贫富悬隔"引起的。这是从欧洲近代社会发展的历史过程中分析而得出的结论。欧洲社会变革的重要动因是生产力高速发展、工业革命产生、机器广泛运用于社会生产而引发的整个社会的变革。对此,马克思说:"大体来说,亚细亚的、古代的、封建的和现代资产阶级的生产方式可以看作是社会经济形态演进的几个时代。资产阶级的生产关系是社会产生过程的最后一个对抗形式,这里所说的对抗,不是指个人的对抗,而是指从个人的生产条件中生长出来的对抗,但是,在资产阶级社会的胎胞里发展的生产力,同时又创造着解决这种对抗的物质条件。因此,人类社会的史前时期就以这种社会形态而告终。"②朱执信所处的时代,中国面临着要么彻底沦为西方殖民者的殖民地,要么进行革命而独立的重大历史选择,反对外来侵略、反对封建统治是民主革命派的主要任务。那么,独立后,中国的历史向何处发展,这是革命家所关心的问题。

如果从尼德兰革命算起到朱执信所处的时代,西方资本主义经历了二百多年的发展历程,在这个过程中,生产力高度发展,出现了超越任何一个历史阶段的大工业时代。而现代工业化的结果是:社会化大产生和国际化大市场的出现,促进了资本主义文明的大繁荣。但是,这种繁荣是建立在对世界其他弱小民族的掠夺、血腥的战争、可耻的黑奴贩卖之上的,这种繁荣更是建立在对本国劳动人民的敲骨吸髓基础之上的。在西方资本主义发展的二百多年里,战争不断,内乱不息,经济危机产生并爆发,加剧了人民的痛苦。以孙中山为代表的革命民主派曾长期生活在海外,对西方资本主义国家的情况是有所了解的,所以,当历史转折的关键时刻到来时,他们不仅没有步西方资本主义历史发展的后尘,而是选择了一条有别于西方资本主义的道路对中国进行改造,目的是建设一个没有"贫富悬隔"社会。

---

① 朱执信:《朱执信集》上,第58~59页。
② 《马克思恩格斯选集》第2卷,人民出版社1972版,第83页。

四、实行国家赎买土地政策的土地经营观

马克思说:"各民族之间的相互关系取决于每一个民族的生产力、分工和内部交往的发展程度。这个原理是公认的。然而不仅一个民族与其他民族的关系,而且一个民族本身的整个内部结构都取决于它的生产以及内部和外部的交往程度。一个民族的生产力发展水平,最明显地表现在民族分工的发展程度上。任何新的生产力,只要它不仅仅是现有生产力的量的扩大(例如开垦新土地),都会引起分工的进一步发展。"①只有具体分析一个民族的发展进程、所处时代的社会状况,才能对这一历史现象做出正确的判断。

同西方国家对比,中国历史经历了漫长的封建社会,士、农、工、商的简单分工决定了中国社会的内部结构是相对稳定而又十分简单的。这种稳定,是建立在自给自足的小农经济基础之上的。清王朝的海禁政策是被西方坚船利炮打破的,中国与外界的联系与交往并不是社会经济发展与变化的结果。所以,尽管经过了19世纪60年代的洋务运动,辛亥革命前民族工业的发展,但是,中国社会生产力发展水平并没有得到全面的提升,新式生产只是局限在个别生产领域中,对整个社会生产、社会结构的变化并没有产生决定性的影响。因此,解决中国人民的民生问题,革命民主派是先从土地开始的,这并不奇怪,这是中国历史发展阶段和发展进程的结果。

需要指出的是:朱执信的民生观深受孙中山影响,但又与孙中山的主张有所不同。在解决土地所有权问题上,他的主张与孙中山并无区别,其方法是:通过赎买,使土地国有,而不是采用激烈的暴力革命手段来夺取地主的土地。

朱执信说:土地归国家之术,方法有二。"一为公债买收。而此公债买收者,不能以给付公债之时期为完了","吾人之目的,在得其土地所增之租。故一旦买收之后,非至其收入是以给公债利子之外,别有以供给国家之用,不可谓完了。盖各国之国有事业,只以归于国有为目的。而此政策则归于国有之外,别有与国家以充足之收入之目的故也。然吾人固不能恃此方法"。② "二为定价而国家收费增额之法也。此方法之利用,视前法为多。盖调查其土价而划定之,则地主只能有其现所有之土价。而此地价,无论何时,由官给之,则地主无

---

① 《马克思恩格斯选集》第1卷,人民出版社1972版,第76页。
② 朱执信:《朱执信集》上,第109页。

不利也。有欲买者，纳价于官，官取其所增以定价与原主，其不足，官为补足之。则买者亦无不利也。如是其利则独在官。"①概括之，这与孙中山平均地权的措施"土地国有，增加归公"在本质上是一致的。但朱执信特别强调的是，土地由国家赎买，但是以发行公债的方式进行，对于土地所有者来说，并不是一次性卖断，发行公债是有利息的。因此，第一种方法给予土地所有者的是带有增值额度的具有投资性质的公债。此种方法是国家可得"土地所增之租"，增加国家收入。第二种方法是先划定地价（按当时的土地市场价格），地主拥有的是"划定"的地价，随着社会经济的发展，地价将不断提升，提升后的价格是为"增价"，增价归国家所有。那么，这种政策是否可行，答案是肯定的。朱执信列举了当时广东商人利用芦汉铁路地价增值而致富来证明。广东商人预知芦汉铁路两旁土地一定会升值，地价"必日腾也"，于是与地主订立契约，以高出"时价数倍"，但不是立即购买，而是把购买期限定在若干年后，并规定失时则"废约"，并且在规定期间土地不可出售。铁路通后，地价大增，超过契约价，这时，广东商人转手将土地出售，按朱执信说，广东商人只顾眼前利益，如果"自保其土地之大部，以一小部之价偿其析值……如是则商所收益，可百十倍。又假如此者非商，而国家自进为之，则亦可以得莫大之收入也"②。从中国当时国情及发展趋势而言，朱执信乐观认为将来中国经济发展必然"铁道纵横，次第敷设"；除此外，"森林、矿山之业，次第发达，是皆铁道之类也"。③那么，发行公债是否可行呢？朱执信说国际上也有前例，"此征之普之国有，其例叙易明者也"④。1894年，普鲁士利用修筑铁路发行公债收入为94 740万马克，其中纯利为38 490万马克，到1898年，收入高达120 970万马克。

除了在农村实行这种土地赎买政策，在城市也推行土地国有。朱执信十分清楚地认识到，随着社会经济的发展，人口将不断向城市集中，"故今日文明国间，人口三分之一成于都会者，其中大数；而都市人口以渐增加者，其趋势也"⑤。这是他在考察了美国、英国、法国、德国后，并根据《国家学会杂志》第44号的统计数字而得出的结论。这种认识是符合人类历史发展过程的，随着经济

---

① 朱执信：《朱执信集》上，第109页。
② 朱执信：《朱执信集》上，第110页。
③ 朱执信：《朱执信集》上，第110页。
④ 朱执信：《朱执信集》上，第111页。
⑤ 朱执信：《朱执信集》上，第121页。

第四章　二十世纪初年的社会革命思想

的快速发展,各国的城市化速度也在加快,城市人口的数量不断增加,土地的价格不断上涨,土地是一种特殊的天然的增值商品。他发现美国城市人口不断增多,但是人们并不是买断屋所,而是通过交纳"屋租"而解决在城市的居住问题,随着城市人口的增加,"居住之宅"用地增加是必然的。除此外,"制造所用工厂仓库、商业所占店铺等地,亦可纳巨额之租"①。朱执信的主张是将全国土地都采取赎买的方式,国家收取"增价"来解决国家经费支出,同时,对于城市的用地不是采取一次性卖断或买断的方式,而是采取出租方式,这样做的结果是国家将永远持有土地所有权,不断增加国家收入,而不是一次性卖断,一次性卖断方式只能解决执政者的燃眉之急,而不能解决国家持久的经济来源问题。应该说这一主张是独特的,就今天来说也是有可借鉴之处的。土地是不可再生资源,但是绝不是一次性资源,如何使其发挥最大的经济效应,同时具有可持续和不间断性,朱执信给出了自己的答案。对世界历史的考察,特别是对西方先进国家发展过程的考察后,朱执信形成了自己独特的土地经营观。从中我们不难看出,如何利用土地,怎样最大限度发挥这种不可再生资源的作用,朱执信进行了非常有价值的探索。在小农经济条件下,地主土地所有制,是封建专制统治的经济基础,无论用什么方式对地主土地加以剥夺,都会从根本上动摇封建社会的上层建筑,朱执信主张通过赎买的办法来解决中国的土地问题,尽管这一方式是温和的,没有采用暴力革命的手段,但是,其革命性的作用是不容置疑和否定的,它是通过社会量变的方式来实现社会的质变。我们之所以这样认为是看事物发展的结果来分析这一主张的本质,而不是单纯地从事物发展过程来看问题。

对于当时的中国来说,进行革命要实现的目的是十分明确的,对外反对帝国主义的侵略,把帝国主义的势力赶出中国,使中国成为一个中国人民主权国家,使人民得以生存,实现改善民生而必要的外部条件,对内改善人民的生活,使中国人民富裕起来。因此,要形成一个比较完整的国民经济建设方案。革命民主派曾认为辛亥革命胜利后,就实现这一目标了,孙中山在一个时期内专心于振兴国民经济的实业计划制订,朱执信也以极大的热情参与其中,对如何实现国富民安进行了研究。

一是对山林的经营。朱执信认为:"中国为世界最富于矿产之国,且其采取

---

① 朱执信:《朱执信集》上,第121页。

不甚困难,故其收入必较他国为多。"①对于所有权问题,朱执信指出,世界上有两种方式,一是地面归地主,矿山归国家,地主只能拥有"其地面之权利";二是完全归国家。"中国则习惯上此为国家所有,故其利益不待定价收买可收之也。"②也就是说,对矿山来说不采取"土地国有,增价归国"的平均地价的方法,就是国有化,这是国家收入的重要来源。朱执信认为:"森林之收入,亦可为国库收入之大宗。盖森林之业,其性质最适于为官业。"其中,他主张"森林之中,当分为保安林、收入林二种。而保安林,以改造其一地之气候,防止其灾害为目的者,非国营之不能完备,而即收入林,亦须有数十年继续之经营,不使私人之经营。又其经营方法甚简单,不要复杂之功,又不容易为小计画之经营,凡此皆独便于国营者也"。③ 二是对湖沼河海之经营。朱执信认为,其中"收入最多首渔业,而盐业变亚之。此外种植水中植物,其利益不鲜"④。提倡对湖沼河海的综合利用,除了传统的渔业、盐业之外,他还提出了水上的种植业,这是超前的。此外,他还主张"开凿运河,筑港"、收盐税,通过多种经营扩大国家的收入,通过多种经营提高对湖沼河海的综合利用。

三是发展水力发电业。朱执信指出:"近日电气之用途大扩张,而最新之电气设计,俱赖自然力,而尤重者水电也。水所利用者,瀑布河滩之力也。"⑤他认为利用天然的水力发电,成本小,价值大。他指出,随着社会发展,电从发明到运用到社会生产生活中,其作用是十分广泛的,当时主要用于电信、电话、电车、电灯、运机三项。而用于人们日常生活中"炊温"(做饭、温室)虽然已经发明,但价值高于"薪炭",还没有推广。但是因为中国水系发达,特别是"龙门、夔峡之激滩,西南山国多数之瀑布,蓄而用之,其力至大,而用资本较微。然则电力值价可廉,而炊温之用电者亦多矣"⑥。四是发展农业。中国是农业大国,按道理说,应该是粮食出口大国,但是,朱执信指出,"两江流域,米的生产不敷消费",从泰国、日本、越南等国进口。⑦ 是什么原因造成的呢?朱执信认为"一是

---

① 朱执信:《朱执信集》上,第123页。
② 朱执信:《朱执信集》上,第124页。
③ 朱执信:《朱执信集》上,第121页。
④ 朱执信:《朱执信集》上,第121页。
⑤ 朱执信:《朱执信集》上,第124页。
⑥ 朱执信:《朱执信集》上,第126页。
⑦ 朱执信:《朱执信集》上,第413页。

第四章 二十世纪初年的社会革命思想

耕作法不良",也就是落后的农业生产。中国的农业,基本上是小农经济的男耕女织生产方式,谈不上新的技术与方法;二是"器械不良",生产工具落后、现代农业生产知识落后,农民没有现代的农业生产技术与知识,军阀忙于战争对农业生产无暇顾及,谈不上什么投入;三是"碾米捣米法不良"。生产米的技术仍然是传统的"足捣、手捣,那样的捣米法做出的米不白"。而有的企业采用了新式机器碾米,但"用石糕粉的装饰太多"。① 加上水害、旱灾、虫灾,致使中国粮食生产大受影响。为此,他主张发展现代农业,改变"没有人研究改良的方法"的不利局面;主张设立专门的"农事试验场",从改良种子入手,到改革耕种方法,改革粮食加工的方法,同时更要改良粮食的存藏方法。因为"乡间的农民"对米的贮藏方法、设备是"幼稚极了"②,不改不会保证粮食丰产丰收。总之,他认为:"中国之农业,发达已久,所缺者,农民之新知识,与政府之善良管理耳"。③ 五是发展交通业。交通业是一个国家经济发展的命脉,交通发展,货物流畅,促进经济的繁荣与发展是至关重要的。对此,朱执信是有深刻认识的,他说:"发达实业交通是第一要素,铁道又是交通第一要素。"在朱执信看来,交通业的发展水平甚至影响一个国家或民族是否衰落。他认为君士坦丁堡是欧洲与东方联结的重要枢纽,"中国古代与欧亚交通,常以波斯为中介"。但是,这一地区因土耳其占领后,闭塞了中西的交往,其结果不仅使这一地区"进步完全停滞",而且为人类之一大损失。否则,"印度及中国与欧洲交通不绝,文明可以互换,则东方之衰落又免"④。朱执信发展交通业的视野不仅限于国内,而且把中国纳入世界一体化范围内进行思考。我们应该看到,他对闭关锁国的批判是深刻的,但把中国闭关锁国政策归结为这一地区闭封,中断中国与欧洲之间交往的论述是有失公允的,而且与他的一些论述相矛盾。在同一篇文章里,他又说明了这一地区的封闭而迫使人们把目光投向了海上,发现了海上交通新航线并加以拓展。这一说法也是证据不足。新航线的开辟、新大陆的发现是资本主义发展必然要求。但是,事实是海路发现后,中西交通完全可以恢复,不一定非利用土耳其之地,如果说这一地区闭塞对中西交往有影响,那也是客观上的影响,因为主观上清王朝本身就不想开通海禁,拒绝与外部交流。当然,民间的一些

---

① 朱执信:《朱执信集》上,第416页。
② 朱执信:《朱执信集》上,第417~418页。
③ 朱执信:《朱执信集》上,第268页。
④ 朱执信:《朱执信集》下,第562页。

行为,或者偶然的事件会对世界历史的改变发生作用,可是前提条件是这种行为或偶然事件会有什么样的效应。明代中国曾有郑和下西洋的壮举,结果并没有发挥哥伦布发现新大陆的作用足以说明了这样的事实。我们需要对朱执信肯定的是,发展交通还并不是单纯进行经济交往的观点,他指出,"这一地区的铁路修建后,对土耳其来说是大有益处的,对今后小亚细亚文明是返老还童机会"①。反观中国,朱执信认为,当务之急是废除侵略者对中国路权、矿权所拥有的特权,这是发展民族交通事业的前提。他指出:"今日之最显然之中国不利者,外人在中国所有之领事裁判权、警察权、路矿权也。"②但是,路矿权归国后,如果没有一个进步的代表人民利益的政府,这些权利就是国有也不会发挥应有的富国富民的作用。他强调,铁路权要国有,在国民经济建设与发展中欲使其发挥应有的作用,就要有一个廉洁政府存在为前提,在军阀的统治下,"中国国家所经营之铁路,其为腐败,众以周知"③。当时的商办铁路"如湖南之粤汉铁路、川汉铁路"没有任何进步,他告诫说,如果一个腐败的政府存在,就是外国人"未筑者悉放弃权利,则二十年后中国铁路能增几百里乎?"历史发展的结果使朱执信之预言被不幸验证。

五、构建"理想地区"改善民生的重要构想

1914年爆发了第一次世界大战。朱执信认为"各国忙于战事,无暇他顾,此真中国振兴农工业之机会也"④,他认为一个国家的经济发展,取决于"自然力、人力、资本"三个方面。经过认真分析,他认为:"谋中国之发达者,不患自然力之不充,人力之不足,所欲资本而已。"⑤中国地大、物博、人口众多,如果得以充分利用,其效果是不难想象的。但是,人口众多,整体素质不高,缺少新的知识,加上政府管理不善,苛税繁重,中国实业的发展实在是步履艰难。

应该说,在中国近代史上谋求中国发展,是一切进步思想家的主张。其中提出了诸如"商战"、"抵制外货"、"振兴工业"、"教育救国"等口号和方案,朱执

---

① 朱执信:《朱执信集》下,第562页。
② 朱执信:《朱执信集》上,第399页。
③ 朱执信:《朱执信集》上,第400页。
④ 朱执信:《朱执信集》上,第268页。
⑤ 朱执信:《朱执信集》上,第268页。

第四章　二十世纪初年的社会革命思想

信认为这是"近来提出的好题目"。难能可贵的是,他并没有停止在这些口号上,而是对一些掩盖在这些进步口号下的资本家行为进行了剖析和揭露。他指出无论是"振兴工业,还是做生意,几个人做生意攒钱,中国就不穷了吗?"中国生产力水平不高,天然资源没有得到利用和开发,即使生产力水平提高了,天然资源得以利用,国家整体收入提高了,国家就算富有了吗?在朱执信眼中,答案是否定的。他指出:"不应该只看总额若干,还要看每人所能受的分配额若干。所以就算天然资源开发了,实业勃兴了,提倡实业的人,个个都在那里面团团得意,而一般工人,求荐觅保,仍旧是做每月八元的工,中国并不算是富了,况且物价跟着采矿、冶金术的进步来腾贵,是现在货币制度里免不了的趋向,将来这些之人恐怕实际比现在更苦,就是中国一般国民比现在更穷。"[①]朱执信在这里提出了一个国家经济发展后的成果归谁拥有的问题。振兴实业、发展中国经济要达到一个什么样的目的,它涉及社会资源分配是否公正这样一个重大的、根本的问题。实业振兴了,经济发展了,是以民为本,解决民生问题,还是以少数人的既得利益为本,使他们振兴实业为幌子而实质上在搜刮民脂民膏,这是朱执信的民生观与少数实业家如盛宣怀等资本家所主张的振兴实业在根本目的上的本质区别。从中不难看出,朱自信的民生观与其革命观的一致性,革命队伍的目的是以推翻不合理的制度为出发点,要消除"贫富悬隔"现象,铲除引发社会动乱的根基,使社会减少矛盾,处在良性发展的轨迹中。如果一个国家的经济发展了,而多数人的疾苦问题没有得到根本解决或"贫富悬隔"现象没有消除,那么这种革命就失去了应有的价值。朱执信进一步提出:"我们不做无条件的反对提倡振兴实业,却是我批评提倡实业,要注重在分配一层。"[②]也就是经济发展了,社会总财富增加了,但是这财富分配的标准、原则是什么?能给中国社会带来什么?对此,朱自信给出了自己的答案、条件、标准和原则,就是"提倡实业,能够令得工做的人比较失业的人更多,就应该赞成。如果能够令失业的人比较得工做的多,就应该反对"。而且即使有工做,还要看工人的待遇。如果工人每天劳动时间过长,甚至超过"十二小时","就不能说是有益的"。[③]为此,他认为:"有益实业"的条件"第一,就是工作和休息的时间",他主张工人每天

---

① 朱执信:《朱执信集》下,第689页。
② 朱执信:《朱执信集》下,第699页。
③ 朱执信:《朱执信集》下,第699页。

工作的时间不能超过八小时,"第二,就是工场改良的强制",企业要解决工人工作的环境,"第三,就是工人的住宅问题"。企业解决工人的生活与生存条件的改善。"第四,就是疾病、保险、废疾、年金及其他等等"。① 企业要解决工人生、老、病等民生问题。在朱执信看来,工人不是为资本家生产剩余价值的工具,实业家更不能把工人视为盘剥的对象,他要求缩短工人的劳动时间、争取劳动和生活条件的改善,不能不说是代表了工人的利益而与资本家进行抗争,这种真正以民为本的思想家在中国近代史上是非常少见的。朱执信的主张是为在社会中处于弱势群体的人争得应有的地位,保证这些人应有的社会地位的前提是公正、公平,而社会公正与公平的表现是看人们在社会资源占有和分配上是否合理,而社会资源的分配是否公正与合理,是由所有制来决定的并受一定的法律来保证的。所有制与法律的性质决定了人们在社会资源占有和利用即社会资源分配的结果并导致了社会成员的划分。朱执信指出:如果工人"无端失了生活,坐着等死么?不能够呀。所以就成了流氓、成了土匪"。他问道"这个时候,社会上有益还是有损呢?"②可谓一针见血地指出了社会分配不公,必然导致社会成员的严重两极分化,造成部分人去铤而走险,使社会动荡不安。

综合上述不难看出,解决中国的民生问题,单纯的振兴实业是不可能成功的。朱执信另辟蹊径,提出了从理想军队到理想地区的方案。朱执信指出:"现在我们要改造社会,有许多要排除的制度,要变更的款式。"他认为有三个问题要解决,一是"私产制度有害",要用一个制度来代替它;二是用"集产主义"还是"共产主义"还是其他"式样实现它";三"还是守着马克思所指摘的那一种历史过程,等到产业集中到少数人手里头来得到集产的结果呢?还是用革命的方法,一概没收他呢?抑或用组合的方法,来集结资本,弄到现在的生产制度变了,才废私产呢?"③在上述三个问题中,他认为第三个问题更重要,但是"要晓得这些过度手段的研究,实在根据现在要改造的东西的性质上。所有过度手段,都是在从前所有的坏制度里头变出来的"④。辛亥革命后,中国推翻了清王朝,但是,却没有结束封建专制主义统治,袁世凯及其继任者等北洋军阀,把民国搞得乌烟瘴气,战乱不断,民不聊生,兵匪为患。但是,在这些军阀眼中,士兵

---

① 朱执信:《朱执信集》下,第700页。
② 朱执信:《朱执信集》下,第787页。
③ 朱执信:《朱执信集》下,第788页。
④ 朱执信:《朱执信集》下,第788~790页。

第四章　二十世纪初年的社会革命思想

只是他们争权夺利的工具、炮灰,实际上基层士兵生活是很苦的。朱执信认为当时的士兵一是生活不安定,二是过度劳作,三是"完全不容他自由决定一点事情",四是"做了事不用负责任","所以他的心理,就变了兽性的间发的"。① 这种"变态心理",引发一些"奸淫焚烧"行为,而要改变这一切"那就救济他替代他的制度"。朱执信指出,"我们想象中将来可以替代现在兵的,就是劳动军。这些劳动军的组织,和发达的途径,我们都可以从现在兵的研究寻得出来","将来的劳动军,一定要有生活安定的保障,一定要避免过度的劳作,一定要留他自由决定的机会,一定要使他自觉对于自己的责任"②。从改变普通士兵的生活入手,渐次改变普通士兵的心理,使之成为新的士兵,进而建立一支新式军队。这就是朱执信所提出的"理想军队"。

朱执信所提出的"理想军队"是一个有"主义"的军队。朱执信说:"现在我们着手,是要弄出一种能有主义的、有希望的、非倚赖的、不突然过劳的、精神上平等的生活来改变兵的心理,完成兵的改造,再拿兵来解决各种问题。"③因为"主义就是人生所以能够成为有意义的原因。如果是完全没有主义,那自然对于危险,只有畏怖,没有抵抗;对于现状,只有恋着,没有努力把持"④。因此,没有主义的兵是没有任何战斗力的。朱执信通过对苏俄红军的了解,证实有"主义"的兵所组成的军队是"战无不胜"的。

朱执信所提出的"理想军队"是一个"劳动军"。"就是俄国最新的劳动军一样,拿战时杀人的军队,变做平时生产的大力量",在"做防卫主义的武力"的同时,也是"共同经济建设的先锋,生活的保障"。朱执信认为由于他们是劳动者,很容易"授他一种主义"。通过教育,提高"劳动军"的思想觉悟,使他们懂得为谁去"拼命打破敌人不可"。这种寓兵于工的办法,是吸收了中国古代寓兵于农的制度而加以改造而成的。战时作战,平时做工,入伍为兵,退伍为工,"到了做不了工的时候,还有养老制度"⑤。朱执信所提出的"理想军队"所在地,就是"理想的地区"。朱执信说:"……一个独立团或独立营的军队(改造一定从这种独立团营着手),驻守在一定的区域。这个区域里头,有相当的工业可以发

---

① 朱执信:《朱执信集》下,第788~790页。
② 朱执信:《朱执信集》下,第790页。
③ 朱执信:《朱执信集》下,第836页。
④ 朱执信:《朱执信集》下,第836页。
⑤ 朱执信:《朱执信集》下,第836页。

展,有能够供给这一团营的饷项的力量,而且得了特别委任,有改革这个地方经济上政治上组织的权能,我们可以着手于这寓兵于工的建设了(这些团营以后称他为理想军队,这个地区称他做理想地区)。"①在这个理想地区内要实现:

"第一是伤病的救治治疗","要设免费的医院和废疾者公养的制度"。

"第二是老人的抚养。""要设立一种类似医院的养老院,专人照料他。"

"第三是孕妇产妇的抚养。自产前八礼拜至产后八礼拜,这三个多月,是绝对不能做工的,当然由这理想地区供养。"

"第四是儿童的抚养教育。凡兵卒工人的儿女,生出来以后养育的费用,一定是要社会共同负担的。到学龄以后,教育也是社会公众给他的。到了上头所述做工的年龄,才课他做相当的工作。"②这一理想方案直接面对民众生活,是中国人民对美好生活的企盼、向往和憧憬。它不仅有传统文化中《礼记》篇"大同世界"的因素,也有马克思所倡导的社会主义色彩,更有朱执信对当时苏联情况的了解并加以吸收的结果。它的实现,可使中国社会迈进一个新的时代。因此,这一方案的进步意义是不容置疑的。

理想地区,朱执信是把它作为一种社会发展的过渡阶段提出来的,并不是他理想国的全部,类似今天的经济特区,是他在辛亥革命后,探索近代中国发展模式与改善中国人民的民生状态的思考。从内容上分析,这一些主张直接关系着人民生活的改善,是谋中国人民福祉的设想,代表了人民的利益,是值得肯定的。如果这一目标实现,人民则有一个美满祥和的社会与生活环境,对于饱尝战乱之苦的中国人民来说不能不是一个福音。

从他的主张上分析,理想地区的建设已经突破了旧三民主义的内容,并着力实现民主制度特别是他主张在理想地区内"建立产业的自治"。工人实现"工场的管理权,都要叫工人参与"③,"当然还有普通公民的自治权","经过这个自治组织"工人与士兵有权决定"理想军队的任务和待遇"④,通过民主制度的建立来促进理想地区的健康发展。人民对于政权的参与和对社会的管理,这种社会制度显然已经不是资本主义的民主政治制度了,但是,还不能认定为是马克思所主张的社会主义制度,而是一种带有社会主义色彩的、代表平民利益的

---

① 朱执信:《朱执信集》下,第839页。
② 朱执信:《朱执信集》下,第842页。
③ 朱执信:《朱执信集》下,第844页。
④ 朱执信:《朱执信集》下,第844页。

第四章　二十世纪初年的社会革命思想

政治制度。这正是它的独到之处。

朱执信认为："社会革命之原因,在社会经济组织不完全也。""而今日一般社会革命原因中最普通而可以之代表一切者,则放任竞争,绝对承认私有财产权之制度也。今日之社会主义,盖由是制度而兴者也。因其制度之弊而后之改革之计画者也。"①在西方资本主义国家中,20世纪初年,是资本主义由自由竞争向垄断阶段过渡的历史时期,资本主义自由竞争下,大鱼吃小鱼屡见不鲜,为了垄断,资本家要聚集大批财富进一步发展生产。资本主义社会中两极分化,无产阶级日益贫穷,社会贫富不均而工人阶级运动风起云涌,导致了资本主义国家的动荡和不安。在这种制度下,"放任竞争,绝对承认私有财产"的社会经济体制和生产资料私有制,是"贫富悬隔"的根本原因。要解决这一问题,也必须从社会经济体制和生产资料所有制入手。

朱执信认识到："绝灭竞争,废去私有财产制,或不可即行,而加之制限,与为相对的承认,则学理上殆无可非难者也。"②朱执信指出:如果对竞争不加以必要的限制,后果是极为严重的。一是"生无数贫困者",二是社会财富相对"必至富归于三数人之手乃止"。造成社会"贫富悬隔"矛盾高度集中,社会就要动荡。

朱执信强调:所谓社会革命,"非夺富民之财产,以散诸贫民"③,而是"取其致不平之制而变之,更对于已不平者,以法驯使复于平"④。那么,具体办法是什么呢?他十分赞同土地国有制。认为这是"抑豪者而利佃民也者,中国自来政策之所尚者民"。而且纵观中国历史,土地国有自古有之,"地税圣唐称租,即显国家为地主之义,而其称有土者,不过有永小作权(即永佃权)者而已"。"明初屯卫之制,其田皆国有者也。"⑤

由此可见,朱执信赞同孙中山的思想,主张社会革命与政治革命并行。在中国资本主义还没有像西方资本主义那样大发展时,通过抑豪右,以利佃民的土地国有政策来平均地权,便于防患于未然,"当其未大不平时行社会革命,使其不平不得起,斯其功易举也"⑥。在资产阶级革命派中,朱执信的思想主张是

---

① 朱执信:《朱执信集》上,第56页。
② 朱执信:《朱执信集》上,第57页。
③ 朱执信:《朱执信集》上,第57页。
④ 朱执信:《朱执信集》上,第57页。
⑤ 朱执信:《朱执信集》上,第67页。
⑥ 朱执信:《朱执信集》上,第58页。

比较激进的。公开主张资产阶级革命依靠"力役自养之人"即"细民",并认为是革命的主体,把资产阶级列为"豪右"的范畴,而且是革命的"客体"。朱执信的激进思想,绝不是偶然的,这与他接触马克思主义有直接的关系。1906年,他撰写了《德意志社会革命家小传》一文。按照他自己的理解,翻译了《共产党宣言》和《资本论》的部分篇章。向中国人民介绍了马克思及《共产党宣言》《资本论》的部分内容,朱执信也接受了马克思主义的部分观点。他介绍《资本论》时说:马克思以为:"资本家,掠夺者也。""凡财皆从劳动而出,故真为生产者,劳动阶级也。然则有享有世间财产之权利者,非劳动者而谁乎。""夫今后产业所资于固定资本者正多,劳动者之地位乃将愈降而不返。是亦理之所难容者也。"①朱执信指出:"马克思素欲以阶级争斗为手段","其次以为经济上变迁之阶级对抗及阶级竞争"。朱执信以为,"前乎马尔克,言社会主义而攻击资本者亦大有人。然能言其毒害之所由来,与谋所以去之之道何自者盖未有闻也"②。就是说,马克思主义产生前,批判资本主义社会弊端的大有人在,但是,不能从本质上揭示资本主义产生、发展、灭亡的历史规律,因而也就不能建立全新的科学社会主义思想体系。马克思主义产生后,才把被"资本家因讪笑之,以为乌托邦固空想"③变为科学的理论。朱执信是向中国人民介绍《共产党宣言》《资本论》的第一人。

综上所述,在辛亥革命前,朱执信以资产阶级革命家的战斗姿态,积极投入到反清革命、建立资产阶级共和国的斗争中。他批判和揭露了清政府假立宪的反革命真面目,戳穿了改良派的保皇理论,坚持了资产阶级革命的原则,在理论上系统地阐述了孙中山的三民主义。他关于依靠细民进行革命的主张,真正把资产阶级的民权观落到了实处,对资产阶级革命做出了重要的贡献。特别是为了探求中国革命的出路,向中国人民介绍了马克思《共产党宣言》《资本论》的部分内容,自己也接受了马克思主义的部分观点,并企图用这些科学的观点来分析中国的社会问题,来解决中国革命进程中出现的一系列理论问题。后来,随着中国革命实践的发展,朱执信的思想主张更为激进,在某些方面已经超过资产阶级旧民主革命的范畴。

---

① 朱执信:《朱执信集》上,第16页。
② 朱执信:《朱执信集》上,第11页。
③ 朱执信:《朱执信集》上,第11页。

当然,朱执信的思想中存在的不足甚至是错误的观念也是显而易见的。较突出的问题就是严重的大汉族主义,视满族为异族并加以歧视,反映出他的历史和阶级的局限性。

第四节 章炳麟的社会思想

章炳麟,字枚叔,号太炎。浙江余姚人,出身于地主家庭。生于1882年,卒于1936年。

章太炎幼年随外祖父朱佐卿学习,后随经学大师俞樾学古文经学,对经学、小学、典章制度及历史学等无不涉及。甲午战后民族危机加深,他投身于变法维新活动中,加入强学会,为《时务报》撰写鼓吹变法的文章。戊戌政变后受通缉而经台湾转去日本。

戊戌变法后,清政府反动面目暴露无遗。特别是义和团运动后,清政府卖国本质充分显露出来,章太炎的思想发生了急剧的变化。1900年,他曾写信给康有为、梁启超,劝其勿追随清廷而与改良派决裂。1902年,在日本结识孙中山并讨论中国土地制度问题,次年在上海爱国学社任教,同时在《苏报》上发表《驳康有为论革命书》,为邹容《革命军》作序,为此影响巨大。清政府勾结帝国主义制造"苏报案",章太炎被捕入狱,判刑三年。1906年出狱后东渡日本,参加孙中山领导的同盟会,主编《民报》。是时,革命派与改良派展开论战,章太炎积极参加了这一场论争,阐述了他的资产阶级反帝民族革命观和反对封建专制制度的民主观,为传播资产阶级革命思想做出了重要贡献。从1900年到1908年,是章太炎思想最为革命、最为进步的光辉时期,无愧于资产阶级思想家、宣传家的称号。其在中国近代思想史上的历史地位也是无可替代的。1909年后,章太炎思想又一次发生转变,反对孙中山,并附和"革命军起,革命党消"这一错误口号,其消极影响是极大的,本节只叙述章太炎在1908年以前的思想内容。

一、反帝爱国的民族解放观

20世纪初年,中国人民爱国主义的集中表现就是民族主义的觉醒。

帝国主义对中国的侵略,使具有几千年文明史的独立自主、主权完整的中国,变为半封建半殖民地国家。各帝国主义对中国的侵略,是近代中华民族苦难的根源。中国人民悲惨的生活,促进中国人民中的先进分子的觉醒,他们不断揭露帝国主义侵华的罪行。对帝国主义侵华罪行的揭露,有助于提高中国人民反对外来侵略的民族意识,激起人们同外来侵略者血战到底的革命精神。章太炎在反对帝国主义对华侵略中形成了独特的反帝爱国民族解放观,章太炎对帝国主义的侵略和屠杀的野蛮行径进行愤怒的揭露和无情的鞭挞。他指出:"帝国主义,则寝食不忘者,常在劫杀。虽磨牙吮血,赤地千里,而以为义所当然。"①

对于帝国主义灭亡中国的野心,章太炎是有清醒认识的。他指出,自鸦片战争以来,中国已经处于国际帝国主义瓜分的危急之中。特别是甲午战后,"胶州湾既割"于德国,"俄而旅顺、金州复迫于朔方之国,并海以南则吴淞,以西南则广州湾,皆滨大瀛,复为邻国要求凭质"②。

章太炎指出:帝国主义对殖民地、半殖民地的掠夺是十分残酷的。"综观今之所谓文明之国,其屠戮异洲异色种人,盖有甚于桀纣。"他指出:在帝国主义统治下,殖民地人民的生活是十分悲惨的。"今法人之于越南,生则有税,死则有税,乞食有税,清厕有税,毁谤者杀,越境者杀,集会者杀,其酷虐为旷古所未有"。"法人能行其自由平等者于域内,而反行其最不自由平等者于越南。"③深刻暴露出其虚伪性与欺骗性。

章太炎还以帝国主义在殖民地的残暴统治的事实教育中国人民,如不奋起斗争,争取民族独立必将陷入万劫不复的悲惨境地。"今观欧洲诸国,侵略印度以南之地……一二农商,规则远涉,招集亡命,挟捕兽之器杀人,而其地遂为所据有……及其殖民既就,上之政府,以著领土之名,无旧无新,悉为一国矣。而旧土民之厚利,犹为征服者恣意侵渔,讨伐生番,逞情残杀。"④

那么,如何摆脱这种受压迫、被剥削的地位,实施民族独立和解放?当然,与侵略者进行坚决斗争,是实现民族独立和解放的先决条件。他指出:"西人之祸吾族,其烈千万倍于满洲。"⑤在这种严重的时局面前,中国人民必须有义和团反对外来侵略的气概和勇气同帝国主义进行坚决斗争,"坚不鬻地","限制开

---

① 章太炎:《五无论》,《辛亥革命前十年间时论选集》第二卷,三联书店1997年版,第757~758页。

② 章太炎:《正字报缘作》,《章太炎政论选集》上,中华书局1977年版,第58页。

③ 章太炎:《五无论》,《辛亥革命前十年间时论选集》第二卷,三联书店1997年版,第757~758页。

④ 章太炎:《定复仇是非》,《辛亥革命前十年间时论选集》第二卷(下),第763页。

⑤ 章太炎:《定复仇是非》,《辛亥革命前十年间时论选集》第二卷(下),第763页。

第四章 二十世纪初年的社会革命思想

矿","抵制德货","愿尔山东人民,为义和团,无为衍圣公"①。从而肯定了义和团反帝爱国精神,怒斥了孔子第七十六代孙孔令贻向德军讨好,用军乐队把德皇像迎到孔府的卑鄙行径和猥琐不堪的丑恶形象。

欲实现中华民族的独立,必须团结亚洲所有被压迫、受奴役的民族共同斗争。章太炎提倡被压迫民族要互相支援,共同反对帝国主义的奴役,争取各民族的独立。在帝国主义统治下的殖民地人民都有摆脱奴役的历史任务,都有争取独立的斗争要求。中国必须"复威海,归青岛,使上海不得为万国公地,使十八行省不得为何国势力范围"②。只有这样,中国才真正实现了独立。不仅如此,章太炎还指出:"且以为民族主义,非专为汉族而已,越南、印度、缅甸、马来之属,亦当推己及之。"③他强调"吾曹所执,非封于汉族而已,其他之弱民族有被征服于他之强民族而盗其政权,奴虏其人民者,苟有余力,必当一匡而恢复之"。"欲圆满民族主义者,则当推我赤心,救彼同病,令得处于完全独立之地。"④最终实现亚洲各族人民的独立和解放。

启发人民的民族意识,提高人民的民族觉悟,是克服民族自卑感、激发民族自信心、发扬民族自豪感的重要精神条件,是实现民族独立的迫切任务。他指出:"国之所以立,在民族自觉心。"⑤一个去掉自卑心理的民族,具有自豪感的民族,是建立在"自觉心"基础之上的,它是战胜他族凌轹,自存自生不息的重要精神支柱。章太炎认为"民族主义不伸,而欲吾四万万同胞,一其耳目,齐其手足,群其心力,以与眈眈列强竞争于二十世纪之大舞台,吾未闻举国以从也"。民族主义给人们的强大的精神力量,在抵御外来侵略过程中必将发挥重要作用。而爱国主义则是民族主义的核心。人们千百年来形成的这种民族情感,是任何力量也打不破的。故此,章太炎主张增进中国人民的爱国热情,来提高民族意识,不断增强民族的自信心。

二、排满革命论

排满革命论是章太炎思想中的核心内容。章太炎的排满思想由来已久。

---

① 《民报》第22期。
② 《答佐民》,《民报》第20期。
③ 章太炎:《定复仇是非》,《辛亥革命前十年间时论选集》第二卷(下),第770页。
④ 章太炎:《五无论》,《辛亥革命前十年间时论选集》第三卷(上),第755页。
⑤ 章太炎:《印度人之论国粹》,《民报》第20期。

早在他幼年之时,就接受了汉族地主知识分子所主张的"夏夷之防"观念。他说:"兄弟小的时候,因读蒋氏《东华录》其中有戴名世、曾静、查嗣庭诸人的案件,便就胸中发愤,觉得异种乱中华是我们心里第一恨事。后来读郑所南、王船山两先生的书,全是那些保卫汉种的话,民族思想渐渐发达。"①但早年的章太炎并非对清王朝没有幻想。1897年提出过"以革政挽革命"②的主张。戊戌变法期间,更以积极的态度为《时务报》撰稿,鼓吹变法维新。义和团运动后,清政府卖国罔民面目充分暴露。章太炎才认识到清王朝已不可救药,遂走上反满革命的道路。

20世纪初年,排满革命是民主革命的主要潮流。1901年,章太炎在《正仇满论》中指出:"夫今人人切齿于满洲,而思顺天以革命者,非仇视也。屠剁之惨,焚掠之酷,钳束之工,聚敛之巧,往事矣,其可以仇视者,亦姑一切置之。而就观今日之满人,则固制汉不足,亡汉有余……无一事不足以丧吾大陆。"③清朝入主中原后,为巩固其统治地位,对中原及江南人民实行骇人听闻的血腥暴行。"扬州十日"、"嘉定三屠",人民没齿难忘。为钳制汉人,制造多起文字狱,清王朝的残暴统治,激起了人民的反抗斗争。同时也埋下了汉族对满族贵族仇恨的种子。清初历史上的民族压迫和民族歧视政策人们记忆犹新。但这毕竟是历史,所以,章太炎主张"亦姑一切置之"。但不能容忍的是,现政府以卖国罔民的"亡汉有余"、"无一事不足以丧吾大陆"的卖国政策给中华民族带来了巨大灾难和痛苦,所以非推翻清政府不可。

在《讨满洲檄》一文中,章太炎历数清王朝十四条罪状。在经济上"诡言仁政,永不加赋,乃悉收州耗羡以为己有,而令州县恣取干余,其余厘金夫马杂税之属,岁有增加,外窃仁声,内为饕餮","虏以要害之地,建立驻防,编户齐民,岁供甲米,是有主奴之分",在政治上,实行残酷的统治,"虏下江南,遂悉残破,南畿有扬州之屠、嘉定之屠、江阴之屠,浙江有嘉兴之屠、金华之屠,广东有广州之屠";在思想文化上,实行钳制人们思想的文化禁锢政策,大搞文字狱,"满洲玄晔以后,诛术日深,反唇腹诽皆肆市朝。庄廷铙、戴名世、吕留良、查嗣庭、陆生楠、汪景祺、齐周华、王锡侯、胡中藻等,皆以议论自恣,或托讽刺于诗歌字书之

---

① 章太炎:《演说录》,《辛亥革命前十年间时论选集》第二卷(上),第446~447页。
② 章太炎:《论学会大有益于黄人亟宜保护》,《章太炎政论选集》上,第13页。
③ 章太炎:《正仇满论》,《民报》第4期。

第四章 二十世纪初年的社会革命思想

间,虏遂处以极刑,诛及种嗣,展转相牵,断头千数","前世史书之毁,多由载笔直书,书其虐政,若在旧朝,一无所问。虏以人心思汉,宜所遏绝,焚毁旧籍八千余通,自明季诸臣奏议文集而外,上及宋末之书,靡不烧灭,欲令民心忘旧习为降奴"。实行民族压迫和民族歧视政策。"世奴之制,普天所无,虏既以厮役待其臣下,汉人有罪,亦发八旗为奴仆之法,有逃必戮,诸有隐匿,断斩无赦,背逆人道,苛暴齐民。"清王朝统治黑暗,政以贿成"虏有封豕之德,卖官鬻爵,着在令典,简任视事,率由苞苴"①。他还揭露了清政府假立宪的阴谋,檄文重申同盟会纲领,号召人民起来进行革命,以推翻清王朝的反动统治。

在《驳康有为论革命书》一文中,章太炎列举了大量的无可辩驳的事实,对康有为诋毁革命,反对用革命暴力手段推翻清王朝的反动统治进行了口诛笔伐。

在康有为看来,中国民智未开不能革命,满汉早就平等,今皇圣武英明,无须革命。革命必然流血,而且会招致外人干涉,导致对中国的瓜分,所以革命就更无必要。康有为认为,解决中国问题的唯一出路是走自上而下的改良道路,实行君主立宪。

章太炎指出:"人心之智慧,自竞争而后发生,今日之民智,不必恃他事以开之,而但恃革命以开之。"人民群众的觉悟,是在斗争中提高的。他举明末李自成反明斗争为例,"李自成者,迫于饥寒,揭竿而起,固无革命观念,尚非今日广西会党之侪也。然自声势稍增而革命之念起,革命之念起而剿兵救民赈饥济困之事兴。岂李自成生而有是志哉?竞争既久,知此事之不可已也"。章太炎说:"民主之兴,实由时势迫之,而亦由竞争以生此智慧也。"他举例说,义和团初起时,唯言扶清灭洋,而景廷宾之师,则知扫清灭洋。由此可知,随着革命斗争的发展,人民的思想觉悟也会日益提高。即使存在"公理未明,旧俗俱在"的现象,也关系不大。章太炎严正提出:"然而公理之未明,即以革命明之,旧俗之俱在,即以革命去之。革命非天雄大黄之猛剂,而实补泻兼备之良药矣。"②

章太炎揭露了清王朝所实行的民族歧视和民族压迫的事实,根本不存在什么满汉平等。章太炎认为:在清朝重要官职都掌握在满族贵族手中,"曾、左诸将,倚畀虽重,位在藩镇,蕞尔弹丸,来参内政"。曾国藩创立湘军,镇压了太平

---

① 章太炎:《讨满洲檄》,《辛亥革命前十年间时论选集》第二卷(下),第710~712页。
② 章太炎:《驳康有为论革命书》,《章太炎政论选集》上,第203~204页。

天国,挽救了清王朝的半壁江山,但"曾氏在日,犹必谄事官文,始得保全首领"。"近世军机首领,必在宗藩。"至于光绪皇帝,更不是什么"圣明君主"。在章太炎看来,"载湉小丑,未辨菽麦"。在戊戌变法期间,光绪根本不是什么"圣仁英武"的皇帝,否则何以"刚毅能挟后力以沮新法,荣禄能造谣诼以耸人心,各督抚累经严旨观望而不辨,甚至章京受戮,已亦幽废于瀛台也?"①这样一个连自己的皇位都保不住、没有任何实权的皇帝,能救国救民吗?

康有为宣扬:"革命之惨,流血成河,死人如麻,而其事卒不可就。"在他看来,革命是极其恐怖之事。章太炎根据世界历史经验明确指出:"然则立宪又不以兵刃得之耶? 既知英、奥、德、意诸国,数经民变,始得自由议政之权。""近观日本,立宪之始,虽徒以口舌成之,而攘夷覆幕之师在其前矣。使前日无此血战,则后之立宪亦不能成。故知流血成河,死人如麻,为立宪所无可幸免者。"②"君主立宪"也不是"上书"奏请便可以行事,也是通过"血战"才能实现。纵观世界资产阶级代替封建地主阶级的统治,一般都经过暴力革命才能实现,这是历史发展的一般规律。至于"瓜分"之说,在章太炎看来,"不自由,毋宁死! 然而暂有自由三日而明日自刎其喉,然所愿也","以合众共和结人心者,事成之后,必为民主。民主之兴,实由时势迫之"。清王朝的腐败才是中国被瓜分的真正根源,只有进行民主革命,推翻清王朝的反动统治,才能消除中国被瓜分的危机。

至于靠自上而下的改良,实现中国的富强,在章太炎看来则更是不可能的。他认为:"所谓立宪者,固将有上下两院,而下院议定之案,上院犹得以可否之。"况且上院则由皇族、亲王、贝子等人把持,"是数者皆汉族之所无而异种之所特有,是议权仍不在汉人也"③。清政府立宪之结果,不幸被章太炎而言中,清政府从1905年就开始筹备立宪,最后成立的内阁被世人称之为"皇族内阁",就连一些热衷于立宪活动的立宪派也对此大失所望。

章太炎在理论上基本回答了资产阶级革命的必然性和必要性。从国内民族矛盾出发,揭露和批判康有为等改良派的思想主张,在传播革命思想、动员人民起来同清王朝进行斗争方面做了出色的理论宣传。但是宣传中所涂抹的浓

---

① 章太炎:《驳康有为论革命书》,《章太炎政论选集》上,第197~198页。
② 章太炎:《驳康有为论革命书》,《章太炎政论选集》上,第201~205页。
③ 章太炎:《驳康有为论革命书》,《章太炎政论选集》上,第200页。

重的大汉民族主义色彩,却是其历史局限的反映。

三、章太炎的民权观

与戊戌维新思想家热情颂扬西方政治制度不同,章太炎在提出实行资产阶级共和制的同时,对西方资产阶级的政治制度却进行了批判。这一思想主要表现在《五无论》和《代议然否论》中。

20世纪初年,世界资本主义由自由竞争走向帝国主义阶段。无产阶级与资产阶级的矛盾进一步暴露。列宁在《中国的民主主义和民粹主义》中指出:"在西方资本主义国家中那里的资产阶级则已经腐败透顶,从头到脚都沾满了脏污和鲜血,——不是皇帝们的鲜血,而是为了进步和文明在罢工中被枪杀的工人的鲜血。""那里的资产阶级则早已抛弃了青年时代的一切理想,已经彻头彻尾娼妓化了,已经完全把自己卖给百万富翁、亿万富翁和资产阶级化了的封建主等等了。""在欧美,摆在日程上的问题已经是从资产阶级下面解放出来,即实行社会主义的问题了。"[①]中国资产阶级民主革命派曾一直把实现资产阶级共和国作为自己的理想蓝图来解决中国问题。但资本主义社会的现实又使他们在设计中国政治蓝图时,试图避免西方出现的社会问题在中国重演,章太炎与孙中山一样在这个问题上进行了一定的探讨。

章太炎揭露了西方资本主义政治制度中存在的重大弊端。

他指出:"若夫民族必有国家,国家必有政府,而共和政体,于祸害为差轻,固不得已而取之矣。"[②]针对资产阶级代议制存在的种种弊病,章太炎提出用四法来"节制"。"一曰:均配土田,使耕者不为佃奴。二曰:官立工场,使佣人得分赢利。三曰:限制相续,使富厚不传子孙。四曰:解散议员。"如果上述问题不解决,无论是君主立宪还是民主共和,"皆不如专制为愈"[③]。

为什么章太炎反对设议院呢? 他认为:"议员大底出于豪右,名为代表人民,其实依附政党,与官吏相朋比,挟门户之见,则所计不在民生利病,惟便于私党之为。"他认为,西方资本主义国家的议院是愚弄人民的工具,是为一部分"豪

---

① 列宁:《中国民主主义和民粹主义》,《列宁选集》第二卷,人民出版社1972版,第424、426页。
② 章太炎:《五无论》,《辛亥革命前十年间时论选集》第二卷,下册,第755页。
③ 章太炎:《辛亥革命前十年间时论选集》第二卷,上册,第755页。

右"服务的。其议员选举与中国历代卖官鬻爵政策一样,"捐纳得官"。他以日本为例说:"日本立国,非专重商拜金为务,且议院之设,才二十年,其腐败如是。"他认为设议院是"分官吏之赃与豪民"。章太炎反对设议院的原因还在于他认为议院使国家权利落到了豪民之手,民权不能落到实处。他看到欧美选举,都是"以纳税定选权"。"是故选举法行,则上品无寒门,而下品无膏粱,名曰国会,实为奸府,徒为有力者傅其羽翼,使得媵腊齐民。"①其结果还是富人压迫贫民,民权不能伸,因为"盖政府与齐民,才有二阶级耳。横置议士于其间,即分为三,政府固多一牵掣者,齐民亦多一抑制者。"结果这种政体使人民身上又加了一道剥削的枷锁,增加了一个新的压迫阶层,反"不如王者一人秉权于上"②。章太炎所担心的是议会制度的实行使议员与政府相勾结,狼狈为奸,欺压人民。

章太炎反对实行代议制,那么,他理想中的政体具体是什么形式呢?

章太炎主张行政、立法、司法、学校四权分立。

第一,"总统惟主行政国防,于外交则为代表,他无得与,所以明分局也"。

第二,"司法不为元首陪属,是长官与总统敌体。官府之处分、吏民之狱讼皆主之,虽总统有罪,得逮治罢黜,所以防比周也"。

第三,"学校者,使人知识精明、道行坚历,不当隶政府,惟小学校与海陆军学校属之。是学校皆独立,长官与总统敌体,所以使民智发越、毋枉执事也"。

第四,"凡制法律,不自政府定之,不自豪右定之,令明习法律者,与通达历史、周知民间利病之士,参伍定之,所以塞附上附下之渐也"③。章太炎认为这是"恢廓民权、限制元首"的重要举措。是伸民权、限豪民的必要措施。不难看出他在主观上想抛开西方代议制,实行直接民权制,固然有积极的探索精神和意义,但在实践上却很难行得通。这是带有一定空想色彩的政治方案。

章太炎主张以法治国。"法律既定,总统无得改,百官有司,毋得违越,有不守者,人人得诉于法吏,法吏逮而治之,所以戒奸纪也。"④章太炎主张法律面前人人平等,彻底铲除特权。"总统与百官行政有过,及溺职受赇诸罪,人人得诉于法吏,法吏征之逮之而治之,所以正过举、塞官邪也。"把法治作为立国的根本,这种探索是有积极的现实意义的。

---

① 章太炎:《代议然否议》,《章太炎政论选集》上,第 456~458 页。
② 章太炎:《与马良书》,《章太炎政论选集》上,第 385 页。
③ 章太炎:《代议然否议》,《章太炎政论选集》上,第 446 页。
④ 章太炎:《代议然否论》,《章太炎政论选集》上,第 464 页。

第四章 二十世纪初年的社会革命思想

章太炎主张选贤任能，无论总统还是各级官吏都要任人唯贤。同时提出了总统及一般官吏的标准和按法选举的原则。"总统之选，非能自庸妄陵猎得之，必其尝任方面与为国务官者，功伐既明，才略既著，然后得有被选资格。"①总统任官，"有劳则任准则例而超除之"。"官有专门者，毋得更调。"官吏"非有过失罪"总统不准随意降调。任官的标准是"有劳"和"专门"等。

为了限制总统的权力，章太炎主张，"凡事有总统亲裁者，必与国务官共署而行之"，"凡因事加税者，先令地方官各询其民，民可则行之，否则止之，不以少数制多数也"。

章太炎以法治国的思想是正确的，体现了资产阶级政治思想的基本原则，是资产阶级"天赋人权"的具体实现。但是，章太炎反对国家有议员，在实际上是行不通的。在他的方案中，虽然没有议员的名称，但还是有一些人在履行其职责，如立法权是掌握在"明习法律者，与通达历史，周知民间利病之士，参任定之"的人手中。那么，这些人必然要代表某一个阶级或集团利益，在当时的历史条件下，当然是由资产阶级来承担这一任务。因此，不可能真正把民权落到广大劳动人民手中。故此，取消议会，只能是一种脱离现实政治的幻想。

四、章太炎的思想评价

章太炎的民族主义包括国际上反对帝国主义对中国的侵略和剥削，国内反对清王朝对汉民族的压迫两方面内容。

在反对帝国主义中，章太炎提出"反抗帝国主义"的口号，并以民族主义为号召，动员中国人民起来反抗帝国主义。这是20世纪初年民族矛盾与阶级矛盾相互交织渗透及帝国主义与清政府联合镇压中国人民的事实，迫使革命民主派对中华民族所处的危险境地有了深刻认识，清醒看到各帝国主义对中国从有形之瓜分转为无形瓜分的严重形势。章太炎反对帝国主义的民族观，是要把帝国主义侵略势力从中国和其他被压迫的民族国家驱除出去。因此，充满了反帝爱国的时代光彩。

章太炎民族主义的核心是"排满"。这一思想特点就是揭露历史上清王朝入关后采取的民族压迫和民族歧视政策给中原及江南人民带来的巨大苦难，唤

---

① 章太炎：《代议然否论》，《章太炎政论选集》上，第464页。

起人民对清王朝的仇恨心理,激起人民起来同清王朝进行斗争。这一思想主张的积极意义是显而易见的。在动员人民同清王朝进行斗争,特别是可以最大限度地孤立清王朝方面,是有一定的策略意义的。但是,其不足也是明显的。这种不足,首先表现在严重的大汉族主义上。把满族视为异族加以排斥,把汉族视为历史"正统"。章太炎之所以直称光绪为"载湉小丑",并不是彻底反封建的勇气,而是传统的"夏夷之辨"思想的反映。在他心目中,清朝入主中原,是窃取了"中原神器",并非是"正宗"的统治者。在他眼中,满民族仍是历史上的"东胡",属于"蛮夷"之列,受到蔑视是理所当然的。其次,他强调民族优劣性;认为满民族是劣等民族,只能被汉族同化,并且提出"汉族之化满洲,则当化其全部"的主张。① 把满族贵族与一般劳动人民不加区别地一律反对,便混淆了阶级阵线。其三,过分强调国内民族矛盾,掩盖了国内阶级斗争,是十分有害的。辛亥革命胜利后,部分地方政权落到了清政府原来的督抚之手中,革命民主派并没有认为有什么不对。只要汉人掌权,革命就是胜利。章太炎本人就附和"革命军起,革命党消"一类的错误口号,认为推翻了清王朝,革命就宣告结束,对资产阶级民主革命的认识是十分肤浅的。

章太炎的反对西方资产阶级代议制,固然是西方资本主义国家国内矛盾激化,使章太炎看到了西方资产阶级国家存在的弊端,欲使中国避开这条道路。但是,也应看到,章太炎对资产阶级的共和制还是缺乏认识的,特别是没有区别封建专制与资产阶级共和制两者之间的严格界限。如他说:"代议政体者,封建之变相,其上置贵族院,非承封建者弗为也。""讫汉世去封建犹近,故昭帝罢盐铁榷酤,则郡国贤良文学主之,皆略似国会。"② 需要说明的是,章太炎这里的"封建"系指中国周代"封邦建国"制度。正因为章太炎在这个问题上存在着模糊认识,所以他得出了代议制不如专制的错误结论。

章太炎是著名的国学大师,对佛学、小学、经学等都有相当深的研究,其学术造诣是非常高的,我们看到传统文化对他的影响是非常深刻的。章太炎思想中的模糊错误部分,也从一个侧面反映出他在特殊的复杂历史环境中的认识能力同受传统文化的消极影响有关,这是不能苛求的。

---

① 章太炎:《驳康有为论革命书》,《章太炎政论选集》上,第197页。
② 章太炎:《代议然否议》,《章太炎政论选集》上,第456页。

第四章 二十世纪初年的社会革命思想

第五节 反满社会思想分析

一、反满社会思想产生的时代背景

社会革命思想,是近代晚清社会民族矛盾和阶级矛盾结合、渗透、相互激荡的产物。反满,是民主革命思想中最引人注目的口号,并成为民主革命中的民族革命纲领。揭示反满的历史文化背景,深刻剖析其时代内涵应是晚清社会思想史研究的一个不可忽视的课题。

1840年后,西方列强入侵中国。清王朝采取了始而抵抗继而妥协投降的政策,中华民族同帝国主义的矛盾日益加深,挽救中华民族的命运则成为民主革命的首要任务。这种特殊的国情,使得中国革命必然存在着民族、民主革命的双重性。20世纪初年,中国人民的革命斗争主要表现为:资产阶级革命民主派积极组织革命武装,准备用革命暴力打碎封建专制的国家机器,同时,掀起了拒法运动、拒俄运动、抵制美货等反帝风暴。革命党人为了启迪中国人民的觉悟,用西方资产阶级的"天赋人权"、"自由"、"平等"、"民主"等思想观念宣传和组织群众,用资产阶级的民族主义来唤醒中国人民同封建主义、西方侵略者进行斗争。民主革命思想在20世纪初年形成了一股汹涌澎湃的思想解放洪流。这一洪流的突出特点就是反满。几乎凡是主张革命的人无不倡言反满。《革命军》《警世钟》《猛回头》等革命书刊的反满论调成为鲜明的主题。领导民主革命潮流的资产阶级革命思想家孙中山、章太炎、朱执信等更是力主排满革命。于是一场反帝、反封建的资产阶级民主革命思想被披上了一层反满外衣。

革命派之所以极力倡言排满,这是中国社会阶级关系变动后客观提出来的重要任务。20世纪初年,中国社会发生重大变化:清政府与帝国主义列强签订《辛丑条约》,把自己降为"洋人的朝廷",对内镇压人民反帝爱国斗争,与帝国主义勾结迫害海外中国留学爱国知识分子。它已经彻底沦为帝国主义在华的统治工具,成为全国人民的众矢之的。清政府卖国求荣,成为帝国主义在中国的统治工具的反动面目是逐步暴露的。《辛丑条约》签订前,清政府在客观上还是人民反对外来侵略的依托力量,广大人民希望它能改弦更张,领导中国人民走富国强兵道路,承担起挽救民族危亡的重任。事与愿违,清政府在对外战争中的妥协投降行为背离了全国人民的意愿,当它的卖国罔民面目暴露后,必然被中国人民所抛弃。残酷的现实使人们看到清政府非但不能担负领导民族解放的重任,相反与帝国主义勾结在一起,要"量中华之物力,结与国之欢心",甘当洋人儿皇帝,使中国人民"都是洋人畜圈里的牛羊,锅子里的鱼肉,由他要杀就杀,要煮就煮","我们同胞辛苦所积的银钱产业,一齐要被洋人夺去,妻儿老小,活活要被洋人拆散","大好江山,变成了犬羊的世界;神明贵种,沦落为最下等的奴才"。[①] 中华民族这种悲惨的命运是清王朝与西方列强相勾结一手造成的。革命民主派深刻认识到:中国人民"内受满洲之压制,外受列强之驱使,内患外侮,两相刺激,十年灭国,百年灭种"。要改变这种命运,应该"欲御外侮,先清内患"。[②] 把反对帝国主义与反对清王朝的斗争紧密地联系在一起。邹容根据西方资产阶级民主革命的理论,认为"各人不可夺之权利皆由天授,无论何时,政府所有干犯人民权利之事,人民即可革命"。他主张"先推翻满洲人所立北京之野蛮政府"[③]。而后效法美国,创立"中华共和国"。把民族解放斗争与民主革命紧密地联系在一起,这是当时中国社会主要矛盾的必然反映。清政府的反动行径促使一大批知识分子觉醒,他们抛弃了改良道路,曾相信教育救国、实业救国的孙中山、章太炎、秦力山、冯自由等人的立场都发生了重大转变,走上排满革命的道路。

二、反满社会思想的历史演变

反满口号,并非资产阶级革命派发明。清王朝入关后,采取了民族歧视和民族压迫政策。为了镇压中原、江南地区的人民反抗斗争,制造了骇人听闻的"扬州十日"、"嘉定三屠"等血腥事件,为了巩固其统治,制造了一起起文字狱,同时给予旗民以种种特权。于是"反清复明"成为当时中原及江南人民抗清斗争的主要口号。随着清王朝统治的巩固,民族政策也有所调整,"反清复明"口号渐渐淡化。但是,传统的"夏夷之辨"观念在中原及江南地区还有着深深的烙印。清政府始终没有彻底抛弃民族歧视政策,特别是辛亥革命前,清王朝垂死挣扎,于1908年提出要"仿行立宪",其结果是成立了"皇族内阁",对汉族地主再次进行排斥。这种行径引起了改良派的不满,引起了汉族地主官僚的不满。

---

① 陈天华:《警世钟》。
② 邹容:《革命军》。
③ 邹容:《革命军》。

第四章 二十世纪初年的社会革命思想

革命民主派对此也进行了猛烈抨击,指出清政府的目的是:"扩张满族政事上之特权"。并针对清政府两百年来的统治,揭露其反动的民族压迫政策。"满酋知我民族之未易驯服也,故于民气之摧残尤烈。结社聚盟,垂为厉禁,一字一句,涉及明事者,辄遭诛夷。论列史事,初未涉及忌讳,亦逮系而骈僇之,宗党故旧,钩连无遗,碧血沉冤,言之犹有余痛。"①在中国历史上,曾有多次少数民族入主中原后与汉民族融合的史事。资产阶级革命派不懂得,也没有认识到汉民族是不断吸收周边少数民族文化以充实和丰富中原文化的。而且这种民族融合是相互的,即汉民族在融合其他民族文化时,本民族文化也被其他民族所融合。所以,胡汉民认为:"倾覆现今之恶劣政府,此造端之事业也。以吾多数优美之民族,箝制于少数恶劣民族之下,彼不为我同化,而强我同化于彼,以言其理则不顺,以言其势则不久,是故排满为独立计,为救亡之计也","建设共和政体……惟旧日之为异族政府所有者,固当倾覆之,而数千年君主专制之政府,亦必同时改造,而后可以保种而竞争存"。"君主专制政体之不宜于今世。"②从中国历史上看,无论匈奴、鲜卑、羌、氐、羯,无论西夏、金、蒙元王朝,进入中原后,都吸收中原先进文化,与其融合一体,共同创造了中华民族文化。这就是革命派所认为的汉民族"同化"了其他民族,而且是言其理则顺,言其势则久的"规律"。这就告诉人们,清王朝统治不会长久,而且是历史发展的"结论"。革命派利用传统的"夏夷之辨"古老理论,来启迪人们的民族觉悟,其目的是为了实现"共和政体"这个根本目标。革命派重提"反满"口号,作为"独立计"、"救亡计",使之成为中国人民争取民族独立和解放的行动纲领,这样就使"反满"口号的内涵发生了实质性的变化,由于清王朝与帝国主义勾结在一起,客观上使"反满"口号具有反帝反封建的资产阶级民族、民主革命的深刻含义。传统的"夏夷之辨"也突破了它固有的内涵,成为中国人民民族、民主革命的重要思想基础。

革命民主派利用清王朝民族歧视和民族压迫政策,更新传统"夏夷之辨"观念,动员所有反满力量,同清政府进行斗争,并结成政治同盟,最大限度地孤立和打击清王朝。"反满"口号客观上适应了这一策略的需要。清王朝的民族压迫政策,为自己造就了一个深厚的反满社会基础,其中会党是一支重要社会力量。孙中山认为会党在反满斗争中会起到很大的作用,是一支不可忽视的同盟

---

① 阙名:《预备立宪之满洲》,《辛亥革命前十年间时论选集》第三卷,第39~40页。
② 胡汉民:《民报之六大主义》,《辛亥革命前十年间时论选集》第二卷,第374页。

军,因为"其宗旨是'反满复明',这个政治团体存在了二百多年,有数千万会员散布在整个华南;侨居在这个国家(指美国——引者注)之内的中国人中,有百分之八十都属于这个会党"①。清朝入关后,会党反清斗争一直没有停止过,天理教、白莲教等反清秘密组织始终存在并与清王朝进行斗争。资产阶级革命党人在辛亥革命中发动的武装起义,也确实联系过会党,会党在革命中发挥了重要作用。孙中山指出:革命党人初期的武装斗争"应而和之者特会党耳,至于中流社会以上之人,实为寥寥"②。在当时的中国,要动员像会党这样下层劳动人民起来同清王朝进行斗争,用单纯的资产阶级民主革命的纲领来宣传组织和发动群众很难形成燎原之势,也不能使所有反对清王朝的各阶层产生共鸣。利用清王朝反动的民族歧视和民族压迫政策所造成的民族矛盾,对"夏夷之防"的传统观念推陈出新,在新的历史条件下为资产阶级民主革命服务,变单纯的反满斗争为实现中华民族独立的解放运动,革命派赋予了反满斗争以资产阶级民主革命新内涵。

三、反满社会思想的评价

如何评价反满问题,国内外史学界一直存在不同的意见。笔者认为,诸多反满言论中有三种倾向:一是传统的"夏夷之辨",使反满充斥着大汉民族主义、种族与民族不分的狭隘的民族主义;二是以会党为主体的反满,把反满与反封建剥削联系在一起;三是以孙中山为代表的资产阶级革命民主派,他们的反满是与资产阶级民主革命相联系的,构成当时反满思潮的主流。

革命派的反满主张,不是简单地反映国内民族间的斗争。革命派的纲领是:"驱除鞑虏,恢复中华,建立民国,平均地权。"反满的目标是"恢复中华",反满后建立的国家是"民国"。反满始终与创立资产阶级共和国的总目标相联系,是为资产阶级革命服务的。尽管资产阶级存在不足,但是,追求资产阶级共和国的总目标始终没有放弃。南京临时政府采取的是资产阶级共和国政治体制,颁布的一系列方针政策都体现了资产阶级民主制的政治原则。特别是《临时约法》的颁布,在中国历史上第一次用法律来确定国家体制,使民主共和思想深入人心。在后来的反对袁世凯、段祺瑞独裁专制以及反对封建帝制复辟活动中,

---

① 孙中山:《中国问题的真解决》,《孙中山全集》第一卷,第253页。
② 孙中山:《中国民主革命之重要》,《孙中山全集》第一卷,第282页。

第四章 二十世纪初年的社会革命思想

以孙中山为代表的资产阶级民主派同一切背离资产阶级民主政体的反动势力进行了坚决的斗争。由此可见,反满的实质是反对封建专制主义的政治体制,只不过披上一层反满的外衣。人类历史的发展有时有着惊人的相似。欧洲资产阶级革命时期,反对封建主义的斗争也与反对罗马天主教联系在一起,"当时反对封建制度的每一种斗争,都必然披上宗教的外衣,必然首先把矛头指向教会"①。披着宗教的外衣进行资产阶级革命成为英国资产阶级革命的一个重要特点。中国资产阶级革命民主派把反满斗争与国家独立民族解放斗争联系在一起,与建立资产阶级共和国确立资产阶级民主政治体制联系在一起,使反满斗争具有新的内容与特色,体现出中国资产阶级革命的民族特点,也是中华民族新的觉醒和崛起的鲜明标志。

反满口号的内涵随着历史条件的变化而不断更新。清朝入关后,反满斗争初期属于国内民族之争,既有中原人民反对满族贵族的斗争,也存在汉满地主阶级内部争夺中国统治权的斗争。随着满族地主阶级封建统治的巩固,满汉地主阶级携手共建封建专制主义统治秩序后,反满具有以农民为主体的反对地主阶级压迫和剥削的性质,属旧式农民战争范畴。资产阶级民主派的反满斗争,与传统的反满斗争有本质的不同。它是在特殊历史条件下,中国人民挽救民族危亡斗争的一种手段,服从资产阶级革命的需要,是孙中山领导的资产阶级革命的重要组成部分。反满是资产阶级民主革命在中国具体历史条件下的特殊表现形式,同时,也具有反对帝国主义的含义。当然,反对帝国主义主要是通过反对清政府的间接形式表现出来。这种反满斗争与旧式反满的区别还在于前景不同。旧式反满斗争在一定程度上虽然会削弱地主阶级的统治基础,但不能确立先进的生产方式,不能从根本上彻底推翻封建专制主义政治体制,只能是封建地主阶级改朝换代的工具。革命派的反满斗争结果是推翻了清王朝,结束了几千年来的封建专制主义的统治,具有划时代的意义。革命派在辛亥革命过程中,高举民族主义旗帜,以反满为口号,对于动员广泛的反清力量,加速清王朝灭亡发挥了巨大的作用,传统的"夏夷之防"在中国这块古老的土地上根深蒂固,只要举起反满的旗帜,不仅一般的劳动人民积极投入这一斗争,更容易把那些对清王朝民族政策不满的爱国士大夫和知识分子吸引到这一革命阵线中来,从而扩大了反清阵营。从这一角度看,反满口号动员了广大人民及一切反满力

---

① 《马克思恩格斯全集》第二十二卷,第 348 页。

量,使其团结在革命民主派的周围,最大限度地孤立和打击清王朝,瓦解了清政府的统治基础,打乱了统治阶级的阵线,加快了清王朝崩溃的进程。对于广大农民来说,理论色彩浓厚的"天赋人权"、"三权分立"等新概念十分陌生,靠西方政治理论很难把他们组织起来。特别是会党,这个种族色彩浓厚的团体,再丰富的理论,也不如"反清复明"口号使他们感到熟悉和亲切。革命派的反满主张迎合了会党这些下层劳动人民的心理,利益的一致、口号的相似,容易使他们成为资产阶级民主革命派的同路人,并与资产阶级一道为推翻清王朝共同奋斗。对于其他非劳动人民阶层来说,清政府对外妥协投降,不断出卖国家主权、领土,在一定程度上严重影响了他们的生计。在儒家的"君主视臣如草芥,则臣视君如寇仇"思想驱使下,他们站到反满阵营中,传统的"胡汉有别"在这部分人身上表现得尤为突出,所谓"斯时君臣之义既绝,彼非我君,我非彼民,来侵者一例以敌人视之,且靖内且拒外,铁血流斯,以换国民幸福而已"①。因此,反满主张容易被他们接受。反满口号在组织反满同盟军中功不可没。

资产阶级民主派在革命中,并不是单纯提出反满口号作为自己的行动纲领,而是把它置于整个资产阶级革命理论中,作为发动组织一切反对清王朝力量的口号和策略,他们的理论基础则是西方资产阶级进化论和政治学说,并且认为用资产阶级政治制度来代替封建专制是人类公理和必然规律。反满口号只是在辛亥革命前发挥了作用,随着清政府的垮台,反满口号也就完成了历史使命。革命实践的发展也深刻地暴露出这一口号的历史局限性。概括言之:

第一,反满口号在客观上不能摆脱狭隘的民族主义影响。在推翻清政府的斗争中,一部分封建士绅发挥了一定作用。武昌起义后,在各独立的省份中,有很大一部分的政权掌握在封建官吏手中,而江苏则更为典型。尽管如此,这些省的独立还是加速了清政府的垮台,但是,革命后他们必然要求分得部分革命果实。更严重的是,袁世凯在革命后不久就窃取了辛亥革命的成果,其中十分重要的原因就是在革命党人中,有相当多的人认为袁世凯是汉人,有别于满族人,只要是汉族人当政,只要清政府垮台就算完成了民主革命的任务。

反满口号在客观上容易使人产生错觉,只要反满,则必然赞成革命,赞成革命,则必然拥护资产阶级共和政体,也就一定是革命党的同路人。革命党人在后来反对袁世凯的斗争中,在护国、护法斗争中仍然存在这方面的教训。无数

---

① 欧榘甲:《辛亥革命前十年间时论选》第一卷(上),第274页。

次挫折终于使孙中山清醒过来,得出南北军阀是"一丘之貉"的正确结论。资产阶级革命派在辛亥革命前曾支持群众的反封建斗争,但反满口号却不断冲淡了反封建斗争色彩,妨碍了反封建斗争的深入发展。历史表明:反对封建专制的斗争绝不是单纯地建立一个资产阶级共和国制度,而是要从各方面同封建主义进行斗争,彻底铲除产生封建主义的温床,才能算完成了资产阶级革命任务。

第二,反满口号严重混淆了阶级阵线。在单纯的反满问题上,在推翻清政府的问题上,资产阶级与部分汉族地主、封建官绅目标一致,但是,在建立资产阶级共和国的问题上,就严重地妨碍了地主阶级的利益,推翻清政府后,他们立即把矛头指向了资产阶级革命派。资产阶级民主派把所有反满人士都视为自己的同志,放松了对地主阶级的警惕,使得辛亥革命后许多地方政权被地主阶级把持,还出现了革命党人被杀的惨痛事件。武昌起义后,各省纷纷独立,说明了反满的影响及威力,但政权并没完全掌握在革命党人手中,可悲的是革命党人对此并没有认识。地主政权的性质深刻暴露出反满联盟的脆弱和严重的局限性。

第三,反满口号反映了会党及农民的部分要求,满足了他们反对地主阶级剥削和压迫的需要。革命党人用反满口号组织会党进行革命斗争共同推翻了清政府。但是革命胜利后,革命党人并没有彻底废除封建土地所有制,抛弃了资产阶级革命的重要原则,抛弃了革命的同盟军。反满口号在宣传、组织群众同清王朝斗争中发挥了巨大作用,但由于资产阶级革命派没有把革命深入下去,严重脱离了群众;资产阶级力量过于单薄,没有能力同中外反动派进行斗争。反满口号在推翻清政府过程中促进了革命的成功,但也使革命迅速失败。历史证明:中国资产阶级在理论和实践上都没有,也不可能正确认识近代中国的国情,科学地揭示出半殖民地半封建中国民族矛盾与阶级矛盾的关系及其复杂内容,进而确定出合乎实际的政治纲领和斗争策略。

第六节 孙中山的三民主义

孙中山,名文,字德明,号逸仙,广东香山县翠亨村人。1897 年在日本从事革命活动,化名中山樵,辛亥革命后以中山为名。生于 1866 年,卒于 1925 年。

孙中山是我国资产阶级民主革命的先行者,伟大的民主主义革命家、思想家。

晚清社会思想之变迁

　　孙中山出生在一个贫困的农民家庭。自幼年起就参加农业劳动。10 岁时，进入村塾读书，受儒家思想启蒙教育，并喜听太平军老兵讲述太平天国历史故事，对洪秀全领导的农民反清斗争产生景仰之情。12 岁，赴檀香山其兄孙眉处。随后入当地学校读书，开始接受西方资产阶级文化教育。后就读于香港医学院，除攻读医学外，广泛浏览研究西方资本主义国家政治、军事、历史、地理、物理、农学等类书籍，极大增长了学识与见闻，开阔了眼界。

　　1890 年，致书退休官僚郑藻如，提出效法泰西，振兴农桑，禁绝鸦片及普及教育等建议。他经常往来香港、澳门之间发表抨击清朝政治腐败的言论。与陈少白、尤列、杨鹤龄过往甚密，互抒救国志愿，倡言无忌，时人称之为"四大寇"。

　　1891 年，撰写《农功》一文，提出"以农为经，以商为纬"，"讲求树艺农桑，养蚕、牧畜，机器耕种，化瘠为腴一切善法"，向西方学习实行农业改革的观点。

　　1894 年，撰写《上李鸿章书》，提出"人能尽其才，地能尽其利，物能尽其用，货能畅其流"的主张。并希望李鸿章能采纳其建议，发展资本主义。李鸿章置之不理，上书未果。

　　是时，中日甲午战争爆发，清政府的惨败使孙中山认识到"和平方案，无可复施"[①]。遂抛弃改良幻想走上革命的道路。不久在檀香山成立兴中会，明确提出"振兴中华"口号以及"驱除鞑虏，恢复中华，创立合众政府"的革命纲领。

　　从 1895 年开始，孙中山一直把发动武装起义，用暴力打碎清朝专制政权作为资产阶级革命的重要手段，先后发动数次武装起义，其影响越来越大，并获得广大革命群众的热情支持，民主革命高潮一浪高过一浪。

　　在开展武装斗争的同时，孙中山在理论建设上也进行艰苦努力，不断探求中国的出路。三民主义，就是对中国民主革命探索的重大理论成果。从此把中国革命引向一个具有完全意义的民主革命的新阶段。

　　为了领导中国资产阶级民主革命，孙中山提议建立统一的革命团体。1905 年中国同盟会在日本东京成立，同盟会以"三民主义"为革命纲领，规定了中国资产阶级民主革命的基本任务，为民主革命指明了方向。在孙中山的组织和领导下，民主革命派前赴后继，终于在 1911 年推翻了清王朝的反动统治，结束了中国封建专制主义统治的历史。

　　辛亥革命的胜利，并不意味着中国民主革命的结束。辛亥革命后的十年，

---

① 孙中山：《伦敦蒙难记》，《孙中山全集》第 1 卷，第 52 页。

第四章 二十世纪初年的社会革命思想

孙中山同帝国主义支持下的军阀进行了不妥协的斗争,一直奋斗到终生。毛泽东指出:"孙中山先生之所以伟大,不但因为他领导了伟大的辛亥革命(虽然是旧时期的民主革命),而且因为他能够'合乎世界之潮流,合乎人群之需要',提出了联俄、联共、扶助农工三大革命政策,对三民主义作了新的解释,树立了三大政策的新三民主义。"①孙中山从我国半殖民地半封建社会的现实出发,通过理论建树,构建了三民主义为核心的民主主义革命理论体系,不仅对中国近代社会转型具有深远历史意义,就是对于我国今天的社会建设、经济发展仍具有重要的现实意义。这是留给我们的一笔宝贵精神遗产,值得认真研究总结。

一、民族主义

(一)民族主义产生的历史条件

1894年11月,檀香山兴中会成立,孙中山在会员的"秘密誓词"里提出"驱除鞑虏,恢复中华,创立合众政府"的口号。这个口号,既突出了反满,也强调了建立共和政府。揭示出反满民族革命和创立共和的民权革命的宗旨。

孙中山早期的民族主义,把反满置于十分突出的重要地位,反映出他对中国民族革命的独特理解及其诠释。在1905年中国同盟会提出的政治纲领中,关于"驱除鞑虏,恢复中华"的解释是:

"驱除鞑虏":"今之满洲,本塞外东胡。昔在明朝,屡为边患。后乘中国多事,长驱入关,灭我中国,据我政府,迫我汉人为其奴隶,有不从者,杀戮亿万。我汉人为亡国之民者二百六十年于斯。满政府穷凶极恶,今已贯盈。义师所指,覆彼政府,还我主权。其满洲汉军人等,如悔悟来降者,免其罪;敢有抵抗,杀无赦;汉人有为满奴以作汉奸者,亦如之。"②

"恢复中华":"中国者,中国人之中国;中国之政治,中国人任之。驱除鞑虏之后,光复我民族的国家。敢有石敬瑭、吴三桂之所为者,天下共击之。"③从孙中山对"驱除鞑虏"与"恢复中华"的诠释中我们看到:反满,从总的方面来说显然不是一个孤立的口号。它反映出当时中国社会复杂民族矛盾的客观现实以

---

① 毛泽东:《新民主主义论》,《毛泽东选集》合订本,第661页。
② 《中国革命方略》,《孙中山全集》第1卷,第296~297页。
③ 《中国革命方略》,《孙中山全集》第1卷,第297页。

及孙中山认识的局限。

反满提出的民族关系及对社会背景的阐述,是由当时中国半殖民地半封建社会民族矛盾特殊性所决定的。

从1894年中日甲午战争到1901年义和团反帝爱国运动失败,是中国半殖民地半封建社会的形成时期。这个时期是中国社会内外民族关系演变的重大时期。它呈现出中国社会民族矛盾的新格局和新特点。

进入20世纪以来,特别是清政府联合帝国主义列强镇压了义和团反帝爱国运动后,1901年签订的《辛丑条约》,标志着经过1840年鸦片战争后六十年间的中外关系的演变,从对抗到妥协,终于完成了帝国主义和封建主义的合流。清政府沦为"洋人的朝廷",亦即国际帝国主义侵华的工具。

这种新的政治格局,对中国产生两方面重大后果:一是在世界列强"共管"名义下半殖民地半封建社会统治秩序最终确立;二是社会民族矛盾与阶级矛盾及其关系发生了深刻变化。

"反清复明"口号,最早出现于清初汉族地主官僚和知识分子当中。他们对明代地主阶级政权覆灭于满族贵族之手和清朝实行对汉族的高压政策异常愤怒,渴求推翻清朝政权,使汉族地主政权重新恢复,洗刷掉社稷沦丧与薙发等陷于"异族"统治的奇耻大辱。不久,一些汉族地主、士大夫反抗清朝统治斗争失败,转向下层劳动人民宣传种族意识,于是"反清复明"又成为三合会、哥老会等秘密会党的政治口号。

孙中山说:"二三遗老见大势已去无可挽回,乃欲以民族主义之根苗流传后代,故以'反清复明'之宗旨结为团体,以待后起者,可借为资助也。"[①]

当时流行于民间的"反清复明"口号,是带有狭隘种族意识和浓厚封建色彩的。其政治宗旨是推翻清朝满族亲贵政权,重新恢复以汉族为主体的封建帝国。从历史上说,"反清复明"这个口号,在清初曾对反对满族亲贵暴虐的民族压迫起过一些动员作用。但是,随着清朝政权的巩固以及推行儒家治国方略,他们的统治逐渐被认同。这样,满汉之间的民族矛盾也就缓和下来,"反满"口号也就逐步为反封建斗争所冲淡,失去了本来的意义。"官逼民反"、"劫富济贫"等类口号,逐渐代替了"反满"而成为富有鲜活血肉的反封建口号。

孙中山的民族革命思想,从萌发到发展成为中国近代资产阶级民族主义理

---

① 孙文学说《孙中山全集》第6卷,第297页。

论,是有一个历史的演进过程的。

(二)民族主义主要内容

1894年11月,孙中山提出"驱除鞑虏,恢复中华,创立合众政府"的政治口号,确立了推翻清朝封建统治、创建资产阶级共和国的政治目标。

客观地加以分析,我们看到"振兴中华,维持国体"的思想内涵是多元的。它既包括推翻清朝满洲贵族统治的政权,也包括挣脱列强奴役中国的枷锁的内容。

檀香山、香港两个兴中会,在分析所面对的中国政治现实时,除指出清朝罪状外,还共同指出:"方今强邻环列,虎视鹰瞵,久垂涎我中华五金之富、物产之繁。蚕食鲸吞,已效(尤)于踵接;瓜分豆剖,实堪虑于目前。"①两个"章程"对列强侵华造成的民族危机的认识是一致的,表达也是十分清楚的。这就说明兴中会强调的"振兴中华",同时也具有反对列强的深层含义。问题在于,会员的秘密誓词中,只提出"驱除鞑虏,恢复中华",而未正面涉及反对列强侵略的问题。认真探讨和分析这个问题,对于揭示孙中山早期民族主义思想是具有理论价值和实践意义的重要课题。孙中山在民族主义中以反满为号召,不仅同满清贵族入主中原及以后的统治有关,同时也同鸦片战后中国面临的重大民族危机的严峻形势密不可分。

鸦片战争后帝国主义国家发动侵华战争,清朝与之签订了一系列不平等条约,中国国家主权、领土不断被列强分割和据有,加深了中华民族灾难和民族危机。清政府实际成为近代历史上民族苦难的内部根源与罪恶渊薮。清朝在广大各族人民面前展现出的这种卑劣、丑恶的历史形象,使爱国志士得出要独立、要民主,必须反满的共识。

孙中山通过长期考察和认真分析后,深刻指出:"今有满清政府为之鹰犬,然彼外国者欲取我土地,有予取予携之便也。故欲免瓜分,非先推倒满清政府,别无挽救之法也。"②

把反满,提到中国民族兴亡的战略高度,赋予反满以反对列强侵夺瓜分、争取中国民族独立与自由的新内涵,是孙中山早期民族主义对我国民族解放运动

---

① 《兴中会章程》,《孙中山全集》第1卷,第20页。
② 《中国革命方略》,《孙中山全集》第1卷,第234页。

的全新认识和理性诠释。

孙中山站在时代高度,顺应世界民族解放的历史潮流,对传统的反满口号,加以新的诠释,突破其原来浓厚的种族革命意识及其狭隘性与封闭性,用新的认识和理念,把反满纳入资产阶级民族主义范畴。强调"革命宗旨,不专在排满,其最终目的尤在废除帝制,创造共和"①。这样便使反满这个陈旧口号同创建中国民主制度联系起来,进而使反满焕发出新的生机与旺盛生命力。

孙中山的民族主义把反满这个传统的种族革命口号推陈出新,打破其历史局限,提高了反满的时代意义,主要的贡献是:突出了当时中国社会主要矛盾与斗争焦点,最大限度地孤立并打击了一小撮认贼作父的清朝亲贵,团结了各族人民群众;并进一步为中国民主革命找到了重要的突破口,有力地推动并加快了中国革命运动的发展。

从历史进程中考察,孙中山举起的以反满为特色的早期民族主义旗帜,在当时中国半殖民地半封建社会的历史条件下,是具有丰富的内涵和时代意义的。

第一,早期民族主义锋芒所向,主要是指向帝国主义走狗清政府。没有正面提出反对帝国主义,这是与当时中国社会主要矛盾的演变分不开的。帝国主义与封建主义的彻底合流的事实,反映出中国社会主要矛盾演变成为民族矛盾与阶级矛盾相互渗透,而主要矛盾的表现形式则是中国各族人民同帝国主义、封建主义同盟之间的矛盾。清政府由一个独立、主权的政府降为"洋人的朝廷",决定了中国人民同帝国主义走狗清政府的斗争成为主要矛盾的焦点。反满口号之所以在进入20世纪后仍深入人心,成为鼓动群众最响亮的动员口号,除了广大汉族人民的传统心理作用外,主要反映并揭示了社会主要矛盾转化为帝国主义走狗与人民群众的矛盾,而清政府则成为矛盾焦点这个客观政治现实。

第二,中国民族的革命任务,在当时特定历史条件下,包括对外要求民族独立和对内实现民族平等两项基本任务。历史表明,国内实现民族间的平等的先决条件是整个中华民族的独立与解放。孙中山当时强调反满,并不意味着放弃反帝斗争。孙中山明确提出所以要突出反满主要是因为清政府是一个卖国政府,要争取整个中国民族的独立解放,不打倒这个政府是做不到的。他反复强

---

① 邹鲁:《中国国民党史稿》,台北1976年重版,第36页。

第四章 二十世纪初年的社会革命思想

调的"欲免瓜分,非先推倒满清政府,别无挽救之法也",讲的就是这个道理。

孙中山在《致苏汉忠函》中,还进一步表露出强调推翻清政府的深层政治意义。他说:"因为满族已在衰落和死亡之中。他们将不能久留在中国。我们如不急起驱除之,外国列强则将在不久替我们赶走满族。那么,我们将成为另一统治民族的奴隶。"强调中国"对于世界诸民族,务保持吾民族之独立地位"①。

如果把孙中山这些言论前后联系起来,我们就会对反满与反帝的内在联系及其因果关系,多一层理解,对中国社会深层次的民族矛盾对当时反满口号的制约作用会有一个正确的认识。

第三,早期民族主义,虽然在形式上突出了反满,然而实际上却把反满与争取民族独立运动有机地联系起来。这样便把民族主义置于爱国主义旗帜下,赋予反满口号以救亡图存、振兴中华的时代内涵,赋予了反满斗争的崭新生命力。反满之所以成为辛亥革命时期鼓舞斗志、激动人心,富于政治号召力的口号,其实质就在于符合当时历史进程中出现的民族关系的重大变动。这是必须承认的客观事实。

归纳起来,孙中山早期民族主义,特别重视并突出反满的时代意义,并把反满置于关系中华民族生死存亡的关键地位。确切地说,这种反满斗争正是中华民族为挣断帝国主义列强的枷锁,实现中国民族独立与解放而采取重大战略决策的理性思考,是寓有深义的。

第四,早期民族主义中,反满并不是一个孤立的口号,把反满同创建以汉族为主体的共和政府,进一步为反满思想,充实了积极健康的政治内涵,使反满斗争实际上成为推翻封建帝制与建立共和相衔接与沟通的桥梁。这便真正体现出反满斗争的理论价值和实现民主革命的重大现实意义。

最后,除肯定反满对中国民族革命的理论意义及其重大政治贡献外,也要客观地分析孙中山早期民族主义思想认识上的误区及其历史局限。

早期民族主义,虽然包含了反帝、民族独立和解放的深层内涵,但是不可否认,由于孙中山认识上的局限,对帝国主义本质的认识是模糊的。

一般来说,民族革命既然是一场革命,那就是要讲斗争策略的。近代中国民族革命从根本上来说是要完成民族的独立,彻底挣断帝国主义侵略者控制的枷锁,为中国民族的解放创造条件的。把民族革命的主要锋芒指向国内的满族

---

① 《致苏汉忠函》,《孙中山全集》第1卷,第294页。

统治集团,未提出正面反对帝国主义口号,固然有争取列强对中国内战保持"中立"的策略意义,但是,如果过分强调反满,客观上必然冲淡,甚至模糊反帝的民族意识,进而淡化了反帝斗争。

孙中山对欧美等帝国主义的认识,有一个逐步深化的过程。

孙中山的价值观及其切身经历与感受,曾使他在一定时期对帝国主义列强的认识,存在着误区,制约着对帝国主义本质的深刻了解。

孙中山从青年时期到香港求学,从中学到大学,大都在香港度过。英人统治下的香港的物质文明与市政建设以及社会治安等显著成就,同清王朝统治下的中国内地城乡的巨大反差,给他以很大震动。

孙中山从香山与香港的对比中,清楚地看到中国城乡落后正是因为清朝政府专制统治的结果,要使中国走向文明进步,必须"改革中国之恶政治","组织良好之政府"。[①] 他说:"我因此于大学毕业之后,即决计抛弃其医人之生涯,而从事于医国事业,由此可知我之革命思想完全得之香港也。"[②]孙中山对以民主、自由、平等相标榜的欧美资产阶级民主政治制度给予充分肯定,特别是对美国人民更是充满了支持中国革命的渴望。

他说:"拯救中国完完全全是我们自己的责任,但由于这个问题近来已涉及全世界的利害关系,因此,为了确保我们的成功、便利我们的运动、避免不必要的牺牲、防止列强各国的误解与干涉,我们必须普遍地向文明世界的人,特别是向美国的人民呼吁,要求你们在道义上与物质上给以同情和支援……因为我们要仿造你们的政府而缔造我们的新政府,尤其因为你们是自由与民主的战士。我们希望在你们中间找到许多的辣斐德。"[③]

孙中山对西方资本主义制度的利弊是有一定认识的。但是受到人种学的影响,他对帝国主义对外政策的侵略本质的认识,在早期却是不清晰的。他说:"世界上的十五万万人之中,顶强盛的是欧洲和美洲的四万万白种人。白种人以此为本位,去吞灭别色人种。如美洲的红蕃已经消灭;非洲的黑人不久就要消灭;印度的棕色人正在消灭之中;亚洲黄色人种现在受白人的压迫,不久或要消灭。"[④]

---

① 《在香港大学的演说》,《孙中山全集》第 7 卷,第 116 页。
② 《在香港大学的演说》,《孙中山全集》第 7 卷,第 116 页。
③ 《中国问题真解决》,《孙中山全集》第 1 卷,第 255 页。
④ 《民族主义》,《孙中山全集》第 9 卷,第 225 页。

第四章 二十世纪初年的社会革命思想

用研究人类血统肤色、气候地理等条件的观点代替对资本主义经济政治制度的科学分析,这是孙中山在认识上的另一误区。

上述种种模糊概念,便使孙中山根据自己的价值观在判断帝国主义对外政策及其侵略本质时,加强了他对欧美西方国家的政治幻想,从而模糊了民族革命视线。这样也就在实际斗争中冲淡了对中国民族的真正敌人——帝国主义的科学认识。

应当承认,在一个相当长的时期,对待日本帝国主义侵华政策缺少深刻的认识,也同所谓中国与日本是"同文同种"的认识不无关系。

历史实践告诉我们:帝国主义与封建主义之间彼此在政治上勾结,共同压迫中国各族人民,狼狈为奸,荣枯与共的命运,使帝国主义不可能对中国革命抱着超然物外的态度。即使列强打出"中立"旗号,也只能是反映其政治需要的一种伪装罢了。

对半殖民地半封建中国社会主要矛盾缺少科学分析态度,从根本上来看,正反映出他认识上的局限。

早期民族主义,就其基本属性来看,显然是属于资产阶级民族主义的历史范畴。但是,其中仍保留着一定的种族主义色彩,如不时地强调构成民族的"血统"因素,以及把满族视为"异族"等,便是这种封建种族意识带来的某些消极影响。

孙中山提出的以反满为旗帜的早期民族主义,尽管存在认识及历史的局限,但从整体上看,旗帜鲜明的反满民族革命的一次又一次武装起义,在推动辛亥革命高潮的历史进程中,是起到重大作用的,因而在我国民主革命历史上是占有光辉的历史地位的。

孙中山是一位顺应历史潮流不断前进的革命家。晚年的他,经历过辛亥革命后年轻的共和国艰险辛酸岁月的磨炼以及在同帝国主义列强变本加厉地扶持封建军阀、扼杀共和国的艰苦斗争中,在同帝国主义生死大搏斗的锻炼下变得更坚强。特别是在思想认识上的不断提高终于实现了他对帝国主义本质认识上的一次重大飞跃。

20世纪20年代,在国际国内政治形势剧烈变动的新情况下,在共产国际和中国共产党诚挚热情的帮助下,孙中山认真地从中国民主革命道路上的风风雨雨中,总结出深刻的历史教训。为了在中国民主革命时期,完成多年来的革命理想和夙愿,他以迎接新时代挑战的战斗姿态,重新解释了民族主义,赋予民族主义以鲜明的反帝内涵。进而显示出以反帝爱国为核心的民族主义的战斗威力。

1924年,中国国民党第一次全国代表大会宣言,揭开了国民党改组后,"国共合作"的历史新篇章,同时宣告孙中山民族主义理论提升到一个新的高度,成为指导中国反帝爱国斗争实践、实现伟大的民族独立和解放的政治宣言。

从反满到反帝,是在新的国际、国内形势下,孙中山对早期民族主义的重大创新与发展。

孙中山为了实现中国独立、民主、富强的崇高理想,以坚定的革命立场和坚毅的革命精神,经历过反清起义的多次挫折和艰苦磨炼,积累了丰富的斗争经验和超人的胆识,终于在1911年武昌起义不久,在全国民主高潮中推翻了清政府,缔造了共和制度,埋葬了封建帝制,开辟了我国政治史上的新纪元。

孙中山关于反满的主张,是直接为建立近代多民族国家服务的。推翻清朝是创立民族平等自由国家的历史前提。

辛亥革命推翻了清朝政府,完成了反满的历史任务,但是关于对外争取民族独立和对内实现民族平等的任务,并没有完成。也就是说辛亥革命后中国受制于世界列强及在封建军阀统治下的国内民族问题没有获得解决。孙中山在辛亥革命中,建立资产阶级共和国政权时,曾在临时大总统的宣言书中,明确宣告:"国家之本,在于人民,合汉、满、蒙、回、藏诸地为一国,即合汉、满、蒙、回、藏诸族为一人。是曰民族之统一。"①

1912年9月,孙中山曾明确表示:"今我共和成立,凡属蒙、藏、青海、回疆同胞在昔之受压制于一部者,今皆得为国家主体,皆得为共和国之主人翁,即皆能取得国家参政权。"②孙中山1924年1月在《中国国民党第一次全国代表大会宣言》中,进一步提出:"承认中国以内各民族之自决权,于反对帝国主义及军阀之革命获得胜利后,当组织自由统一的(各民族自由联合的)中华民国。"③由此可见,孙中山提出的建立民族平等、自由、联合的统一的中华民国,这是民族主义关于解决国内民族问题的一项重大原则。

孙中山之所以强调建立"五族共和"的民族国家,还有另一层深意,不可不

---

① 《中华民国临时大总统宣言书》,《孙文选集》中册,广东人民出版社2006年版,第246页。
② 《在北京蒙藏统一政治改良会欢迎会的演说》,《孙中山全集》第2卷,第430页。
③ 《中国国民党第一次全国代表大会宣言》,《孙文选集》中册,第677页。

察。他说:"但愿五大民族相爱相亲,如兄如弟,以同赴国家之事。主张和平,主张大同,使地球上人类最大之幸福,由中国人保障之,最光荣之伟绩,由中国人建树之,不止维持一族一国之利益,并维持全世界全人类之利益焉。此则鄙人所欲与五大民族之同胞共勉者也。"[1]

从中国"五族共和"联系并推及世界人类共享"和平"、"大同"的幸福,孙中山的伟大政治胸怀和崇高思想境界,由此可见一斑。

"五族共和",从中国现实出发,不仅强调国内各民族的平等自由,同时把各族纳入共和旗帜下,成为中华民族大家庭中的平等成员,享有不可剥夺的各项民主权利。这样就使孙中山关于民族主义的理论,进一步得到深化和发展,成为指导解决中国民族问题的基本纲领。

(三)民族主义的评价

中国是一个统一多民族国家,只是在鸦片战争后帝国主义推行对华侵略分裂政策使我国民族团结和国家统一受到了极大挑战。孙中山认为民族团结和国家统一是中华民族生存与发展的关键所在,对此必须保持高度警惕,绝不能掉以轻心。

根据鸦片战争后中国民族团结和国家统一,受到帝国主义列强侵略和分裂的社会现实,孙中山曾提出符合我国国情的民族团结和国家统一的崭新政治理念。

第一,孙中山对"民族自决权"问题,做了认真探索和思考。民族自决,是解决国家和地区内部民族矛盾和纠纷的一般纲领和指导方针。民族自决,从历史上考察,是资本主义上升时期,资产阶级国家为解决民族问题而提出的原则与方法。民族自决在不同历史条件下有着不同性质和内容。资本主义确立或上升时期的新兴资产阶级为了建立统一的民族市场和建立适合资本主义发展的民族国家,曾用"民族自决权"反对民族压迫,实行民族平等政策,因此民族自决对于建立民族统一国家起过一定的历史作用。

帝国主义时期,民族问题远远超出一国的范围,成为世界性被压迫民族解放的问题。于是争取民族自决权又发展成为殖民地、半殖民地、附属国等被压迫民族反对帝国主义、殖民主义统治的斗争武器和手段。

---

[1] 《五族一家与世界大同》,《孙文选集》中册,第313页。

十月革命后,俄国无产阶级又为民族自决赋予新的时代内涵。反对民族歧视、压迫,坚持民族平等立场,尊重各民族自由分离,或自由联合的意愿,充分享有民族自决的权利。各民族在不受外力操纵干预,在真正独立自主条件下通过全民公决,确定各民族的归属。这是彻底行使民族自决权的体现。

孙中山从历史演变中,对民族自决权形成了自己的独特认识和理念。

第一次世界大战时期,美国总统威尔逊曾提出"民族自决"问题。孙中山说:"威尔逊主张打灭德国的强权,令世界上各弱小民族以后都有自主的机会,于是这种主张被世界所欢迎。"①当时印度、越南、波兰、捷克、罗马尼亚等在"民族自决"的鼓励下都参加协约国与同盟国作战。孙中山说:"我们中国也受到了美国的鼓励,加入战争,虽然没有出兵,但是送了几十万工人去挖战壕,做后方的勤务。"②

孙中山看到"到了战胜之后开和议的时候,英国、法国和意大利觉得威尔逊主张的民族开放和帝国主义利益冲突太大,所以到要议和的时候,便用种种方法骗去威尔逊的主张。弄到和议结局所定出的条件,最不公平。世界上的弱小民族不但不能自决,不但不能自由,并且以后受的压迫比从前更加厉害。经过这个历史巨变之后安南(越南)、缅甸、爪哇(印度尼西亚)、印度、南洋群岛和土耳其、波斯、阿富汗、埃及以及欧洲的几十个弱小民族,都大大的觉悟,知道了列强当日所主张的民族自决完全是骗他们的。所以他们便不约而同,自己去实行民族自决"③。

从严酷的历史教训中,孙中山曾提出一个尖锐的问题。他说:"由此可见,强盛的国家和有力量的民族已经雄占全球,无论什么国家和什么民族利益,都被他们垄断。他们想永远维持这样垄断的地位,再不准弱小民族复兴,所以天天鼓吹世界主义,谓民族主义的范围太狭隘,其实他们主张的世界主义,就是变相的帝国主义与变相的侵略主义。"④

历史证明:帝国主义国家用所谓"世界主义"否定被压迫民族的自决权、生存权,正是其统治全世界、奴役世界弱小民族的险恶政治图谋的大暴露。

第二,孙中山曾提出过"民族自决"作为解决中国民族问题的一种考虑,主

---

① 《民族主义》,《孙中山全集》第9卷,第223页。
② 《民族主义》,《孙中山全集》第9卷,第223页。
③ 《民族主义》,《孙中山全集》第9卷,第223页。
④ 《民族主义》,《孙中山全集》第9卷,第224页。

第四章 二十世纪初年的社会革命思想

要受到俄国废除沙皇时代的民族压迫，实现民族平等政策的影响。但是"民族自决"显然同中国国情和历史传统不符。于是进一步提出"合汉、满、蒙、回、藏诸地为一国，即合汉、满、蒙、回、藏诸族为一人，是曰民族之统一"的建设多民族统一国家的政治方略。这个方略，不论从历史上，还是从现实来考虑，它们反映出中华民族的传统心理和强大民族凝聚力，因而构成中国建设多民族统一民族国家的政治基础。

孙中山抛弃所谓"民族自决"，根据中华民族大团结和民族认同的历史传统，明确提出"五族共和"的建设民族团结与共和政治的国家新的理念，正是对民族历史传统观念的提升和更新。

鸦片战争以来，世界列强为了实施民族分化政策，曾对我国边疆民族上层集团实行收买、威逼等各种罪恶手段进行分化，以实现其把我国少数民族地区分裂出去、分而治之的政治目的。

辛亥革命时期，帝国主义列强利用全国进入民主革命高潮之机，更变本加厉地实行民族分裂的罪恶活动。

1911年武昌起义后，在帝国主义煽惑挑唆下，以哲布尊丹巴为首和以达赖十三世为首的外蒙、藏上层分子，即掌握教权、政权的活佛、贵族及高级僧侣等趁机发动妄图脱离祖国的武装叛乱进而严重威胁到我国民族团结和统一的大局。

孙中山非常关注蒙、藏上层分子分裂祖国的事态及其发展。他指出："以此次蒙、藏离叛，达赖活佛实为祸首。若能广收人心、施以恩泽、一面以外交立国。倘徒以兵力从事蒙、藏，人民愚昧无知，势必激其外向、牵连外交、前途益危，而事愈棘手矣"①。孙中山认为令人忧虑的事是"现在蒙、藏风云转瞬万变，强邻逼视，岌岌可危"②。在这种形势下需要保持高度冷静，不能任谣言惑众，扰乱人心。"故文主张此后蒙、藏消息，责成各该处办事长官逐日报告政府一次，由政府再分送各报登载，既免误传，且得真相。"③只有掌握事实真相，才能做出正确决策。据孙中山分析："蒙古不欲取消独立者，西藏为之臂助也。如欲使蒙古取消独立，必先平西藏，以为取消库伦独立之预备。西藏平，则蒙古之气焰息

---

① 《与袁世凯第三次谈话》，《孙中山集外集》，上海人民出版社1990版，第181页。
② 《与袁世凯第三次谈话》，《孙中山集外集》，第181页。
③ 《与袁世凯第三次谈话》，《孙中山集外集》，第181页。

矣。西藏之向背,关乎蒙古独立与否,蒙古不独立则边警息矣。"①

尽人皆知,蒙、藏上层集团的叛乱,显然具有十分复杂的国际背景。正是因为英国、沙俄别有用心的煽动和策划才导致叛乱事件的发生。

孙中山强调必须使用武力削平叛乱,才能打击帝国主义分裂中国、乘机取利的政治图谋。但是,蒙、藏皆为中华民族大家庭成员,更需要在弄情是非的情况下,加强"宣慰",消除民族对立情绪,增强民族之间的团结。他说:"对于蒙、藏独立,余实主张用激烈之武力解决蒙、藏问题,藉儆反侧,兼以杜外人狡启。俟一大致解决,再派善于词令深悉蒙、藏语言者,前往宣慰,较单纯用剿者,似易收效。"②进而指出除对少数叛乱头目及骨干实行"痛剿"外,对于广大藏民、蒙民则要做好分清是非、清除隔阂、加强民族团结工作。

历史表明:袁世凯北洋政府处理蒙、藏问题,多次出现重大失误,造成难以挽回的结局。孙中山为此指出:"袁始终以外援为生命,终于以蒙古为诱食耳,依靠俄国。"③最后在沙俄政府蛊惑下外蒙竟从此脱离祖国而去。

当时孙中山处于在野地位,不能参与政府决策,只能大造社会舆论。他向参议院呼吁:"望诸公协助政府否认'俄蒙协约',坚持到底。此事关系民国存亡,务望留意。"④当然只靠劝告建议,争取社会舆论的支持是无力扭转整个形势的。孙中山以自己的胆识、魄力和崇高政治责任,特别重视民族团结和国家统一,像爱护自己生命一样维护中华民族大家庭的和睦团结,对于帝国主义列强妄图制造民族分裂破坏国家统一的种种阴谋诡计始终保持高度警惕,在力所能及的范围内揭露出侵略野心与阴险图谋,并给予坚决抵制。这正是孙中山对中华民族团结和国家统一大业的无比关注,强烈爱国思想的深刻反映。

我们从孙中山维护民族团结的革命实践活动中,清醒地看到民族主义虽然产生于西方世界,但是先进的中国人在接受民族主义理论和从事民族革命的斗争中,并没有简单延伸西方民族主义,更不是机械地模仿。

孙中山根据我国国情和民族革命的客观需要在利用西方民族主义思想资源的时候,对此加以认真改造。这种改造既显示了中国民族主义的鲜明特色,同时也反映出对西方民族主义理论的创新和发展,因而具有民族主义的时代特

---

① 《与袁世凯第三次谈话》,《孙中山集外集》,第 186 页。
② 《与袁世凯第十二次谈话》,《孙中山集外集》,第 189 页。
③ 《与日本驻沪领事有吉明的谈话》,《孙中山集外集》,第 216 页。
④ 致参议院电《孙中山集外集》,第 453 页。

第四章 二十世纪初年的社会革命思想

征和独特魅力。

孙中山的民族主义是一个开放的思想体系。

要全面地、客观地评价民族主义及其历史贡献,需要研究者以开放的视野来考察才能真正了解其丰富的内涵和时代特色。

克服狭隘的民族主义情绪,批判盲目排外主义,使孙中山民族主义彻底摆脱了封建愚昧主义影响,打破闭关自守的传统观念,树立起面对现实、对外开放、引进外资、技术的新观念。

根据近代中国半殖民地半封建的社会性质和特殊国情,要实现民族独立,必须坚决反对帝国主义侵略与奴役;要建立一个真正独立与主权完整的现代国家,必须认真学习并汲取人类一切先进的科学技术,包括资本主义国家的自然科学、人文科学及有益的科学技术实现国家的经济政治现代化,才能彻底摆脱贫穷落后,走向富强之路。

孙中山对此始终保持清醒头脑。明确提出在反对帝国主义的同时,必须克服狭隘的民族意识,批判盲目排外主义情绪,成为民族主义理论的历史前提。

我国自古以来,就是一个开放性的国家。封建王朝同西北少数民族和亚洲、欧洲及非洲地区,在不同时期都有过经济、文化的交流。汉代的丝绸之路、明代的郑和下西洋等都与欧、亚及非洲部分地区有过频繁联系和往来。中国古代文化不断吸收中亚、西方的天文历算、科学技术、音乐舞蹈以及印度佛教来充实自己。中外经济文化的交流和融合进一步丰富了中国文化的内涵,显示出中华文明的独特魅力。

众所周知,盲目排外主义是封建蒙昧主义的派生物。它是对外部世界和国际形势愚昧无知的表现。从根本上说盲目排外主义更是封建地主阶级在自然经济基础上形成的自我封闭的落后意识。近代国家间的经济、文化交往以及政治上建立的平等外交关系,是国际关系中的正常现象。但是,自鸦片战争以来,中国遭受西方资本主义侵略和奴役给中国民族带来深重的苦难,事实上则不可能同西方国家建立平等的经济、政治关系。

近代中国贫穷落后的重要根源,除了西方列强的宰割外,也是以国内封建统治势力存在为条件的。我国从贫弱走向富强,必须经历一个发展民族资本主义经济、文化的历史过程。历史的要求是:中国要建设成富强文明的国家,既要反对帝国主义列强的奴役和控制,又不能排斥欧美资本主义国家的先进科学技术与管理经验。要振兴中华,同欧美强国并驾齐驱,就必须正确处理二者的关系。因此划清反对列强侵略同盲目排外主义的思想界限,克服小生产者的狭隘意识,才能真正提高民族主义的认识和觉醒。孙中山在俄国"十月革命"和我国"五四"反帝爱国运动后国内政治形势巨变的新条件下,走出民族主义旧的模式,把民族革命置于战略的新起点上,提出"联俄、联共、扶助农工"三大政策,实现了民主革命战略思想的新转移,以完成民族独立和建立国内民族平等的民族国家的历史任务。民族主义内涵的丰富与发展,标志着孙中山的民族革命思想和路线走向成熟期。他的光辉思想,不但照亮了中国民族革命前进道路,同时也对亚洲民族解放运动产生了深远的影响。

二、民权主义

(一)民权主义产生的历史条件

民权主义是三民主义的核心,是中国民主革命的主要纲领。民权主义是中国近代社会矛盾在政治思想上的集中反映。

1840年后,外国资本主义对中国的冲击,使中国的自然经济走向解体。特别是19世纪70年代以来,中国民族资本主义的发展促进了中国民族资产阶级的形成,民族资产阶级从本阶级的经济利益出发,极力要求变革中国的政治制度。到戊戌变法时,这种呼声达到了高潮。但是,中国封建专制体制,并没有因为自然经济解体而瓦解。外国资本主义为了侵略和奴役中国人民的需要,竭力保存中国的封建专制主义制度,它们企图通过驯服和扶植反动的清政府作为他们在中国的统治工具,以维护帝国主义在华的利益。纵观中国近现代史,帝国主义从扶植清王朝到支持袁世凯及支持北洋军阀在中国进行反动统治,无不证明了这一点。所以,清王朝的封建帝制和皇权主义非但没有因为外来侵略、中国自然经济加快解体而减弱其统治力量,相反封建专制体制得到进一步强化。中国人民不仅受到封建经济制度的剥削而且还受到封建专制主义的政治压迫,人民毫无政治权利,因此要求民主,是中国人民迫切的政治愿望。随着民族资产阶级的形成和发展,他们极力要求脱离封建专制制度的压迫,在政治上建立新型的资产阶级政权和制度。

从鸦片战争后,先进的中国人便把向西方学习作为探索救国真理的重要途径。人们的视角首先是西方资本主义国家的"船坚炮利"。洋务运动就是这一思想的具体实践。历史告诉人们,洋务运动的结果并没有把中国引向富国强兵

第四章 二十世纪初年的社会革命思想

的道路,人们开始对封建制度产生怀疑,并对这一制度的弊端进行揭露和批判,当然,这种批判和揭露还缺乏历史与时代的力度。人们只是从中国传统文化中,特别是儒家的民本主义中汲取营养,希望清政府改弦更张,能够革除封建专制的部分弊端,从而实现中国的独立与富强。一直到戊戌变法前,人们对西方资产阶级政治制度的认识还是比较模糊的。戊戌变法期间,维新派主张用民权来限制君权,实现君主立宪制,企图通过政治改革和积极参政来代替封建地主阶级专制制度。他们热烈鼓吹西方资产阶级的民权,但实际上只是一种地道的绅权。以孙中山为代表的资产阶级民主革命派,决心用暴力来推翻清王朝的反动统治,建立资产阶级的民主共和国。这是革命派向西方学习救国真理的积极成果,也是中国的具体国情使他们做出的正确抉择。在当时的历史条件下,西方资产阶级共和制,西方资产阶级的政治学说,资产阶级的平等、自由、博爱理论原则成为孙中山构建民权主义的理论基石。

20世纪初年,西方资本主义国家由自由竞争走向帝国主义阶段,资本主义国家固有的矛盾充分暴露出来。为了避免这些问题在中国重现,孙中山又从中国传统的政治制度中借鉴其监察制度和考试制度来完善其民权主义。

(二)民权主义的主要内容

1894年,孙中山在兴中会中,提出"创立合众政府"的口号。1905年,在同盟会宣言中,提出"建立民国"的纲领。1906年,孙中山又阐述了"五权宪法",到1917—1919年,孙中山在《建国方略》中又进一步对民权主义加以充实完善。

首先,孙中山对封建帝制与皇权思想的严重危害做了认真分析,并展开深入批判,把肃清专制主义流毒,作为普及和提高民权思想的重要前提。孙中山指出:封建专制制度与皇权是中国最大的"国害"。"国害"一除,则国利自兴,而富强之基于是乎立。[1]强调封建皇权是腐蚀人民的毒剂。皇权,不仅是历代封建王朝内部争权夺利的根源,也是王朝更替及争夺皇位事件的祸根;就是敢于造反的农民起义,包括近代太平天国农民战争,也受到封建皇权主义的毒害。为此他多次告诫革命志士,"唯尚有一层最要紧的话,因为凡是革命的人,如果存有一些皇帝思想,就会弄到亡国"[2]。孙中山提出:"现在世界潮流到了民权

---

[1] 《建国方略》,《孙中山全集》第6卷,第224页。
[2] 《在东京〈民报〉创刊周年庆祝大会的演说》,《孙中山全集》第1卷,第326页。

时代。""我们革命党人在宣传之始,便揭出民权主义来建设共和国家,就是想免去争皇帝之战争。"①这种同封建皇权彻底决裂的革命精神,事实上构成孙中山民权主义的重要思想内涵。

其次,孙中山根据他对西方国家共和制度历史及现实的刻意探索,结合我国实际提出了相当完整的资产阶级民权观。他从时代的高度深化并扩展民权思想内涵,使民权主义成为自觉指导中国民主革命的理论武器。孙中山吸收18世纪法国启蒙思想家卢梭的"人民主权"思想的合理内核,批判其"天赋人权"的观点。认为卢梭《民约论》中"天赋人权"的立论根据,是说人民的权利是生而自由平等的。其实,这种观点是不符合实际的。但就历史上进化的道理说,"民权不是天生出来的,是时势和潮流所造出来的。故推到进化的历史上,并没有卢梭所说的那种民权事实,这就是卢梭的言论没有根据"②。孙中山肯定:中国的革命思潮是发源于欧美,平等自由的学说也是由欧美传进来的。民权在中国所以受到热情召唤,是因为中国人民世世代代饱尝没有民权的痛苦,迫切需要民权帮助自己从专制压迫的枷锁下解放出来,享有平等、自由的权利。他认为,平等自由包括在民权之内,真正的平等自由必须在"民权上立足","要附属于民权之上"。③为此特别强调:"民权发达了,便有真正的平等,如果民权不发达,我们便永远不平等。"④孙中山以清晰的逻辑语言,从理论上概括说:"专制国家,其利益全属于君主;共和国家,其利益尽归于国民,此即共和和专制之特异点。"⑤言简意赅道破了共和与专制的本质区别。孙中山说:"近来俄国新发生一种政体,这种政体不是代议政体,是'人民独裁'的政体。这种人民独裁的政体究竟是怎么样呢?我们得到的材料很少,不能判断其究竟,惟想这种人民独裁的政体,当然要比较代议政体改良得多。"⑥

孙中山正确地看出:我国在辛亥革命后实行欧美的代议制出现了许多流弊。所以民权的这个问题,在今日还是很难解决。我们不能解决,中国便要步欧美的后尘,如果能够解决,中国便可以驾乎欧美之上。

---

① 《民权主义》,《孙中山全集》第9卷,第268页。
② 《民权主义》,《孙中山全集》第9卷,第264页。
③ 《民权主义》,《孙中山全集》第9卷,第294页。
④ 《民权主义》,《孙中山全集》第9卷,第295页。
⑤ 《在北京蒙藏统一政治改良会欢迎会的演说》,《孙中山全集》第2卷,第429页。
⑥ 《民权主义》,《孙中山全集》第9卷,第300页。

第四章 二十世纪初年的社会革命思想

其三,孙中山从对欧美民权的研究中,走出了困惑。他对瑞士和美国某些地区的民权演变的事实中,获得了思想启发,实现了认识上的飞跃。概括起来说,孙中山打破了西方国家"代议制"的历史局限。指出人民选举议员、官吏后,便不能够再问,也就是用"代议士去管理政府,人民不能直接去管理政府"。"这种民权,是间接民权"。①孙中山认为"间接民权",并不能真正行使人民对政府的管理权,因此专行一个选举权,在政治上是不够用的。他说:"现在新式的方法,除了选举权之外,第二个就是罢免权。人民有了这个权,便有拉回来的力。"因为有了选举权与罢免权,"这两个权是管理官吏的,人民有了这两权,对于政府之中的一切官吏,一方面可以放出去,又一面可以调回来,来去都可以从人民的自由"②。孙中山把选举权和罢免权,作为人民管理政府的直接民权,是对西方民权思想的重大发展。

其四,孙中山还提出"创制权"和"复决权",作为民权的新内涵。这是从间接民权到直接民权发展的必要手段。他指出:对于法律而言,"所谓有了治人,还要有治法。人民要有什么权,才可以管理法律呢? 如果大家看到了法律,以为是很有利人民的,便要有一种权,自己决定出来,交到政府去执行。关于这种权,叫作创制权"。"若是大家看到了从前的旧法律,以为是很不利于人民的,便要有一种权,自己去修改,修改好了之后,便要政府执行修改的新法律,废止从前的旧法律。关于这种权,叫作复决权。"③

孙中山的重要贡献是,勇于吸收西方民主和民权的优秀思想理念,在此基础上对直接民权从理论上做出新概括,并论证了间接民权向直接民权发展的必要性与合理性,进而极大地丰富了民权思想内涵并赋予其崭新的时代特征。实事求是地说,对民权内涵的充实和发展,对直接民权从理论上做出的新概括,以及从间接民权向直接民权发展的科学诠释,是孙中山对民权思想的重大发展和创新。

第五,从"三权分立"到《五权宪法》。

值得重视的是,孙中山在对民权做出新的发展和概括的同时,还对国家政权的内涵,给以全面发展与深化,并从理论上做出必要论证。这是孙中山民权

---

① 《民权主义》,《孙中山全集》第9卷,第350页。
② 《民权主义》,《孙中山全集》第9卷,第350页。
③ 《民权主义》,《孙中山全集》第9卷,第350页。

思想新的延伸和扩展。

孙中山提出建设完善的共和国,必须使人民权与政府权并重,并要妥善处理二者的制约及平衡。他认为"人民要怎样管理政府,就是实行选举权、罢免权、创制权和复决权;政府要怎样替人民做工夫,就是实行行政权、立法权、司法权、考试权和监督权"。有人民权四个和政府权五个,"有了这九个权,彼此保持平衡,民权问题才算是真解决,政治才算是有轨道"。①

人所共知,立法、行政、司法的"三权分立"是资产阶级国家组成国家机构的政治原则。

孙中山提出:"外国从前只有三权分立,我们现在为什么要五权分立呢? 其余两个权是从什么地方来的呢?"他的回答是:考试权和监察权,"这两个权是中国固有的东西"。②

固有的东西,只要是好的,在新条件下也是可以批判吸收的。

孙中山从中国漫长的封建政治的演变历史中,在分析、批判基础上,吸收符合现代民主政治要求的考试权和监察权,加以评析和演绎,表现出他对中国历史优良遗产的珍视和古为今用、博采众长的风范与胸怀。

孙中山认为:"中国古时举行考试和监察的独立制度,也有很好的成绩。象满清的御史、唐朝的谏议大夫,都是很好的监察制度。举行这种制度的大权,就是监察权。监察权就是弹劾权。外国现代也有这种权,不过把他放在立法机关之中,不能够独立成一种治权罢了。"

对于中国历史上体现文治精神的政府官员铨选制度、科举制,孙中山指出:"至于历代举行考试,拔取真才,更是中国几千年的特色。外国学者近来考察中国的制度,便极赞美中国考试的独立制度,也有仿效中国的考试制度去拔取真才。"③

在我国民主政权建设上,孙中山坚信,"我们现在要集合中外的精华,防止一切的流弊,便要采用外国的行政权、立法权、司法权,加入中国的考试权和监察权,连成一个很好的完璧,造成一个五权分立的政府。像这样的政府,才是世界上最完全、最良善的政府。国家有了这样的纯良政府,才可以做到民有、民

---

① 《民权主义》,《孙中山全集》第9卷,第352页。
② 《民权主义》,《孙中山全集》第9卷,第353页。
③ 《民权主义》,《孙中山全集》第9卷,第353页。

第四章 二十世纪初年的社会革命思想

治、民享的国家"①。

我们看到,孙中山企图解决人民与政府之间的隔膜和矛盾,并从理论上做出分析,对提高政府效能和发展民权以及正确处理政府与人民间的关系,做出了有益探讨,有助于"政权"与"治权"从矛盾对立走向融合统一。这种探讨是颇有见地的。

政府与人民的关系,是处于政治生活的动态之中。政府同人民之间在相互的权力机制运行中,出现一些矛盾和问题是常有的。

解决人民同政府间矛盾的关键,实际是关系到政府的阶级属性问题。涉及政府执行的政策是否对人民有利,是否为人民行使民权创造必要的条件,提供保证。当然这个问题需要客观实践的检验。

孙中山充分意识到,只有政治实践才能对理论做出客观检验。他说:"至于民权之实情与民权之行使,当待选举法、罢免法、创制法和复决法规定之后,乃能悉其真相与底蕴。"表明他对自己提出的理论认识,是需要通过实践加以检验的。

孙中山非常重视中国的法制建设。他特别关注国家宪法的建设与创新,强调宪法是立国之本,是决定共和国性质及前途的大事,因此绝不能掉以轻心,留下后患。

关于政权建设中的行政权、立法权、司法权与考试权、监察权,五权分立的政治方案,孙中山主张必须载入宪法,以昭永远。为此提出制定《五权宪法》的主张。

关于五权宪法问题,孙中山受到当时中国政治现实的限制,还只能从理论上、原则上做出必要阐释。他把国家当作一台大机器。认为"五权"是属于政府的权,就它的作用说,就是机器权。民权就是人民用来直接管理这架大马力的机器之权,所以四个民权,就可以说机器上的四个节制。有了这四个节制,便可以管理那架机器的动静。政府替人民做事,要有五个权,就是要有五种工作,要分成五个门径去做工。人民管理政府的动静,要有四个权,就是要有四个节制,要分成四方面来管理政府。②

孙中山就此得出的结论是:"政府有了这样的能力,有了这些做工的门径,

---

① 《民权主义》,《孙中山全集》第9卷,第353~354页。
② 《民权主义》,《孙中山全集》第9卷,第354页。

273

才可以发生无限的威力,才是万能政府。人民有了这样大的权力,有了这样多的节制,便不怕政府到了万能没有力量来管理。"①

孙中山提出"五权分立",作为中国宪法的理论基础和政治基石,并把政府组成的框架及其运行程序,确定为"全国平定之后六年,各县之已达完全自治者,皆得选举代表一人,组织国民大会,以制定五权宪法。以五院制为中央政府:一曰行政院,二曰立法院,三曰司法院,四曰考试院,五曰监察院"②。

五院组成的法律程序是:"由各县人民投票选举总统以组织行政院。选举代议士以组织立法院。"其余三院,即司法院、考试院与监察院的院长,"由总统征求立法院之同意而委任之,但不对总统、[立]法院负责,而五院皆对于国民大会负责。各院人员失职,由监察院向国民大会弹劾之;而监察院人员失职则由国民大会自行弹劾而罢黜之。国民大会职权,专司宪法之修改及制裁公仆之失职。国民大会及五院职员与夫全国大小官吏,其资格皆由考试院定之。此五权宪法也"③。

孙中山根据我国人口众多、教育尚未普及以及民权观念不强等综合因素和实际情况,在民权上采取直接民权与间接民权并举方针,作为实现其民权主张的主要途径与手段。这一主张充分表现出他在政治上维护民权的坚定立场和坚持民权原则及其灵活性。用间接民权与直接民权相互补充的方法,促使其民权思想的实现,是同孙中山考虑到中国国情的特殊性分不开的。

第六,"权能区分"。

孙中山为了健全共和国的政治生活,促进政府与人民都做到各尽所能,发挥各自积极性,还把政权和治权区分开来,并且从理论上论证二者的相辅相成关系。这是孙中山对民权主义提出的新思考和新见解。在共和政权建设上,当然对欧美经验是要借鉴的,但不顾本国国情,盲目仿效外国,步别国后尘,也是不足取的。难能可贵的是,孙中山根据中国国情,坚持独立思考,走出自己的路,提出了"权能区分"的方案。

孙中山所提出的崭新学理与方法,就是"权"与"能"要分别的主张。他认为这个权能分别的道理,从前欧美的学者都没有发明过。为此,特别需要对权

---

① 《民权主义》,《孙中山全集》第9卷,第354页。
② 《孙文学说》,《孙中山全集》第6卷,第205页。
③ 《民权主义》,《孙中山全集》第9卷,第205页。

第四章 二十世纪初年的社会革命思想

能问题加以阐述和说明。

孙中山提出:"国民是主人,就是有权的人,政府是专门家,就是有能的人。由于这个理由所以民国的政府官吏,不管他们是大总统,是内阁总理,是各部总长我们都可以把他们当作汽车夫。只要他们是有本领,忠心为国家做事,我们就应该把国家的大权付托于他们,不限制他们的行动,事事由他们自由去做,然后国家才可以进步,进步才是很快。如果不然,事事都是要自己去做,或者是请了专门家,一举一动都要牵制他们,不许他们自由行动,国家还是难望进步,进步还是很慢。"①

国民是国家的主人,这是"主权在民"的真正体现。一般来说,政府的职能是为人民做事,政府工作效率越高,为人民做事的效率也越高。但是,由于政府机器不完全,或者人民管理政府方法不当,又往往产生政府与人民间的矛盾和对立。孙中山提出,我们"想造成的新国家是要把国家的政治大权分开成两个。一个是政权,要把这个大权完全交到人民的手中,要人民有充分的政权可以直接去管理国事。这个政权,便是民权。一个是治权,要把这个大权完全交到政府的机关之内,要政府有很大的力量治理全国事务。这个治权,便是政府权。人民有了充分的政权,管理政府的方法很完全,便不怕政府的力量太大,不能够管理"②。这样"就是把政府当作机器,把人民当作工程师。人民对于政府的态度,就好比是工程师对于机器一样",运用自如。

不难看出:把国家政权分成"政权"和"治权",实行权能分工的理论,确实是孙中山从学理上企图解决政府与人民间矛盾问题的积极探索和理性思考。

孙中山提出:中国要建设一个新型的、完善的共和国,便要在政治制度、政府职能以及民权上找到一个相互依存与制约,而又相互分工与合作,保持平衡和实现有效监督的政治机制。

他坚信自己在考察和总结中外政治得失的基础上,已经找到这个机制。他说:"人民有选举权、罢免权、创制权及复决权",这四个大权来管理政府,要政府去做工夫,在政府之中要用什么方法呢?要政府有很完全的机关,去做很好的工夫,便要用五权宪法。用五权宪法所组织的政府,才是完全政府,才是完全的

---

① 《民权主义》,《孙中山全集》第9卷,第322~323页。
② 《民权主义》,《孙中山全集》第9卷,第347页。

政府机关。有了这种的政府机关去替人民做功夫,才可以做很好很完全的工夫。①

孙中山以开阔视野与睿智头脑,综观人类政治制度的演变得失,经过认真总结和缜密思考,提出了当时世界上最完善的共和方案。这种敢为天下先、执着探索救国真理的精神和打破陈规,解放思想的理论勇气,确是难能可贵的。说明孙中山不仅对我国共和制度具有高度政治责任感,同时也具有令人信服的独立思考和创新意识。

孙中山关于"权能区分"的理论和思考,因为年青共和国的命运多舛,特别是帝国主义、封建军阀的干扰与破坏,使其缺少一个实践检验的社会条件。但是这种"权能区分"所具有的理论指导意义,却是不容忽视的。

孙中山提出的权能区分的核心,就是怎样实行对政府及工作人员的监督,才能保证政府真正为人民服务的问题,这是他的崇高政治理想,也是把权和能区分开来的出发点和归宿。这里表现了孙中山缔造真正民主政治制度的伟大抱负以及良苦用心。

政治是经济的集中表现。在政治范畴内有关政权、民权种种,都是一定社会经济和政治关系的产物。有什么样的经济基础,便有与其相适应的社会政治关系。在阶级社会,君权与民权是一定历史条件下社会经济关系的集中反映。西方资产阶级在同欧洲中世纪封建势力斗争时,要求在政治上取得发展资本主义经济文化的民权。这是17—18世纪以来,要求自由、平等的民权思想的滥觞。

资产阶级民权同封建地主贵族及君权相对抗,属于资产阶级政治关系的范畴。资产阶级代议制,为资产阶级国家性质所决定,只是维护本阶级利益的政体。它同人民群众利益是不一致的。当矛盾激化时,又演变为剧烈的阶级冲突与斗争。当资本主义各国进入帝国主义阶段后,其对内、对外政策,充分反映出垄断资产阶级的贪婪性与疯狂性。垄断资产阶级及其御用文人,高喊自由、平等、人权口号时,正是要掩盖资本统治的虚伪。代议制就这样丧失了历史的进步性,而成为劳动人民争取真正民权的绊脚石。这是社会主义运动的主要锋芒指向资本主义制度本身的历史必然。

孙中山勇敢地揭示出西方国家代议政体的种种弊端,并把弊端最后归结到

---

① 《民权主义》,《孙中山全集》第9卷,第351页。

第四章 二十世纪初年的社会革命思想

权能没有分开的缘故。资本主义制度下的资产阶级国家政府代表垄断财团利益,从根本上来说是与人民群众利益不一致的。这种利益上的重大差别,加深了资产阶级代议制同人民群众的矛盾与对抗。企图把政府同人民对立的事实,解释成为"汽车夫"同"主人"的关系,它并没有揭出资本主义社会国家与人民关系的本质,显然是一种超阶级和超政治的观点。因此企图用"权能区分"理论,缓和并消除资产阶级国家同人民群众的矛盾及对抗,也只是一种主观的空想。

只有无产阶级与所有劳动人民成为国家的真正主人,人民真正掌握国家命运的时候,才可能从根本上解决这个矛盾。这便是人民民主制度与资产阶级代议制的原则区别。

"权"和"能",是国家政权内部密切结合而统一不可分割的。欧美资产阶级国家通过选举,选出自己的代表组成代议制的政府,必然为资产阶级服务。这是资产阶级成为统治者、人民群众成为被统治者的阶级关系所决定的。孙中山看不到这个问题的症结所在,力图从权能分离的角度,对此做出自己的解释,幻想人民同政府从对抗走向合作,这只能是一个十分善良的愿望,实际上是行不通的。

把"权"和"能"的辩证统一关系、把"政权"和"治权"的辩证统一关系,不适当地夸大它们统一的一面,忽视并抹杀了它们对立的一面。这种认识,并没有也不可能揭示政府与人民间的本质关系。

当政权被野心家、阴谋家篡夺并控制成为压迫人民的工具时,所谓人民依照法律实行弹劾、监督以维护自己正当权利,便成为一句空话。

众所周知,国民之所以不是统治者的奴仆,而是国家主人,就是因为国民不仅拥有管理国家事务的权利,而且还具有管理国家事务的能力。国民一旦被剥夺或丧失管理国家的能力,所谓"主权在民"、"国民是国家主人"等,事实上则成为不能充饥的画饼而已。

从总的方面考察,孙中山当时还认不清西方国家的资产阶级专政的阶级属性,是造成政府同人民背离的根本原因。资产阶级行政、立法、司法的"三权分立"原则,只适用于资产阶级维护其利益以及保持政权稳定的需要,也就是资产阶级需要用代议制调和政权内部的矛盾并保持平衡;并用代议制形式,掩盖资产阶级统治的本质。当时孙中山希望通过权能分开,找到缓和与解决资产阶级国家与人民对抗的方法,正说明他没有弄清,只有在人民成为共和国的真正主人,彻底废除"官本位"政治体制时,才能切实做到把权和能有机地结合起来,真正走向权能统一的正确道路。

孙中山的权能区分的理论,虽然没有经过政治实践的检验,证明其成效,但是,他为寻求解决政府与人民间的隔阂与对立,特别是人民大众怎样实现对政府的有效监督问题所提出的理性思考和新的探索,则开拓了解决这一问题的新理念与新思路,这种有益的探索精神是值得肯定的。

第七,建立共和的三个时期。

中国和西方不同,是一个长期被封建专制制度统治的国家,小农经济基础上的宗法制度相当牢固,皇权观念影响长久,要在这种特殊国情下建立民主共和制度是非常艰巨的任务。有鉴于此,孙中山提出要建立共和国,必须从实际出发,有计划、有步骤、稳步地实施这项史无前例的伟大工程。因此,他主张建设共和国,应分成三个时期,逐步把资产阶级民主与法制建立并完善起来。只有这样才能在古老的中华帝国的废墟上,建设起来新生的共和国大厦。

"军法之治"时期。这一时期,从建立共和国的整个过程来看,是共和国的奠基时期。

孙中山指出这一时期,要在政治上废除清朝专制统治时期的封建暴政。经济生活方面:宣告废止清朝一切苛捐杂税及不合理的经济负担,以利于国民经济的恢复与发展和改善人民的生计。民风民俗方面:废除"奴婢之蓄养"、"缠足之残忍"以及"鸦片之流毒"与"风水之阻害"①等陋俗。使人民打破吸毒、迷信以及男尊女卑、歧视妇女等精神枷锁,振奋起长期被压抑的精神状态。为从封建旧礼教、旧风俗习惯及旧观念中获得思想解放创造条件。"军法之治",除了镇压反动势力反抗,防止封建势力复活外,孙中山还把建立共和制度和社会新秩序,作为一项重大任务提出来,如对人民实行民主政治教育、新道德教育以及修筑道路,设立警察,讲求卫生等都加以初步规划和建设。同时,为建设新的社会生产秩序,还要求从动乱中恢复到,"为士者照常求学,为农者照常耕种,为工者照常作工,为商者照常买卖,男女老少安乐家居"②。建立良好社会秩序,以期达到初步安居乐业,实现社会稳定,避免社会剧烈的动荡目的。这一时期,一般确定为三年。但对不足三年而获得破旧立新的实效地区,也可提前解除"军法之治",转入"约法之治"。

---

① 《中国同盟会革命方略》,《孙中山全集》第1卷,第297页。
② 《安民布告》,《孙中山全集》第1卷,第310页。

第四章　二十世纪初年的社会革命思想

"约法之治"是建立共和国的第二时期。从建立的共和国的整个过程来看,属于从军政时期向宪政时期的一个过渡时期。孙中山把"这一时期",概括为"军政府授地方自治权于人民,而自总揽国事之时代"。"这一时期"中央政权继续由军政府掌握。各县实行地方自治,为积极过渡到国家的"宪政时期",创造必要的条件。

"约法时期",国家制定《临时约法》,作为共和国临时根本大法。《临时约法》对国家政治体制、政府机构和中央与地方政权关系以及国民权利义务等若干重大问题,从法律上加以确定。地方政权,以县级为行政单位,实行地方自治。地方议会议员及行政官员皆由直接选举产生。地方自治,包括政治、经济、治安、文化、教育诸方面都实行自治。地方自治是培养提高国民自治能力和管理地方政权才能的重要办法和途径,受到孙中山的高度重视。他把地方自治看作是民主共和国的根基:"惟民国人民当为自计,速从地方自治,以立民国万年有道之基。宜取法乎上,顺应世界之潮流,采择最新之理想,以成一高尚进行之自治团体,以谋全数人民之幸福。"①自治如推及全国"而民国之基于是乎立"②。"约法时期",由国家制定的《临时约法》,作为共和国国体、政体诸多政治原则的明确规定,奠定了我国民主与法制的政治基础,凡违背和破坏《临时约法》者,都要负政治责任或受到法律追究。"约法之治"的期限,一般确定为六年。六年期满,即解"约法之治",进入国家正规的宪政时期。

"宪法之治",是建立共和国的第三时期,也是建设共和国的完成阶段,属于国家进入正常的以《宪法》为依据来建设共和国政治生活的时期。孙中山把这一时期,概括为"军政府解除权柄,宪法上国家机关分掌国事之时代"③。实际上从这时开始,才彻底结束军政府统治,真正迈进一个实行民主共和的新时期。宪政时期,国家和人民的政治生活,完全走上民主共和的正轨。民主与法制日趋健全和完善。凡是国家公民都依据宪法及各种法律,享有不可剥夺的政治权利和个人自由。法制健全,既保护了人民的正当权利,也维护了国家的正常政治生活并保持社会稳定。孙中山对此曾期望:民主与法制的健全,可使中国的"民主立宪政体,有磐石之安,无漂摇之虑矣"④。

---

① 《中国同盟会革命方略》,《孙中山全集》第1卷,第298页。
② 《中国同盟会革命方略》,《孙中山全集》第1卷,第298页。
③ 《地方自治法》,《孙中山全集》第5卷,第225页。
④ 《民族的国民》,《辛亥革命前十年间时论选集》第2卷(上),第113页。

孙中山提出的建国三个时期的方案,反映出中国国情的特殊性和创建共和国的艰巨性。

从我国半殖民地半封建社会的实际和封建专制主义长期统治的历史及现状出发,用科学观点来考察,便会对孙中山的建国三个时期的必要性和合理性有所理解,并肯定这是革命精神与实事求是的科学态度相结合的正确方案。

首先,把民主共和作为在中国的资产阶级政治制度的创立与完善,看成是一个历史过程,是合乎中国国情与事物发展的客观规律的。

一种新的政治制度从诞生到完善,需要一个从初建到健全发展以及积累经验,使它走向成熟的过程。这是一个客观实践的过程。

孙中山把在我国建设民主共和国的客观过程,根据中国国情的特殊性,自觉地划分成既相联系衔接又相制约和促进的几个阶段,应当说是有利于领导者和群众清醒地认识到,在不同阶段存在着各自的主要矛盾以及确定并完成不同阶段的主要任务,进而抓住关键问题,以便加强指导。对于资产阶级共和国的健康发展,和共和制度深深扎根于神州和民众的心理是完全必要的。对此任何失误,都将造成难以弥补的重大损失。

其次,就建国三个时期之间的既相衔接,又相区别的考察,表明在半殖民地半封建社会的中国废墟上创立崭新的共和制度,并使之健康发展,必须打下坚实而稳固的基础。共和大厦是中国人民渴望建立的从封建制度枷锁下解放出来的理想大厦。在中国这样具有特殊国情的国度建造这个大厦,不仅需要精心设计和精心施工,同时还要确保工程质量。这便需要有一定的时间和条件,绝不是一蹴而就的事。

创建共和制度,是我国历史上空前的创举。作为代表封建势力的阶级或集团,绝不会甘心失败,自动退出历史舞台。他们必然要通过公开或隐蔽等各种形式,用合法或非法手段进行捣乱和破坏。对待敌对势力的干扰与破坏是需要认真对付,并加以坚决镇压的。

凡有一定政治常识的人都清楚,封建专制主义统治在中国长达两千多年,旧制度的根基盘根错节,深深地植根于中国社会土壤以及传统观念之中。要清除这个根基,建立新的社会制度,就必须及时清除这些旧社会的政治垃圾。这是关系到共和国命运的大事。因此民主革命胜利之初,集中力量打击反革命势力,为开创民主共和新时代打下初步基础,无论从理论上,还是实践上都是刻不容缓的重大政治任务。这是毫无疑义的。

第四章 二十世纪初年的社会革命思想

中国是一个具有封建专制的历史传统、近代又受到帝国主义与封建主义联合压迫的半殖民地半封建国家,经济、文化都处于十分落后状态。人民群众从来没有过民主权利,甚至连起码的生存权都没有保障。在这种特殊条件下,确定一个逐步适应共和制度与民主生活过程,培养提高国民应具备的起码的素质,增强近代民主国家国民民主与法治的初步知识和能力,应是完全合乎实际的、必要而合理的措施。

(三)民权主义的评价

民权主义是中国民主、法治建设的理论基石。辛亥革命风暴之后,孙中山经历着"二次革命"和"护国战争"以及"护法战争"等惊心动魄的一连串政治事变,不仅增长了社会阅历,进一步认识到中国社会的矛盾与复杂性及其国际背景,同时在斗争中积累起丰富而鲜活的政治经验。他的一生虽然遭受重大挫折但无怨无悔,并且准备接受更加严峻的历史考验。

共和国之所以受到重大挫折,固然表明帝国主义与封建军阀之间狼狈为奸而形成的凶顽、残暴超出一般想象之外,但是从根本上说仍然表明革命领导力量存在着严重弱点。要想彻底改变敌强我弱的政治态势,就必须认真总结历史经验,从自身建设做起,提高斗争艺术和水平。

建立一个坚持革命而统一的革命政党是革命胜利的重要保证。孙中山把加强党的建设,提高其战斗力作为今后革命成功的首要条件。1924年,对于中国革命历史进程来说,确是一个具有战略意义的重大转折的一年。孙中山在原国民党基础上实行大刀阔斧的改组,创立中国国民党。同时吸收共产党员以个人名义参加进来,彻底提高中国国民党的政治素质、组织能力及斗争水平,这成为孙中山创建崭新的革命政党的基本准则。中国国民党成立后在"国共合作"新时期发挥了重要的领导和组织作用。

其次,提出一个针对性强、切实符合中国民主革命深入开展的政治纲领。1924年初,孙中山在中国国民党《宣言》中,明确提出:"自辛亥革命以后,以迄于今,中国之情况不但无进步可言,且有江河日下之势。军阀之专横,列强之侵蚀,日益加厉,令中国深入半殖民地之泥犁地狱。"革命"急欲为全国人民求一生路",就必须正确揭示出中国社会主要矛盾,强调现时国民革命的主旨是"打倒军阀,打倒帝国主义"。应当说这是切实反映当时社会主要矛盾,为革命所急需的政治纲领。孙中山综览国际形势的新发展,引出新的思考。他说:"世界潮流已为民主所激荡,有一日千里之势,吾人内视国情,外察大局,惟本互助主义,奋斗之精神,以顺应趋势,积极进行。"实际上,孙中山所说的"互助"、"奋斗"、"积极进行",就是唤起广大民众,特别是工农大众的政治觉醒,动员全国人民积极参加到反帝、反封建斗争的伟大行列,建立坚强统一的联合阵线,共同为中华民族的复兴大业战斗到最后胜利。

历史进程表明:孙中山以中国国民党成立后"国共合作"为契机,勇敢地站到一个新的战略起点上,赋予"国民革命"以新的理念,为创立新的共和国模式走上了探索救国救民真理的新征程。

孙中山根据"十月革命"、五四运动、中国共产党成立及中国国民党改组等深刻变化了的国际国内形势,明确而坚定地提出:"联俄、联共、扶助农工"三大革命政策,作为实现战略转移的依托,进而为中国的革命能改变所有旧制度,以建立一个崭新的国家做了准备。

我们理解所谓"国民革命"的新理念,主要是要求把国民革命同从前的少数革命党人的武装暴动,那种脱离群众的斗争方式区别开来。它是以动员、吸引我国广大人民群众积极参加的,具有规模大、气势壮的广泛群众性为特征的伟大民众革命。"国民革命"最具时代光彩的是广泛发动工农群众参加反帝反封建斗争,彻底改变少数人孤军奋战而与人民脱节的被动局面。这样便可以组成浩浩荡荡的革命大军,最大限度地孤立少数反革命派,最大限度地壮大革命声威,切实提高国民革命的威慑力和战斗力。

国民革命作为新的政治理念的生命力,更体现在其提出的"为全体国民脱离军阀压迫,外国帝国主义压迫而奋斗"的忠诚为国民服务的崭新思想。

1922年,孙中山提出关于"主权在民"的新主张。他说:"欲知主权在民之实现与否,不当于权力之分配观之,而当于权力之所在观之。权在于官,不在于民,则为官治;权在于民,不在于官,则为民治。"孙中山还论证了"官治"与"民治"的原则界限。他说:"官治云者,政治之权,付之官僚,于人民无与。"而"民治则不然,政治主权,在于人民"。"民治"条件下的"官""只尽其能,不窃其权,予夺之自由,仍在于人民,是以人民为主体,人民为自动者"。[1] 由此可见,孙中山关于"建立崭新的国家",实际上应理解为在"国共合作"的新时期,提出真正以人民为主体的新式民国的独有的科学内涵。

---

[1] 《中华民国建设之基础》,《孙中山集外集》,第33~35页。

第四章 二十世纪初年的社会革命思想

人们高兴地看到,中国国民党"一大"宣言,曾就此提出必须彻底改变"近世各国所谓民权制度,往往在资产阶级所专有,适成为压迫平民的工具"的陈旧观念。

综观英、法、美等西方资本主义国家,在资产阶级革命胜利后建立的代议制国家,资产阶级通过"选举"把自己的代表送进议会或内阁,同时按照资产阶级的需要制定并推行有利于自己的政策、法规,切实维护了资产阶级的利益。而一般平民,即工人、农民等城乡劳动群众却成为被奴役的对象,过着相对贫穷困窘的生活。

历史证明:资产阶级代议制国家的《宪法》虽然以"主权在民"相标榜,并对国民以各种平等自由与权利相许诺,但是严峻的社会现实则与此相去甚远。实际上资本主义社会的广大平民在"代议制"光环下却陷入"资本的奴隶"的地位。平民吞噬的是资本主义文明的"恶果"。这就是欧美各国社会矛盾激化、工人罢工等社会主义工人运动勃兴和社会动乱的重要根源。

孙中山认为西方资本主义政治制度本身是难以医治这个致命伤的。他以亲身经历深刻感受到共和制在我国辛亥革命后的不幸遭遇。他说:"我人欲贯彻民生主义,非在官僚中夺回政权不可。否则,我国徒拥有——专制变相之民主国号耳。"①我国人民必须推翻军阀官僚反动政权才有可能为建立维护人民权利的平民政权奠定坚实的政治基础。

值得关注的是,孙中山从"十月革命"的伟大历史事件中受到极大鼓舞和启示。他在共产国际和中国共产党真诚友善帮助下,认真总结了亲身经历的正反两方面历史经验,决心以国民党改组为契机继续对新的共和国模式和体制做出进一步探索,力图在新的历史条件下攀登共和政权建设的高峰。

历史实践表明:孙中山在晚年以丰富的社会阅历和鲜活的政治经验为基础,在新的国际国内历史条件下对救国救民真理展开了更深入的探索和研究。这种探索和研究的一个积极理论成果就是赋予"民权主义"以新的时代光彩和科学内涵,进而有力地指导着国民革命的前进方向和道路。

孙中山以高度的政治敏锐性和战略眼光捕捉住"国共合作"的历史机遇,及时赋予"国民革命"以新的时代内涵,并在北伐战争、收拾"残局"的同时,提出建立新型共和国的政治理念。这是一个事关中华民族振兴、开写历史新篇的创

---

① 《在上海机器工会成立大会上的演说》,《孙中山集外集》,第92页。

举。孙中山明确提出,"此刻实行革命,当然要中国驾于欧美上,改造成世界上最新、最进步的国家",并且庄严宣告:"若国民党之民权主义,则为一般平民所共有,非少数者所得而私也"。① "盖民国之民权,唯民国之国民乃能享之,必不轻授此权于反对民国之人,使得借以破坏民国。详言之,则凡真正反对帝国主义之个人及团体,均得享有一切自由及权利,而凡卖国罔民以效忠于帝国主义及军阀者,无论其为团体或个人皆不得享有此等自由及权利。"②从中不难看出孙中山作为一代伟大革命家、政治家在新时期对崇高政治理想的执着而坚定的追求。帝国主义及其豢养的各派军阀势力都把共和国视为眼中钉、肉中刺。有时把共和国玩弄于股掌之中成为独裁专制的装饰品;有时则用颠覆手段,弃之如敝屣,把共和国践踏成为军事独裁的牺牲品,北洋军阀盗用共和之名,而行专制之实,说明共和国实际上变成了少数野心家、阴谋家谋取私利和压迫平民的工具。

孙中山看到,历史展示出的美好前景是:国民革命胜利,南北统一后建立的崭新共和国,将彻底结束少数人统治多数人的历史。人类历史上长期存在的、在长官意志支配下的"官本位"政治将消失,代之出现的是以民为本的"民本位"政治体制。在这种条件下"官"和"民"的内涵都发生深刻变化。政府从总统、部长以及所有官员,真正成为人民公仆。那些做官当老爷、私欲膨胀、以权谋私者必然被人民所抛弃。孙中山说:"以前的中国,政府是管人民的,人民是养政府的。""政府垄断了全部政权。"要彻底改变这种情况,就必须"把政府所垄断的政权,全部加诸人民"。也就是说"政府是应该做个国家生产的经纪人,政治上设施,全由人民自己办去"。③ 不难看出,孙中山提出的平民做主,公仆为民服务的深邃思想,是建立在向人民群众负责,不是向上级长官负责的真正民主政治体制上的。它的真正实现,必将把人类社会长期存在的被颠倒了的官民关系,重新颠倒过来,实现政权建设上的一次深刻革命。从传统社会向现代社会转变是一个历史的变革过程。从权力社会到能力社会、从身份社会到实力社会、从依附社会到自主社会、从人治社会到法治社会,不仅需要经济基础的变革、科学技术的高度发展,更需要民主、法制的支撑。这是从官本位向民本位转

---

① 《国民党一大宣言》,《孙中山全集》第9卷,第120页。
② 《国民党一大宣言》,《孙中山全集》第9卷,第120页。
③ 《与叶楚伦的谈话》,《孙中山集外集》,第253~254页。

化,建设政治文明的根本。

中国近代半殖民地半封建的社会属性决定,不仅有帝国主义的民族压迫,同时还存在封建专制主义"官本位"制与封建等级制。这些都在事实上成为建立民主共和制度的严重障碍。

以孙中山为首的革命民主派,代表先进的社会进步力量,经历了辛亥革命后中国政局的跌宕起伏,特别是民主共和制遭受沉重的打击、挫折的苦难历史,深深感悟到"民国者,民之国也。为民而设,由民而建,由民而治者也"[①]。只有用"民本位"制代替"官本位"制,才有可能建立真正以人民为主体的新型民主制度和政治体制。

我们认为,孙中山提出的创建"民本位"政治体制的政治革新方案,实质上是一个由"官本位"政治体制向"民本位"政治体制转化的过程。这个过程也是政府由社会管理体制向公众服务体制的转化过程。从历史上来考察,这个转化过程则是权力向人民回归的过程,它的首要条件是创立真正的共和政体(不是口头上的,也不是形式上的),然后通过政务公开,使民众获得知情权、参与权、监督权以及对渎职、劣迹官员行使监察权、罢免权并另行选出符合条件的政府公务员。只有这样民众才能逐步取得真正国家主人的地位即成为事实上的国家主人。

孙中山关于"官本位"和"民本位"政治体制的探索和思考,实际是对他提出的"权能关系"在认识上的一个重大突破,充分揭示出孙中山在探索救国救民真理中的创新思维和与时俱进的高尚政治品质。遗憾的是因他过早离世,这个崇高的理想未能实现。

从资产阶级代议制共和国,向人民共和国的过渡,从"官本位"政体向"民本位"政体的转化,是一个不可逆转的进步历史潮流,人类迟早必将实现这个伟大的历史转变。孙中山这种科学预见,既是他对中华民族崛起与腾飞的深刻理论思考,也是对人类政治文明建设的一个重大贡献。

三、民生主义

(一)民生主义产生的历史条件

中国土地问题,是长期困扰近代革命家和爱国学者的一个重大社会问题。

---

① 《为居正题词》,《孙中山全集》第5卷,第200页。

晚清社会思想之变迁

土地问题在中国封建制度长期统治下,历来是一个十分尖锐的社会问题。地主不断兼并垄断土地,并通过土地对农民进行沉重的封建剥削以及农民对地主的依附关系,迫使农民承担繁重的地租和劳役。广大农民在封建地租、高利贷及其他超经济剥削之下,过着"半年糠菜半年粮"的半饥半饱生活,遇到天灾人祸,更是哀鸿遍野,民不聊生。解决土地问题,废除封建土地制度,是中国民主革命的一项根本任务。农民群众只有从沉重的封建枷锁下解放出来,才能激发劳动热情,提高农业劳动生产率,促进民族资本主义经济的迅速发展。我国广阔的农村,不仅可提供原料、商品市场与劳动力市场,也必将促进城乡资本主义商品经济的繁荣和发展。

中国社会经济,从落后的农业经济走上先进的资本主义工业化道路,要求改革封建土地占有关系,解放社会生产力以适应资本主义工业迅速增长的迫切需要。

孙中山在对西方社会考察中了解到:"现在欧美两洲,象法国、美国,既没有皇帝的专制,人民很可以说是极平等、自由,民权可算是极发达。但是,只能说到民有、民治还说不到民享。试看他们国内的平民,受资本家的压制,穷人受富人的压制,甚至煤油大王、钢铁大王、铁路大王,一人之富可以敌国,那般平民和劳动者连面包都找不到手,这是何等不平等的景象呢?所以欧美现在便生出贫富不均的大问题来了。"[1]他认为出现这种问题的主要教训就是:"欧美各国二百余年以来,只晓得解决民族、民权两件事,却忘记了最要紧的民生问题。到现在全国的权力,都操在少数资本家的手里,只有少数人享幸福,大多数人还是痛苦。因为大多数人不甘受这种痛苦,所以现在才有经济革命——社会革命——的事情时常发生。"[2]孙中山经过缜密思考指出:"民生"问题解决不好,便构成重大社会问题。从欧美资本主义国家的历史演变来看,便说明民生问题的产生绝不是偶然的。欧美的经济革命正是历史潮流滚滚向前的反映。他说:"欧美人当时以为政治平等,人民自由,工业发达,便是黄金世界,什么问题都没有了。不料到了工商业发达之后,便生出大资本家来。他们用金钱势力,操纵全国政权,遇事都是居于优胜地位,试看那一国的法律政治制度不是为资本家而设的?所以世界到了现在,经济革命的潮流便一天高过一天,这就是平民和劳动者对着富豪及资本家的反动。报纸上所载的同盟罢工、破坏工厂、焚烧公司种种新

---

[1] 《三民主义是使中国改选成新世界的工具》,《孙文选集》下,第87页。
[2] 《三民主义是使中国改选成新世界的工具》,《孙文选集》下,第87页。

闻,都是穷人反对资本家的举动,弄到全国总是不安。他们所受这不安的烦恼,实在不是别的事情,纯是由于民生问题没有解决的缘故,所以才生出贫富的冲突,酿成经济革命。"①

从国内情况来看,我国在帝国主义侵略和封建势力压迫下,各族人民饱受贫穷煎熬和苦难的折磨在世界上是罕见的。为了摆脱贫穷和痛苦,近代中国爱国志士曾提出过各种救国救民的改革方案。由于不少革命志士当时被反帝和反封建政治斗争吸引,投入到火热的政治斗争中去,而没有着重思考解决民生这个社会问题。

孙中山是有远见卓识的政治家,他充分认识到社会经济改革,必须依托国家政权,有步骤地进行。他认为通过武装斗争,推翻清朝封建统治,夺取政权,建立共和国,这是推行经济改革的政治前提。但是,在民主革命纲领中不把解决经济问题明确提出来,不能预见到未来必将出现的社会问题,那就是缺少政治责任感的表现。为此孙中山高屋建瓴,从民主革命战略高度,把"平均地权"作为民主革命本身的重大任务,加以明确阐释和确定。

(二)民生主义主要内容

"平均地权",是孙中山最早在民生主义理论中提出的主张。

孙中山为什么把"平均地权",作为解决民生问题的主要纲领？他的明确回答是:"文明之福祉,国民平等以享之。当改良社会经济组织,核定天下地价。其现有之地价,仍属原主所有;其革命后社会改良之增价,则归于国家,为国民所共享,肇造社会的国家,俾家给人足,四海之内无一夫不获其所。"②

"平均地权"的思想要求人们:要正确把握"平均地权"的内涵,不能把它简单地解释为单纯解决土地问题。实际上"平均地权"包含了相当丰富的思想内容,充分反映出孙中山关于"改良社会经济组织"和"肇造社会的国家"的崭新理念与崇高社会理想。

孙中山在考察西方社会时发现:"大凡文明进步,地价日涨。譬如英国一百年前,人数已有一千余万,本地之粮供给有余;到了今日,人数不过加三倍,粮米已不够二月之用,民食专靠外国之粟。故英国要注重海军,保护海权,防粮运不

---

① 《三民主义是使中国改选成新世界的工具》,《孙文选集》下,第88页。
② 《中国同盟会革命方略》,《孙文选集》中,第184页。

继。故英国富人把耕地改做牧地,或变猎场,所获较丰,且征收容易,故农业渐废,并非土地不足。贫民无田可耕,都靠做工糊口,工业却全归资本家所握,工厂偶然停歇,贫民立时饥饿。"①

孙中山看到英国资本家为了发展毛纺织工业,把土地改做牧场。农民因"圈地"运动失去了土地,只得到工厂做工糊口。工厂一旦停歇,贫民立刻陷入饥饿境地,于是贫富矛盾便成为一个社会问题。他说:"英国大地主威斯敏士打公爵有封地在伦敦西偏,后来因扩张伦敦城,把那地统圈进去,他一家的地租占伦敦地租四分之一,富与国家相等。"他不禁感慨表示:"贫富不均竟到这个地步,'平等'二字已成口头空话了。"②可见英国社会贫富不均引起的日趋激化的矛盾而导致的严重社会问题,受到孙中山的高度关注。

孙中山从英国资本主义发展出现的社会问题中,获得极大启发。联系到中国社会土地兼并与垄断可能引发的严重后果,他清醒地看到中国随着工商业的发展,将来也必将出现贫富不均的社会问题。"比方现在香港、上海地价比内地高至数百倍,因为文明发达,交通便利,故此涨到这样。假如他日全国改良,那地价一定是跟着文明日日涨高的。到那时候,以前值一万银子的地,必涨至数十万、数百万。上海五十年前,黄浦滩边的地本无甚价值,近来竟加至每亩百数十万元,这就是最显明的证据了。"③

从上海黄浦江地区土地价格迅猛飞涨的事实中,他预见到"将来富者日富,贫者日贫,十年之后,社会问题便一天紧似一天了。这种流弊,想也是人人知道的,不过眼前还没有这现象,所以容易忽略过去。然而眼前忽略,至日后却不可收拾。故此,今日要筹个解决的法子,这是我们的同志应该留意的"④。土地垄断,在西方国家愈演愈烈,产生了极为严重的社会问题。对此,孙中山是有着清醒的认识的。他说:"若土地之托拉斯,则最大者也,故我预防新造之民国,使将来不至生出土地之托拉斯。且因土地可以世袭,其子孙食税衣租,无所用心,适以窒其智慧,谚所谓'蛀米虫'者,国家亦何贵有此等人? 此等人多,为国家之大害,亦当思所以制之。"⑤我们看到孙中山强调的"欧美为甚不能解决社会问题?

---

① 《三民主义与五权分立》,《孙文选集》中,第169页。
② 《三民主义与五权分立》,《孙文选集》中,第169页。
③ 《三民主义与五权分立》,《孙文选集》中,第169页。
④ 《三民主义与五权分立》,《孙文选集》中,第170页。
⑤ 邹鲁:《中国国民党史稿》。

第四章 二十世纪初年的社会革命思想

因为没有解决土地问题"①,只是反映西方国家社会矛盾中的部分事实,而不是全部。资本主义的生产社会化和私人占有的矛盾,才是资本主义国家产生社会问题的关键。这是资本主义制度下贫富两极分化的社会根源。当时,孙中山强调土地垄断构成社会问题的认识,主要受到美国资产阶级经济学家亨利·乔治的社会改良主义思想的影响,这也是一个值得注意的事实。

当然,在中国半殖民地半封建社会经济落后的特殊条件下,发展民族资本主义是历史进步潮流,而预防社会革命则是对未来的预期。在发展资本主义的大前提下,解决土地问题,便不可避免地把注意力引向城市或工商业发达地区的土地问题,这就确定了"平均地权"思想的内涵及其倾向性。

关于"平均地权"及其实行方法,孙中山曾明确提出:核定地价、照价纳税、涨价归公及土地国有等几个重要步骤。核定地价是征税的基础。孙中山反对土地"照面积纳税"的陈旧办法。他说:"从前人民所有土地,照面积纳税,分上中下三等。以后应改一法,照价纳税。因地之不同,不止三等。以南京土地较上海黄浦滩土地,其价相去不知几何,但分三等,必不能得其平。不如照价征税,贵地收税多,贱地收税少。贵地必在繁盛之处,其地多为富人所有,多取之而不为虐。贱地必在穷乡僻壤,多为贫人所有,故非轻取不可。"②

孙中山认为按地价收税比按面积收税,要合理得多。他说:"譬如黄浦滩一亩纳税数元,乡中农民有一亩地亦纳税数元,此最不平等也。若照地价完税,则无此病。"③孙中山之所以不赞成由国家直接收买全国土地,极力主张征收地价税,主要考虑到国家财力不足。他说土地问题上"求平均之法,有主张土地国有的。但由国家收买土地,恐无此等力量,最善者莫如完地价税一法"④。孙中山不反对土地国有。他认为,如果国家财政状况好转,便可以有步骤地实行土地国有。这里只是一个时间和条件问题而已。从"平均地权"的最后步骤来看,土地收归国有乃是既定方针。这是毫无疑义的。孙中山认为征收地价税一事,是有先例可循的。他说:"此种地价税法,英国现已行之,经การ散议会数次,始得通过。而英属地澳洲等处,则早已通行。因其法甚美,又无他力阻碍故也。"⑤除

---

① 《三民主义与五权分立》,《孙文选集》中,第169页。
② 《在南京同盟会员饯别会的演说》,《孙中山全集》第2卷,第320页。
③ 《在南京同盟会员饯别会的演说》,《孙中山全集》第2卷,第320页。
④ 《在南京同盟会员饯别会的演说》,《孙中山全集》第2卷,第321页。
⑤ 《在南京同盟会员饯别会的演说》,《孙中山全集》第2卷,第321页。

征收地价税外,孙中山认为国家"不但收地税,尚当收印契税。从前广东印契税,每百两取九两。今宜令全国一样改换地契,定一平价,每百两取三两至五两,逾年不换新契者,按年而递加之"。这样便可进一步扩大财源,以利于国家建设。他曾乐观地估计说:"除收印契税外,加以此后地价日昂,国家收入益多,尚何贫之足患!"①

孙中山在"平均地权"中,把核定地价,照价纳税,作为一项基本措施。至于土地涨价部分归于国家,则是其中最有价值,也是最有特色的主张。

工商业和交通发达地区,随着投资环境的改善,土地价值与日俱增。土地价格增值部分,不得归地主所有,一律归国家所有。这样规定对于限制地主垄断土地获得暴利、对促进工商业发展和国计民生都是一项革命性措施。这个政策之所以具有革命意义,在于它不仅向国家利益倾斜,对少数富人垄断土地给以沉重打击;而且对于破坏封建性土地占有关系,瓦解封建土地制度,具有一定冲击力。

孙中山预见到将来我国由于工业、交通的发展,地价迅猛提高,必使地主获得暴利从而加剧贫富分化,因而制定一项政策:将未来土地增值部分交给国家,为国家各项建设提供充分资金。这是伟大政治家富于远见的前瞻思想的表现。

孙中山为此郑重表白:"中国处于大规模的工业发展的前夜,商业也将大规模地发展起来,再过五十年我们将有许多上海。要能预见未来,我们必须是有远见的人,而且要现在作出决定,使地产价值(la plus-value)的增殖额,成为创造这一价值增殖额的人民的财产,而不是成为那些侥幸成为土地所有者的个别资本家的财产。"②把土地增殖额由地主个人转归国家人民所有,这是一个史无前例的重大社会变革。孙中山深刻认识到这个变革是同共和国的命运生死攸关的。他说:"如果我们从中华民国存在之日不去考虑如何防止资本主义在最近将来的孳生崛兴,那么等待我们的就是比清朝专制暴政还要酷烈百倍的新专制暴政,要挣脱这种新的暴政就必须用流血手段,那是何等暗淡的前途!"③孙中山提出的"平均地权"的完整内涵,应当在核定地价、照价纳税,涨价归公的基础上,明确规定国家随时可以收买土地,实行土地国有。他认为:"国家在地契之

---

① 《在南京同盟会员饯别会的演说》,《孙中山全集》第2卷,第321页。
② 《中国革命的社会意义》,《孙中山全集》第2卷,第326页。
③ 《在南京同盟会员饯别会的演说》,《孙中山全集》第2卷,第321页。

第四章 二十世纪初年的社会革命思想

中,应批明国家当须[需]地时,随时可照地契之价收买,方能无弊。"① 为了防止某些地主在地价上作弊,他主张通过地价税加以调节或给以制裁。"如人民料国家将买土地,故高其价,然使国家竟不买之,年年须纳最高之税,则已负累不堪,必不敢。即欲故低其价以求少税,则又恐国家从而买收,亦必不敢。所以有此两方互相表里,则不必定价而价自定矣。在国家一方面言之,无论收税买地,皆有大益之事。"②

孙中山还从国家经济建设的视角,进一步阐述"又土地国有之法,不必尽收归国家也,若修路道,若辟市场,其所必经之田园庐墓,或所必需之地亩,即按照业户税契时之价格,国家给价而收用之。惟买卖之定例,卖者必利其价高,买者必利其价廉。业主既冀国家之收用其土地,其呈报价格高,而国家之土地收入税,亦因之而增长,此两方面不同,而能相需为用。准是而折衷之,则地权自无不平均矣"③。

孙中山强调"地权既均,资本家必舍土地投机业,以从事工商,则社会前途将有无穷之希望。盖土地之面积有限,而工商之出息无限,由是而制造事业日繁,世界用途日广,国利民福,莫大乎是"④。

关于"平均地权"与发展我国社会经济的关系问题,孙中山曾明确宣告:中国实行"平均地权"对推动民族资本主义经济迅速发展和国家走向富裕都具有重大意义。他说,在征收土地税过程中"加以此后地价日昂,国家收入益多,尚何贫之足患。地为生产之原素,平均地权后,社会主义则易行。如国家欲修一铁路,人民不能抬价,则收买土地自易"⑤。这样便为我国走向富强创造了有利条件。

"平均地权"作为民生主义的重要内涵,作为解决革命后的土地纲领,孙中山对此曾有过独特见解和高度评价。

从民主革命历史任务的战略高度来说,孙中山提出推翻封建帝制,建立共和制度,"不但要做国民的国家,而且要做社会的国家"⑥。要真正实现这个伟

---

① 《在南京同盟会员饯别会的演说》,《孙中山全集》第2卷,第320~321页。
② 《在南京同盟会员饯别会的演说》,《孙中山全集》第2卷,第321页。
③ 《在广州欢迎会上的演说》,《孙中山全集》第2卷,第355~356页。
④ 《在广州欢迎会上的演说》,《孙中山全集》第2卷,第355~356页。
⑤ 《在南京同盟会员饯别会的演说》,《孙中山全集》第2卷,第320~321页。
⑥ 《在东京〈民报〉创刊周年庆祝大会的演说》,《孙中山全集》第1卷,第328页。

大目标,就必须实行"平均地权",也就是吸取资本主义发展的"善果",避免它的"恶果"。中国由于经济落后,文明程度不高,不像欧美资本主义国家的社会问题么严重。为了防患于未然,孙中山强调:

我们实行民族革命、政治革命的时候,须同时进行社会革命。这就是"诚可举政治革命、社会革命毕其功于一役"①的著名思想的由来。

(三)民生主义的评价

首先,"平均地权"有利于在中国资本主义经济条件下的土地资源开发和合理配置利用;有利于资本主义工商业、交通运输业的发展。"平均地权"把土地价格控制在较为合理的范围内,不允许任意抬价,可使土地在商品经济下发挥土地的经济效益和社会效益。

其次,"平均地权"可以消除征收土地税上苦乐不均的现象。土地税按地价征收,既能减轻穷乡僻壤的广大农民的经济负担,同时也有力地制约了地主利用对土地的垄断来牟取暴利。这样便积极引导货币资金向工商业投放,进一步推动我国民族资本主义经济的发展。

再次,"平均地权",征收单一的土地税,"私人永远不用纳税","现今苛捐尽数蠲除"。这样做的另一积极效果是"物价也便宜了,人民也渐富足了"。采取平均地权后,"但收地租一项,已成地球上最富的国家"②,将永远结束中国人民贫穷苦难的生活,走上富裕康乐道路。

最后,"平均地权"有利于"改良社会经济组织",改变封建土地生产关系的社会结构,同时还可避免地主阶级的激烈反抗。这样不仅能保持社会稳定,更能防止西方资本主义国家两极分化的"祸害"在中国重演。

孙中山提出的平均地权思想,虽然参照吸收了亨利·乔治的单一税制——土地国有理论,但是在近代中国特定社会条件下,却体现出他敢于正视现实,敢于面对未来的革命激情和美好向往的开拓进取精神。孙中山高瞻远瞩的政治家胆识以及关切国计民生、同情人民和限制地主土地垄断,清除对我国民族工业发展的潜在威胁的不停顿的战斗光辉思想,将永远鼓舞着后人的奋发图强和开拓创新精神。

---

① 《民报发刊词》,《孙中山全集》第1卷,第289页。
② 《在东京〈民报〉创刊周年庆祝大会的演说》,《孙中山全集》第1卷,第327页。

第四章　二十世纪初年的社会革命思想

当然,任何一种进步思想和革新方案都不可能是凭空产生的,它都是社会现实的反映。近代中国社会存在的土地问题,由于资本主义不发达,资本主义性质的农业经济比重非常小,而占统治地位的却是封建主义土地所有制。封建土地关系,不只是广大人民贫穷落后的社会根源,更是民族资本主义经济发展的严重桎梏。因此从民主革命的历史任务来看,变革封建土地制度,是促进城乡资本主义经济增长,具有社会变革的重大现实意义的。

孙中山从关切国计民生的高度,提出"平均地权"的土地纲领,企图通过平均地权,抓住土地问题这个制约中国经济发展的关键环节,把解决土地问题纳入资本主义轨道。从总体上说这是基于促进资本主义经济发展现实需要的明智决策。但是,历史实践同人们的主观愿望往往是不尽一致的。历史辩证法告诉我们:孙中山虽然同情农民,关心农民的疾苦,然而却对中国农村长期存在的土地问题,缺少深刻的感受和理性的认识。把解决土地问题的主要方向放在城市或商品经济发达地区,这便忽略了解决农村土地问题对解放整个社会生产力的重要意义。绕开农村封建土地问题,必然冲淡了"平均地权"的反封建革命精神。

孙中山提出"平均地权"的指导思想,揭示出革命民主派的阶级特征与精神风貌。依靠革命后的资产阶级国家政权,通过自上而下的行政手段,实行核定地价、照价纳税,涨价归公及土地国有等步骤方法来贯彻平均地权的政策。这些政策性的措施,尽量考虑到并尊重地主阶级利益,用相当的代价收买土地,不致使地主受到更大损害,以缓和地主阶级的抵触和反抗情绪,固然对维护社会稳定、减少动乱具有一定作用,但是,它却不可能彻底消灭封建土地制度,铲除封建势力存在的经济基础。尽人皆知,只有彻底破坏封建主义生产关系,才能为解放社会生产力创造条件。

"平均地权"作为民生主义理论来看,它的本质是企图通过国家而实行对地主阶级的一项赎买政策。平均地权理论的形成,反映出近代中国社会经济生活新旧矛盾冲突中的某种协调。这种协调为中国民族资本主义经济发展提供了新经济关系中的土地资源重新分配和组合,为民族工业的发展,在客观上提供了新的契机。从这个意义上看,"平均地权"又是同中国民主革命潮流相协调和同步进行的。这便是民生主义所显示出的理论价值。

"平均地权",就其解决土地问题的本来意义说,原属于民主革命的历史范畴。但是,孙中山却把它同社会革命联系起来,把平均地权看成社会革命的手段。这样便给"平均地权"带上主观社会主义色彩。人所尽知,民主革命和社会革命尽管是先后联系的,然而毕竟是两种不同历史范畴的革命。孙中山提出把政治革命和社会革命二者"毕其功于一役"的设想,是不符合社会发展客观规律的,因而在理论上也是不科学的。把促进民族经济发展的"平均地权",涂抹一层诱人的社会主义色调,正是乌托邦社会主义的反映。"平均地权"对中国民主革命的最现实的意义,就是把土地涨价部分归公,因而在一定程度和范围内限制土地的兼并与垄断;促进土地商品化和自由买卖,并吸引货币资金投向土地转向近代工商业,进而推动民族资本主义经济的发展,使"平均地权"事实上成为资本主义走向高涨的有利条件。

孙中山提出平均地权,力图改革封建土地关系,是自觉不自觉地顺应了这个进步的历史潮流。但是他又自觉不自觉地绕开了农村土地问题,表现出解决城市或工商业较发达地区的土地问题的热情,这样便给"平均地权"带来了历史的局限性。因此,就孙中山个人的思想认识来说,平均地权,正是他要求发展资本主义以解脱贫穷落后状态,又对资本主义高度发展出现的贫富两极分化,抱着恐惧矛盾心理的产物。

继"平均地权"之后,经历辛亥革命,建立共和的伟大政治变革,孙中山根据我国经济建设的需要,进一步提出"节制资本"的主张,于是民生主义又丰富了新的时代内涵。就民生主义理论建设来说,"节制资本"既是对"平均地权"的重要补充,又是对它的崭新发展。

历史车轮是在曲折轨迹上运行的。辛亥革命后从流血牺牲中建立的资产阶级政权却被野心家、阴谋家袁世凯等封建买办军阀势力所篡夺。孙中山在政治上继续坚持保卫共和制立场的同时,还把注意力放到解决民生问题上面,体现出他对国计民生的亲切关怀。他明确提出:垄断资本发达的西方资本主义国家,通过"大公司"、"大企业"对国计民生的控制是非常严重的。他认为"大公司"这种经济垄断组织的出现,是资本主义从自由竞争到垄断集中的必然,"系经济进化之结果,非人力所能屈服"。[1] 这种社会经济"即以经济集中代自由竞争"[2]的必然趋势。

垄断性的大公司的出现所以是不可抗拒的历史趋势,"盖大公司能节省浪

---

[1] 《实业计划》,《孙中山全集》第6卷,第396页。
[2] 《实业计划》,《孙中山全集》第6卷,第397页。

第四章 二十世纪初年的社会革命思想

费,能产生最廉价物品,非私人所能及。不论何时何地,当有大公司成立,即将其他小制造业扫除净尽,而以廉价物品供给社会,此固为社会之便利。但所不幸者,大公司多属私人,其目的在于多获利益,待至一切小制造业皆为其所压倒之后,因无竞争,而后将各物之价值增高,社会上实受无形之压迫也"[1]。

孙中山指出:从自由竞争走向垄断是资本主义经济发展的必然,要扭转这种趋势是不可能的。解决问题的办法是有的,但绝不是对抗这种不可逆转的趋势,而要另辟蹊径,因势利导。他说:"欲救其弊,只有将一切大公司组织归诸通国人民公有之一法。"也就是从生产资料所有制的变革入手,使大公司从私人资本转化为国家人民所有。"故在吾之国际发展实业计划,拟将一概工业组成一极大公司,归诸中国人民公有。"[2]值得深思的是,孙中山把"节制资本"同中国经济现代化的道路联系在一起,是有其独特思考的。

孙中山提出:"发展中国工业,不论如何,必须进行。但其进行之方,将随西方文明之旧路径而行乎?"[3]

中国要实现富强,必须由落后农业国转入先进工业国的轨道,这是孙中山确定的明确方针。然而中国发展工业的具体途径,是否沿袭西方国家的旧路呢?对此,他却有新的思考和新的设想。他认为"夫物质文明之标的,非私人之利益,乃公共之利益。而其最直捷之途径,不在竞争,而在互助"[4]。这就说明孙中山虽然以建设工业化国家和高度物质文明,作为一切经济活动的"标的",但是并不愿意走西方资本主义国家由竞争到垄断的旧路。强调"公共之利益",排斥"私人之利益",把国家人民的利益,置于首位。工业化的物质文明成果,为人民为社会所共有,便是新设想的基本着眼点。"节制资本"便是在这样新的思考下提出的带有中国特色的工业化的主张。如果说"平均地权"是为我国民族工业发展创造土地、资金条件的话,那么"节制资本"便是在辛亥革命后建立共和制下,为制约私人资本的恶性膨胀而采取的预防措施。这既是孙中山对于民生主义内涵的充实发展,又是对我国民族资本主义发展方向和道路赋予新的时代特色。

节制资本。孙中山指出:中国工业化同西方国家不同。"发达资本,振兴实

---

[1] 《实业计划》,《孙中山全集》第6卷,第397页。
[2] 《实业计划》,《孙中山全集》第6卷,第397页。
[3] 《实业计划》,《孙中山全集》第6卷,第397页。
[4] 《实业计划》,《孙中山全集》第6卷,第398页。

业"是我国从贫穷走向富强的根本方针。"振兴实业的方法很多:第一交通事业,象铁路、运河都要兴大规模的建筑;第二是矿产,中国矿产极其丰富,货藏于地,实在可惜,一定是要开辟的,第三是工业,中国的工业非要赶快振兴不可。中国工人虽多,但是没有机器,不能和外国竞争。全国所有的货物,都是靠外国制造输运而来,所以利权总是外溢。"①要解决"利权外溢"问题,只能依靠我国振兴实业,独立自主地实现工业化,因此发展工业必须由国家经营。孙中山强调这是关系到国家经济命脉由谁掌握的大问题。"如果不用国家的力量来经营,任由中国私人或者外国商人来经营,将来的结果也不过是私人的资本发达,也要生出大富阶级的不平均"。②

孙中山从中国富强的战略高度指出:我国工业发展必须确定"节制资本"的方针。他于1912年开始提出"节制资本"的主张,1924年在具体阐述"节制资本"的理念时进一步提出"节制资本"的完整内涵——中国"单行节制资本是不足的。因为外国富,中国贫,外国生产过剩,中国生产不足。所以中国不单是节制私人资本,还是要发达国家资本"③。"节制私人资本"与"发达国家资本",二者要有机结合,协调发展,而以发达国家资本为根本。这就是孙中山为我国工业化在经济体制上所确定的方向和道路。孙中山认为发展国家经济,解决民生问题必须从各国国情出发,选择符合自己实际的发展道路。对此要排除盲目性,有一个正确的抉择。

孙中山说:十月革命后的俄国,由于实际经济发展水平限制,不得不暂时停止共产主义经济政策。俄国革命以后到今日,对于经济问题还是要改用新经济政策。"俄国之所以要改用新经济政策,就是由于他们的社会经济程度还比不上英国、美国那样的发达,还定不够实行马克思的办法。俄国的社会经济程度尚且比不上英国、美国,我们中国的社会经济程度怎么能够比得上呢?"④实事求是地从本国国情和经济发展水平出发,确定国家经济发展的方针政策,是孙中山一贯遵循的原则,也是他能够排除盲目性的科学决策。

孙中山关于"节制资本"的出发点是为了防止"私人之垄断,渐变成资本之专制",为了防止私人资本恶性膨胀危及国计民生,他主张"即凡天然之富源,如

---

① 《民生主义》,《孙中山全集》第9卷,第391页。
② 《民生主义》,《孙中山全集》第9卷,第391页。
③ 《民生主义》,《孙中山全集》第9卷,第391页。
④ 《民生主义》,《孙中山全集》第9卷,第392页。

第四章 二十世纪初年的社会革命思想

煤、铁、水利、矿油等,及社会之恩惠,如城市之土地,交通之要点等,与夫一切垄断性质之事业,悉当归国家经营,以所获利益,归之国家公用"。这样便可免除"现行之种种苛捐杂税"。① 随着工业的发达"收益日多则教育、养老、救灾、治疗,及夫改良社会励进文明,皆由实业发展之利益举办"。这样"应不致再蹈欧美今日之复辙,甫经实业发达,即孕育社会革命也"②。孙中山关于"节制资本"的基本思想:概括言之,是在我国工业化过程中,既要允许私人资本的发展,又要重点发展国家资本。对私人资本主要是既发挥其积极作用,还要限制其恶性膨胀,操纵国计民生,但绝不是消灭私人资本。把全国大型铁路,航运、工矿企业统由国家管理经营,以确保工业化的健康发展。这种可贵的思想,既是对我国国情和现状的自觉尊重,也是对欧美资本主义经济产业化、市场化历史经验的科学总结,是完全符合我国民族经济,由贫穷向富强平稳过渡的客观要求。孙中山这种探索和抉择是充分体现其超人的睿智和科学决策精神的。

"耕者有其田"是对"平均地权"的重要发展。

1924年,我国人民在辛亥革命后经历了十三年艰苦斗争,不但在帝国主义干预和封建军阀割据下政治民主化未能实现,就是广大群众的吃饭问题也未获得解决。吃饭问题与发展农业有密切关系,更与全国人民的切身利益有关。这个问题,引起了孙中山的深入思考。他认为:"现在我们讲民生主义,就是要四万万人都有饭吃,并且要有很便宜的饭吃。要全国的个个人都有便宜饭吃,那才算是解决了民生问题。"③

孙中山明确提出:"中国自古以来都是以农立国,所以农业就是生产粮食的一件大工业。"④"中国的人口,农民是占大多数,至少有八九成,但是他们由很辛苦勤劳得来的粮食,被地主夺去大半,自己得到手的几乎不能够自养,这是很不公平。""中国现在虽然没有大地主,但是一般农民有九成是没有田的。他们所耕的田,大都是属于地主的。有田的人自己多不去耕。照道理来讲,农民应该是为自己耕田,耕出来的农品要归自己所有。现在的农民都不是耕自己的田,都是替地主来耕田,所生产的农品大半是被地主夺取去了。"⑤于是得出的

---

① 《中国实业如何能发展》,《孙中山全集》第5卷,第135页。
② 《中国实业如何能发展》,《孙中山全集》第5卷,第135页。
③ 《民生主义》,《孙中山全集》第9卷,第397页。
④ 《民生主义》,《孙中山全集》第9卷,第399页。
⑤ 《实业计划》,《孙中山全集》第9卷,第252页。

结论是"如果不能解决这个问题,民生问题便无从解决"①。通过实际调查研究,经过科学分析得出的结果才是靠得住的。孙中山很重视这种工作方法。他说:"农民耕田所得的粮食,据最近我们在乡下的调查,十分之六是归地主,农民自己所得到的不过十分之四,这是很不公平的。若是长此以往,到了农民有知识,还有谁人再情愿辛辛苦苦去耕田呢?假若耕田所得的粮食完全归到农民,农民一家是更高兴去耕田的。"②通过实地调查和分析,孙中山为此提出:"农民问题,真是完全解决,是要耕者有其田,那才算是我们对于农民问题的最终结果。"③"耕者有其田",是广大农民梦寐以求的理想。农民有田可耕,不仅能避免受地主剥削,获得自身经济利益的保障;同时还可调动农民生产积极性并激发其劳动热情。提高劳动生产率。"耕者有其田",是对"平均地权"内涵的进一步丰富和发展。是对"定地价、收地税,以及涨价归公,收归国有"等早期"平均地权"思想的一次重大突破。表明"平均地权"一旦同农民利益结合起来,便赋予其无限的生命力。值得注意的是"耕者有其田",并不是在采取剥夺地主土地所有权的基础上对耕者实行重新分配土地,而是"土地国有"后再分配给农民。所以"耕者有其田"只是在"平地地权"的框架内加以实现。这是不可不察的。

"耕者有其田",固然为农民吃饭创造了条件,然而它是否真正解决了农民的吃饭问题呢?对此,孙中山继续做了深层次的探索和研究。

他说:"美国近来是很注重农业的国家,所有关于农业运输、防灾的方法和种种科学的设备,都是很完全的。但是美国的吃饭问题到底是解决了没有呢?依我看起来,美国的吃饭问题还是没有解决。美国每年运输很多粮食到外国去卖,粮食是很富足的。为什么吃饭问题还没有解决呢?这个原因,就是由于美国的农业还是在资本家之手,美国还是私人资本制度。在那些私人资本制度之下,生产的方法太发达,分配的方法便完全不管,所以民生问题便不能够解决。"④

孙中山指出:我国实行"耕者有其田",同西方资本主义制度下的土地为私人资本家垄断的事实是有着根本区别的。"我们的民生主义,目的是在打破资

---

① 《民生主义》,《孙中山全集》第9卷,第397~400页。
② 《民生主义》,《孙中山全集》第9卷,第400页。
③ 《民生主义》,《孙中山全集》第9卷,第400页。
④ 《民生主义》,《孙中山全集》第9卷,第399页。

第四章 二十世纪初年的社会革命思想

本制度。中国现在已经是不够饭吃,每年还要运很多的粮食到外国去卖,就是因为一般资本家要赚钱。如果实行民生主义,便要生产粮食的目标不在赚钱,要在给养人民。"①

由此可见,孙中山强调的是:不能仅仅依靠农业技术进步解决吃饭问题,更重要的是必须从生产关系,即土地占有关系上进行变革。我国实行的"耕者有其田",便是让所有农民吃饭的好办法。"耕者有其田",使农民获得实际利益,解决历史上长期存在而不能解决的大问题,用这种办法"来造成一个新世界"②,并使广大农民成为这个新世界的巨大支柱。这就是孙中山提出"耕者有其田"的真实目的和崇高理想。

民生主义是孙中山提出的解决中国民生问题的总体构思,它虽然吸收了我国古代均田思想,借鉴西方国家经济建设的利弊得失,但是"平均地权"与"节制资本"都是从中国国情和社会经济实际出发确定的解决民生的纲领。根据我国发展民族经济需要,特别是适应从农业国向工业国转变的历史趋势,孙中山对土地和资本这两个相互联系与制约并且关系经济建设大局的问题,做了认真的考察和研究,提出了具有理性思考的解决民生问题的大政方针,这是孙中山对中国经济实行重大改革的伟大贡献。它预示着中国民族经济,将开创出既重视社会公有制,又适当发展私人资本的崭新发展道路。这种独特思考和深刻思想,充分反映出孙中山对我国社会经济发展方向、道路的科学见解以及对我国人民命运的热切关注及对美好前景的向往。

孙中山希望通过"平均地权"和"节制资本",这种国家行政手段,缓和土地兼并和私人资本膨胀,减少社会矛盾激化和贫富分化以造福中国人民的愿望,事实上是不可能解决中国社会经济滞后问题的。于是引发出孙中山新的思考:那就是必须借鉴西方国家经验,通过发展新生产力,实行工业化,推动国家经济繁荣,走上富强之路。这才是解决中国社会经济问题的根本途径和手段。这个认识上的转变是孙中山经济思想一次重大的飞跃。

从孙中山提出的民生主义总体上考察,表明他对发展我国社会经济,改善人民生活的高度重视。他通过理性思考和科学态度,提出改造我国落后自然经济,发展市场商品经济,必须着重解决土地问题和资本问题的观点。土地与资

---

① 《民生主义》,《孙中山全集》第9卷,第409页。
② 《民生主义》,《孙中山全集》第9卷,第410页。

本问题是相互联系和制约的,并且是关系到中国国民经济从农业经济向工业经济转轨的大问题。土地与资本问题解决好了,便会给中国走上工业化现代经济发展道路创造有利条件。

孙中山提出的关于我国工业化发展的战略方针和新的设想,特别是否定西方工业化旧路,提出一条工业革命和"大公司国有"的经济体制改革并举的战略思想,以及以交通运输为突破口,实行轻、重工业、农业并举的工业化道路,更给予我国经济现代化指明了前进的方向。

民生主义是孙中山为中国社会经济变革和实现社会经济现代化提出的科学理念和理论思考。民生主义是关于从否定封闭性农业经济到创建开放式的现代工业化经济模式,缔造"社会的国家",促进中国振兴和增进人民福祉的一系列重要思想的理论概括。

民生主义在孙中山思想体系中占有十分突出的地位,构成其民族独立、民主自由及国家富强理想的重要社会经济基础。

民生主义的形成及其发展是有一个历史演变过程的。随着国内外社会政治、经济形势的不断发展和孙中山认识的不断提高,民生主义的内涵也不断得到丰富而走向完善。

孙中山从1894年《上李鸿章书》中提出学习西方资本主义国家工业、农业改革经验,改变我国社会经济落后面貌开始,到1903年提出"平均地权",1912年提出"节制资本",无不体现出"改良社会经济组织"及"肇造社会的国家"的主旨。到了1919年《实业计划》提出宏伟的经济现代化建设蓝图,大体上经历了十五年的时间,才完成了民生主义体系的构建。

有人说"平均地权"就是民生主义;或者说"平均地权"加上"节制资本"是民生主义。我们认为这种理解只是说对了一部分,从整个民生主义体系来说是不准确、不完整的。孙中山民生主义是一个随着时代前进,经过深思熟虑提出的关于我国社会经济变革,"肇造社会的国家"的整体方案的理性思考。它具有丰富的内涵和重大现实指导意义,受到世界高度重视和关注。

孙中山提出的"平均地权"("耕者有其田")"节制资本",主要从改革生产关系和变革所有制入手,促进我国社会经济向有效利用资本主义生产、流通方向发展,《实业计划》则在解决土地资源重新配置和资本流向基础上提出中国以工业化为目标的现代经济建设的两个主要环节。"平均地权"与"节制资本"以及《实业计划》各个环节是具有紧密的内在联系的,是关于我国工业化独特模式和道路的总体规划和方略。

只有把"平均地权"和"节制资本"同工业化联结起来,作为民生主义的总体考察,才能准确地、全面地把握住民生主义的整个体系。任何把它们割裂,或者孤立的做法都是不可能认识其完整的科学体系的。

第七节 孙中山的社会管理思想

深受中国传统文化影响的孙中山,从中国的国情与社会现实出发提出要建立一个幼有所教,老有所养,分业操作,各得其所的自由、平等、博爱的和谐社会。为此,他提出要正确处理人和自然的关系,强调不能过度开发和利用自然资源,在城市建设上要根据地理和自然环境进行改造,通过植树造林恢复被破坏的生态环境。形成良好的社会关系要加强经济建设、政治建设、文化建设。上述思想主张与今天建设生态文明与社会文明有一定的契合度。以振兴中华为己任的孙中山,推翻清朝的封建专制制度不是他发动革命的根本目的,它只是实现中国富强的前提条件,而通过民主与科学的途径,促进中华民族的觉醒、进步、复兴,才是孙中山忠贞不渝的追求与梦想。国泰民安,人民幸福,国家强大是孙中山为之奋斗一生的目标。

一、社会管理思想中的和谐观

18世纪到20世纪初,是近代自然科学取得重大成就、工业革命取得重大进展的时代。从1879年到檀香山学习到1883进入香港读书,随后又到旧金山、伦敦、日本,孙中山先后在欧美亚等多个资本主义国家学习和考察,他在耳闻目睹了工业革命对社会带来的巨大进步的同时,西方世界中存在的严重的贫富不均所产生的社会矛盾和引起的社会动荡也深深地震动了他。他不止一次指出西方世界存在着贫富悬殊的"恶果",这一"恶果"促使西方社会革命风起云涌。在从事民主革命活动中,他主张学习西方,同时,也在精心构想着新兴中国的未来蓝图并避免西方资产阶级的"恶果"在中国发生。

在早期民生主义中,孙中山提出"平均地权",随着革命实践的深入,他的思想不断深化,把"节制资本"、"耕者有其田"作为民生主义的主要内容,同时,提出了改革中国的政治方案,要建立一个"幼有所教,老有所养,分业操作,各得其所"的"自由、平等、博爱之境域"①的天下为公的社会。

学有所教,教育公平。天下为公社会的实现是要有物质基础的,其实现的条件就是发展经济,而经济的发展是离不开科学技术、各种发明创造的,在这些活动中,人的因素是首要的,而掌握科学技术的人才是离不开教育的。所以,孙中山指出:"盖学问为立国之本,东西各国之文明,皆由学问购来。世界进化随学问转移。自有人类以来,必有专门名家发明各种学说,然后有各种政治、实业之天然进化。"②教育是一个民族进步与发展的不可或缺的基础。中国要从一个半殖民地半封建社会发展成为独立、富强的民主国家,在推翻清王朝并把帝国主义赶出中国,完成民族、民主革命后,首要的任务是发展经济,建设一个高度文明的国家。要完成这样的历史任务,必须发展教育,培养各类人才,通过发明创造促进社会的进步。因此在教育方面,必须改革教育制度,实行免费的义务教育,实现教育公平。孙中山重视教育,并认为教育是一个国家进步与发展的基础,并希望教育能承担发展中国经济、实现振兴中华的历史大任,这是他对东西各国发展历史经验的科学总结。因此,他反对"生于富贵之家即能受教育,生于贫贱之家即不能受教育"的教育不公平、不公正现象,主张"教育平等,凡为社会之人,无论贫贱,皆可入公共学校,不特不收学膳等费,即衣履书籍,公家任其费用。尽其聪明智慧,分专各科,即资质不能受高等教育者,亦按其性之所近授以农、工、商技艺,使有独立谋生之材。卒业以后分送各处服务,以尽所能。庶几教育之惠,不偏为富人所独取,其贫困不能造就者亦可以免其憾已"③。他的主张,否定了封建的教育制度,使教育承担全体公民的受教育的义务,使受教育成为人的基本权利并得到保障。通过改变教育不平等的制度,实现教育普及,提高全体人民的文化程度;提高人民的文化素质,促进各行各业人才济济,推动经济发展,促进国力强大,这是促进社会发展的内在要求。他所提出的教育要社会化、民主化、公平化、大众化的主张,又是他民主思想在教育方面的具体体现。由此可见,孙中山的民主观从来就不是一个空洞、抽象的口号,总是具体而又现实的,并与民族的利益休戚相关。

老有所养,病有所医。在社会福利方面,关心老年人,实现老有所养;在医

---

① 《论社会主义》,《孙文选集》中册,广东人民出版社2006年版,第363页。
② 《在北京湖广会馆学界欢迎会的演说》,《孙中山全集》第2卷,中华书局1985年版,第423页。
③ 《论社会主义》,《孙文选集》中册,第363页。

第四章 二十世纪初年的社会革命思想

疗卫生上,实行国家医疗制度。孙中山指出:"社会之人,为社会劳心劳力辛苦数十年,而至衰老,筋力残弱,不能事事。"因此,社会应对年老之人给予关心、关怀。国家"遂设公共养老院收养老人,供给丰美,俾之愉快而终其天年,则可补贫穷者家庭之缺憾"。老年,是人一生的终点,这是客观规律。如何对待这一特殊的群体,反映了一个国家的社会生产和文明进步的程度,也是国泰民安的标志之一。尊老养老是中华民族传统文化的重要内容之一,其中儒家的孝敬观,把它提高到修身立本的高度加以重视。实践证明,孝对于家庭和睦有着不可替代的伦理作用,它通过发扬传统文化的仁爱之风气,保障社会安定,促进社会稳定。孙中山的老有所养思想是中华民族尊老美德的体现,老年人经历了"辛苦数十年"的人生,在这个过程中为社会做贡献而付出了他们的毕生精力和心血,他们应该受到尊敬,也有理由受到社会的尊敬。尊老、爱老是文明社会应有之义。孙中山指出:"人类之尽忠社会,不慎而偶染疾病,富者固有医药之资,贫者以无余资,终不免沦落至死,此亦不平之事也。"①因此主张"设公共病院以医治之,不收医治之费,而待遇与富人纳资者等,则社会可少屈死之人矣"。在这里,揭示了平等的真谛,即人民对于社会财富的共同占有和利用,并活生生体现在现实生活中。无论是贫穷还是富有,生病均由国家出资进行治疗,免于人们患病之忧。这是孙中山民生主义的具体体现。"其他如聋哑残废院,以济天造之穷,如公共花园,以供暇时之戏。"是对所有生命的关心、关爱,是对生命的尊重,充分体现了孙中山"天下为公"的和谐社会观。

各司其业,各尽其事。在这个社会中,人和人之间的关系又是怎样的呢?孙中山指出:"人民平等,虽有劳心劳力之不同,然其为劳动则同也。即官吏与工人,不过以分业之关系,各执一业,并无尊卑贵贱之差也。社会主义之国家,人民既不存尊卑贵贱之见,则尊卑贵贱之阶级,自无形而归于消灭。农以生之,工以成之,商以通之,士以治之,各尽其事,各执其业,幸福不平而自平,权利不等而自等,自此演进,不难致大同之世。"②这就是孙中山理想中的社会。在这个社会中,人与人之间是平等的,不分职业,都是社会的成员,都应该受到社会的尊重。在这个社会中,人人都享有自己的权利,人人都有自己应尽的义务。孙中山承认有"劳心劳力之分",但是,这只是不同的"劳动"而已,有"官吏与工

---

① 《论社会主义》,《孙文选集》中册,第 363 页。
② 《论社会主义》,《孙文选集》中册,第 363 页。

人",这只不过是分工不同而已。最重要的是在这个社会中不存在"尊卑贵贱之阶级",实现了真正意义上的平等,在这里,平等不是空洞的口号、抽象的概念,而是人民在具体的生活中能够从生产、生活中,从切身的利益中深深感受到。职业不分高低,人民不分尊卑贵贱,农民、工人不因是劳动者而卑贱,官吏不因为官而高贵,人人都得到社会的尊敬,人和人的关系必然和谐。

人们为了生存必须从自然界获取资源,开发和利用自然资源而进行经济建设活动。在这个过程中就存在着一个难以解决的矛盾,进行经济建设就要开发自然资源,而开发自然资源就存在对自然资源开发的盲目性和过渡性。这就要求人们在经济建设过程中合理、科学利用自然资源,既满足人们生产、生活的需要,又不破坏自然生态。因此,要遏制对自然资源开发的盲目性和过渡性,减少对自然生态的破坏,避免导致灾难性结果。这一问题不解决,社会建设与发展就是一句空话。孙中山十分重视加强环境保护并主张合理利用自然资源。孙中山是一位受中国传统文化影响很深的思想家,对这一问题关注是比较早的。1889年在致郑藻如书中,指出"吾邑东南一带之山,秃然不毛……农民只知斩伐而不知种植"①。民以食为天,农业是一个国家必须发展的生产领域和经济建设领域,而发展农业生产是离不开对自然资源利用的,但是,这种利用应该是在保证生态平衡的前提下,才能使人们在经济建设中受益,并从保护环境中得到回报,相反,则是对自然资源进行掠夺式开发和利用,结果必然受到大自然的报复,这种报复有时是马上体现出来,有时会经过一个阶段或较长的时间表现出来。在中国历史上,有些地方是十年九旱,有些地方是十年九涝。事实说明,这些灾难性的事件,有些是自然发生的,有些是人类生产活动或管理不善造成的。孙中山指出:因清政府农政之"废弛",结果是"农民只知恒守古法,不思变通,垦荒不力,水利不修,遂致劳多而获少,民食日艰。水道河渠,昔之所以利田者,今转而为农田之害矣","如北之黄河固无论矣,即如广东之东、西、北三江于古未尝有患,今则为患年甚一年;推之他省,亦比比如是"。"农民虽患之而无如何,欲修之而力不逮。"②"数十年前,山(西)、陕(西)两省大饥,人相食,死者千余万。"③天灾是人们抗拒不了的,人祸却是统治者的腐败和对这一问题缺少科学

---

① 《兴利害以为天下倡》,《孙文选集》中册,第2页。
② 《国家富强之大计》,《孙文选集》中册,第7页。
③ 《建国方略》,《孙文选集》上册,第17页。

第四章 二十世纪初年的社会革命思想

知识致使人们长期对自然的无序开发和利用的结果,导致天灾人祸并行,给广大人民带来的是贫穷、饥饿、死亡和颠沛流离的痛苦。为此,孙中山提出了一个令人深入思考的保护生态环境问题。固然水患是客观存在的现实问题,但是,是什么原因导致了这一问题的存在?应该如何解决?他认为,水灾的形成很多是人为的,河道长年不清淤,致河床上升形成淤塞;现有水利工程年久失修,起不到预防水患的作用,更重要的是破坏了生态环境,这是水灾、旱灾产生的主要根源。实际上,一个国家的生态环境不是一成不变的,大自然曾赐给人类茂密的森林、广袤的草原、灌丛、沼泽、湿地、湖泊等天然资源,形成良好的生态环境,为人类提供可更新的自然资源。但是,如果无节制、无计划、盲目地进行经济建设,对森林的滥砍滥伐,对草原、湿地过度开垦,必然造成植被破坏的,致使水土流失、泥石流、河道淤堵等严重破坏生态环境的现象发生。黄河,在《史记》中一直称之为"河",说明这一时期,水没有变黄,应该说在汉代之前,黄河上游的植被是没有受到大面积破坏的。黄河,由"河"变成"黄河"这一过程,就是这一流域生态环境恶化的写照。孙中山提出:要正确处理现实经济建设与长期发展的关系,这是关系到一个民族的长期生存与发展的根本性问题。在经济建设中,要合理利用自然资源,提高生态保护意识,正确处理经济建设同保护环境之间的关系。自然灾害是大自然的现象,有时是无法避免的,由古至今,从中国到世界概莫能外。问题的关键是,要分清哪些自然灾害如水灾、旱灾的发生是自然界运动、与自然变化有关,哪些是人类经济活动对生态环境造成破坏的结果。有些灾害如果加强水利灌溉、排涝、蓄洪泄洪工程建设便可不发生或减少损失,有些灾害可通过一些防洪抗旱措施,提高抗灾的能力。所以防患于未然是十分重要的。那么,如何防治水灾呢?孙中山认为"浚渫河口,整理堤防,建筑石坝,仅防灾工事之半而已;他半工事,则植林于全河流域倾斜之地,以防河流之漂卸土壤是也"[1]。孙中山认为:"现在科学昌明,无论是什么天灾都有方可救。不过,这种防旱灾的办法,要用全国大力量通盘计划来防止。""治本方法也是种植森林。有了森林,天气中的水量便可以调和,便可以常常下雨,旱灾便可以减少。""地势极高的水源很少的地方"[2],"用机器抽水,来救济高地的水荒。"

---

[1] 《建国方略》,《孙文选集》上册,第130页。
[2] 《三民主义》,《孙文选集》上册,第650页。

"我们研究到防止水灾与旱灾的根本方法,都是要造森林,要造全国大规模的森林。"①在主张大量植树造林的同时,他强调兴修水利工程、疏浚河道,保护植被、沼泽、湿地及湖泊等措施并举,达到标本并治。今天,人们的环境保护意识已经很强了,生态环境得到了人们的高度重视。孙中山的伟大在于当时的历史条件下,多数人对环境问题、生态平衡还都懵懵懂懂时,就有了对人与自然关系的深邃见解,便能认识到人类的社会活动是受自然环境制约的,人类社会与自然空间是有着十分密切的联系并互相作用的。人类的生产活动受制于自然,同时生态系统的结构与人类活动密切相关。生态环境是动态的、变化的,可能变好,也可能更糟,而且历史证明:自然环境一旦被破坏,恢复的过程是非常缓慢的。

城市建设,科学规划。城市建设,是一个国家进行现代化建设中必须经过的过程。在城市建设中如何减少盲目性,使城市建设既适应了经济建设的发展,又能在不破坏环境基础上创造出符合生态平衡的生存空间是孙中山关注的问题。孙中山在《实业计划》中曾提出把广州港建设并发展成为对全国经济发展有重要作用的南方大港,把广州城市发展与港口建设统一设计,并考虑如何使这一重大建设项目和当地的生态环境联系起来,使广州成为美丽的花园城市。孙中山说:"广州附近景物,特为美丽动人,若以建一花园城市,加以悦目之林囿,真可谓理想之位置也。"②为此,城市建设应该考虑充分利用它的自然条件。广州的地理条件具备这些要素,所以广州的城市建设应该综合设计,必须利用其得天独厚的自然条件,使其成为"工商业中心"的同时,又把它建成"花园城市",实现"又以供给美景以娱居人也。珠江北岸美丽之陵谷,可以经营之以为理想之避寒地,而高岭之巅又可利用之以为避暑地也"③。这样的广州城,既是"工商业中心"城市,又具有人与自然和谐的生态环境。孙中山这一主张,是其和谐社会思想在经济建设中的体现,它否定了城市建设中以破坏生态环境为代价的错误做法。他给予我们的启示是,在经济与发展中,人类的活动可以不与生态环境保护相对立,人们不能为了保护生态环境而不进行建设,被动地适应自然,而是在考虑如何利用自然做到科学与合理,其标准就是在利用资源

---

① 《三民主义》,《孙文选集》上册,第650页。
② 《建国方略》,《孙文选集》上册,第179页。
③ 《三民主义》,《孙文选集》上册,第630页。

第四章 二十世纪初年的社会革命思想

时能够支持可持续发展,而不是提前对自然资源的利用。这一主张功在当世利在千秋。长期以来,由于生产力水平低下,在中国历史上自然灾害频频发生,使生态环境受到破坏,加上战乱不断,人民生活如雪上加霜,使本来就存在的社会矛盾更加激化,进而引发社会动荡和危机。因此,防止自然灾害的发生,进行生态环境的保护与改变人民生活休戚相关,与社会的稳定和长治久安有着密不可分的关系。孙中山提出合理利用自然资源,加强生态环境保护的观念,渗透着科学思想而值得肯定。但是,在自然经济条件下,不像工业革命后进行大规模的经济建设,特别是对科学技术的滥用而导致一些灾难性的结果,因此,并没有受到人们的普遍关注。生态学诞生在西方,从19世纪人们提出这一概念到20世纪初年才初步形成生态学这一学科,这一现象本身就说明了问题。

孙中山上述思想主张的形成,受到西方科学思想的影响,也根植于中国文化传统。编定于汉代的《礼记》反映了自战国以来人们厌倦战乱、渴望美好生活的社会理想,其中"礼运"篇所描绘的大同世界"大道之行也,天下为公,选贤与能,讲信修睦,故人不独亲其亲,不独子其子,使老有所终,壮有所用,幼有所长,鳏寡孤独废疾者皆有所养"成为千百年来进步思想家追求的目标,当然也包括孙中山。

孙中山所构想的社会蓝图深受中国传统文化和社会主义思想的影响。天下为公,仁者爱人,以人为本这是中国传统文化中精华的一部分,这一思想在不同的时期对于国泰民安的国家政治局面的形成起过重要的作用并被一些有远见的政治家、思想家所采纳,同时在其统治措施和思想中有所体现。孙中山无疑是这一思想的继承者并对这一思想进行了新的诠释,同时赋予了时代的内涵。

一是进行经济建设。改善中国人民的民生,是孙中山始终关注并投入了很多精力进行思考的问题。孙中山认为:"'民生'两个字是中国向来用惯的一个名词。我们常说'国计民生',不过我们所用这句话恐怕多是信口而出,不求甚解,未见得涵有几多意义的。但是今日科学大明,在科学范围内拿这个名词来下一个定义,可说民生就是人民的生活——社会的生存、国民的生计、群众的生命便是。"[1]孙中山深刻提示了经济建设、社会建设与发展的关系。中国是一个落后的农业大国,在这样的国家中,不进行经济建设,人民生活将更加痛苦,社

---

[1] 《民权主义》,《孙中山全集》第9卷,第355页。

会矛盾激化,国家何来发展。不进行经济建设,国家就没有存在的基础,更遑论强大了,就不可能摆脱帝国主义的束缚,改变中国的国际地位。经济的发展是构建和谐的社会关系的不可或缺的基础和前提。

二是政治建设。在政治建设中,首先解决的问题是民权的实现。民权就是人民拥有对国家的管理权,主权在民,人民有参政意识;政府政策符合人民的利益并在法制下行政;国家政权得到人民的监督,政府的权力不是无限的。通过考察,孙中山认为西方的三权分立是有缺陷的。因此,他提出"我们现在要集合中外精华,防止一切的流弊,便要采用外国的行政权,立法权,司法权,加入中国的考试权和监察权,连成一个很好的完璧,造成一个五权分立的政府"[1]。强调"象这样的政府,才是世界上最完全、最良善的政府"[2]。西方的三权分立,体现的是权力的相互制衡,它的产生是对封建专制的否定,是人类政治史上的重大革命。孙中山的五权分立主张,吸收了三权分立中的权力制衡原则,同时,认为西方的监察权在立法机关中,这是不合理的,因此,提出监察权独立,便于对其他权力的监督与制约,而考试权的提出是借鉴中国的科举制度的形式来选拔政府的组成人员,把真正有才能的人选拔到政府中,实现人尽其才,这本身就是民主制度的体现、公平原则的体现。同时,对于政府工作人员,人民不但有权选举,还有权罢免,这样就能保证人民会改变对政府的态度,使政府与人民之间处于既相联系、又相制约的制衡状态。其次,与西方相比,中国是一个封建社会在时间与空间得到了充分发展的国家。封建制度、封建意识在人们的心中是根深蒂固的。"王侯将相宁有种乎"有一定进步意义,但是,与其说是对君权天生的否定,不如说是"皇帝轮流做,明年到我家"的平民皇权意识。而在这样的国度中实行民主制度,没有一个相当长的过程是很难实现的,同时只有在法律与制度上进行规范,才能摆脱封建社会的影响。其三,反对"官本位",主张"人本位"。孙中山说:"把那些政府工作人员,不要看作是很荣耀,很尊贵的总统、总长,只把他们当作汽车夫";"或看作是巡捕、厨子、医生、木匠、裁缝"一样。总之"无论把他们看作是那一种的人,都是可以的"[3]。无论职位多么高,只是一种职业,与普通人没有区别,"官"与民不是对立的,本身官就是"民"中一分子。

---

① 《民权主义》,《孙中山全集》第9卷,第355页。
② 《民权主义》,《孙中山全集》第9卷,第353页。
③ 《民权主义》,《孙中山全集》第9卷,第333页。

三是文化建设。在文化建设中,一是对民主的倡导,孙中山所创建的民权主义体现在制度建设和对民权理论的阐述;二是他批判封建的教育制度,构建了新教育体系,形成了独具特色的教育思想;三是对传统文化的批判与继承,表现为对传统伦理道德的扬弃。民主制度国家的产生,要求建设不同于封建旧文化的新文化,属于不同的历史范畴。在近代中国社会新旧经济、政治剧烈斗争过程中,必然反映在文化领域内,孙中山出于革命的需要,不仅对封建皇权与封建纲常进行过严肃的批判;同时也展开了民权、自由、平等等新观念的宣传,把"科学"与"民主"作为崭新的时代课题,加以探索和倡导。用新的文化科学知识武装国民头脑,克服愚昧无知,消除封建迷信意识,是新国家建设的智力支柱。同时,也是解决我国在长期封建君主专制和文化专制主义统治下,广大人民群众普遍缺少受教育的条件,人口众多与文化素质低下这一尖锐的矛盾的正确途径。

孙中山的社会管理思想的和谐观,是其民主革命思想体系的重要组成部分,与传统文化有一定的契合度。尽管他的一生主要精力是政治活动和军事斗争,不可否认的是,他的特殊经历使其能够站在时代的高度,洞察世界历史前进的方向,因而其思想主张有一定的前瞻性,对于今天的我们来说仍有一定的借鉴意义。

二、社会管理思想中的政通观

民族团结,是政通的主要表现,更是政通的主要内容,它要求各民族在政治上平等,更重要的是在经济上共同繁荣;民生,是国泰民安的具体体现,其本身就是推动中国发展的强大内在动力,反过来促进社会和谐的创建和发展。权力分为"政权"与"治权",前者为国家权力,要为公民服务,后者为公民所拥有,它有权对"政权"进行监督和制约,这样形成了"政权"与"治权"的相互依存与制约的、保持平衡和实现有效监督的社会政治机制。

孙中山是一位站在时代前列的革命家、思想家,他清楚地认识到,在中国只有用先进的政治制度代替封建制度,通过发展经济使国家富强,才能使中国成为世界上强大的国家。他在革命实践过程中形成了完整的思想体系,其中一些内容具有一定的超前性,政通人和思想就是其中之一。

政通人和,就是国家稳定,社会矛盾不尖锐、激化;经济繁荣昌盛,各项事业蓬勃发展。这是孙中山孜孜以求的目标和理想。和谐又是中国传统文化中"和

"天下"文化的要旨。但是,像中国这样的多民族国家,和谐的基本要求之一首先是各民族团结,和睦相处。而当时的中国国情是:在民族方面存在的问题是必须反对外来民族的剥削和压迫,对外反对帝国主义的侵略,实现中华民族的解放,对内推翻清王朝的反动统治,完成民族独立、实现国家解放的历史任务。本来,清王朝入关后,经过二百多年的发展,满汉民族矛盾已经不像入关初年那样激烈。清王朝注重吸取儒家文化,建立了封建专制主义的政权。但是,这个政权是以满族亲贵为核心的,只不过根据政治上的需要,在征服广大汉族人民反抗后,又不得不联合汉族地主阶级上层和其他人士,因此,这个政权既是一个封建地主贵族集团对广大中国人民进行封建专制统治的政权,同时,又带有对汉族及其他少数民族人民实行民族压迫的特色的封建王朝。更严重的是1840年后,清王朝对外丧权辱国,非但不能领导中国人民抵抗外来侵略者,反而成为帝国主义在华进行反动统治的工具。因此,1894年,孙中山在兴中会会员的"秘密誓词"里提出:"驱除鞑虏,恢复中华,创立合众政府"的口号。这个口号,既突出了反满,也强调了建立共和政府,揭示出反满民族革命和创立共和的民权革命的宗旨。随着形势的发展,孙中山不断修正自己的民族主义。在清末民初的这一历史阶段中,孙中山的民族主义发生了重大的变化。孙中山在《中华民国临时大总统宣言书》中指出:"国家之本在于人民。合汉、满、蒙、回、藏诸地为一国,即合汉、满、蒙、回、藏诸族为一人。是曰民族之统一。"①在这里已经视汉、满、蒙、回、藏为一体。我们有理由认为"驱除鞑虏"是孙中山推翻满族贵族封建专制统治的一种策略。而中华民国就是由这些民族组成的新国家,从而强调了各民族的平等,并且把各民族纳入统一的共和国中,在共和国的旗帜下各民族都是中华民族大家庭中的平等成员。民族平等,民族团结,国家平稳,这是政通的主要表现,更是政通的主要内容。而巩固民族团结的局面,在于各民族在政治上的平等,更重要的是在经济上的共同繁荣。现实是中国经济发展不平衡,少数民族地区多是经济不发达地区。为改变这一现状,孙中山提出发展铁路等交通事业,"因铁路能使人民交接日密,祛除省见,消弥一切地方观念之相妒嫉与反对,使不复阻碍吾人之最终目的"②。铁路等交通事业的发展是一个国家文明、富强的标志。《实业计划》把全国铁路规范为六大系统,其中包括高原铁

---

① 《中华民国临时大总统宣言书》,《孙文选集》中册,第246页。
② 《中国铁路计划与民生主义》,《孙中山全集》第2卷,中华书1985版,第488页。

第四章 二十世纪初年的社会革命思想

路、西北铁路、西南铁路等,通过铁路建设改善少数民族地区的交通,使少数民族地区的经济与全国经济发展紧密联系在一起,形成统一的经济市场,促进少数民族地区经济快速发展,改变中国整体落后的局面。中国经济整体不发达,少数民族等边疆地区相比中原地区相对更落后一些,通过发展现代交通,促进少数民族地区文明发展、事业进步、加快传播科学技术、推进民主制度是一个不可代替的重要途径。孙中山的主张是符合中国国情的,适应了改变中国落后现实的需要,这一主张反映了孙中山加强民族团结,发展边疆少数民族地区经济的科学思想。

孙中山说:欧美"到了工商业发达之后,便生出大资本家来。他们用金钱势力,操纵全国政权,遇事都是居于优胜地位,试看那一国的法律政治制度不是为资本家而设的?所以世界到了现在,经济革命的潮流便一天高过一天,这就是平民和劳动者对着富豪及资本家的反动。报纸上所载的同盟罢工、破坏工厂、焚烧公司种种新闻,都是穷人反对资本家的举动,弄到全国总是不安。他们所受这不安的烦恼,实在不是别的事情,纯是由于民生问题没有解决的缘故,所以才生出贫富的冲突,酿成经济革命"[①]。孙中山从欧美历史的发展与社会现实出发,揭示出了近代欧美社会革命的动因和产生社会矛盾的根源,主张中国革命胜利后,应该下力气来解决中国的民生问题。孙中山解决中国的民生问题是从土地入手的。如果说"平均地权"还只是着眼于城市中的土地,而他所主张的"耕者有其田"则是把农民的土地问题提到了议事日程,是针对中国封建土地制度的,是解决中国农村存在的社会矛盾、解决农民的民生问题,而"节制资本"则是为防止中国出现西方社会中的贫富悬殊而激化社会矛盾,引起社会动荡所进行的探索。同时,为了使中国富强起来,孙中山提出了发展中国交通运输业、开发矿山、建设港口、建立独立的工业体系、发展近代农业、移民、对外开放等宏观经济建设方案。同时,在《实业计划》中,对人民的衣食住行等最基本的生存条件的解决提出了自己的主张。总体上说,孙中山解决民生问题是从发展物质生产、提高物质产品的总量来改善民生,来满足民生所需。我们现在仍然需要借鉴的是孙中山解决土地问题的办法,不是出让、出售,而是出租,所谓"土地国有,涨价归公"。对此,朱执信曾做过进一步的阐述,主张国家所有用地都采取出租的方式,无论是工厂、商业、民用、农村用地一律采用国家公债出售的方式,

---

[①] 《民生主义》,《孙中山全集》第6卷,中华书局1985版,第5页。

使所有权与使用权分离,国家永远对于土地拥有所有权。随着经济发展,土地这种不可再生资源必然升值,国家也提高土地使用金额,保证土地资源不是一次性利用。这一思想,体现了孙中山利用土地不在一时,而在久远的土地经营观。丰衣足食,是中国人民十分向往的生活。民以食为天,是人们都知道的道理。"衣食足而知礼节,仓廪实而知荣辱",论述了衣食与富庶和人们文明礼貌的关系,说明了它是一个社会和谐的重要基础。对此,孙中山是有明确认识的:"国以民为本,民以食为天,不足食胡以立国?"①中国古代早就有"民为邦本,本固邦宁"的以民为本的思想。"本"何以"固"?解决好民生问题为唯一的途径,所以,孙中山说:"建设之首要在民生。故对于全国人民之食衣住行四大需要,政府当与人民协力,共谋农业之发展以足民食,共谋织造之发展以裕民衣,建筑大计画之各式屋舍以乐民居,修治道路、运河以利民行。"②解决人民的食衣住行问题,反映了人们生存的基本要求,反映了人民追求幸福生活的愿望,代表了人民的根本利益,是国泰民安的具体体现。解决人民的衣食住行这些基本的生存权问题,使中国人民摆脱贫穷,提高人民生活水平,是使人民提高生活品质的基础性工作,而有品质的生活,不仅是和谐社会的基本特征,且其本身就是推动中国发展的强大内在动力,反过来促进和谐社会的创建和发展。

政通源于平等、自由、民主等民权的发达,民权的发达又促进政通,这是孙中山在考察西方社会后得出的结论。孙中山指出:"欧美争得平等以后,为什么缘故要发生流弊呢?就是由于民权没有充分发达,所以自由平等还不能够向正轨道去走。因为自由平等没有归到正轨,所以欧美人民至今还是要为民权去奋斗。"他说:"我们从新革命,便不可再蹈他们的复辙,专为平等去奋斗,要为民权去奋斗。民权发达了,便有真正的平等;如果民权不发达,我们便永远不平等。"③那么,什么是民权发达?一是人民有权利意识,二是民权有法律保障,三是制度的完善。孙中山说:"政就是众人的事,治就是管理,管理众人的事便是政治。有管理众人之事的力量,便是政权。今以人民管理政事,便于工作叫做'民权'。"④民生是人类第一大事,必须用权来"保",来"养",所以,人民有权利意识是十分重要的。按自然生态法则"物竞天择,适者生存",生物应适应自然,

---

① 《国家富强大计》,《孙文选集》中册,第14页。
② 《国民政府建设大纲》,《孙文选集》上册,第397页。
③ 《三民主义》,《孙文选集》上册,第527页。
④ 《三民主义》,《孙文选集》上册,第438页。

第四章 二十世纪初年的社会革命思想

才能生存,同样,社会生态也存在适者生存问题。中国是一个有几千年封建历史的国家,封建意识在人们的头脑中根深蒂固,封建政权可一夜之间崩溃,但是,封建思想、封建主义意识并不能在一夜间随着政权的垮台而烟消云散。孙中山主张民国将有三个阶段,过去人们曾多诟病其不相信人民的参政能力,其实是有失偏颇的。民主制度的建立需要一个过程,人民行使自己的权利,培养参政、议政的能力也要有一个过程,在这个过程中,经过学习来熟悉民主制度,来适应与民主制度相关的法律、法规,规范自己的行为。很难想象,在一个人民没有民权意识的国度能够实施民主政治制度。通过教育、培训,提高人们参政、议政的意识,是推进民主制度不可或缺的重要环节。法律保障是实施民权的重要途径。民主的国家是一个法治国家,而不是人治国家。人民有了民主意识,要参政、议政,这些行为应该得到法律的保护,用法律进行规范。因此,孙中山十分重视法律建设,特别强调宪法的建设和创新,强调宪法是立国之根本。这符合社会历史发展的基本规律。因为,民生的初步是解决了人们的贫穷问题,随着社会的发展,解决了温饱之后的人们将有更高的社会价值追求。平等、自由、民主的口号将转化为人们参政议政的行为,而法律则成为人们实施民权自由的保障,这是一个社会是否和谐的重要基础。因为没有人民参政议政的平等与自由,谈不上民主,没有法律保证,人民参政议政的平等与自由无法实现,没有人民创造与发展的自由,不可能激发人民进行生产的积极性,必然影响社会财富的创造,国家的富强就是一句空话,没有丰富的物质基础,和谐社会的构建只能化为泡影。孙中山指出:"人民要怎样管理政府,就是实行选举权、罢免权、创制权和复决权;政府要怎样替人民做工夫,就是实行行政权,立法权,司法权、考试权和监督权。"于是政权分为"人民权四个和政府权五个,有了这九个权,彼此保持平衡,民权问题才算是真解决,政治才算是有轨道"①。中华民国制度的形成,五权宪法的制定,从制度上来确保人民的权利得到保障,制度的完善使民权得以落实。社会的和谐,在一定程度上是人民与政府之间的关系得以平衡,一旦失衡,关系将不协调,社会则不会和谐。孙中山对权力的分解不是尽善尽美的,但是,孙中山的民权观,要解决的是人民与政府之间互相信任,在此基础上相互合作,建立起相互依存和制约的权力平衡新关系。为此,孙中山创造性地提出了权能区分的理论。概括地说,他把国家权力分为"政权"即民权和"治

---

① 《三民主义》,《孙文选集》上册,第589页。

权"即政府权,"政权"是主权在民,政府是专门家,由有能的人组成。实际上孙中山在这里把权力分为国家权力和公民权力,所谓"治权"是国家权力,要为社会公民服务,"政权"是公民的权力,它是监督和制约"治权"的,这样政府的官员则成为社会公民的公仆,其行政行为要接受人民的监督和制约,进而形成了"政权"与"治权"的相互依存与制约,而又相互分工与合作,服务与制约的保持平衡和实现有效监督的社会生态文明政治机制。有了这样的机制,才能从制度与法律上规范政府人员的行为,使其廉洁;才能从制度上保证政府是一个公正、廉政的政府,形成政治清明的政治局面,进而确保政府的决策和行政行为能够反映和代表全体人民的利益和意志,社会才能和谐。

第五章 余 论

第一节 新文化运动兴起的客观环境

一、辛亥革命的失败和资产阶级革命派的分裂

中华民国成立推翻了几千年的封建专制主义的统治。辛亥革命时期组建的南京临时政府,在它存在的短短三个月中颁布了一系列社会政治改革和教育改革及有利于民主政治和发展资本主义工商业的法令。对于改革中国社会、传播资产阶级共和思想、促进中国资本主义的发展起着十分重要的作用。特别是《临时约法》的颁布,集中体现了资产阶级的意志。在中国历史上第一次用法律来确认国家的政治体制是资产阶级民主共和制,确认了人民所拥有的自由、民主、平等权利,确立了资产阶级的立法、行政、司法三权分立的政治制度。《临时约法》的颁布,有力地促进了人民的思想解放,使人民民主思想不断高涨,民主共和观念深入人心,对于以后的人民反对专制斗争产生积极而深远的影响。

但是,辛亥革命的果实,不久就被封建买办势力的政治代表袁世凯篡夺。在帝国主义支持下,在国内封建买办势力拥护下,在资产阶级革命民主派的妥协中,袁世凯于1913年7月就任中华民国的临时大总统。袁世凯登上临时大总统的宝座后,立刻违背他发扬共和精神、涤荡专制的诺言。首先,向妨碍专制的国会开刀。不久解散了国会,随后,废除了《临时约法》,接着用血腥的手段制造"宋案",残酷地杀害了宋教仁后,中华民国只剩下一块空招牌。袁世凯反动而卑劣的行径,擦亮了资产阶级革命党人的眼睛,粉碎了他们对袁世凯的幻想。孙中山于1913年7月,发动了"二次革命",力图挽救大局,但没有成功。袁世凯的势力伸向全国,辛亥革命失败了。

辛亥革命的失败固然有许多原因，中国民族资产阶级的革命不彻底性、软弱性使他们不能提出彻底的反封建革命纲领和明确的反对帝国主义纲领。中国资产阶级也不是一个十分成熟的阶级。辛亥革命胜利后，资产阶级革命派便呈现分裂的局面，在思想上的表现就是没一个指导下一步革命的明确的行动纲领，认识上相当混乱。

实际上，资产阶级革命派内部的分裂，早在辛亥革命前便很明显。一是组织分裂。同盟会内部又分化出"共进会"、"光复会总部"、"同盟会中部总会"。这些组织另立山头各行其是。二是思想混乱。同盟会的纲领，并不是人人都同意的。除反满外，对民权主义、民生主义都存在严重分歧。辛亥革命后，这种分歧日趋严重。孙中山曾一度认为，推翻了清王朝专制主义统治，建立了中华民国，颁布了《临时约法》，辛亥革命的基本任务已经完成，三民主义完成了两项，只剩下民生主义了。在这一思想支配下，他接受了袁世凯给他的"全国铁路总办"的职务，为实现其在中国修建20万公里铁路的目标而努力了。直到袁世凯刺杀宋教仁，才使他对袁世凯有了新的认识，发动了"二次革命"。而光复会首领章太炎在辛亥革命前就与孙中山分裂，革命后附和"革命军起，革命党消"的错误口号；辛亥革命后，曾组建"中华民国联合会"、"统一党"，并且对袁世凯的认识也是模糊的，曾通电全国支持袁世凯建都北京。宋教仁在辛亥革命后，以真诚的态度主张议会政治，企图利用国民党的影响，控制国会议席数的办法来组建政党内阁，推行资产阶级政治制度。而华兴会另一主要领导人黄兴则产生了功成身退、告老还乡的思想。资产阶级革命派的软弱，表明中国的资产阶级民主革命必须由新的阶级来领导。但是，当时的中国无产阶级还不成熟，马克思主义在中国缺少传播的物质基础，无产阶级还没有以独立的力量登上历史舞台，而中国资产阶级革命派中涌现出一批资产阶级激进民主派，于是彻底反封建主义的新文化运动应运而生。

二、袁世凯复辟帝制的闹剧和复古尊孔思想的出现

1912年，袁世凯就任临时大总统。袁世凯就任不久，就在帝国主义和国内反动势力支持下，于1915年演出了一幕复辟帝制的闹剧。

复辟帝制首先要废除《临时约法》。于是在1914年公布停止国会活动后，提出"修改"《临时约法》的要求。在他授意下，袁世凯的"立法机关"立即炮制了袁记约法，这就是《中华民国约法》。随后，又修改了《总统选举法》，把总统

的任期延长至十年,而且可以连选连任,没有限期,而总统的继任人由现总统推荐,使袁世凯由"终身总统"成为"世袭总统"了。只要把"总统"改称"皇帝",袁世凯便可以黄袍加身了。

为了配合政治上复辟帝制的需要,袁世凯大力提倡尊孔读经。一时间在意识形态领域内泛起一股尊孔复古思想的逆流。

早在1911年,袁世凯就下了《整饬伦常令》,宣扬封建的伦理道德,同年6月,又发出《通令尊崇孔圣文》,命令学校恢复祀孔典礼。1914年,袁世凯发布《大总统祭圣告令》和《祀天典礼告令》恢复封建帝王的祭天、祭孔活动。鲁迅先生指出:"从二十世纪的开始以来,孔夫子的运气是很坏的,但到袁世凯时代却又被从新记得,不但恢复了祭典,还新做了古怪的祭服,使奉祀的人们穿起来。跟着这事而出现便是帝制。"[①]一针见血指出了袁世凯尊孔祭孔的要害就是恢复帝制。

在这股复古逆流中,曾经领导过维新运动的康有为却在这时扮演了极不光彩的角色。

1912年,康有为在上海组建孔教会,并自任会长,创办《不忍》《孔子教会杂志》等报刊,为提倡孔教而摇旗呐喊。他在《孔教会序》中说:"自共和以来,礼乐并废,典章皆易,道揆法守,扫地无余,遂至教育之有司仪废孔子之祀典,小则去跪拜而行鞠躬,重则废经传而裁俎豆,黉宫鞠茂草之场,庙堂歇丝竹之声。呜呼,曾不意数千年文明之中华,一沦胥至为无教之国也,岂不哀哉。"[②]

康有为认为,只有尊孔读经,才能正人心,风俗才能有方向,道德才能有标准。康有为把孔教拜为"国魂",并一再主张把孔教充为国教,要求在全国各地成立各级的孔教会。

康有为的倒行逆施,为袁世凯称帝起到了客观上的推波助澜作用。孔教会的活动,以恢复孔孟之道为宗旨,向资产阶级民主革命思潮进行猖狂的反扑,妄图把辛亥革命以来的民主思想从人们心里彻底消灭。

三、新文化运动的兴起

新文化运动的兴起是中国近代政治经济发展的必然结果。

---

① 鲁迅:《在现代中国的孔夫子》,《鲁迅全集》第6卷,第31页。
② 《不忍杂志汇编》(初集)卷三。

晚清社会思想之变迁

1840年后，中国的民族危机日益加深，为探索中国的出路，许多先进的思想家积极探求救国救民的真理。从地主阶级的经世派、洋务派，到资产阶级的维新派、革命派，他们从传统文化和西方文化中寻找中国的出路，但都没有获得成功。

辛亥革命的到来，使中国人民感到中国新的希望已经出现了。随着辛亥革命的失败和袁世凯尊孔倒退思想逆流的出现，迫使先进的中国思想家们重新总结过去斗争的经验，认真汲取历史教训，在新的条件下进一步探索中国的新出路。具有强烈爱国思想的陈独秀、李大钊、鲁迅、吴虞等人，在社会变革的实践中认识到，只推翻一个清王朝，并不能把中国引向独立、富强的道路。在中国，如不清算封建传统思想，使国人素质普遍提高，则不能维护在革命中确立起来的共和制度，发动一场反对封建主义的思想启蒙运动，对当时的中国来说是十分必要的，也是十分及时的。1915年，陈独秀主编了《青年杂志》，掀起了一场激烈的批判和冲击封建传统思想的新文化运动。

新文化运动的主要内容是宣传民主与科学。

当时宣传的民主，主要是提倡个性解放，人人平等，即资产阶级的民主思想与共和制度，用资产阶级民主思想做武器反对封建专制流毒。当时倡导的科学，主要是指运用近代自然科学和唯物主义，反对落后的鬼神迷信，宣传无神论，树立科学的态度。

批判孔学打倒孔家店，是新文化运动的重要组成部分。辛亥革命后，袁世凯在复辟帝制的同时，在"尊孔"的旗帜下不断鼓吹封建文化。康有为组织孔教会与之遥相呼应，在华的帝国主义分子也极力倡导儒学，尊崇孔子与之配合。新文化运动提出打倒孔家店，并不是对儒家学说的全盘否定，而是针对当时的封建政治、封建文化发起的进攻。

文学革命也是新文化运动的内容。1917年《新青年》提出进行"文学革命"，提倡白话文，提倡新文学，反对旧文学。

新文化运动是资产阶级民主革命在文化、思想领域中的延续，是资产阶级新文化与封建旧文化的一场搏斗。它对统治中国两千多年的封建思想和传统观念进行宣战，唤醒了中国人民，特别是促进了中国青年知识分子的觉醒，是中国历史上前所未有的思想解放运动。

第二节 陈独秀的社会思想

陈独秀,原名乾生,字仲甫,安徽省怀宁县人。因其家乡有独秀山,辛亥革命后取名为独秀。生于1879年,卒于1942年。

陈独秀幼年受传统文化教育,1896年曾中秀才。后参加江南乡试,不中,遂放弃科举,投入求是书院读书。因发表反清言论被捕入狱,后逃亡至南京结识章士钊。1902年东渡日本就读于日本东京高等师范学校,开始接触西方资本主义文明,并接触同盟会的组织和活动(从1902年到1915年,陈独秀多次往返中国、日本,先后就读于日本成城学校陆军科,东京高等师范学校、东京早稻田大学、东京正则英语学校)。这期间,陈独秀除了办一些报纸外,主要在国内一些学校任教和参加暗杀团,志在推翻清政府。辛亥革命爆发后,他曾任安徽省督秘书及省教育司长等职;"二次革命"失败后,逃亡日本。这年他曾协助章士钊办《甲寅杂志》,后参加黄兴发起的"欧事研究会"。

1915年9月,陈独秀在上海发起并创办《青年杂志》,第二年移至北京改名《新青年》。《新青年》的刊行,标志着中国新文化运动的兴起。《新青年》杂志高举民主与科学两面大旗,发动了新文化运动,提倡新文学、新思想、新道德;反对文言文、孔孟之道,介绍西方资产阶级文化思想,在当时的中国思想界影响是巨大的。《新青年》的创刊及发表的一系列文章,对中国人民的思想解放起了重要的推动作用。在它的影响下,国内民主与科学形成一股强大的政治思潮,涤荡着旧文化的污泥浊水。

一、高举民主与科学大旗

袁世凯篡夺辛亥革命的果实后,为了尽快登上正式总统宝座,首先给人以制宪假象,于1913年4月召开了中华民国国会,10月,国会宪法起草委员会制定了《天坛宪草》。这一草案没有满足袁世凯总统的欲望,这是他所不能容忍的,于是在袁世凯的直接授意下,出笼了《中华民国约法》,进而使袁世凯的权力无限扩大。按此"约法",他与封建时代的皇帝一样具有至高无上的权力。特别是"约法"取消了内阁制,采取总统制,袁世凯集立法、执法、行政大权于一身。袁记约法的出笼使袁世凯以根本法的形式对《临时约法》进行全面否定。其独裁被披上了合法的外衣,辛亥革命时期人民争取到的民主权利丧失殆尽。严酷的现实使陈独秀认识到,仅仅赶跑一个皇帝,并没有从根本上彻底摧毁封建主义,这样也就不能把中国真正引向独立、民主、富强的道路。他清楚地看到:法律上之平等人权,伦理上之独立人格,学术上之破除迷信、思想自由,此三者为欧美社会进化之根本原因。中国要彻底摆脱受制于人的局面,必须除掉"制造专制帝王之根本原因"①。民主与科学的大旗,正是当时中国社会主要矛盾的反映,是适应当时中国革命形势而提出来的。

陈独秀指出:"国人而欲脱蒙昧时代,羞为浅化之民也,则急起直追,当以科学与人权并重。"②人权,也就是人生而具有的权利,是民主的代名词。陈独秀把它解释为人人都"各有自主之权"。他说:"自人权平等之说兴,奴隶之名,非血气之忍受。世称近世欧洲历史为'解放历史';破坏君权,求政治之解放也;否认教权,求宗教之解放也;均产说兴,求经济之解放也;女人参政运动,求男权之解放也。"③这就是说,民主绝不是一块空招牌,它有其实实在在的内容。这就是人人在政治、经济、思想上都必须获得解放,实现这一目的,就必须否定君权、教权。袁世凯及后来继任的北洋军阀都打着"民主共和"的招牌,都制定了宪法,表面上民主,实质上是独裁。他们的所作所为都是与民主格格不入的。因为,"近世国家主义,乃民主的国家,非民奴的国家。民主的国家,真国家也,国民之公产也,以人民为主人,以执政为公仆也"④。袁世凯等北洋军阀,是一批反动政客,他们在民主共和的招牌下,视自己为国家的主人,把国家当成自己的私产,视人民为奴隶,其本质是"牺牲全体国民之权利,以奉一人也"⑤。不推翻反动军阀的统治,人民是不可能获得真正的民主权利的。陈独秀以为,实行民主,摒弃专制是世界之进步潮流,是任何个人或反动势力都阻挡不了的。"古今万国,政体不齐,治乱各别。其拨乱为治者,罔不舍旧谋新,由专制政治,趋于自由政治,由个人政治,趋于国民政治;由官僚政治,趋于自治政治;此所谓立宪制之潮流,此所谓世界系之轨道也"⑥。如果不适应这潮流,必将亡国。"吾国欲图世界的生存,必弃数千年相传之官僚的专制的个人政治,而易以自由的自治

---

① 陈独秀:《袁世凯复活》,《独秀文存》,安徽人民出版社1986年版,第90页。
② 《敬告青年》,第9页。凡引文均出自此文集,下不另注。
③ 《独秀文存》,第4页。
④ 《独秀文存》,第18页。
⑤ 《敬告青年》,第18页。
⑥ 《独秀文存》,第40页。

的国民的国民政治也。"①这是陈独秀倡导民主的真正目的。那么,如何实现这一目的,陈独秀主张启发国人的思想觉悟,使人民认识到自己的权利与义务。"所谓立宪政体,所谓国民政治,果能实现与否,纯然以多数国民能否对于政治,自觉其居于主人的主动地位为唯一根本条件。"②国人有了觉悟,才能"自居主人的主动地位,则应自进而建设政府,自立法度而自服之,自定权利而自尊重之"③。如果人民的思想觉悟不提高,认识不到自己是国家的主人,立宪权就不会在人民手中。那么,不仅宪法是一纸空文,而且宪法上所规定的人民应拥有的民主、自由、平等等权利,得不到实现,"人民将视为不足重轻之物,而不以生命拥护之,则立宪政治之精神已完全丧失矣"④。在这种条件下,立宪权不在人民手中,不出自于人民自觉,那么,立宪政治只剩下一个空壳了。这样的立宪只能是假立宪,是欺骗人民的政治伎俩,如果希望这样的政治会给人民带来什么民主权利,"与奴隶之希冀主恩,小民希冀圣贤君相施仁政"一样,无异于与虎谋皮了。

民主政治与封建专制是根本对立的。陈独秀极力倡导资产阶级民主,同时对封建专制特别是军阀专制是十分仇视的。他指出:"近代文明之特征,最足以变古之道,而使人心社会划然——新者,厥有三事,一曰人权说;一曰进化论;一曰社会主义是也。"⑤而"人权说"在近代三大文明特征中居首位,表达出陈独秀对军阀专制的彻底否定。陈独秀指出:"专制君主之流毒也。全国人民,以君主之爱憎为善恶,以君主之教训为良知。生死予夺,惟一人之意是从。人格丧亡,异议杜绝。"⑥

陈独秀把科学作为中国人民摆脱封建专制的重要思想武器。陈独秀所说的科学包括自然科学和社会科学两方面。他把科学看得十分重要,认为"科学之兴,其功不在人权说下,若舟车之有两轮焉。今且日新月异,举凡一事之兴,一物之细,罔不诉之科学法则"⑦。那么,什么是科学?陈独秀认为:"吾人对于事物之概念,综合客观之现象,诉之主观之理性而不矛盾之谓也。"在封建专制

---

① 《独秀文存》,第40页。
② 《独秀文存》,第40页。
③ 《独秀文存》,第40页。
④ 《独秀文存》,第40页。
⑤ 《独秀文存》,第10页。
⑥ 《独秀文存》,第25页。
⑦ 《独秀文存》,第9页。

主义束缚下,人们只能想象,而不能有科学,所以,"蒙昧之世,浅化之民"都是封建专制主义所造成的恶果,在封建专制主义压迫下,"士不知科学,故阴阳家符瑞五行之说,惑世诬民,地气风水之谈,乞灵枯骨。农不知科学,故无择种去虫之术。工不知科学,故货弃于地,战斗生事之所需,一一仰给于异国。商不知科学,故惟识罔取近利,未来之胜算,无容心焉。医不知科学,既不解人身之构造,复不事药性之分析,菌毒传染,更无闻焉,惟知附会五行生克寒热阴阳之说",对这些毫无科学道理之举,要彻底根治,非举科学不可。陈独秀极力主张用科学的态度与手段去分析一切。把科学作为尺度,去衡量是非,从而来断定其是否合理。即所谓"一遵理性,而迷信斩焉,而无知妄作之风息焉"①。凡是无利于社会及人类的"虽祖宗之所遗留,圣贤之所垂教,政府之所提倡,社会之所崇尚,皆一文不值也"②。这就表明尊重科学,也就是尊重理性,它是当代国民必备的基本素质。

二、反对封建的旧道德,对"三纲五常"进行批判

袁世凯的复辟,打着孔子的旗号来蛊惑人心。新文化运动的矛头是直指封建专制主义的。而旧的道德、封建的"三纲五常"既是封建专制制度的产物,又是封建专制主义进行专制统治的帮凶。陈独秀是资产阶级激进的思想家,他的思想中,民主、人权、自由、平等占有重要地位。他站在资产阶级革命派的立场上,从资产阶级的"天赋人权"原则出发,对封建专制下的旧伦理道德发动了猛烈的进攻。

首先,他把批判的矛头直指封建的"三纲"说。他指出:"儒者三纲之说,为一切道德政治之大原:君为臣纲,则臣于君为附属品,而无独立自主之人格矣;父为子纲,则子于父为附属品,而无独立自主之人格矣;夫为妻纲,则妻于夫为附属品,而无独立自主之人格矣。率天下之男女,为臣、为子、为妻,而不见有一独立自主之人也,三纲之说为之也。"③在封建专制主义压制下,封建道德的规范就是忠、孝、节、义。这是一种"奴隶的道德"。这种旧道德,把人用"忠、孝、节、义"禁锢住,一切行为都以此为中心,人便丧失了应具有的独立自主的人格,

---

① 《独秀文存》,第9页。
② 《敬告青年》,第8页。
③ 《独秀文存》,第34页。

只不过是封建专制枷锁下的奴隶。陈独秀为此号召青年,"其各奋斗以脱离此附属品之地位,以恢复独立自主之人格"。

其次,陈独秀指出,旧道德是不适应历史发展潮流的。在政治上采取西方资产阶级的立宪制,就必须废弃封建的伦理道德。他指出:"伦理思想,影响于政治",这是各国历史发展所证明了的道理。在中国封建社会中"儒者三纲之说,为吾伦理政治之大原,共贯同条,莫可偏废。三纲之根本义,阶级制度是也。所谓名教,所谓礼教,皆以拥护此别尊卑明贵贱制度是也"①。如果在政治上实行西方资产阶级的立宪制,在伦理上采取封建的三纲五常,这是"自家冲撞,此绝对不可能之事"。因为资产阶级的立宪制,是以独立、平等、自由、民主为原则,这一资产阶级原则与"纲常阶级制为绝对不可相容之物,存是一必废其一"②。由此可见,陈独秀是把废弃封建旧道德,作为资产阶级革命的重要组成部分来加以重视的。陈独秀把中国固有之文明与西方资本主义文明比较后,他指出:"自西洋文明输入吾国,最初使吾人之觉悟者为学术,相形见绌举国所知矣;其次为政治,年来政象所证明,已有不克守缺抱残之势。继今以往,国人所怀疑莫决者,当为伦理问题。""吾敢断言曰,伦理的觉悟,为吾人最后觉悟之最后觉悟。"③陈独秀系统地分析了中国与西方资本主义相接触的三个阶段。19世纪四五十年代,中国的先进分子看到了西方的"船坚炮别",感到中国存在不足的只是科学技术问题。60年代后,人们发现中国的政治制度也不如西方资本主义政治制度,也就是"政治不如人"。辛亥革命后,人们发现中国的伦理道德也不如西方。由此,提出要启发人们的思想觉悟,破除封建的旧道德,以尽快实现民主共和制。

其三,陈独秀把批判矛头指向封建的忠、孝、节、义。陈独秀等人在《新青年》杂志上,倡言民主与科学,抨击封建专制与旧道德,引起了封建遗老遗少的惶恐与不安,他们纷纷发表文章,诘难陈独秀等。1919年1月,陈独秀发表《新青年罪案之答辩书》。陈独秀指出:"要拥护那德先生,便不得不反对孔教、礼法、贞节、旧伦理、旧政治;要拥护那赛先生,便不得不反对旧艺术、旧宗教;要拥护德先生又要拥护赛先生,便不得不反对国粹和旧文学。"④陈独秀指明了新文

---

① 《独秀文存》,第35页。
② 《独秀文存》,第41页。
③ 《独秀文存》,第41页。
④ 《独秀文存》,第243页。

化运动的方向,同时,指明了反对封建旧伦理的必要性。陈独秀说:"忠孝节义,奴隶之道德也","以其是非荣辱,听命他人,不以自身为本位,则个人独立平等之人格,消灭无存"。① 与其相联系的是封建的家族主义。在封建专制条件下,家长具有绝对的权威,宗法社会"尊家长,重阶级,故教孝;宗法社会之政治,郊庙典礼,国之大经,国家组织,一如家庭,尊元首,重阶级,故教忠"②。这种制度的恶果必然"损坏个人独立自尊之人格","窒碍个人意思之自由;剥夺个人法律上平等之权利","养成依赖性,戕贼个人之生产力"。③ 由此可见封建的忠、孝、节、义是资产阶级民主政治的大敌,要想建立民主制度,必须使人们获得个性解放,所以,一定要根除封建伦理的影响,这是中国民主革命的重要任务之一。

  儒家思想,是中国封建专制主义的重要思想武器。在维护中国封建专制制度过程中起着重要的精神支柱作用,它的创始人孔子也就得到历代统治者的拥戴。以袁世凯为代表的北洋军阀充分认识到孔子的敲门砖作用,在其复辟帝制过程中,大搞祭孔活动,而曾在戊戌变法中充当资产阶级代言人的康有为这时却堕落为袁世凯复辟帝制的吹鼓手。1916年9月,康有为上书北洋政府,要求定孔教为国教,并将这一规定列入北洋政府中的宪法,极力鼓吹要把封建伦理作为立国之本。对此,陈独秀针锋相对,发表了一系列重要文章给予强有力的驳斥。陈独秀指出:"孔子生长封建时代,所提倡之道德,封建时代之道德也,所垂示之礼教,即生活状态,封建时代之政治也。封建时代之道德,礼教,生活,政治,所心营目注,其范围不越少数君主贵族之权利与名誉,于多数国民之幸福无与焉。"④每一个社会的情况不同,其思想道德、伦理观点也就不同,不可能有亘古不变的伦理应用于整个人类社会。孔子的学说是其时代的产物,不能适应现代生活。而康有为要奉孔教为国教则是逆历史潮流而动之举。陈独秀指出,康有为在甲午战后,积极鼓吹变法维新,被守旧之士视为离经叛道,名教罪人,"不图当日所谓离经叛道之名教罪人康有为,今亦变而与夫未开化时代之人物之思想同一臭味"⑤。陈独秀指出:"孔教与帝制,有不可离散之因缘。"⑥儒家学说在

---

① 《敬告青年》,第5页。
② 《独秀文存》,第28~29页。
③ 《独秀文存》,第29页。
④ 《独秀文存》,第85页。
⑤ 《独秀文存》,第80页。
⑥ 《独秀文存》,第71页。

先秦与其他诸子一样，只是百家中一种，到汉代后，特别是董仲舒提出"罢黜百家，独尊儒术"后，历代统治者充分利用儒家思想有利于专制统治的内容，过分夸大其伦理价值，并把这种伦理法制化，于是儒家成为一尊。实际上这时期的儒家思想与先秦儒家是有重要区别的。陈独秀虽然没有看到这种区别，却分析出儒家思想与封建专制的关系。需要指出的是，这是一种被改造了的儒家思想。在这种情况下，拥护共和制，便不可以拥孔教为国教，二者不可以兼容，孔教与共和是水火不相容之关系。主张民国之祀孔，不啻主张专制国之祀华盛顿与卢梭，这是十分矛盾的。故此，陈独秀认为，主张尊孔，实质是要立君主；主张立君主，就是复辟与倒退。

三、五四前陈独秀社会思想的评价

陈独秀是新文化运动的伟大旗手。他高举民主与科学两面鲜明的大旗，同封建势力进行了坚决的斗争。陈独秀在当时的文化战线上，通过彻底批判封建主义，掀起了激进民主主义思想的潮流。陈独秀的思想主张，在当时的影响是巨大的，鼓舞和影响了一代人。当然，陈独秀的思想存在着历史的局限，也是显而易见的。

反对封建专制主义，特别是反对旧道德、旧礼教是十分必要的，也是资产阶级革命的重要组成部分；因为，只有人们充分认识了自己的个人价值，懂得了个人的尊严，了解了人格独立、个性解放是人类本身所固有的权利，才能为实现这一目标而努力奋斗。但是，促进社会性质发生变化的根本原因，应该是暴力革命，没有暴力革命为后盾，过分强调思想变革则是片面的。

"理无绝对之是非，事以适时为兴废"是陈独秀构建新文化模式所确立的基本原则。陈独秀认为，民主与科学是世界发展的趋势，反对封建专制及为其服务的儒家文化和与之有密切联系的旧道德是中国历史发展的必然。他所倡导的民主并不完全是西方资产阶级的民主，而是一种想要代表普通民众利益的民主，并表现出对苏联社会主义制度的向往。在伦理道德上，他对基督教教义的某些内容大唱赞歌、缺少对中国传统文化的正确分析，有一定的武断性和粗暴性。新的时代所构建的文化，应该对包括中国传统文化在内的所有文化形态进行分析、改造，使人类一切优秀文化都成为构建中国新文化的源头，这才是构建新文化应有的态度。

民国初年，中国历史进入了新旧交替的时代转折期。封建帝制被共和制代替了,但是,国家政权却被封建军阀把持着。表面上的共和制并没有把中国引向独立、民主、富强;中国的国际地位没有从根本上得到改善,国内社会矛盾仍然尖锐、激烈、复杂。中国是成为西方资本主义国家的附庸,还是发展成为一个民族独立、民主、富强的国家是摆在每一个思想家面前并要求他们做出回答的问题。从思想文化上说,近代中国经历了一些思想家企图用传统的今文经学为指导思想进行社会变革、改革社会的思想主张,以传统思想为主并吸收西方文明的中西合璧指导下的变法图强的思想,以西方民主政治理论为指导,推翻封建帝制,建立民主共和制度的政治理论这样的几个阶段。曾几何时,西方资产阶级文明给中国人以极大的震撼,人们决定以西方为师寻求中国的解放道路。但是,资本主义国家的贫富差距之大导致社会矛盾激化促使革命运动风起云涌,被孙中山称之为西方文明的"恶果"现象又引起了中国思想家的警觉,在吸纳西方资产阶级文明的同时,他们把目光投向了马克思主义,并以此为理论基础来指导中国革命,试图走出一条有别于西方资本主义的道路,同时,形成具有中国气派的文化模式。

(一)民主与科学是世界发展的潮流

中国自1840年以来就深受西方列强的武力侵略、经济掠夺、政治压迫。为了完成民族解放这一历史重任,曾进行了种种努力与奋斗,那么,我们面临着一个什么样的世界?对此,孙中山曾说过"世界潮流浩浩荡荡,顺之者昌,逆之者亡",这是考察世界各国发展的历史而得出的结论。那么,世界潮流的表现是什么?陈独秀在《敬告青年》中指出一是"自主的而非奴隶的"。纵观欧洲历史的发展,就是一个"破坏君权,求政治之解放也;否认教权,求宗教之解放也;均产说兴,求经济之解放也;女子参政运动,求女权之解放也"。欧洲经过中世纪后,在思想文化上经历了文艺复兴运动,使希腊、罗马固有的自由主义思想获得新生,自由、平等、博爱所体现的社会契约论的主权在民思想,特别是18世纪后资产阶级纲领性文件《独立宣言》《人权宣言》都体现了这种民主精神,在此基础上形成的西方资产阶级民主制度,适应了资本主义经济的发展,进而影响了整个世界。因此,在陈独秀看来,民主与自由是世界发展过程中不可逆之的潮流。二是"进步的而非保守的"。这是被世界各国、各民族历史发展所证明的基本规律。"笃古不变之族,日就衰亡;日新求进之民,方兴未已,存在之数,可以逆睹。"适应世界潮流而动,否则,不进则退。进化论,这个本来用于阐述自然界,

第五章 余论

特别是生物界中生物与环境关系的学说,强调生物的生存与发展与适应变化了的环境相关的理论。被人们用来观察人类社会,所谓物竞天择,适者生存这一现象体现在近代世界史中。资本主义的发展,对海外市场的开拓、掠夺,有文明古国之称的中国、埃及、印度先后沦为西方殖民主义者的殖民地或半殖民地。而在这一过程中,日本则通过明治维新成为了亚洲的强者。于是历史得出了落后就要挨打、弱国无外交的结论。一个民族之所以落后,就是不思进取的结果,一个国家成为弱国,由强到弱是有一个过程的,而变化的原因之一是不适应外部环境的变化。在这一历史进程中,由量变到质变,从经济领域到一个国家固有的道德、法律、礼节、政治制度等都在更新、变化之列。三是"进取的而非退隐的"。"生存竞争,势所不免,一息尚存,即无守退安隐之余地,排万难而前行,乃人生之天职。"退隐乃弱者不适应竞争环境之行为,也是一个民族示弱的表现。如果一个国家、一个民族不想甘于成为别人的殖民地,不甘心被奴役,便不能有"退隐"之心,在这里他赞赏的是中国历史上的孔、墨积极入世精神,反对的是许由、巢父逃避现实而退隐山林的行为。对于当时的中国确需要一批积极前行的青年,具有与列强竞争之精神,才能拯救中国。四是"世界的而非锁国的"。科学技术的发展、海陆交通之便利,使古之绝国,今视之若在门庭,一国之政治经济变更,其影响波及世界,各国的相互影响、相互作用已经达到牵一发而动一身。"各国制度文物,形式虽不必尽同,但不思驱其国于危亡者,其遵循共同原则之精神,渐起趋一致,潮流所及,莫之能违。"①人类在历史发展过程中,因不同的历史条件、文化传统、地域环境形成了不同的民族与文化,并在此基础上建立了各有其特点的政治制度。18世纪后,工业革命的爆发,引起了世界的大变化。科学技术的发明及在生产领域的广泛应用促进了生产力的高度发展,商品经济代替了小农经济,资产阶级民主制度代替了封建制度;率先完成工业化的欧美国家用武力打开了亚、非、拉国家的大门,形成了统一的资本主义商品经济市场。在这一大的世界历史变动中,如果仍然采取"锁国"政策,国家与民族的危亡则是不可避免的,这是近代中国的历史和现实所证明的。邻国日本迅速崛起,将清王朝经营了几十年的海军打败,是与其明治维新后,摒弃了闭关锁国政策,学习西方先进文化有着十分重要关系的。只有适应世界潮流,才能避免亡国灭种。五是"实利的而非虚文的"。近代以来,清王朝腐败、对内实行专制统

---

① 《独秀文存》,第7页。

治,民不聊生;对外妥协投降,置国家、民族利益而不顾。西方资本主义世界快速发展:"举凡政治之所营,教育之所期,文学艺术之所风尚,万马奔腾,无不齐集于厚生利用一途。一切虚文空想之无裨于现实生活者,吐弃殆尽。""厚生"、"利用",语出自《尚书·大禹谟》,意为使人民生活富裕、物尽其用。富国强兵是近代中国进步思想家朝思暮想、梦寐以求之理想。相对其他活动来说,发展经济既是近代中国摆脱西方殖民主义羁绊的重要条件,也是中国复兴的重要基础,又是造福于中国人民的必然要求。所以,它是中华民族存在的需要,更是中国发展的需要,当然应该有理由成为进步人士的第一选择。事实是:精神生活是建立在经济发展基础之上的。陈独秀的观点是一种接近马克思唯物观的认识。六是"科学的而非想象的"。陈独秀认为:科学就是人们"对于事物之概念,综合客观之现象,诉之主观之理性而不矛盾之谓也"。而想象是指臆想,"既超脱客观之现象,复抛弃主观之理性,凭空构造,有假定而无实证,不可以人间已有之智灵,明其理由,道其法则者也"。他进一步指出:近代以来,欧洲之所以先于其他地区而快速发展在于"科学之兴,其功不在人权说下,若舟车之有两轮焉"。中国要想改变被西方殖民主义者奴役的地位,"当以科学与人权并重"。这里的"人权"与我们今天所说的人权并不是一个概念,它是特指西方兴起的民主制度与民主思想,这是需要说明的。综上所述,不难得出这样的结论,在陈独秀看来:世界发展的潮流在上述六个方面中是互相关系的,其中民主与科学则是核心。新时期精神与文化的打造也必须围绕这一核心而展开。

(二)正确对待西方文化

马克思说:资产阶级"正像它使乡村从属于城市一样,它使未开化和半开化的国家从属于文明国家,使农民的民族从属于资产阶级的民族,使东方从属于西方"[1]。马克思在批判资本主义的同时,对资产阶级在历史上的贡献给予了高度评价:资产阶级在历史上曾经起过非常革命的作用。"资产阶级在它的不到一百年的阶级统治中所创造的生产力,比过去一切时代创造的全部还要多,还要大。""它迫使一切民族——如果它们不想灭亡的话——采用资产阶级的生产方式;它迫使它们在自己的那里推行所谓文明制度,即变成资产者。"[2]中国

---

[1] 《马克思恩格斯选集》第1卷,人民出版社1972年版,第255页。
[2] 《马克思恩格斯选集》第1卷,人民出版社1972年版,第255页。

第五章 余论

这一古老帝国,在西方的船坚炮利面前,没有几个回合便败下阵来。

在铁的事实面前,一些有识之士积极主张向西方学习。林则徐这个"开眼看世界第一人"组织人翻译《华事夷言》《四洲志》《澳门新闻报》《国际法》等,主张学习西方科学技术思想,被魏源概括为"师夷之长技以制夷"的名言。这一主张,无论从主观上还是客观上都是对西方文化的部分认可和肯定。随后的洋务运动所提出的"中学为体,西学为用"也是沿着对西方文明部分肯定的态度展开的。到了戊戌变法时,对西方文明的肯定已经从物化的科学技术到西方政治思想和政治制度了。如果说,这一时期对西方文明的态度还在部分知识分子中拥有广大的市场,而20世纪初,清王朝的"新政"所采取的措施和内容及实际步骤则大大超出戊戌变法的范围。辛亥革命前曾爆发了被史学界称之为民主革命派和立宪派的大论战。如果从用什么制度来代替中国封建制度上说,两派并没有什么本质上的区别。但是,孙中山代表的革命派并没有停止对中国命运前途的探索,在向西方学习过程中看到了西方社会的不足,因此,在其后的思想中又发生新的变化。在这个过程中,中国并没有完成从科学技术、思想观念、政治制度上"东方从属于西方"的历史过程。因为,西方世界的变化是全面的,从经济上建立了资本主义市场经济体系,在政治上实行了资产阶级的民主制度。在这个过程中,通过宗教改革,使基督教世俗化解决了人们的信仰问题,经过启蒙主义运动,启发了人们的思想觉悟,民主观念在西方世界具有普适性。而且上述四个方面是在同一历史时期内完成的。

近代以来,西方文化,特别是各种政治思想、甚至宗教随着国门洞开而纷至沓来。在中国历史发展过程中,传统文化的形成与发展经历了先秦诸子、两汉儒学为特征的经学、魏晋玄学、隋唐佛学、宋明理学、清代实学等几个发展阶段。其中,佛学是在西汉时期从外部传来的并与本土相结合的文化形态。在这个过程中西方的基督教尽管也传入了中国,但并没有产生像佛学一样的影响。近代以来,基督教在中国的影响越来越大,一些传教士在帝国主义侵略中国的过程中曾扮演了极不光彩的角色,他们的不法行为激起了中国人民的反抗,致使教案迭起。可是,基督教毕竟在西方文化中,特别是在价值观中的重要地位是不可动摇的,对人们在道德形成过程中的影响及功能是不能忽视的。不难发现,在西方,学校是传授知识的场所,而教堂则是培育人们道德的学校,基督教也是西方文化的重要组成部分。如何对待基督教,也是人们不能回避的问题。陈独秀认为西方文明的源头一种"是希腊各种学术",一种"就是基督教"①,而"宗教之功,胜残劝善,未尝无益于人群;然而其迷信神权,蔽塞人智,是所短也。欧人笃信创造世界万物之耶和华,不容长短,一若中国之隆重纲常名教也"②。基督教与其他宗教一样,在其始创之时是与迷信密不可分的,与神权结合在一起的,但是,经过历史的发展与演进,基督教日益世俗化而成为西方精神世界具有支配地位的文化形态,一些宗教教义成为人们日常生活的行为准则并渗透到政治、经济、社会、文化各个方面,在资本主义发展过程中发挥了重要作用。在制约西方资本主义发展过程中最强大的力量是中世纪的天主教会,经过宗教改革,基督教成为资本主义文明的一部分,教义中的平等、博爱与资产阶级的政治学说、反对中世纪的教会专制思想相互融合具有一致性并成为西方特质的主流文化。但是,近代中国"吃教的多,信教的少,所以招社会轻视。各国政府拿传教做侵略的一种武器,所以招中国人底怨恨"③。尽管太平天国曾建立了拜上帝教,并将其生硬地与中国历史中的平均主义相结合,成为太平天国的指导思想,却因与中国传统文化格格不入,特别是粗暴地否定中国传统文化,(至少在表面上否定孔、孟)而没有也不可能成为指导中华民族解放的理论。这一时期,陈独秀在对传统文化批判同时,提出科学与民主的口号,并引进西方政治观念与伦理道德观念,对基督教有一个从否定到部分肯定的过程。其中,对基督教的教义倍加称赞,当然这种称赞是只限于伦理这一层面的。最重要的是他认为基督教是"穷人底福音,耶稣是穷人底朋友"④。认为基督教教义中所提倡的"博爱、牺牲,自然是基督教义中至可宝贵的成分;但是在现在帝国主义资本主义的侵略之下,我们应该为什么人牺牲,应该爱什么人,都要有点限制才对,盲目的博爱牺牲反而要造罪孽"⑤。这说明他不是不加区别地相信超阶级的"博爱和牺牲"。事实上,基督教在西方资产阶级革命中也进行了改造,这种改造是对基督教神学及制度的否定,这一点与陈独秀的主张是一致的,而使其中的伦理道德、教义中体现的平等、博爱精神得以光大成为西方人的信仰力量,与西方政治制度相结合并成为西方人的价值观,陈独秀对耶稣精神的讴歌表明了对改

---

① 《独秀文存》,第279页。
② 《独秀文存》,第11页。
③ 《独秀文存》,第280页。
④ 《独秀文存》,第287页。
⑤ 《独秀文存》,第437页。

造后的基督教反封建专制的赞同态度。西方社会的变化是整体社会的转变,经济上建立了市场经济体系,政治上建立了资产阶级民主政治制度,思想上经过了启蒙主义运动,改造了的基督教成为人们信仰的力量。1917 年,陈独秀在《偶像破坏论》中批判基督教,认为"一切宗教,都是一种骗人的偶像","耶和华上帝也是骗人的"①。1920 年在《基督教与中国人》一文中,却为耶稣大唱赞歌,认为耶稣有"崇高的牺牲精神"、"伟大的宽恕精神"②、"平等博爱的精神"③。不能否认,上述的精神、观念对于反对封建专制制度来说是"适时"的,也符合"理无绝对之是非"这一原则,但是要用经过改造的基督教中一些伦理道德来代替中国传统的伦理道德则是不客观也是不可能的。如果说"师夷之长技以制夷"与"中学为体,西学为用"的主张,反映了中国人对传统文化的一种民族情结,而孙中山在外国期间对西方资本主义国家的感受,得出了"文明有善果,也有恶果","欧美各国,善果被富人享尽,贫民反食恶果,总由少数人把持文明幸福,故此成不平世界"④的结论,从而使人们开始重新审视西方文明,中国不可能完全照搬西方的模式进行现代化,在吸收西方文明成果的同时,保持自己的文化传统,形成具有民族特色的文化。那么,吸收什么,保留什么就是值得人们进行理性思考的问题了。如果认为西方文化可以代替东方文化则不符合历史事实。

尽管人们对于文化的概念有不同的认识,但是,一个民族的价值观及表现出来的精神则是这一文化的核心。

(三)理无绝对之是非 事以适时为兴废

陈独秀民主与科学的口号是在西方资产阶级国家经历了经济危机、国内社会矛盾激化、资本主义呈现"衰败"景象和苏联社会主义革命不断胜利的历史背景之下提出的。陈独秀反对封建专制,提倡民主,这种主张与资产阶级反封建有一致性。但是,西方社会的现实,又使他对这一制度充满了怀疑。这种怀疑是指西方民主制度并没有解决社会中的贫富不均问题,相反,因劳资矛盾的尖锐、激化,使社会动荡不安。而恰恰在这个时期苏联社会主义革命的爆发并取得胜利,在客观上使寻找出路的中国人觉得社会主义道路应该是中国的必然选

---

① 《独秀文存》,第 154 页。
② 《独秀文存》,第 284 页。
③ 《独秀文存》,第 285 页。
④ 《孙中山全集》第 1 卷,中华书局 1982 年版,第 327~328 页。

择。因此,陈独秀所倡导的民主并不完全是西方资产阶级的民主,而是一种想要代表普通民众利益的民主并表现出对苏联社会主义制度的向往。因而,在文化建设上,表现出一种激进的态度,在对待传统文化的态度上存在一定的不足,缺少对传统文化的正确分析,有一定的武断和粗暴性。实际上,一个民族在其成长和发展过程中,因地理环境、历史条件、文化传统等诸多因素而形成了本民族所特有的文化精神。对此,陈独秀有过精辟的阐述:由于"中国的气候土地适于农业,农业发达的结果,家族主义随之而发达;孔子的学说思想,和孔子所祖述尧、舜思想,都是根据家族主义,所谓有夫妇而后有父子,有父子而后有君臣,与夫教孝祭祀,无一非家族主义的特征;孔子学说思想所以发生在中国也决非偶然之事,乃是中国的土地气候造成中国的产业状况,中国产业状况造成中国的社会组织,中国社会组织造成孔子以前及孔子的伦理观念:这完全是有中国的社会才产生孔子的学说,决不是有孔子的学说才产生中国的社会"[1]。这一论断是符合中国历史事实的。上古时代,我们的先民基本活动在黄河、长江等大江、大河流域,江河流域所形成的冲击平原为发展农业提供了先天的条件,使中国成为农耕文化为主的国家。在历史发展过程中,上古的中国是一个氏族残余始终存在的国家,在社会中以血缘关系为纽带的社会组织成为国家组织中重要因素。这是因为在一个以农业生产为主的国家中,商品经济没有得到充分发展,它制约了社会的大分工。夏商周三代多利用血缘关系来维系和巩固自己的统治并在此基础上形成了管理国家的政治制度和政治观念。氏族残余的存在指的是社会组织中以血缘关系为纽带的关系没有被打破,表现在政治制度上则家国不分,在权力构成上形成了以父权为中心的家天下,在权力接续上,从兄终弟及到父死子继再到嫡长子继承制都体现了血缘及发展为宗子关系,这一特点在周代发展到极致。以血缘关系为纽带,结合等级制、宗法制形成了固有的政治生态。在这里,周天子是国家的最高统治者,也是姬姓家族的最大家长,君权与父权紧密结合在一起。这一政治生态对中国思想的发展有着深刻的影响。如果说古希腊商品经济发达,促进了社会分工与分化,而且这种分化是比较彻底的,并由此形成了强大的市民阶层以及与商品经济相适应的自由、平等精神。中国则不然,自然经济条件下的农业生产是靠天吃饭。"天"在人们心目中有至高无上的权威,"天"可授人以君权,当然被授者要以"德"配之。从对天的崇拜

---

[1] 《独秀文存》,第379页。

第五章　余论

到对德的倡导,并且把"德"抬到"配天"的高度,强调的是君权神授,但需具备相应之德。道德支配并规范着君主的权力与行为,既然连国家的最高统治者也受其支配和影响,更遑论其子民了。适应这一需要,反映在政治思想领域内就是对"亲亲尊尊"原则的提倡,表现在政治制度上就是等级制与礼制的结合。春秋之际中国社会发生了大改组、大变动、大分化的重大历史变化,其根源是生产力发展,表现为井田制瓦解、礼崩乐坏,带来的是中国思想大解放,出现了诸子齐说社会,百家争鸣的局面。但是,当时并不占优势的儒家在后来的历史发展中影响却越来越大,其实,这一儒家学说是经过改造的思想。汉以降,历代统治者根据自己的需要对儒家思想进行了改造而加以利用。孔子所倡导的思想并没有被人们完整地继承和发展,其中原因是多方面的。这其中有孔子思想中包含着理想主义的色彩,在现实生活中表现为空想性,也与孔子思想中部分内容与封建统治者格格不入相关。可是,孔子思想中维护等级制、男尊女卑、上下有别、忠君孝亲的道德原则、忠孝两全的道德修身、以孝悌为核心的家规,这些体现着古老氏族社会的血缘关系,却被保留并不断扩大。这是因为它适应了小农经济社会的基本原则,符合封建专制主义的根本利益,因此被统治者所青睐并发扬光大而且影响中国几千年。考察中国历史不难发现,自汉代以来,儒家思想也是在不断地发展和变化着,宋明理学不仅与先秦儒家学说不同,与汉代儒学也有区别。由于儒家思想在中国社会发生重大变化时,总是进行自我完善和补充,作为一种思想体系适应了当时社会政治、经济发展的要求,被统治者有选择地利用来巩固自己的统治。当历史的车轮转到了20世纪,中国封建专制主义的丧钟已经敲响并被埋葬时,当中国面临向何处去这一重大的事关民族生死攸关的历史转折关键时刻,选择什么样的文化及人们怎样对待儒家文化是历史与现实都要求必须回答的问题。

20世纪初年,发生在中国的最大事件是辛亥革命,赶跑了皇帝,封建专制制度被废除,民主与共和的观念深入人心。这期间出现了袁世凯、张勋复辟帝制的活动,因其倒行逆施不得人心而草草收场,随后是粉墨登场的北洋政权,北洋军阀掌握政权后都不敢恢复帝制并至少在表面上实行了共和制,但是在骨子里仍然梦想建立独裁专制统治,因此,在这一时期孔子突然被抬了出来,甚至有人提出了立孔教,使之成为国教。如何对待这一问题一时成为社会聚焦的问题。康有为,这个戊戌维新运动的旗手公然开历史倒车,大肆鼓吹帝制,对共和制进行诅咒,兜售尊孔谬论,主张拜孔尊教,要求以孔子为教主并写入宪法之中,对此，陈独秀持坚决反对态度。

陈独秀从进化论的角度指出中国社会已经发生重要变化而不同于封建社会，在当时的中国尽管并没有完全实现独立与富强，但是也呈现出不同于封建社会的一些特点："现代生活，以经济为之命脉，而个人独立主义，乃为经济学生产之大则，其影响遂及于伦理学。故现代伦理学上之个人人格独立，与经济学上之个人财产独立，互相证明，其说遂至不可摇动；而社会风纪，物质文明，因此大进。"①自洋务运动后，一些近代企业建立，特别是资本主义性质的民族工业产生，出现了新生的资产阶级，人们的思想观念必然发生新的变化。"现代立宪国家，无论君主共和，皆有政党。其投身政党生活者，莫不发挥个人独立信仰之精神，各行其是：子不必同于父，妻不必同于夫。"自戊戌变法后，进化论、西方政治思想不断传播，变革封建政治制度的呼声越来越高，到了20世纪初年，就连清廷内部也产生变革的动议，1905年派五大臣出国访问，随后进行的"新政"，无不是这种历史趋势的反映。"妇女参政运动，亦现代文明妇人生活之一端。""今日文明社会，男女交际，率以为常。"这些现实与儒家所提倡的"男女授受不亲"、"男女不杂坐"、"妇人，从人者也"对妇女的禁锢是格格不入的，时代已经不以人们的主观意志为转移而发生了深刻的变化。陈独秀指出："孔子生长在封建时代，所提倡之道德，封建时代之道德也，所垂示之礼教，即生活状态，封建时代之礼教，封建时代之生活状态也；所主张之政治，封建时代之政治也。"②作为被历代统治者所改造和利用的"孔教与共和乃绝对两不相容之物，存一必废一"③。因为在当时的中国"主张尊孔，势必立君；主张立君，势必复辟"④。这种开历史倒车的行为不仅违背历史发展的潮流，而且会置中华民族于万劫不复的境地。但是，中国传统文化是博大精深的，其中部分内容因历史发展而落伍于时代，可是，经过几千年的发展，传统文化中仍需要保留并发扬光大的民族精神是永存的，部分内容进行改造使其具有新的内涵而体现在新文化建设中。孙中山曾说过"讲到中国固有道德，中国人至今不能忘记的，首先是忠孝，次是仁爱，其次是信义，其次是和平。这些旧道德，中国人至今还是常讲的。但是，现在受外来民族的压迫，侵入了新文化，那些新文化的势力此刻横行中国。一般醉心

---

① 《独秀文存》，第83页。
② 《独秀文存》，第83页。
③ 《独秀文存》，第112页。
④ 《独秀文存》，第112页。

新文化的人便排斥旧道德,以为有了新文化,便可以不要旧道德。不知道我们固有的东西,如果是好的当然要保存,不好的才可以放弃"。并说"古时所讲的忠,是忠于皇帝,现在没有皇帝便不讲忠字,以为什么事都可以做出来,那便是大错",在他看来,现在是民国,没有皇帝了,但是"还是要尽忠,不忠于君,要忠于国,忠于民,要为四万万人去效忠"[①]。中国固有的文化是经过几千年在中国这个特定土壤上形成的,具有一定的稳定性,但是,随着时代的变迁又在不断发展和变化着,稳定性是说不能轻易、随意改变,发展和变化是说在一定的条件下对其进行鉴别和改造是可以为其赋予新的内涵,使其发生脱胎换骨的变化。

"五四"前后的陈独秀在进化论指导下,本着"理无绝对之是非,事以适时为兴废"的态度和原则来对待传统文化、西方文化和马克思主义。这种态度充满着矛盾和迷惘,它体现了一种怀疑精神。"理"是有"是与非的",是与非是以"适时"为唯一标准。对于传统文化中的维护封建专制的内容,因其不"适时"是必须反对与批判并弃之不用,殊不知,传统文化中的仁、义、礼、智、信已经成为中国人民行为准则而深入到中国的各个阶层和角落,简单地否定是非常容易做到,但是,要想从人们的观念和行为中彻底改变甚至于从人们头脑中彻底清除是根本办不到的,只有对其加以改造,使其焕发出时代的精神,才是正确的选择。陈独秀对西方资产阶级政治制度是持否定态度的,对民主观念则倍加赏识,殊不知这些观念与政治制度是密切相关的,政治观念是服务于政治制度及与之相适应的经济基础的,而且,这些观念因制度在中国"水土不服",也是非"适时"的。

(四)对无政府主义思潮的态度

近代以来,西学东渐日炽,先是制器、工艺,后为各种学说及政治制度。至民国初年,封建帝制解体、经济体制变化、社会结构深刻变动、利益集团的格局调整,加上大量留学欧洲、日本的学生对西方文化的传播,人们在思想观念上出现了深刻的变化。人的独立性、自由性,对民主与自由的要求与渴望;社会上呈现出多样化的社会思潮,无政府主义、国粹主义、激进的民族主义等思想主张各有代表。在这种历史条件下用儒家学说不可能把这些不同的思想认识、不同的社会思潮统一起来,更为重要的是,在上述思想主张中,包括儒家思想在内没有

---

① 《孙文选集》上,广东人民出版社2006年版,第470页。

一种思想能够统一这些不同的认识并形成代表中华民族利益的、共同的价值观,更解决不了自鸦片战争以来中国的图存救亡问题和向何处去这一重大历史和现实问题。

"五四"前后,无政府主义思潮在中国泛滥一时,他们反对强权、国家、政治、法律,要求绝对的自由。不可否认,这种思潮对于当时北洋军阀专制统治的批判无疑是有一定作用的,但是,不加区别地反对一切政治、国家、强权、法律,显然无法解决中国的实际问题。对此,陈独秀提出了自己的看法。陈独秀认为无政府主义的主张有其合理的方面,甚至"有一大部分真理","我们以为过去的现在的国家和政治,过去的现在的资本阶级的国家和政治,固然建筑在经济的掠夺上面,但是将来的国家和政治,将来劳动阶级的国家和政治,何人能够断定他仍旧黑暗绝对没有希望呢?"①法律与强权是国家的派生物。强权是可恶的,应该被声讨、批判和谴责。因为"有人拿他来救强者无道者,压迫弱者与正义"②,如果"拿他来救护弱者与正义,排除强者与无道,就不见得可恶了"③,并不应该被批判而且应被颂扬。"强权"是工具,关键的问题是看它在社会中所发挥的作用,所以,不加区别地反对一切强权是"因噎废食的办法,实在是笼统的武断的,决不是科学的"④。那么,陈独秀眼中的"无道"、"非正义"是什么呢? 他认为:"世界各国最不平最痛苦的事,不是别的,就是少数游惰的消费的资产阶级,利用国家、政治、法律等机关,把多数极苦的生产的劳动阶级压在资本势力底下,当做牛马机器还不如。要扫除这种不平这种痛苦,只有被压迫的生产的劳动阶级自己造成新的强力,自己站在国家地位,利用政治、法律机关,把那压迫的资产阶级完全征服,然后才可望将财产私有、工银劳动等制度废去,将过于不平等的经济状况除去。若是不主张用强力,不主张阶级战争,天天不要国家、政治、法律,天天空想自由组织的社会出现,那班资产阶级仍旧天天站在国家地位,天天利用政治、法律:如此梦想自由,便再过一万年,那被压迫的劳动阶级也没有翻身的机会。"⑤历史与现实告诉我们,统治者正是利用"强权"来维系自己的统治自由,压迫人民的自由,在这种强权下,劳动人民只有被统治、被奴役的"自

---

① 《独秀文存》,第364页。
② 《独秀文存》,第364页。
③ 《独秀文存》,第364页。
④ 《独秀文存》,第365页。
⑤ 《独秀文存》,第364页。

由"。所以陈独秀一针见血地指出:"资产阶级所恐怖的,不是自由社会的学说,是阶级战争的学说;资产阶级所欢迎的,不是劳动阶级要国家政权法律,是劳动阶级不要国家政权法律。劳动者自来没有国家,没有政权,正因为过去及现在的国家,政权都在资产阶级手里,所以他们才能够施行他们的生产和分配方法来压迫劳动阶级;若劳动阶级自己宣言永远不要国家,不要政权,资产阶级不胜感谢之至。"①由此可见,无政府主义不加区别地反对一切国家、法律、政权,实质上是在帮资产阶级的忙。对于像中国这样并没有摆脱帝国主义奴役地位的国家,劳动人民深受军阀统治、剥削,急于建立一个无产阶级政党,来带领中国人民努力奋斗,争取民族独立、国家富强,无政府主义不加区别反对一些政党、强权的主张显然是反动的,不符合中华民族利益的。同时,无政府主义在理论上的缺陷不仅表现为不加区别地反对一切国家、法律、强权;不仅表现为他们不懂得国家的本质、职能,不了解国家是一个阶级压迫另一个阶级的工具,还表现在他们不清楚国家、法律、强权是历史发展的产物,不仅劳动人民为改善自己被奴役的地位需要用革命暴力去推翻反动国家、政权及打碎强加在劳动人民头上的种种枷锁,而且在无产阶级夺取政权后,仍然需要用国家、法律、强权来维护自己的利益,巩固自己的统治,防止敌对势力的死灰复燃。陈独秀对此是有清醒认识的,这一认识并不是凭空产生的,而是从苏俄革命后各国资产阶级、反动势力对新生的布尔什维克政权所采取的"防御、压迫、恐怖"②和围剿的立场和态度中得出的结论。因此,民主自由这些人类所向往的观念及在此基础上建立的制度,形成的社会,从来都是具体的、历史的、相对的、有条件的。这点,我们从人类发展过程就看得十分清楚,罗马、希腊时代的奴隶社会固然存在民主与自由,但是这种民主与自由是奴隶主所享有的特权,奴隶们却分不到半杯羹,封建社会的农民、资本主义制度下的工人同样享受不到统治阶级所享有的民主与自由。马克思在《巴枯宁〈国家制度和无政府状态〉一书摘要454(摘录)》中说:"只要其他阶级特别是资本家阶级还存在,只要无产阶级还在同它们进行斗争(因为在无产阶级掌握政权后无产阶级的敌人还没有消失,旧的社会组织还没有消失),无产阶级就必须采用暴力措施,也就是政府的措施;如果无产阶级本身还是一个阶级,如果作为阶级斗争和阶级存在的基础的经济条件还没有消

---

① 《独秀文存》,第365页。
② 《独秀文存》,第366页。

失,那末就必须用暴力来消灭或改造这种经济条件,并且必须用暴力来加速这一改造的过程。"①陈独秀对无政府主义的批判是接近马克思主义的。

在当时的中国,只有使劳动人民拥有强权,用革命手段才能推翻军阀的反动统治,并把帝国主义的势力赶出中国,实现民族的独立和国家的解放。劳动人民只有形成统一的力量,用阶级斗争的手段才能使自己的地位有所改变,所以陈独秀说:"若不经过阶级斗争,若不经过劳动阶级占领权力阶级地位底的时代,德谟克拉西必然永远是资产阶级的专有物,也就是资产阶级永远把持政权抵制劳动阶级底利器。"②同样的道理,中国人民只有武装起来,用先进的、科学的理论武装起来,才能运用革命暴力把帝国主义势力赶出中国去,这是历史与时代提出的别无选择的道路,"用革命的手段建设劳动阶级(即生产阶级)的国家,创造那禁止对内外一切掠夺的政治,为现代社会第一要义"③。中国历史发展的实际证明了他的认识是正确的,于是陈独秀把目光投向了马克思主义。

确切地说,"理无绝对之是非,事以适时为兴废"作为新文化构建的原则,这一原则有些绝对化。新的时代所构建的文化,应该对包括中国传统文化在内的所有文化形态进行分析、改造,使人类一切优秀文化都成为构建中国新文化的源头,这才是构建新文化应有的态度。陈独秀对中国传统文化的态度,没有像孙中山一样进行鉴别、取舍,因此对传统文化批判有余,改造、吸取不足;对西方文化有批判、有吸收,看到了西方资产阶级政治制度的不足,提倡民主并力图避免西方式的民主制度,但是,所提倡的民主内涵及模式不像孙中山有理论上的建树并确立了三民主义的体系和五权分立的政治制度;所提倡的科学是与封建迷信相对立的概念并对一些社会现象的理性的、科学的认识,对此我们应该有一个清醒的认识。

陈独秀是积极反孔,并提倡在中国建立资产阶级新文化的。但是,任何一种文化的建设都不可以脱离本民族的文化土壤。借鉴外来文化,必须与本民族固有的文化相结合。拒绝外来文化是不对的,全面否定中国的传统文化也是不正确的。陈独秀以大无畏的勇气和精神,采取反传统的手段,积极引进先进的资产阶级的民主与科学,开创了一个新的时代。但是,不加区别地全面否定传

---

① 《马克思恩格斯选集》第 2 卷,人民出版社 1972 年版,第 634 页。
② 《独秀文存》,第 370 页。
③ 《独秀文存》,第 371 页。

统儒家学说,也是不科学的。

还需要指出的是,陈独秀在当时还讲了一些错话。如他在《一九一六年》这篇文章中,偶尔提到了帝国主义,但竟把日本与蒙、满不伦不类地统称为"征服民族",把汉人称之为"被征服民族"。把日本帝国主义这个中华民族的大敌与中华民族内部成员相提并论,混淆了外族入侵与本民族内部矛盾的界限。同时,他极力渲染汉族的落后性。"其人怯懦苟安,惟强力是从;但求目前生命财产之安全,虽仇敌盗窃,异族阉宦,亦忍辱而服事之,颂扬之,所谓顺民是也。"① 这都是错误的。

五四运动后,陈独秀没有停止不前,随着中国革命形势的变化,特别是俄国"十月革命"爆发后,给他以极大影响,他在思想上发生了重大变化,接受了马克思主义,并为马克思主义在中国传播做出了重要贡献。

第三节 鲁迅在新文化运动中的思想

鲁迅,原名周樟寿,字豫山(豫亭,豫才),后名周树人,浙江省绍兴人。生于1881年,卒于1936年。

鲁迅出生在一个没落的封建士大夫家庭。16岁前,基本上接受"四书""五经"教育,但对封建的伦理道德已表示不满。爱听"洪杨"故事,在外婆家了解了中国农民的疾苦,1898年,受维新思想影响,抛弃科举取士道路,进入南京江南水师学堂。在这里,鲁迅接触了《天演论》。他回忆说当时"一有闲空,就照例地吃侉饼、花生米、辣椒,看《天演论》"②。

1902年3月,鲁迅赴日本留学,进入东京弘文学院学习日语。在日留学期间,他广泛接触了资产阶级思想。1903年,他发表了《中国地质论》等文章,表达了他的爱国之情。同年,他加入了"浙学会"。

1904年,鲁迅到仙台医学专门学校去学医。后有感于中国人人心不振,精神"麻木",而弃医学文。从此,走上文学道路。

1907年,鲁迅发表了一系列重要文章,如《人之历史》《科学史教篇》《文化

---

① 《独秀文存》,第34页。
② 《朝花夕拾·琐记》,《鲁迅全集》第二卷,人民文学出版社1981年版,第296页。以下引文,只标卷的页数。

偏至论》《摩罗诗力说》,介绍进化论,批判顽固派。1909年,鲁迅回国,在浙江两级师范学堂任教。

在这一期间,力主改革教育,反对封建礼教。鲁迅是新文化运动的倡导者和伟大的旗手。从1918年1月起,鲁迅为《新青年》撰稿,并发表《狂人日记》《我之节烈观》《孔乙己》等小说、杂文,向封建主义政治、思想、文化猛烈开火。五四运动后,鲁迅确立了马克思主义世界观,成为一名共产主义战士。

一、对封建伦理道德的批判

鲁迅对封建的伦理道德一贯深恶痛绝。对封建制度下的中国妇女所处的悲惨地位十分同情,揭露封建伦理道德的虚伪性时,尖锐抨击了封建道学家们提倡的"节"、"孝"等封建道德对人的严重毒害。

什么是道德？鲁迅认为:"道德这事,必须普遍,人人应做,人人能行,又于自他而利,才有存在的价值。"[1]鲁迅指出:封建道学家提倡的"现在所谓节烈,不特除开男子,绝不相干;就是女子,也不能全体都遇着这名誉的机会。所以决不能认为道德,当作法式"[2]。那么,什么是节烈呢？鲁迅指出:"节烈这两个字,从前也算是男子的美德,所以有过'节士','烈士'的名称。"后来专指女人了。"据时下道德家的意见,来定界说,大约是丈夫死了,决不再嫁,也不私奔。丈夫死得愈早,家里愈穷,他便节得愈好。烈可是有两种:一种是无论已嫁未嫁,只要丈夫死了,他也跟着自尽;一种是有强暴来污辱他的时候,设法自戕或者抗拒被杀,都无不可。"[3]这种节烈观被鲁迅痛斥为"畸形道德"。而这"畸形道德"的根源则是封建专制主义这一社会制度。鲁迅指出,这种"畸形道德"源于"古代的社会,女人多当作男子的物品或杀或吃,都无不可;男子死后,和他喜欢的宝贝、日用的兵器,一同殉葬,更无不可"[4]。后来风气变化,不用女人殉葬,守节便发生了。但是唐以前并没有节烈之事,当时观念认为"寡妇是鬼妻,亡魂跟着,所以无人敢娶,并非要他不事二夫"[5]。这一情况,到宋代才有变化。

---

[1] 《鲁迅全集》第一卷,第119页。
[2] 《鲁迅全集》第一卷,第119页。
[3] 《鲁迅全集》第一卷,第117~120页。
[4] 《鲁迅全集》第一卷,第121页。
[5] 《鲁迅全集》第一卷,第121页。

第五章 余论

鲁迅认为,宋代的"业儒"们鼓吹"饿死事小,失节事大"的谬论。经过历史的考察,人们不难发现,在中国古代社会,女人是不被当作人来看待的,她们只是男人的附属品,是男人们传宗接代的工具。男尊女卑,是封建专制的产物,"皇帝要臣子尽忠,男人便愈要女人守节"。鲁迅指出,封建的伦理是十分残酷的。由于封建制度下,女人被当作男人物品,归"男子所有,自己死了,不该嫁人,自己活着,自然更不许被夺"。当自己是被征服的国民,没有力量来保护自己的物品——女人,于是"只好别出心裁,鼓吹女人自杀",特别是"阔人"、"富翁"在"乱离"之际,"只得救了自己,请别人都做烈女;变成烈女"。等乱离过后,这些"阔人"、"富翁"们"再别讨女人"。①

鲁迅明确指出,这种"节烈"观的根源是封建社会制度。他说:"只有自己不顾别人的民情,又是女应守节,男子却可多妻的社会,造出如此畸形道德,而且日见精密苛酷。"他指出,节烈是虚伪的,不合人情的节烈很难很苦,既不利人,又不利己。说是本人愿意,实在不合人情。如遇少年女子,"诚心祝赞他将来节烈,一定发怒;或者还要受他父兄丈夫的尊拳"。实际上,无论什么人都是惧怕这节烈的,"怕他竟钉到自己和亲骨肉的身上"②。鲁迅由此而断定:"节烈这事,极难,极苦,不愿身受,然而不利自他,无益社会国家,于人生将来又毫无意义的行为,现在已经失去了存在的生命和价值。"③所以,鲁迅主张废弃这"畸形道德"。

鲁迅进一步指出,这种节烈观的实质是男尊女卑。所以,他对这种观念给予了强烈的批判。鲁迅说:"然而一到现在,人类的眼里,不免见到光明,晓得阴阳内外之说,荒谬绝伦,就会如此,也证不出阳比阴尊贵,外比内崇高的道理。"④因此,他认为"节烈救世"是没有根据的。封建统治者认为"国将不国"的责任在于不"节烈"的妇女身上更是胡说。鲁迅指出:"丧尽良心的事故,层出不穷;刀兵盗贼水旱饥荒,又接连而起。但此现象,只是不讲新道德新学问的缘故,行为思想,全钞旧账……至于水旱饥荒,便是专拜龙神,迎大王,滥伐森林,不修水利的祸祟,没有新知识的结果,更与女子无关。"⑤倒是军阀混战,"往往

---

① 《鲁迅全集》第二卷,第121页。
② 《鲁迅全集》第一卷,第122页。
③ 《鲁迅全集》第一卷,第121~125页。
④ 《鲁迅全集》第一卷,第120页。
⑤ 《鲁迅全集》第一卷,第118页。

造出许多不节烈妇女"。鲁迅主张:"男女平等,义务略同。""男女便都有一律应守的契约。男子自不能将自己不守的事,向女子特别要求。"①男尊女卑这种陈腐的观念由来已久。"历史上亡国败家的原因,每每归咎女子。糊糊涂涂的担代全体的罪恶,已经三千多年了。"袁世凯等军阀打着共和招牌,随后,赤裸裸地复辟帝制。在思想文化上,必然遵循封建专制主义的旧礼教,利用它来禁锢人们的思想,限制人们的行动,其反动行经已昭然于天下。节烈是很难的,节烈是痛苦的,节烈是悲惨的。故此,鲁迅号召:"要自己和别人都纯洁聪明勇猛向上。要废去虚伪的脸谱。要除去世上害己害人的昏迷和强暴。""要除去人生极难,极苦,不愿身受,然而不利自他,无益社会国家,于人无意义的苦痛。要除去制造并赏玩别人苦痛的昏迷和强暴。"

封建社会另一重要的纲纪,就是"父为子纲",其核心是提倡孝道。"父为子纲",要求为人子者,绝对服从家长,这是为"君为臣纲"奠定伦理基础。只有自幼接受"父为子纲"道德规范,才能为人臣时恭顺帝王,这是封建社会道德强调孝道的根本原因。在鲁迅看来,孝道与节烈一样,都是人间的畸形道德。在这道德规范下,"便是长者本位与利己思想,权利思想很重,义务思想和责任心却很轻。以为父子关系,只须'父兮生我'一件事,幼者的全部,便应为长者所有。尤其坠落的,是因此责任报偿,以为幼者的全部,理该做长者的牺牲"②。这种"父为子纲"是极其有害的,它是禁锢人们的思想枷锁。"他们以父对于子,有绝对的权力和威严;若是老子说话,当然无所不可,儿子有话,却在未说之前早已错了。"③封建卫道士,用礼来束缚人们的行为,无异于杀人。这卫道士,不仅屠杀了"现在",而且扼杀了将来"子孙后代"。针对延续几千年的"报恩"观念,鲁迅用进化论的观念给予了驳斥。他指出:人作为生物,第一要保存生命,于是有食欲,第二要继续生命,"生出子女当然也算不了恩。——前前后后,都向生命的长途走去,仅有先后的不同,分不出谁受谁的恩典"。鲁迅指出人们应该"了解夫妇是伴侣,是共同劳动者,又是新生命创造者的意义。所生子女,固然是受领新生命的人,但他也不永久占领,将来还要交付子女,像他们的父母一般。只是前前后后,都做一个过付的经手人罢了"④。因此,鲁迅主张:"对于子女,义

---

① 《鲁迅全集》第一卷,第 120~123 页。
② 《鲁迅全集》第一卷,第 132 页。
③ 《鲁迅全集》第一卷,第 129 页。
④ 《鲁迅全集》第一卷,第 131 页。

务思想须加多,而权利思想都大可切实核减,以准备改作幼者本位的道德。"①鲁迅在《我们现在怎样做父亲》里劝导人们担负起真正做父亲的责任,这就是首先以科学的态度对儿童。过去人们把儿童视为"缩小的成人"。实际上"孩子的世界,与成人截然不同;倘不先行理解,一味蛮做,便大碍于孩子的发达"。其次,"长者须是指导者协商者,却不该是命令者"。要专心致志培养孩子们"有耐劳作的体力,纯洁高尚的道德,广博自由能容纳新潮流的精神。也就是能在世界潮流中游泳,不被淹没的力量"。其三,尽教育的义务,"交给他们自立的能力",使他们成为"独立的人"②。鲁迅的这些思想主张,给予顽固坚持封建道德观念的卫道士以沉重打击和尖锐批判,对于解放人们的思想,提高人们的思想觉悟,对于中国的妇女解放,都起了积极作用。

二、对复古逆流的讨伐

在新文化运动中,出现了一股逆历史潮流而动的反动思潮,这就是国粹派的复古主义。

国粹主义,曾是资产阶级民主革命运动中的一股爱国思潮。在辛亥革命前,它从"夏夷之防"的传统观念出发,倡言排满革命,配合了资产阶级革命派进行民族革命的宣传。但国粹派也逐渐暴露其大汉民族主义的倾向,其另一主张是反对"醉心欧化"。把提倡国粹视为救亡图存、振兴中华的主要途径而大力提倡。辛亥革命的果实被袁世凯窃取后,建立了地主买办阶级的北洋军阀政权,强化了封建专制统治。资产阶级革命所取得的一切成果,国会、宪法、责任内阁都遭到破坏和践踏。随着政治上的倒退,文化思想也出现了与之相适应的变化,而复古主义暗流因袁世凯等北洋军阀提倡尊孔和读经而公开泛滥了。他们打着保存"国粹"的旗号,反对历史进步,反对新文化运动。面对国粹派的复古逆流,鲁迅则给予有力的驳斥和讨伐。

鲁迅指出:"什么叫'国粹'?照字面看来,必是一国独有,他国所无的事物了。换一句话,便是特别的东西。但特别未必定是好的,何以应保存。"③国粹派宣称,凡是祖宗流传下来的东西都是好的,都是合理的,都是国粹,所以碰不

---

① 《鲁迅全集》第一卷,第131页。
② 《鲁迅全集》第一卷,第132页。
③ 《鲁迅全集》第一卷,第305页。

得。对此,鲁迅指出:"试看中国的社会里,吃人,劫掠,残杀,人身卖买,生殖器崇拜,灵学,一夫多妻,凡有所谓国粹,没有一件不与蛮人的文化恰合。拖大辫,吸鸦片……至于缠足。"①这些腐朽东西难道也当国粹保留么?鲁迅质问这些国粹派们,如果中国独有,就要保存,那么"譬如一个人,脸上长了一个瘤,额上肿出一颗疮,的确是与众不同,显出他特别的样子,可以算他的'粹'。这样的'粹'也保留吗?"所以,鲁迅说,"据我看来,还不如将这'粹'割去了,同别人一样的好"。② 当时的中国,并没有摆脱帝国主义、封建主义的束缚,亡国的危险依然存在。鲁迅十分赞赏"要我们保存国粹,也须国粹能保存我们","保存我们,的确第一义。只要问他有无保存我们的力量,不管他是否国粹"。③ 严重的现实使鲁迅等爱国志士感到"大恐惧","我所怕的,是中国人要从'世界人'中挤出"。鲁迅指出:"但是想在现今的世界上,协同生长,挣一地位,即须有相当的进步和智识,道德、品格、思想,才能够站得住脚,这极须劳力费心。而'国粹'多的国民,尤为劳力费心,因为他们'粹'太多。粹太多,便太特别。太特别,便难与种种人协同生长,挣得地位。"④鲁迅对国粹派的分析与批判,使人们认识到国粹派提倡国粹是为了复古,其本质是保留封建的文化以维护军阀的独裁统治。鲁迅并不是主张抛弃一切传统文化,而是看其是否有力量保存中华民族,能否使中华民族列入世界强林之中。凡是有助于中国人民挣脱帝国主义、封建主义套在中国人民头上枷锁的文化,都要吸收,都要保存,都要发扬光大。鲁迅也十分清楚地看到,挽救民族危亡要有"相当进步"的文化,这是获得民族解放必不可少的新文化。在批判国粹派的复古主义时,鲁迅提出了区别新旧文化的标准。这就是在民族解放运动中,所提倡的文化发挥什么作用,即"只要问他有无保存我们的力量"。这一标准的提出,使人们划清了新旧文化的界限。鲁迅对复古主义的批判与讨伐,使广大青年认识到:封建的旧道德、旧文化是束缚中国历史发展的桎梏,不打破封建主义的枷锁,不奋发向上,不用新文化来武装人们的头脑,仍然不能彻底摆脱帝国主义、封建主义对中华民族政治压迫和经济剥削的厄运。

---

① 《鲁迅全集》第一卷,第307页。
② 《鲁迅全集》第一卷,第305页。
③ 《鲁迅全集》第一卷,第306页。
④ 《鲁迅全集》第一卷,第307页。

三、对中国社会的剖析

鲁迅对旧文化的批判是结合剖析中国社会而进行的。其代表著作是《阿Q正传》和《风波》。鲁迅用小说这种文学形式总结了辛亥革命。

小说以文学艺术的形式,再现了辛亥革命的不彻底性。

辛亥革命是资产阶级性质的革命,这在同盟会的纲领及革命领导人的著述中早就阐述清楚了。但是,相当一部分资产阶级革命者是资产阶级的反满派,他们革命的主要目标是反满。武昌起义一爆发,各省相继独立,于是一些清政府的封疆大吏摇身一变便成了革命者。江苏省的"革命"就是这种形式。原清政府的巡抚程德全,在巡抚衙门举行仪式,衙门前高悬"中华民国大都督程"旗号,"革命"便告结束。《阿Q正传》中描绘的未庄革命也是如此。革命爆发后,地主豪绅慌了手脚,"革命党要进城,举人老爷到我们乡下来逃难了"。连"赵太爷"也称阿Q为"老Q","赵白眼"则称阿Q为"阿Q哥"。[①] 地主豪绅们在革命即将来临之前恐惧了。而未庄的革命,只不过是"赵秀才"与"假洋鬼子"到"静修庵"把一块"皇帝万岁万万岁"的牌子打碎。"那么城里的革命呢?据传来的消息,知道革命党虽然进了城,倒还没有什么大异样。知县大老爷还是原官,不过改称了什么,而且举人老爷也做了什么——这些名目,未庄人都说不明白——官,带兵的也还是先前的老把总。""未庄的改革"是人们把辫子盘在头上。[②] 这种"革命"与程德全式的"革命"毫无二致。

资产阶级的软弱性使他们与地主阶级很快妥协了。

资产阶级革命应解决农民的土地问题,这是推翻封建专制统治的重要前提。不铲除封建地主土地所有制,便不能根除封建经济基础,革命也就不能取得彻底胜利。而辛亥革命却没有解决农民的土地问题。小说中,看不到辛亥革命对地主有什么触动。所以"赵太爷"们只是恐惧了一回,地主豪绅非但不再"逃难",相反"赵秀才"与"假洋鬼子"谈得很投机,立刻成了情投意合的同志,也相约去革命。他们篡夺了革命果实后,立即不准农民革命。而且阿Q终于死在地主豪绅的枪弹之下。没有解决农民土地问题是辛亥革命失败的主要原因。

《阿Q正传》使我们认识到改造国民素质是刻不容缓的大事。

[①] 《鲁迅全集》第一卷,第513~514页。
[②] 《鲁迅全集》第一卷,第517页。

小说的主人公阿Q是一个落后的农民,而且是一个愚昧无知、麻木不仁、保守落后的农民。这一艺术形象是半殖民地半封建社会条件下,中国国民病态的深刻反映。

阿Q听到革命的消息很高兴,欢迎革命。可阿Q不懂得革命的原因是什么,革命的目标不甚明确,不懂得怎样革命。但是,中国农民还是对辛亥革命抱有极大热情的,只有革命才能给他们带来翻身的可能。革命爆发了,阿Q不禁大声叫喊:"造反了,造反了",希望革命能给自己带来一定的利益。但是,中国资产阶级的致命弱点,使其不仅没有给阿Q带来希望,相反断送了他的生命。阿Q是一悲剧性格的人物。造成这一悲剧的,是半殖民地半封建社会。封建专制统治对农民进行残酷的经济剥削、政治压迫及思想文化上的愚弄,使中国农民才呈现出这种病态来。要清除这种病态,必须改造国民的素质,这是历史提出来的任务。

五四运动前的鲁迅,属于资产阶级民主主义激进派,其主要理论是进化论,对辛亥革命失败后,中国向何处去没有认识得太清楚,基本上还处于苦闷和彷徨中。《阿Q正传》提出了中国社会的尖锐问题,资产阶级革命没有完成,但出路何在却没有答案。

第四节 李大钊的社会思想

李大钊,字守常,河北乐亭县人。生于1887年,卒于1927年。李大钊7岁起在乡塾读书,1905年入永平府中学。1907年入天津北洋法政学校。这时的李大钊虽然是一青年,但已胸怀爱国之心,常和同学讨论国家大事,并接触了更多的西方资产阶级政治书籍,确立了民主革命思想。1911年,辛亥革命取得胜利,他为帝制被推翻而振奋。袁世凯篡夺革命果实后,李大钊感到极大的义愤,发表文章,痛斥北洋军阀祸国殃民的罪行,并指出军阀官僚的统治只能加深人民的痛苦和民族的苦难。1913年,他含愤东渡日本,就读于早稻田大学。当他得知袁世凯要和日本签订灭亡中国的《二十一条》后,立即夜以继日,撰写了《警告全国父老书》《国民之薪胆》,编《国耻纪念录》以声讨袁世凯的罪行,揭露帝国主义的侵华行径来唤醒国人。

1915年,李大钊回国,投入反袁斗争。1916年返日本,主编《民彝》,发表《民彝与政治》,宣传和发展了他的革命民主主义思想。同年,返回中国,积极参与新文化运动。他在《青春》一文中号召青年"冲决历史之桎梏,涤荡历史之积秽,新造民族之生命,挽回民族之青春"。同时,向旧礼教、旧道德,向当时的复古主义展开激烈抨击。这时,他在北京办《晨报》并与《新青年》联系,参加《新青年》的编辑工作。1917年,他创办了《甲寅》日刊。

"十月革命"的胜利,使李大钊受到极大鼓舞和启发。他开始明确地站到马克思主义的立场上来,成为中国共产主义运动的先驱。五四运动前后,李大钊热情宣传"十月革命",宣传马克思主义并与改良主义展开论战,在思想界引起了极大的反响。

五四运动后,李大钊积极从事中国共产党的创建工作,是中国共产党的创始人之一。中国共产党成立后,他帮助孙中山改组国民党并为实现国共第一次合作做了大量工作。随后,他领导北方工人运动,积极反对帝国主义及军阀的反动统治。1927年4月,奉系军阀张作霖在帝国主义支持下逮捕了李大钊。4月28日,李大钊英勇就义。

一、对封建专制主义的批判

辛亥革命的胜利使李大钊感到中国有了希望,并指望中国能推行民主政治,经济上进行建设并施教育于国民,中国从此就可以走上独立、民主、富强的道路。但是,辛亥革命的果实被帝国主义扶植的代理人,军阀、野心家袁世凯所窃取。李大钊良好的愿望落空了。在军阀统治下的中国政局"如敝舟深泛溟洋,上有风之摧淋,下有狂涛之荡激,尺移寸度,原望其有彼岸之可达,乃迟迟数月,国犹在惶恐滩中也"①。帝国主义瓜分中国的边患并没有解除。袁世凯为维护其军阀独裁统治,并企图实行帝制而大举外债,内又扩兵,连年自然灾害不断,天灾人祸并行,"工困于市,农叹于野,生之者敝,百业凋蹶"。袁世凯去后,北洋军阀统治下的中国更是国将不国,给中国人民带来了无穷的苦难。特别是军阀之间为了争夺国家统治权而展开的明争暗斗,各省的"自治"使中国实际上处在分裂的状态之中。李大钊指出:中国"版图若兹其阔,民庶若兹其繁,江河贯于南北,沃野千里,天府之区也。苟有善治者,不待十年,富庶之象,可坐而睹"。但是,军阀们忙于争权夺利,忙于搜刮人民,结果"农失其田,工失其业,商失其源;父母兄弟妻离子散茕焉,不得安其居;刀兵水火,天灾乘之,人祸临之,

---

① 《李大钊文集》,人民出版社1984年版,第2页。以下只注页码。

荡析离居,转死沟洫,尸骸暴露,饿殍横野"①。盗贼、匪乱丛起,民不聊生。中国人民挣扎在水深火热之中。严重的客观现实使李大钊认识到,这种挂着空牌子的民国,不是人民群众的国家,是少数军阀、政客、官僚对人民实行专政的工具。

革命以前,"吾民之患在一专制君主;革命以后,吾民之患在数十专制都督"②。"这些权贵们的淫威"乃倍于畴昔之君主","民之受其患也重矣"。③ 他深刻指出:这些军阀"所谓民政者,少数豪暴狡狯者之专政、非吾民自主之政也;民权者,少数豪暴狡狯者之窃权,非吾民自得之权也;幸福者,少数豪暴狡狯者掠夺之幸福,非吾民安享之幸福也"④。从而深刻揭露了这些反动军阀,披着民主的伪装,实际上实行专制独裁的狰狞面目,使人们认清了反动军阀假共和民主之名,行封建专制之实的丑恶本质。

针对袁世凯、北洋军阀的封建专制统治,李大钊给予猛烈抨击。他在《民彝与政治》一文中指出:"大盗窃国,予智自雄,凭借政治之枢机,戕贼风俗之大本。凡所施措,莫不戾乎吾民好恶之常,而迫之以党于其恶。迨已极其暴厉恣睢之能事,犹恐力有弗逮,则又文之以古昔之典诰,夸之以神武之声威,制之以酷烈之刑章,诱之以冒滥之爵禄,俾其天赋之德,暗然日亡,不得其逻辑之用,以彰于政治,而伦纪宪章,失其常矣。"⑤他着重指出:"暴秦以降,民贼迭起,虐焰日腾,陵轹黔首,残毁学术,范于一尊,护持元恶,抑塞士气,摧折人权,莫敢谁何!谤腹诽,诛夷立至,侧身天地,荆棘如林,以暴易暴,传袭至今。"⑥在中国延续了几千年的封建君主专制制度,造成了中国社会长期停滞不前与贫困落后。鸦片战争后,这一问题更加突出。许多仁人志士对中国落后挨打的原因曾进行了不断探索,人们从学习西方的科学技术,到学习西方的生产方式最后把视角伸向了变革社会制度。作为民主革命的激进分子,李大钊对这一问题更有其独到的见解。对中国落后的状态,他"思之,且重思之,则君主专制之祸耳"⑦。中国人民

---

① 《李大钊文集》,第6页。
② 《李大钊文集》,第5~6页。
③ 《李大钊文集》,第6~7页。
④ 《李大钊文集》,第153页。
⑤ 《李大钊文集》,第4页。
⑥ 《李大钊文集》,第157页。
⑦ 《李大钊文集》,第175页。

第五章　余论

前赴后继,抛头颅洒鲜血,终于建立民国。但是,这些反动军阀则继续推行反动的封建专制制度,对此,李大钊提出:"理之创于古者不必其宜于今也,法之适于前者不必其合于后也,夏葛之不宜于冬裘也,胶柱之不足以鼓瑟也,结绳之治不能行于文字传译之世也……井田之不可复返也,封建之不可复兴也。""斯固天演之迹,进化之理,穷变通久之道,国于天地,莫或可逃,莫或能抗者。"①人类历史是不断发展的,每个历史阶段都要求与之相适应的政治制度,如同人类要适应生存环境一样。复辟帝制,实行封建专制是倒行逆施之举,没有任何出路。"今犹有敢播专制之余烬,起君主之篝火者,不问其为筹安之徒与复辟之辈,一律以为国家之叛逆、国民之公敌,而诛其人,火其书,殄灭其丑类,推拉其根株,无所姑息,不稍优容,永绝其萌,勿使滋蔓,而后再造神州之大任始有可图,中华惟新之运命始有成功之望也。"②李大钊认为:民与君不两立,自由与专制是不能并存的。所以,君主生则国民死,专制治则自由亡。两者是水火不相容之事,民主与专制是你死我活的生死之争,是不可以妥协之事,只有铲除专制制度,才能使中华再造神州,雄居亚洲,威震欧亚,彻底脱离神衰力竭、气尽能索的不利局面。彻底铲除封建专制主义是刻不容缓的时代主题。

以孔子为代表的儒家思想,是中国历代封建统治者进行统治的政治思想核心。需要说明的是,孔子的民本思想、德政观念,并不是所有封建统治者都十分赞赏并认真实行的。他们充分利用孔子,特别是夸大儒家思想中的伦理价值,突出有利于维护封建专制统治的三纲五常,以此来束缚人们的行为,禁锢人民的思想。袁世凯等北洋军阀为了实行封建专制,祭起孔子的亡灵,保皇党人曾主张定孔教为国教而列入宪法。为此,李大钊撰写了《制定宪法之注意》《宪法与思想自由》《孔子与宪法》《自然伦理观与孔子》等文章,对封建的旧伦理道德进行了抨击。

李大钊指出:"中国今日之社会,矛盾之社会也。今日之政治,矛盾之政治也。今日之法律,矛盾之法律也。今日之伦理,矛盾之伦理也。"③旧式礼教,产生于旧式社会,适应当时的历史条件与社会环境。新的时代,呼唤新的道德,新的生活应有新的礼教。进入立宪、法制之时代,却要求人们按草昧未开时代的

---

① 《李大钊文集》,第162页。
② 《李大钊文集》,第175页。
③ 《李大钊文集》,第253页。

礼教去行事,是与事物发展的本来规律相违背的,是严重脱离现实的,因而也是不合民心民意的。北洋军阀一面声嘶力竭叫嚷要"保障信仰自由",同时,欲在宪法中以孔教作为国教,这本身就是矛盾的,违背宪法的。李大钊指出,中国是个多民族的国家,"族性不同,宗仰各异"①。信仰有喇嘛教、伊斯兰教、佛教、耶稣教等,宪法既然有宗教信仰自由之条例,则不能定孔教为国教:"若自思想自由原理言之,世界哲人是为吾修养之明星,奚独限于孔子?"②在《宪法与思想自由》一文中,李大钊指出:"自由,是人们不惜牺牲其生命为代价换取的,自由与生命具有同样的价值。人们在世界上生活,不自由是不能忍受的。""盖自由为人类生存必需之要求,无自由则无生存之价值。"③北洋军阀制定的"天坛宪草"附加"国民教育以孔子之道为修身大本"的条款,是取消人们自由权利之举,是野心家们"私怀专制之野心,秘持其权衡"④的扼杀自由、民主思想的罪恶行为。在《孔子与宪法》一文中,李大钊指出:"孔子者,数千年前之残骸枯骨也。""孔子者,历代帝王专制之护符也。""今以专制护符之孔子,入于自由证券之宪法,则其宪法将为萌芽专制之宪法,非为孕育自由之宪法也;将为束制民彝之宪法,非为解放人权之宪法也;将为野心家利用之宪法,非为平民百姓日常享用之宪法也。"军阀们打着"尊孔"的招牌,目的是复辟封建专制。李大钊认为:"孔子于其生存时代之社会,确是为其社会之中枢,确是为其时代之圣哲,其说亦确足以代表其社会其时代之道德。"⑤孔子所处的时代是专制时代,他的学说必然为当时的政治制度服务,这是历代专制王朝奉孔子为先圣、先哲的根本原因。时代已经发展,行共和之制是历史发展的进步潮流。古今社会不同,其道德也应相异。而宪法是资产阶级革命的结晶,充分体现了现代人的思想,如果把孔子之学说立为国教,这样的宪法只能是维护封建专制的宪法。李大钊指出,反对把孔子之学说写入宪法,抨击孔子"非抨击孔子之本身,乃抨击孔子为历代君主所雕塑之偶象权威也;非抨击孔子,乃抨击专制政治之灵魂也"⑥。这充分表明李大钊绝不是反对历史上真正的孔子,而是反对被封建统治者视为敲门砖的孔

---

① 《李大钊文集》,第224页。
② 《李大钊文集》,第244页。
③ 《李大钊文集》,第253页。
④ 《李大钊文集》,第244页。
⑤ 《李大钊文集》,第258页。
⑥ 《李大钊文集》,第264页。

子,反对的是封建专制主义。

二、人民民主观

民主是新文化运动的主要内容之一。李大钊主张彻底根除封建专制主义,实行民主制度。但是,这个民主已经超出了一般的资产阶级民主。《民彝与政治》一文集中反映了李大钊这方面的思想。

李大钊指出:"彝,一训为器,宗彝者宗庙之常器也。"①是古代帝王权力的象征。"是器乃为国家神明尊严之所托,有敢窥窃神器者,律以叛逆。"②但是,时代变了,所以李大钊说:"今者政治上之神器在于民彝。"③"彝"的所有权发生了变化,从前属于帝王的权力,现在应属于人民。人民的权力是至高无上的,这就赋予"彝"与其原来相反的意义。李大钊指出:人民的权力是不可动摇的,"宗彝可窃,而民彝不可窃也,宗彝可迁,而民彝不可迁也"④。

李大钊指出,"彝亦训常","彝伦者,伦常也,又与夷通用"。"而夷,平也。""为政之道不尚振奇幽远之理,但求平易近人,以布帛菽杰之常,与众共由。""己所好者,而欲人之同好,己所恶者,而欲人之同恶。"⑤与人民共好恶。李大钊认为,权力本属于人民,就应归还于民。如果"离于民,已失其本然之价值,不能服功,反以贻害"⑥。

李大钊指出:"彝又训法。""民彝者,民宪之基础也。""兹世文明先进之国民,莫不争求适宜之政治,以信其民彝,彰其民彝。吾民于此,其当鼓勇奋力,以趋从此时代之精神,而求此适宜之政治也。"⑦权力属于人民,是世界进化之结果,是时代提出的课题。但是,它不会自动转移到人民的手中,必须努力去争取,去斗争,才能符合时代之精神。

在李大钊看来,自秦始皇以后的历代封建专制统治者,"为利一姓之私,不

---

① 《李大钊文集》,第154页。
② 《李大钊文集》,第155页。
③ 《李大钊文集》,第154页。
④ 《李大钊文集》,第155页。
⑤ 《李大钊文集》,第157页。
⑥ 《李大钊文集》,第162页。
⑦ 《李大钊文集》,第163页。

恤举一群智勇辨力之渊源,丧于无形"①。使中国无政治,无学术,在封建专制主义制度下,"政以畜大盗","深为盘结,而民命且不堪矣"。② 而致使"一夫窃国,肆志披昌,民贼迭兴,觳无忌惮"。封建专制主义残酷统治如"洪水猛兽",使"灾异兵荒"不断,结果劳动人民"斩木揭竿,狐鸣篝火,耸然起于草泽之间"。他引用老子"民不畏死,奈何以死惧之"的话,赞扬农民"一夫狂呼,应者四起"③,与封建统治者进行斗争。人民创造了历史,权力就应该归人民。李大钊对农民反封建斗争给予肯定,尊重人民在历史上的作用,充分肯定人民应具有权利。正因如此,使他在十月革命后,立即接受了无产阶级革命的基本思想,欢欣鼓舞地迎接"十月革命"的成果,并欢呼为"庶民的胜利",这与这个时期李大钊所形成的人民民主观是分不开的。

三、再造青春中华

辛亥革命的成果被北洋军阀窃取,辛亥革命失败了。军阀们粉墨登场,在中国近代舞台上演出了一幕幕复辟封建专制的丑剧。军阀们的倒行逆施,引起了人们的极大愤慨,也使一部分怀有救国热情、对革命抱有极大希望的人们产生了苦闷、彷徨的心理。1916年,李大钊"远从瀛岛,反顾祖邦",发表了《青春》一文。文章气势恢宏,以磅礴无比、积极进取、努力向上的精神,提出了战斗的思想。它一发表,如嘹响的号角,向人们昭示"肃杀郁塞之象"是暂时的现象,它必然被"清和明媚之象"所代替。"冰雪洹寒"的前面,必然是"百卉昭苏之天"。④

李大钊用充满哲理的语言提出了盛衰转换,青春再生的思想。他指出:宇宙无始无终,"空间无限,时间无极"。这是绝对的。但是,相对而言,"宇宙为有进化者","既有进化,必有退化"。世界上的事物是千差万别的,但有其共同点,这就是有生有死、有盛有衰、有青春有白首。"其变者青春之进程,其不变者无尽之青春也。"⑤即青春的进程是相对的,无尽之青春是绝对的。李大钊从辩证

---

① 《李大钊文集》,第164页。
② 《李大钊文集》,第194页。
③ 《李大钊文集》,第195页。
④ 《李大钊文集》,第196页。
⑤ 《李大钊选集》,上海人民出版社1959年版,第67页。

法的世界观出发,指出中国所处的阶段是封建制的白首时期,而民主的青春期就要来临。李大钊用诗一般的语言,指出中国正处在"千条垂柳,来半才黄,十里铺青,遥看有色"①的重要历史转折时期。他号召人们,"立于转簸扬循环无端之大洪流中,宜有江流不转之精神,屹然独立之气魄,冲荡其潮流",才能以"宇宙之生涯为自我之生涯,以宇宙之青春为自我之青春"。② 要以回天再造的精神,慷慨悲壮,拔山盖世的气魄来再造中华之青春。

世界历史的发展,向人们展示了人类社会发展的基本规律。有些强国变为任人宰割的弱国,一些曾创造出辉煌文化的民族,曾丰功伟烈,彪著寰宇,但现在却濒临灭亡。他们没有把握住历史转折点,成为人类文明史上的过客。李大钊指出:"新兴之国族与陈腐之国族遇,陈腐者必败;朝气横溢之生命力与死灰沉滞之生命力遇,死灰沉滞者必败;青春之国民与白首之国民遇,白首者必败,此殆天演公例,莫或能逃者也。"③纵观中国历史,有其辉煌的阶段,但现在正处在由"白首"向青春转变的历史关头,"吾族今后之能否立足于世界,不在白首中国之苟延残喘,而在青春中国之投胎"。"今后人类之问题,民族之问题,非苟生残存之问题,乃复活更生、回春再造之问题也。"④在中国历史的紧急关头,大声疾呼"青年乎!其以中立不倚之精神,肩兹砥柱中流之责任","取世界一切白首之历史,一火而摧焚之"。⑤ "以回天再造之精神,创造中华之青春。"李大钊预见到,不数年间,充满青春活力的中华参天大树,必然傲立于世界。

李大钊奋发向上,再造青春中华的思想主张,充满了革命的蓬勃生机,反映了辛亥革命后,中国人民不满军阀的反动统治,反对封建专制的愿望,代表了中国人民的根本利益,对于激发人们的革命热情,鼓舞中国青年为实现祖国的独立与富强而努力奋斗发挥了重要的作用。

四、马克思主义观

"十月革命"后,李大钊接受了马克思主义,并由民主主义革命者转变为具

---

① 《李大钊选集》,第65页。
② 《李大钊选集》,第67页。
③ 《李大钊选集》,第70页。
④ 《李大钊选集》,第71页。
⑤ 《李大钊选集》,第72页。

有初步共产主义思想的革命者。从1918年下半年开始，李大钊以极大的热情宣传马克思主义。他先后撰写了《法俄革命之比较观》《庶民的胜利》《Bolshevism 的胜利》《我的马克思主义观》等政论文章，阐述了马克思主义的基本主张。

在这些文章中，他热情歌颂"十月革命"，指出苏俄"十月革命"是世界历史发展的新潮流，指明了"十月革命"与法国资产阶级革命的重要区别。他指出，在"十月革命"影响下，世界将出现新的革命高潮。他预言："试看将来的环球，必是赤旗的世界。"他热切希望中国人民在这个伟大的历史变革时期，适应世界新潮流而动，在开辟人类新纪元中，发挥自己的作用。

李大钊指出，第一次世界大战，是人民的胜利；第一次世界大战的起因，是各资本主义国家为本国资本家谋私利，互相争夺财富的结果。各国工人阶级，特别是俄国工人阶级觉悟起来，纷纷反对帝国主义战争。李大钊还从政治上分析了第一次世界大战的根源，指出帝国主义的霸权，是冲突的根本原因。李大钊关于第一次世界大战的分析，提高了中国人民对帝国主义本质的认识，对五四运动发生了重要影响。

《我的马克思主义观》是李大钊系统介绍马克思主义的著作。

首先，李大钊介绍了马克思主义的唯物史观。他指出："历史的唯物论者观察社会现象，以经济现象为最重要，因为历史上物质的要件中，变化发达最甚的，算是经济现象。故经济的要件是历史上唯一的物质条件。"[1]他指出：马克思主义的唯物史观有两要点，"其一是说人类社会生产关系的总和，构成社会经济的构造。这是社会的基础构造"。"凡是精神上的构造，都是随着经济的构造变化而变化。""其二是说生产力与社会组织有密切的关系。生产力一有变动，社会组织必须随着他变动。"社会生产力的发展，促进了社会的变化，当其发展的力量到那社会组织不能适应的程度，那社会组织不但不能助他，反倒束缚他，妨碍他了，结果必然要爆发社会革命，"结局这旧社会组织非崩坏不可"[2]。

李大钊还介绍了马克思主义的阶级斗争学说。他指出："马氏所说的阶级，就是经济上利害相反的阶级，就是有土地或资本等生产手段的有产阶级与没有土地或资本等生产手段的无产阶级的区别：一方是压服他人掠夺他人的，一方是受人

---

[1] 《李大钊选集》，第178页。
[2] 《李大钊选集》，第185~186页。

压服,被人掠夺的。"①而资本主义生产方式是人类社会最后一个有阶级的生产方式。阶级斗争也将与这资本主义生产方式而同时告终。资本主义生产方式不会自动消亡,而是必须通过无产阶级和其他劳动群众的革命斗争才能实现。

李大钊还介绍了马克思主义的政治经济学,指出《资本论》是马克思经济学的代表作,李大钊认为马克思主义经济学有两要点,"一是余工余值说"即剩余价值学说;"二是资本集中说",即资本主义生产过程中,资本家的资本集中与垄断。李大钊介绍了马克思揭示资本家剥削工人的主要方法,一是"尽力延长工作时间,以求增加余工时间的数目","二是尽力缩短生产工人必要生活费的时间"②。此外,李大钊还介绍了劳动价值论、剩余价值论、平均利润率论,资本与资本的垄断与集中等原理。虽然《我的马克思主义观》一文,对马克思主义的介绍不是全部,而且有些观点也不准确,但它毕竟是我国历史上第一部系统介绍马克思主义的著作,对马克思主义在中国传播,对中国革命的指导都具有开山之作用。

值得注意的是,李大钊在介绍马克思主义的基本观点时,特别指出,马克思主义是"时代的产物"。李大钊认为:"平心而论马氏的学说,实在是一个时代的产物,而马氏时代,实在是一个最大的发现。我们现在固然不可拿这一个时代一种环境造成的学说,去解释一切历史,或者就那样整拿来,应用于我们生存的社会,也却不可抹煞他那时代价值,和特别的发现。"③李大钊在这里实际提出了如何科学对待马克思主义的问题,他所强调的采用一种学说,不要忘记这一学说产生的时代环境和中国的具体时代环境,其实质,就是要结合中国的具体实际来采用马克思主义。李大钊在承认马克思主义的伟大与作用时,并不想教条地执行马克思主义,这是中国共产党的先驱者最初提出把马克思主义的基本原理与中国革命的具体实践相结合的理论与观点,在当时的历史条件下,对于具有初步共产主义思想的李大钊来说,提出这样的观点实在是难能可贵的。

五、反对日本帝国主义对中国的侵略

1911年爆发的辛亥革命,推翻了清王朝的统治,结束了几千年的封建专制

---

① 《李大钊选集》,第188页。
② 《李大钊选集》,第188页。
③ 《李大钊选集》,第199页。

政体,在这个过程中,中国人民经历了一次民主精神的洗礼,辛亥革命与其说是一次社会革命,不如说是民主、自由的启蒙运动。在这个革命过程中,西方民主政治制度观念、各种理论不断被介绍到中国来,促使人们的思想觉悟不断提高。随着这次革命的深入,民主精神不断高涨,民主共和观念已经深入人心。但是,我们应该认识到,中国的民主革命与西方资产阶级革命相比,有着自己的独特之处。首先,这次革命的产生、发展伴随着西方殖民主义对中国侵略不断加深,清政府由最初的反对外来侵略到妥协,乃至与外来侵略者勾结的过程。民族矛盾始终是中国社会的主要矛盾之一。其次,中国的民主革命不是因为社会内部已经孕育着资本主义生产关系,资本主义经济高度形成并发展、壮大,生产力发展要求打破生产关系束缚的社会内部矛盾已经到了不可调和的程度而发生的。中国社会内部矛盾的加剧,是因为外来侵略,西方殖民主义的经济掠夺,激化了民族矛盾,促使内外矛盾交织在一起加剧了社会内部矛盾的结果。在此期间中国产生了资本主义生产关系,资本主义经济得到了一定发展,但是,他们不仅受到本国封建势力的束缚,更加受到外国资本主义的欺压,而没有得到充分发展。在这种情况下,中国虽然结束了清王朝的统治,建立了民国,但是政权却被封建军阀所把持,在此期间还发生了帝制复辟和袁世凯逆施的称帝事件。同时,帝国主义对中国的侵略出现了新的特点。总体上说,中国自晚清以来的社会主要矛盾并没有发生根本的变化。

第一次世界大战爆发,西欧列强忙于欧洲战场而无暇东顾,这本是中国趁机发展的大好时机,但是,日本帝国主义却觉得这是吞并中国的大好时机,想借此可乘之机独占中国,对此,李大钊进行了无情的揭露和批判。

李大钊在《国民之薪胆》一文中对日本帝国主义侵略中国的过程进行了深刻的揭露。他指出:"吾国对日关系之痛史,宜镌骨铭心纪其深仇大辱者,有三事焉:曰甲午,曰甲辰,曰甲寅。甲午之役,丧师割地,东亚霸权,拱手以让诸日本。甲辰之役,日本与俄,争我满洲,而以我国为战场,我反作壁上观,其结果致敌势益见披昌。甲寅之役,日德构衅,以吾国山东为战场,一如日俄故事,后幅文章,竟欲演亡韩之惨剧于吾中国。"[①]

甲午战争,清王朝惨败,割地、赔款,但是它更严重的后果是:中国大量的战争赔款为日本经济的发展注入了活力,促使其经济,特别是军事工业发展,为其

---

① 李大钊:《国民之薪胆》,《李大钊选集》,第8页。

第五章 余论

日后发动侵略中国的战争提供了重要的经济支持。战争的结果使清王朝的虚弱本质暴露无遗,刺激了日本帝国主义进一步侵略中国、称霸亚洲的野心。中国的国际地位进一步下降,朝鲜、琉球王国被日本逐个吞并。正是甲午战争,使日本帝国主义看到了腐败的清王朝软弱可欺,遂有1904—1905年爆发在中国领土的日俄战争。这是人类战争史上十分罕见的战争,两个国家之间的战争在第三国之内爆发,中国政府"划出"了一块地方,为两个侵略者提供了战争的方便。而战争的结果以俄国失败告终,俄国在华所掠夺的特权为日本所有。

日德战争是又一次上演了交战双方不在本国领土而在第三国内爆发战争的丑剧。对此,李大钊指出:"民国三年八月,欧洲大战之血幕既开,日本政府于八月四日,发表一种公文,旨在宣言对于战局严守中立,惟万一英国亦涉战潮,日、英协约目的濒于危殆,日本当尽协约义务,而执必要之措置。"[①]稍有国际政治常识的人都可以看出日本的狼子野心,东亚的悲惨风云,必将因"必要措置"而"腾波叠浪而来矣"。不出人们所料,日本借协约国之签约国,对德国发出了最后通牒,打着保东亚的旗号,实质上是把德国在华所取得的利益归己所有。战前,日本公使向中国信誓旦旦表示,这次在华用兵,只是履行日、英同盟,日本决不占中国领土,违害中国中立。结果战事一起,日本从山东龙口、莱州、即墨登陆,随后,日本军队突至山东中部,之后,置中国当局抗议而不顾占领济南,攻陷青岛。日本军队在中国领土上任意烧杀掠抢,山东境内百姓无不受惊窜流离之苦,惨遭侵掠之祸。李大钊深刻指出:日本发动战争的目的十分明显,所谓"项庄之剑,志在沛公,青岛之用兵,不在报德之前仇,非在履英之盟约,殆欲借端以树兵威于我大陆,作强暴要索之先声耳"[②]。不出人们所料,战后日本提出了旨在灭亡中国的"二十一条"。由于这"二十一条"将置中国于灭亡之境地,当时具体内容并不被外界所知,但是,人们从中西报刊上逐渐知道了其大概内容,主要是涉及山东、南满、东蒙(蒙古)、汉冶萍煤矿归属与经营等问题,福建及其他悬而未决的问题。

李大钊当时虽然没有见到"二十一条"的具体内容,但是他已经感到这不是一个一般的条约。"此次日本索要之主的,对于吾国,则断绝根本复兴之生机,毁灭国家独立之体面,使我永无自存图强之实力。对于列国,则阴削其极东之

---

① 李大钊:《国民之薪胆》,《李大钊选集》,第9页。
② 李大钊:《国民之薪胆》,《李大钊选集》,第10页。

势力,既得者使之减损,未得者豫为防遏,得志则称霸东方,不得志则以我国为嫁祸之所。"①这一揭露可谓入木三分。日本帝国主义之目的十分明显,趁欧洲列强忙于战事而焦头烂额之际,采取先下手为强的战略,抢先迈出侵略中国的步伐,捷足先登为防止列强在欧洲战事结束插手中国事务而损害日本在华利益。

事实上,中国已经不是一个完全的主权国家,所谓的"中国沿海不割让何国"(二十一条内容之一),中国有这样的实力吗?如果有这样的实力,用不着对外宣言,中国力强势大,任何一个国家也无能力提出割让领土的要求,没有这样的实力为后盾,喊一万遍这是中国的领土,有什么结果呢?能够遏制列强侵略中国的步伐吗?日本帝国主义做了两年准备,如果欧战结束后,列强势力大大削弱,在东亚无力与日本争夺中国,那么,中国则成为日本独占的殖民地,如果列强势力再返中国,瓜分中国,日本也会在瓜分中国中得到更多的利益,这就是日本帝国主义所打的如意算盘!

当李大钊得知日本帝国主义"二十一条"的大致内容后,立即撰写了《警告全国父老书》。李大钊指出:关于"二十一条","全案内容,虽未确知,东西报章,已揭其要,析为四项"日本所拥有:

"(甲)南满洲及东蒙古

一、辽东半岛之租借,自一九一五年起,展期九十九年;

二、南满洲铁路条约,延长九十九年;

三、南满洲警察行政权;

四、日本人在南满洲应得居住经商及购置田地之自由;

五、安奉吉长铁道租借条约,延长九十九年;

六、承认内蒙古(即东蒙)为日本独享之势力范围;

(乙)山东

七、胶济铁路及所有德国在山东之矿山铁路实业,须无条件让与日本;

八、烟潍铁路及龙口支路之建筑权;

(丙)福建

九、承认福建为日本独享之势力范围;

十、自福建至江西、湖南之铁路建筑权;

十一、福建省内所有矿山铁路及其他实业,应归日本与中国合资兴办;

---

① 李大钊:《国民之薪胆》,《李大钊选集》第16页。

（丁）一般的要求

十二、中国陆海军应聘用日本人为教练官；

十三、中国财政教育交通各部，应聘用日本人为顾问；

十四、中国学校之教授外国语者，应教授日本语；

十五、汉冶萍盛宣怀借款之事，应办理清结；

十六、凡授给矿山铁路及其他工业之特权时，应询问日本之意见；

十七、若中国有内乱时，应求日本武力之辅助，日本亦担负中国秩序之维持；

十八、煤油特权让与日本；

十九、开放中国全部，使日本人自由经商。"[①]

每一条都足以灭亡中国，使中国成为日本殖民地的条款，实现其任何一条，中国都国将不国。

李大钊指出："吾中国之待亡也久矣！所以不即亡者，惟均势之故。"这是从近代中国史实进行分析后而得出的结论。列强在侵略中国的过程中，遭到了中国人民的坚决反对和抵抗斗争，没有任何一个帝国主义国家能够灭亡中国，而使中国成为他们单一个国家的殖民地，帝国主义尔虞我诈，为了争夺在华利益而互不相让，同时也唯恐中国成为某一个国家的殖民地，列强在角逐中互相遏制，清政府及北洋军阀的政权才得以苟延残喘。甲午战争后，按原《马关条约》的规定，清政府将割辽东半岛给日本，但是，这一条款影响了俄国在华利益，其他列强也不愿意看到日本在华势力过于强大而妨碍自己的权利，所以有"三国干涉还辽"事件的发生，在其他列强的胁迫下，日本被迫将辽东半岛归还了清政府，随后有帝国主义在华掀起了划分势力范围的恶浪。因此，李大钊说："列强在华之经济势力益密，经纬参差，纤维若织，中国等于自缚之春蚕，列强如争食之饿虎。然均势之基，固未动摇也。是则致中国于将亡者，惟此均势；延中国于未亡者，惟此均势；迫中国于必亡者，亦惟此均势。"[②]第一次世界大战爆发，列强在华势力有所减弱，日本这个欲称霸世界的国家野心极度膨胀，表面发动对德战争，实际上是为了在华利益最大化。日本帝国主义在华的丑恶嘴脸在对德战争后暴露无遗。但是，任何一个事物都有其两面性，日本在华的野心是不会

---

① 李大钊：《警告全国父老书》，《李大钊选集》，第21~24页。
② 李大钊：《警告全国父老书》，《李大钊选集》，第20页。

轻易实现的,这不仅是因为日本帝国主义低估了中国人民的能力和反抗决心,他们没有清醒地认识到,自1840年后,帝国主义列强迫使清政府签订一系列不平等条约,中国政府极度虚弱,但是中国人民从来也没有放弃反抗和斗争,反动政府虚弱和不堪一击,但是广大人民,特别是经过了辛亥革命洗礼后的中国人民,其觉悟得到了极大提高,不甘心成为帝国主义俎上之肉,而且日本帝国主义在华的作为也使其称霸亚洲之狼子野心暴露于天下,加剧了日本与其他帝国主义的矛盾。日本胁迫中国政府签订"二十一条"之举,是"恃强挟迫,无理要胁,大欲难填,野心不死,是不义也"。战前与英国信誓旦旦,不得中国领土,结果是背盟爽约,是为"不仁",日本利字当先,利欲熏心,利令智昏,以为可以亡中国,其不知今日有中国之亡,明日则有日本之灭,"向者对德恭顺备至",一旦德国有难而反目成仇,趁火打劫,对德之战,宣布以归还中国被德国所占领土为目的,结果翻手为云覆手为雨,"国际宣言,弃若敝屣"是不信也。在李大钊看来,日本这个国家在国际上给人的真实面目是个"不义、不仁、不智、不勇、不信"的流氓国家,其行为于日本为自杀,与世界为蠹贼,"于中国为吾四万万同胞不共戴天之化敌,神州男子,其共誓之"①。这种揭露与批判使日本侵略者的真实面目暴露在光天化日之下。

  日本的一些反动政客,为谋取在华既得利益的合法化,为彻底吞并中国,为了排挤其他列强在华势力,除了采取发动战争手段对中国进行赤裸裸的侵略外,还大造理论,提出什么所谓的"大亚细亚主义"。那么,这个"大亚细亚主义"是个什么货色呢?其实这只不过是帝国主义对外进行侵略和扩张的一块遮羞布而已。李大钊指出,"持此主义者,但求逞一己之欲求,不恤以强压之势力,迫制他人,使之屈伏于其肘腋之下焉"②。这种大……主义之大是建立在其他弱民族之"小"的基础之上的,但是,物极必反,这就是历史发展的辩证法。因为"小者、屈者、弱者、消者、被灾殃而逢祸患者之无限烦冤,无限痛苦,遏郁日久,势且集合众力而谋所以报之,此等心理,将易成为中坚,而卒然迸发,至于不可抑止"③。日本这些政客打着什么"大亚细亚主义"的旗号,实质上是吞并中国的"隐语"。帝国主义在华势均力敌,日本妄想实现独霸中国的目的,必须铲除

---

  ① 李大钊:《警告全国父老书》,《李大钊选集》,第25页。
  ② 李大钊:《pan...ism之失败与Democracy之胜利》,《李大钊选集》,第103页。
  ③ 李大钊:《pan...ism之失败与Democracy之胜利》,《李大钊选集》,第104页。

第五章 余论

这些"均等"势力,打破这种平衡才行。他们"想来想去,想出这个名辞,表面上只是同文同种的亲热话,实际上却有一种独吞独咽的意思在话里包藏"①。因此,所谓的"大亚细亚主义"只不过是大日本主义的变种而已,其实质,就是日本企图举起一个挡箭牌,遏制其他列强在中国,在亚洲的势力,其目的,就是使在"亚洲的民族,都听日本人的指挥,亚细亚的问题都有日本人解决,日本作为亚西亚的盟主,亚细亚是日本的舞台"②。这个所谓的"大亚细亚主义"一旦实现,那么亚洲倒不是欧、美的亚洲,不是亚洲人的亚洲,而是日本人的亚洲。因此,李大钊一针见血地指出:"这个大亚细亚主义不是和平的主义,是侵略的主义,不是民族的主义,是吞并弱小民族的帝国主义,不是亚细亚的民族主义,是日本的军国主义,不是适应世界组织的组织,乃是破坏世界组织的一个种子。"③李大钊认为,之所以爆发了第一次世界大战,不就是这个什么"大……主义"在作怪吗?你提倡"大日耳曼主义",我则提倡"大斯拉夫主义",你提倡"大亚细亚主义",我则提倡"大欧罗巴主义",其结果为了实现自己的"大",这个世界非战争纷起不可,因此,这个"大亚细亚主义"实在是一个逆历史潮流而动,反人类的反动理论,必须对其反动本质加以揭露和批判,使阴谋不能得逞。

面对日本帝国主义的阴谋,李大钊除了进行深刻的揭露外,希望当时的国民政府如果不想成为亡国政府,应及早觉悟,采取措施,去"复古"之念,弃民之失,恢复真正的民意机关,发展教育,征兵备战;希望国民如果不想成为亡国奴,应"痛自奋发",振作民族精神,"贡其精忠碧血于国家"。希望"吾辈"学生,"于国民中尤当负重之责任"。以"精神上之学术,传美之文学,高尚之思潮来启发民众之觉悟,要努力研究自然科学,努力发明创造,以得中国军事工业艺器械之发达"④,在伟大的民族复兴中发挥重要作用。总之,李大钊号召中国人民,在国家与民族多难之时,以卧薪尝胆之精神,"勿灰心,勿短气,勿轻狂躁进",要以"蕴蓄其智勇深沉刚毅果敢之精神,磨炼其坚忍不拔百折不挠之志气",反对日本帝国主义的侵略,最终取得民族斗争的彻底胜利。

---

① 李大钊:《大亚细亚主义与新亚细亚主义》,《李大钊选集》,第 127 页。
② 李大钊:《大亚细亚主义与新亚细亚主义》,《李大钊选集》,第 127 页。
③ 李大钊:《大亚细亚主义与新亚细亚主义》,《李大钊选集》,第 127 页。
④ 李大钊:《国民之薪胆》,《李大钊选集》,第 127 页。

六、社会改造及主要力量

李大钊是一个历史进化论者,认为人类历史是不断发展与进步的。在一个社会中新与旧的事物往往交织在一起,但是,新与旧不是固定不变的,从历史发展的趋势来说,新事物代替旧事物是不以人们主观愿望为转移的客观发展规律。李大钊指出:"欲研究一国家或一都会中某一时期人民的生活,任取其生活现象中的一粒微尘而分析之,也能知道其生活全部的特质。"①当时的中国表面上是民主共和了,但是,封建社会的污泥浊水处处可见,旧的不去,必然妨碍新生物的发展,中国社会急待人们"于政治、社会、文学、思想,开辟一条新径路,创造一种新生活",而辛亥革命后所建立的民国并没有给中国带来实质性的变化,为此,有必要寻找一条新的道路。

1917年,俄国发生了十月革命,给李大钊以深刻影响,他发表了一系列文章,对十月革命进行了颂扬,同时在这个过程中,他的思想也发生了重要的转变。

在《法俄革命之比较观》中,李大钊指出,这次革命的性质是"二十世纪初期之革命,是立于社会主义上之革命,是社会的革命而并著世界的革命之采色者也。时代之精神不同,革命之性质自异",因此,与18世纪法国大革命相比,两者在本质上是不同的,十月革命是适应世界历史发展潮流的革命之精神,"为爱人的精神",是"倾于世界主义",是世界"和平的新曙光"。② 因此,他对这场革命的态度是"唯有翘首以迎其世界的新文明之曙光,倾耳以迎其建于自由、人道上新俄罗斯之消息,而求所以适应此世界之新潮流"③。因为,十月革命体现了"世界人类的新精神",是庶民的胜利,是民主的胜利。在西方资本主义发展时期产生了民族主义,即梁启超称之为帝国主义的民族主义,它代表了资产阶级的利益,它意味着对外扩张,"有了这种主义,人类社会就不安宁了","大家为抵抗这种强暴势力的横行,乃靠着互助的精神,提倡一种平等自由的道理。这等道理,表现在政治上,叫做民主主义"。④ 而这种民主主义已经不是资产阶级的

---

① 李大钊:《新的!旧的》,《李大钊选集》,第97页。
② 李大钊:《法俄革命之比较观》,《李大钊选集》,第102页。
③ 李大钊:《法俄革命之比较观》,《李大钊选集》,第103页。
④ 李大钊:《庶民的胜利》,《李大钊选集》,第109~110页。

第五章 余论

民主了,是"庶民"的民主,因此,十月革命的胜利表明了资产阶级的失败。关于第一次世界大战爆发的原因,李大钊认为是"资本主义国家的发展。国家的界限以内,不能涵容他的生产力,所以资本家的政府想靠着大战,把国家界限打破,拿自己的国家做中心,建一世界的大帝国,成一个经济组织"①,李大钊对于第一次世界大战本质的揭示,撕下了帝国主义发动战争的文明伪装,其赤裸裸的侵略意图大白于天下。他对帝国主义国家的本质的认识在当时的中国思想家中是出类拔萃的,是以一种全球的意识来看待中国问题的表现。但是,世界的变化并没有按照资本家的愿望而发展,世界大战的结果是俄国爆发了革命,"这新纪元的世界改造,就是这样开始。资本主义就是这样失败,劳工主义就是这样战胜"②。因为资产阶级为维护一小部分人的利益,而俄国革命是为多数人谋利益,得到了多数人的支持,俄国十月革命代表了劳动人民的根本利益而得到了人民的支持,在力量对比上,丧失了人民支持的资产阶级是注定要失败的。

对于十月革命,李大钊认为这是世界发展的进步潮流,代表着人类正义事业前进的方向。但是,新生事物的产生与发展绝不会一帆风顺的,"须知一个新命的诞生,必经一番苦痛,必冒许多危险"。这"是进化途中所必须经过的,不要恐怕,不要逃避的"。十月革命为在黑暗中摸索前进方向的中国人燃起了一盏指路明灯,中国要彻底摆脱帝国主义的奴役,铲除封建专制势力,必须沿着十月革命所开辟的道路前行。这是一项前无古人的创新事业,这种道路必然是曲折的,有时面临着倒退和失败,可是,"须知这种潮流是只能迎,不可拒的",它是人类历史发展的必然结果。这种发展体现了全世界劳动人民的根本利益,因此,是"人民共同心理的表现",所以,十月革命预示着"今后的世界,变成劳工的世界"③。因此,十月革命开辟了人类的新纪元,一个新的时代即将来临,而这一时代是要求解放的时代。"人民对于国家要求解放,地方对于中央要求解放,殖民地对于本国要求解放,弱小民族对于强大民族要求解放,农夫对于地主要求解放,工人对于资本家要求解放,妇女对于男子要求解放,子弟对于亲长要求解放。"④所谓解放,就是要打破旧的制度对人们的束缚,而在这个过程中形成一

---

① 李大钊:《庶民的胜利》,《李大钊选集》,第 110 页。
② 李大钊:《庶民的胜利》,《李大钊选集》,第 110 页。
③ 李大钊:《联治主义与世界组织》,《李大钊选集》,第 130 页。
④ 李大钊:《联治主义与世界组织》,《李大钊选集》,第 131 页。

种新的制度,而新制度的建设及旧制度的破坏乃至灭亡的武器是什么,李大钊认为就是民主主义与"联治主义"。李大钊认为:"现在世界进化的轨道,都是沿着一条线走,这条线就是达到世界大同的通衢,就是人类共同精神联贯的脉络。民主主义,联治主义,都是这一条线上的记号。没有联治的组织,而欲大规模的行平民政治,是不能成功的。""因为民主政治与联治主义有一线相贯的渊源,有不可分的关系。这条线的渊源,就是解放的精神。"①这种解放就是要铲除旧的势力、旧的制度,对社会进行改造。时代在发展,历史在进步,旧的"组织"、旧的制度将被打破,因为"个人的、社会的、国家的、民族的、世界的种种生活,不断的发生新要求,断非旧组织旧形式所能适应的,所能满足的"②。这是一个新旧交替的历史发展过程,既然旧的制度已经不能满足社会发展的要求,就必须对这个社会进行改造,而"联治主义"能够保持一个国家、民族、个人的独立、自由、平等,使"不受他方的侵犯;各个地方的、国家的、民族间,又和各个人间一样,有他们的共性,联邦主义又能够完成他们的共性,结成平等的组织,达他们互助的目的"③。那么,李大钊要破除的是旧的制度,对中国来说,就是要创造一个新的国家,新的社会制度,即"我们的理想,是创造一个'少年中国'"④。这是一项宏伟的事业,是在填补"一部洁白未曾写的历史空页",即中国自有历史以来的空白,为此,李大钊认为首先应该完成或向前迈出的第一步是进行"精神改造运动"和"物质改造运动",即进行文化建设,物质文化建设两大历史任务及目标实现过程。

李大钊指出:"精神改造运动就是本着人道主义的精神,宣传'互助'、'博爱'的道理,改造现代堕落的人心,使人人都把'人'的面目拿出来对他的同胞;把那占据的冲动,变为创造的冲动;把那残杀的生活,变成有爱的生活;把那侵夺的习惯,变为同劳动的习惯;把那私营的心理,变为公善的心理。"⑤建设新的国家、新的社会,这种"新"必须体现在一个国家中国民的精神上。李大钊认为,进行精神改造运动,是建设新的制度必须完成的任务,这是基于对中国国情有深刻认识基础之上而得出的结论。中国是一个具有两千年封建专制统治历史

---

① 李大钊:《联治主义与世界组织》,《李大钊选集》,第131页。
② 李大钊:《联治主义与世界组织》,《李大钊选集》,第132页。
③ 李大钊:《"少年中国"的"少年运动"》,《李大钊选集》,第235页。
④ 李大钊:《"少年中国"的"少年运动"》,《李大钊选集》,第236页。
⑤ 李大钊:《"少年中国"的"少年运动"》,《李大钊选集》,第236页。

第五章 余论

的国家,在封建专制的严酷压迫下,劳动人民的精神受到极大的摧残,国民中的愚昧、麻木在鲁迅的笔下有过深刻的揭露。国民性的改造问题不解放,新的制度产生了,新的国家建立了,国民也不一定能够完全与之相适应。社会变动,涉及这个社会的方方面面,特别是人们的精神与素质更为重要。这个问题不解决,必然会妨碍新的制度与国家的建设,会产生一种新的不平衡、不协调,即人与制度的不适应。因此,新制度的建立是离不开对人的精神、心理、道德、风俗的改造的。

李大钊指出:"物质改造运动就是本着勤工主义的精神,创造一种'劳工神圣'的组织,改造现代游惰本位、掠夺主义的经济制度,把那劳工的生活,从这种制度下解放出来,使人人都须作工,作工的人人都能吃饭。"[①]这一目的实现以改造旧的经济组织,也就是变革社会生产关系为前提,因为"表面的构造(就是一切文化的构造)的力量,到底比不上基础构造(就是经济构造)的力量大"[②]。存在决定意识,一定精神的、意识的、文化的形态都是建立在经济基础之上并与之相适应的,所以,李大钊主张这种精神改造与物质改造运动是并行的,否则,只有物质改造,没有精神的改造,"物质改造虽然成功,人心内部的恶,若不铲除干净,他在新社会新生活里依然还要复萌,这改造的社会组织,终于受他的害,保持不住"[③]。同物质生产相比,人们的精神、文化具有更大的顽固性与习惯性、反复性、复杂性,相比之下,物质的改造则不同。人们的社会生产建立在一定的科学技术之上的(古代生产也可以视为建立在一定的生产技术之上),新的技术一旦被发明,在一定程度上是对人们的一种解放,当这一生产技术运用到生产领域之后,很难把它废除掉,除非有新的技术来代替它。人们的思想则不同,旧的思想、观念一旦形成,就成为一种固定的思维定式,因此,很难改变,即使改变了,一旦条件或环境有利于旧思想、旧观念的滋生,那么曾经废弃的文化、精神就会死灰复燃,这种事件在历史上是屡次发生的。晚清社会中改革与保守、革命与改良、共和制度与封建专制反复、激烈的斗争足以说明这个问题。

20世纪初年,中国建立了民主共和国,但是,在北洋军阀的统治下,中国并没有摆脱封建专制统治。他们打着维护治安的幌子,镇压人民的自由与民主活

---

① 李大钊:《"少年中国"的"少年运动"》,《李大钊选集》,第236页。
② 李大钊:《"少年中国"的"少年运动"》,《李大钊选集》,第236页。
③ 李大钊:《妨害治安》,《李大钊选集》,第251页。

动,正是在这个幌子下"言论出版的自由被剥夺了,有自由的公民被囚禁了"①。卖官鬻爵,这个清朝腐败的现象之一,民国也出现了,"文官考试,听说三千元可以买一个"②。所谓的民国政府,只不过是"但见有几个政客,抱着强盗的大腿转来转去,混一口饭吃"③。这就是当时政局的真实写照,对内,仍然实行封建专制统治,且民国以来,军阀混战不断,人民流离失所;对外,仍然奉行的是卖国求荣路线,中国社会的性质并没有因为爆发辛亥革命而改变。正如李大钊所言:"现在的世界,黑暗到了极点。我们为什么继续人类的历史,当然要起一个大变化。"④中国晚清以来社会存在的问题并没有得到根本解决,亡国灭种的危险依然存在。那么,解决中国社会问题的出路是什么? 李大钊给出了自己的回答。

李大钊说:"一个社会问题的解决,必须靠着社会上多数人共同的运动。那么我们要想解决一个问题,应该设法使他成了社会上多数人共同的问题。要想使一个社会问题,成了社会上多数人共同的问题,应该使这社会上可以共同解决这个那个社会问题的多数人,先有一个共同趋向的理想、主义,作他们实验自己生活上满意不满意的尺度(即是一种工具)。那共同感觉生活上不满意的事实,才能一个一个的成了社会问题,才有解决的希望。"⑤我们知道,李大钊所说的"主义"就是马克思主义。那么李大钊为什么选择马克思主义? 李大钊给出了答案,他说:"依马克思的唯物史观,社会上法律、政治、伦理等精神的构造,都是表面的构造。他们的下面,有经济的构造作他们一切的基础。经济组织一有变动,他们都跟着变动。换句话说,就是经济问题的解决,是根本的解决。经济问题一旦解决,什么政治问题、法律问题、家族制度问题、女子解放问题、工人解放问题,都可以解决。"⑥而且纵观世界历史的发展,这种"经济变动是必然的,是不能避免的"。当时中国社会存在的种种问题,可以归纳为一点,就是挽救民族的危亡以争取民族的解放,推翻反动军阀统治,建立人民自己的政权。这应该就是中国人民都面临的"共同问题"。为了解决这一问题,自晚清以来,中国

---

① 李大钊:《出卖官吏——蹂躏人格》,《李大钊选集》,第 249 页。
② 李大钊:《政客》,《李大钊选集》,第 123 页。
③ 李大钊:《阶级竞争与互助》,《李大钊选集》,第 222 页。
④ 李大钊:《再论问题与主义》,《李大钊选集》,第 228 页。
⑤ 李大钊:《再论问题与主义》,《李大钊选集》,第 233 页。
⑥ 李大钊:《青年与农村》,《李大钊选集》,第 147 页。

第五章 余论

人进行了种种的探索,并以孙中山的民主革命理论为指导,通过辛亥革命推翻了清王朝,但是,却没有解决或完成反帝反封建的历史任务。实质上,孙中山并没有解决中国自 1840 年以来所形成的社会问题。孙中山晚年在思想上发生了重大的变化,就是"以俄为师",他的思想主张包含着社会主义的一些因素,这说明中国人民把马克思主义作为解决中国社会问题的基本理论与指导思想,是晚清中国社会发展的必然结果和历史性的选择。

解决社会问题必须依靠社会上的多数人,这一结论的提出,表明李大钊找到了解决中国社会问题,也就是变革中国社会"经济制度"所依靠的力量。在中国,"多数人"一是农村的农民,二是城内的工人。

李大钊指出:"我国中国是一个农国,大多数的劳工阶级就是那些农民。他们若是不解放,就是我们全体不解放;他们的苦痛,就是我们国民全体的苦痛;他们的愚暗,就是我们国民全体的愚暗;他们生活的利病,就是我们政治全体的利病。去开发他们,使他们知道要求解放,陈说苦痛,脱去愚暗。"[1]中国农民问题不解决,那么,中国社会问题就没有解决,这是中国的国情所决定的。因此,要想彻底解决中国的社会问题,就应该首先了解农村,了解农民,这才能算是了解中国社会,只有动员农民,启发他们的觉悟,才能动员起中国民主革命的根本力量,而使改造中国社会的有效方案得以实现。

在封建专制主义统治下,"中国农村的黑暗,算是达于极点。那些赃官、污吏、恶神、劣董,专靠差役、土棍做他们的爪牙,去鱼肉那些百姓"。"农村的教育机关,不完不备",即使有些地方设有小学"也不过刚有一个形式",农民的生活极其悲惨,"像牛马一般作他们的工"[2]。李大钊希望有志改造中国的青年,到农村去,"都去作开发农村,改善农民的生活的事业"。把黑暗的农村变成光明的农村,使农村成为"培养民主主义的沃土",启发农民的觉悟,使他们有"互助"的精神,团结一致,组织起来,成为改造中国强大的社会力量。李大钊认为:"要想把现代的新文明,从根底输到社会里面,非把知识阶级与劳工阶级打成一包不可。"[3]中国民主革命实践证明,中国农民是中国民主革命的主要力量,他们的觉悟一旦被启发,必然唤醒广大农民积极投身到反对封建专制斗争的队伍

---

[1] 李大钊:《青年与农村》,《李大钊选集》,第 147 页。
[2] 李大钊:《青年与农村》,《李大钊选集》,第 146 页。
[3] 李大钊:《劳动教育问题》,《李大钊选集》,第 138 页。

中,形成强大的革命力量,成为改造中国,促进中国社会进步与发展的不可替代的社会力量。

中国的工人阶级生活同样悲惨,深受资本家的盘剥。"劳工们辛辛苦苦生产的结果,都为少数资本家所垄断,所掠夺,以致合理工作的生产者,反不得均当的分配",他们"就同机械一样,牛马一般"。[①] 工人阶级要想获得解放,必须认清他们的悲惨生活是社会上不合理的制度造成的,在此基础上组织起来同资本家开展斗争。只有靠自己的力量,才能解放自己,欧洲工人运动风起云涌,在工人阶级斗争下,争得了部分的权利,"一日工作八小时""一周工作四十时"的合理要求得到实现,工人阶级的权益得到了部分的保障,这都是斗争的结果。"凡是一个人,靡有不愿脱去黑暗向光明里走的。人生必须的知识,就是引人向光明方面的明灯。"[②]接受教育,索取知识,是人们实现民主权利的正当要求,享受教育是人们基本权利,它是"工人生活改善,而后要有新文明萌发其中"的重要前提。中国处于一个"新文明萌发"的前期,这是一个新时代即将到来的时代,是一个呼唤新的领导力量的时代,工人阶级无疑将在这个伟大时代中发挥重要的作用,是中国民主革命的领导力量,中国工人阶级的觉醒之时,就是敲响反动军阀统治的丧钟之日。因此,加强对工人阶级的教育工作,启发工人阶级的觉悟,是中国革命不可缺少的一环。在后来的革命实践中,中国共产党人纷纷到工人中去办夜校,对工人进行教育,提高他们的文化水平,为中国共产党培养大批干部,在中国革命中发挥了重要作用。因此,李大钊主张对工人、农民开展教育工作,并不是简单地为劳动人民争取接受教育的权利,而是为改造中国社会,变革中国社会制度,建立一个新中国而开展的启发劳动人民觉悟、动员人民进行革命的重要实践活动。特别是对农村、农民问题的关注,表明李大钊对中国社会性质的准确把握。他对劳动人民力量的认识,说明他找到了中国革命所依靠的力量,因此,解决了中国革命的对象,依靠力量等重大的理论和实践问题,并从理论上阐明了人民群众是推动历史发展的力量。同时,也完成了他从民主革命向无产阶级革命立场的转变。

关注妇女解放。妇女是中国民主革命的重要力量,是解决中国社会问题、变革中国社会的重要力量。李大钊指出:"现代民主主义的精神,就是令凡在一

---

① 李大钊:《劳动教育问题》,《李大钊选集》,第138页。
② 李大钊:《劳动教育问题》,《李大钊选集》,第138页。

第五章　余论

个共同生活组织中的人,无论他是什么种族、什么属性、什么阶级、什么地域,都能在政治上、社会上、经济上、教育上得一个均等的机会,去发展他们的个性,享有他们的权利。"①因此,妇女应该与男子一样享有同样的社会地位,社会应该满足她们的政治生活、经济生活的要求,在法律上确保她们的权益。在中国,妇女深受封建专制的压迫,自古就有"礼教大方"、"男女授受不亲"、"三从四德"的胡说。对此,李大钊指出,中国妇女的地位必须改变,西方资产阶级革命后,妇女的地位得到了提高,她们取得与男子一样的参政权、参加社会活动权、参加工作的权利,这当然是历史的进步,是值得肯定的。但是,李大钊认为,上述权利"是与中产阶级的妇女最有直接的紧要的关系的问题,与那些靡有财产、没受教育的劳动阶级的妇人全不相干"②。因此,这种妇女的解放是有很大的局限性的,它把广大劳动妇女排除在外,而实际上,劳动妇女更需要获得与男子平等的各种权利。李大钊说:"我以为妇人问题彻底解决的方法,一方面要合妇人全体的力量,去打破男子专断的社会制度;一方面还要合世界无产阶级妇人的力量,去打破那有产阶级(包括男女)专断的社会制度。"③

李大钊认为:"社会风俗习惯的演成,也与那个社会那个时代的物质与经济有密切的关系。"④妇女的社会地位并不是人类产生后固定不变的。"在游猎时代,狩猎与战争是男子的专门事业,当时的妇女虽未必不及男子骁勇,而因负怀孕哺乳育儿的重大责任,此类事体终非妇女所宜,遂渐渐止于一定的处所,在附近居处的田地里作些耕作",因为"狩猎的效果不能一定,而农作比较着有一定效果,且甚安全,所以当时妇女的地位比男子高,势力比男子大"。⑤而随着畜牧业与农业的分离,当人类社会进入到农耕社会之后,妇女们从事农业生产的任务被男子所替代,妇女的社会地位才逐渐丧失。但是,到了现代的工业时代,特别是资本主义生产技术的提高,社会上的一些职业也适合妇女去做,同时,资本主义文明高度发展,"家内手工渐渐不能支持,大规模的制成许多无产阶级,男子没有力量养恤妇女,只得从家庭里把他们解放出来,听他们自由活动,自己谋

---

① 李大钊:《战后之妇人问题》,《李大钊选集》,第 140 页。
② 李大钊:《战后之妇人问题》,《李大钊选集》,第 144 页。
③ 李大钊:《战后之妇人问题》,《李大钊选集》,第 145 页。
④ 李大钊:《物质变动与道德变动》,《李大钊选集》,第 265 页。
⑤ 李大钊:《物质变动与道德变动》,《李大钊选集》,第 266 页。

生"①。由此可见，妇女的社会地位并不是从来就这样低，它是随着社会生产条件的变化而变化的，这是被人类社会发展所证明的。因此，传统的"三纲五常""三从四德"应该统统被抛弃，妇女应该得到解放，并成为反对帝国主义、封建主义的重要力量，中国社会问题的解决，不能专靠男子，中国妇女的解放既是近代中国社会要解决的问题，也是在解决中国社会化问题中必须依靠的重要社会力量。

妇女的解放，就是要破除封建的家族制度，破除封建的家族制度，就要摆脱对男子的依赖，与男子具有平等的地位，而平等地位的取得还依靠妇女自身的觉悟，而妇女觉悟的启迪缘于社会为妇女提供教育，使她们有获得知识的机会。这是妇女获得解放的重要前提，这一点对中国妇女来说更为重要。只有接受教育，才能使她们获得在社会中与男子一样的生产、管理及从事各项职业的技能，进而为她们提高社会地位奠定物质基础，以便于她们在社会上发挥应有的作用，增强社会的影响；接受教育是妇女获得解放的前提还在于，使她们从历史的发展过程中认识到她所要发挥的作用，进一步提高她们的觉悟，不断觉醒，自身的解放最重要的还是靠妇女自身的不懈努力。获取知识是妇女战胜愚昧、盲从、挑战传统社会的重要物质力量。

妇女解放问题，绝不是单纯地争取女权，而是中国民主革命的重要内容之一。没有妇女的解放，就不能说完成了民主革命。李大钊高度重视妇女的解放，这是基于对中国传统社会深刻认识所提出来的，是他改造中国社会思想的重要内容之一，到今天也有重要的意义，值得我们去研究。

---

① 李大钊：《物质变动与道德变动》，《李大钊选集》，第266页。

参 考 文 献

[1]《马克思恩格斯选集》,人民出版社 1971 年版。

[2]《列宁选集》,人民出版社 1972 年版。

[3]《斯大林选集》,人民出版社 1979 年出版。

[4]《毛泽东选集》(合订本),人民出版社 1968 年版。

[5] 中国近代史资料丛刊《鸦片战争》,上海人民出版社 1954 年版。

[6] 中国近代史资料丛刊《戊戌变法》,上海人民出版社 1953 年版。

[7] 中国近代史资料丛刊《辛亥革命》,上海人民出版社 1957 年版。

[8] 中国近代史资料丛刊《洋务运动》,上海人民出版社 1961 年版。

[9]《东华续录》,上海古籍出版社 1995 年版。

[10] 荣孟源:《中国近代史资料选辑》,生活·读书·新知书店 1954 年版。

[11] [清]皮锡瑞:《经学历史》,中华书局 1989 年版。

[12]《清史稿》,中华书局 1977 年版。

[13]《龚自珍全集》,上海古籍出版社 1999 年版。

[14]《魏源集》,中华书局 1976 年版。

[15]《林则徐集》,中华书局 1985 年版。

[16] 来新夏:《林则徐年谱》,上海人民出版社 1981 年版。

[17]《筹办夷务始末》(道光朝),中华书局 1964 年版。

[18]《十三经注疏》(影印本),中华书局 1980 年版。

[19]《筹办夷务始末》(咸丰朝),中华书局 1979 年版。

[20]《筹办夷务始末》(同治朝),1930 年故宫博物院影印本。

[21] 冯桂芬:《校邠庐抗议》,上海书店出版社 2002 年版。

[22] [清]梁章钜等:《枢垣记略》,中华书局 1984 年版。

[23] 费正清:《剑桥中国晚清史》,中国社会科学出版社 1995 年版。

[24]《曾国藩全集》,岳麓书社1985年版。
[25][清]王之春:《清朝柔远记》,中华书局1989年版。
[26]《李文忠公全集》(影印本),海南出版社1997年版。
[27]《郑观应集》,上海人民出版社1981年版。
[28]王韬:《弢园文录外编》,中华书局1959年版。
[29]陈真等主编:《中国近代工业史料》,三联书店1961年版。
[30]《康有为早期遗稿述评》,中山大学出版社1988年版。
[31]孔祥吉:《戊戌维新运动新探》,湖南人民出版社1988年版。
[32]《康有为全集》,上海古籍出版社1992年版。
[33]《胡汉民自传》,中国社会科学出版社1983年版。
[34]梁启超:《饮冰室合集》,中华书局1979年版。
[35]丁文江、赵丰田编:《梁启超年谱长编》,上海人民出版社1983年版。
[36]李华兴:《梁启超选集》,上海人民出版社1984年版。
[37]《严复集》,中华书局1986年版。
[38]《进化论与论理学》,科学出版社1971年版。
[39]《谭嗣同全集》,中华书局1981年版。
[40]《孙中山选集》(上下卷),人民出版社1956年版。
[41]《孙中山全集》(1～11卷),中华书局1981—1989年版。
[42]陈旭麓、郝威潮主编:《孙中山集外集》,上海人民出版社1990年版。
[43]郝威潮主编:《孙中山集外集补编》,上海人民出版社1991年版。
[44]孟庆鹏编:《孙中山文集》,团结出版社1997年版。
[45]胡汉民:《总理全集》,上海民智书局1930年版。
[46]《朱执信集》,中华书局1979年版。
[47]《章太炎政论集》,中华书局1977年版。
[48]辛亥革命资料《近代史资料》1961号,中华书局1961年版。
[49]《辛亥革命史资料类编》,中国社会科学出版社1981年版。
[50]黄彦、李伯新编著:《孙中山藏档选编》(辛亥革命前后),广东人民出版社1996年版。
[51]钱实甫:《北洋政府时期的政治制度》,中华书局1984年版。
[52]张枬、王忍之编:《辛亥革命前十年间时论选集》(1～3卷),生活·读书·新知·三联书店1963年版。

[53] 陈锡祺主编:《孙中山年谱长编》,中华书局1991年版。
[54] 蔡尚思:《论清末民初中国社会》,复旦大学出版社1983年版。
[55] 皮明庥:《辛亥革命与近代思想——近代历史探研录》,陕西师范大学出版社1986年版。
[56] 陈旭麓:《近代史思辨录》,广东人民出版社1984年版。
[57] 胡绳武、金冲及:《从辛亥革命到五四运动》,湖南人民出版社1983年版。
[58] 张玉法:《清季革命团体》,台湾近代史研究所专刊1975年。
[59]《吴虞集》,四川人民出版社1985年版。
[60]《独秀文存》,安徽人民出版社1986年版。
[61]《鲁迅全集》,人民文学出版社1981年版。
[62]《李大钊文集》,人民出版社1984年版。
[63] 刘兴华等:《中国思想史略》,黑龙江人民出版社1991年版。
[64] 李侃:《中国近代史》,中华书局1994年版。

后 记

英国哲学家罗素1922年曾来华,回国后撰写了《中国问题》一书。他认为解决中国问题,对外要反对帝国主义的侵略,对内要解决三个问题:一是建立一个有序的政府,二是实现中国的工业化,三是发展教育。此书虽然写就于1922年,但是,从中我们可以看到,他的一些观点与晚清思想家的主张却有着共同之处,揭示了转型时期中国社会需要解决的根本问题。社会思想史是研究历史上思想家对社会存在的问题所给出的方案、解决的办法及相关观念、思想、理论等问题的。罗素的观点无疑与晚清社会思想有一定的契合度。晚清社会存在诸多的社会问题:饥荒、匪情……但是,由于这一历史阶段的特殊性,这些社会问题与救亡图存相比都不能相提并论。

本书以晚清思想家救亡图存思想为研究重点,体现了这一历史时期的主要特点。需要指出的是,西方殖民主义者对中国的侵略,不仅表现为经济上的掠夺、政治上的压迫、军事上的打击,而且对中国进行的文化侵略从来没有停止过,形成了晚清社会上另一重要社会问题,即教案。从某个角度说,1900年的义和团运动就是最大规模的反洋教斗争,之前,影响最大的莫过于天津教案,人们对处理这一教案的主角曾国藩曾多有诟病。它发生在19世纪70年代,从中我们可以看到清政府对西方文化侵略的态度。社会思想既然是人们对社会存在的问题所提出的方案,在这些方案中一些思想家的思想具有一定的超前性,如孙中山社会管理思想中的和谐观就是一例。

太平天国是一个重大的历史事件,对晚清社会造成了巨大的影响,同时,太平天国的《天朝田亩制度》不能不说也是一个解决晚清社会问题的方案,但是纵观晚清社会,其发展方向是由农业文明向工业文明转变,而《天朝田亩制度》所表现的却是绝对平均主义,是小农经济较为集中的反映,它并不代表中国历史发展的前进方向。而从晚清社会思想发展过程来说,它是一个不断追求科学与

后 记

民主的过程,而《天朝田亩制度》并不在这个过程的链条上,这场农民战争继续沿着封建化老路走下去,既不可能创建与地主政权相区别的新政权,也不可能建立与封建文化相区别的新文化结构,故没有列入其中,这种认识是否正确有待于专家指导。

本书的部分内容曾发表在《清史研究》《东北师范大学学报》《求是学刊》《北方论丛》《学习与探索》《学术交流》等期刊上,对于当时的责编修朋月、刘爽、张晓校、战继发、秦卫波、常延廷诸位教授、主笔深表感谢!

我于1982年毕业后,在业师刘兴华教授指导下研习中国近代史,并多有心得发表在学术期刊上。本书是在师长、同学、同事的关心下而完成的,借本书出版之机,向过去支持、关注我进步与成长的业师、朋友、亲人致以诚挚的谢意。

本书得以顺利出版还要感谢黑龙江广播电视大学校长孙先民教授、黑龙江科技大学党委书记宋有教授,感谢黑龙江人民出版社龚江红社长,感谢黑龙江省委宣传部张利民主任、安徽省电大朱祖林教授的大力支持。

刘仁坤
2013 年 8 月于哈尔滨